JN287989

近代日本の思想家

11

•

*Yoshino Sakuzo*

# 吉野作造

Matsumoto Sannosuke

松本三之介

•

東京大学出版会

Thinkers of Modern Japan 11
YOSHINO SAKUZO

Sannosuke MATSUMOTO
University of Tokyo Press, 2008
ISBN 978-4-13-014161-1

# 凡　例

（一）吉野作造の論説等の引用にあたっては、参照の便宜を考え、原則として『吉野作造選集』（一九九五―九七年、岩波書店）所収のものは同選集を利用し、同選集に収録されていないものについては、吉野の論説を収録した生前の著書、および戦後に刊行された吉野の論説集その他を用いた。その場合は、初出の雑誌等の書名は省略し、初出の年月のみを記した。そのほかの論説については初出の雑誌等から引用し、その場合は掲載誌の書名と刊行年月を記した。なお『吉野作造選集』からの引用は、「選集」と略記し、巻数は「選集1」のごとく数字で示した。

（二）吉野以外の人物についても、論説等の引用はできるかぎり戦後に刊行された全集・著作集・選集等を利用し、それらに収録されていないもののみ初出の雑誌等によった。

（三）引用文中の……は、とくに断らない限り引用者による省略を意味する。また引用文中の［　］内は引用者による注記を示す。『吉野作造選集』からの引用文中の〔　〕は編者の注記である。（　）はとくに断らない限り原文のままである。なお適宜、旧字を新字に直したところがある。

# 目 次

# 序章　生い立ち

大正デモクラシー運動の代表的思想家として知られる吉野作造は、一八七八（明治一一）年一月二九日、宮城県志田郡大柿村（町村合併後に古川町、現在は大崎市古川）に生まれた。古川町は仙台から北に約四五キロ、国道筋にあたる比較的繁華な宿場で、いわば田舎の小都会であった。のちに彼が雑誌『中央公論』などに寄稿するようになったとき、折々用いた「古川学人」という号は、いうまでもなくこの故郷古川町に由来しているものである。父年蔵、母こうの第三子、つまり二人の姉をもつ長男として生をうけ、名前も本来は父年蔵の一字をゆずり受けて作蔵と言った。しかし彼自身の語るところによれば、彼は子供のとき早くから字を書くことが好きで、両親もそれを楽しみに盛んに書かせたものだそうだが、その際、蔵の字がむつかしいからというので「造」と書かせたのが、いつの間にか親戚や友達の間の通り名になってしまったという。長じてのちも、世間一般には作造として知られているので、ついに親の同意をえて作造にしてしまったとのことである（「同名異人」一九二五年九月、『閑談の閑談』一九三三年、三五八頁)。

吉野の生まれた一八七八年は、ちょうど西南戦争の翌年にあたっている。大久保利通と西郷隆盛という二人の代表的な指導者の対決となったこの戦争は、明治政権の形成過程に立ちはだかった最大の障壁であり、新政府の将来をかけた一戦でもあった。政府軍五万余、薩摩軍約四万という兵力を動員した両軍の激闘は、八ヵ月ののち、結局政府側の勝利に終わったけれども、この戦争の爪あとは、政治・経済・社会の各方面にさまざまな形で残されることとなった。その意味で一八七八年という年もまた多事多難な年と言わねばなるまい。すなわち、維新の三傑と謳われた西郷・大久保・木戸孝允のうち、西郷は倒れ、木戸もまた戦乱のさ中に病没し、大久保ひとり政府の中枢に残ったが、その大久保も一八七八年五月、参内の途中、島田一郎ら六人のために暗殺された。一方、野にあっては政府の妥協策と抑圧策の前に一時後退した民権運動が、各地の運動の中核組織とすべく愛国社の再興を企て、この年の九月には大阪で第一回の大会が開かれて、その翌月には正式に愛国社の再興が実現する運びとなった。西南戦争後、武力による反政府運動に代わって、言論にもとづく力の結集が真剣にとりあげられるようになったわけである。こうした時代の推移のなかで、吉野作造は成育をつづけた。

吉野の生家は「綿屋」を業としていた。つまり中国産の綿の手織り織布、のちには製綿・織布・織糸およびそれらの販売を行っていたと言われている(田中惣五郎『吉野作造』一九五八年、未來社、一六頁参照)。また彼の父親はそのかたわら新聞雑誌の取次ぎも扱っていた。明治一五、六年頃にかんする吉野の回想によれば、「戸数千以上の宿駅だが、配達する紙数は十枚以下であつたやうだ。無論東京の新聞などはない。否、之は直接郵便で取ったのであらう。東京の出版物では自由民権といった風の小冊子は取次いだやうだ。売れ残りの斯《こ》うしたものが私の大学生時代まで沢山土蔵の中にあったのを覚えて居る」(「投書家としての思ひ出」一九二六年六月、選集12、四七頁)とある。また一八八四年には小学校に入るが、当時なお西南戦争の影響はかなり強く、ややもすれば「新政厚徳」の旗を押し立てて戦ごっこをしたという。少年作造にとっては、父の扱う自由民権の小冊子や西南戦争に擬した戦ごっこが、わずかに時の政治との接点を形づくっていた。

郷里の古川小学校は、吉野が入学した当時、まだ先生のなり手が少なかったためであろう、人並みに手紙でも書けそうなものはみな臨時にかり出されたらしく、借家に長屋住まいをしていた駄菓子屋のおやじや、場末で刻みたばこを作っていた老職工などが、半日は働き半日は学校で教鞭をとりながら子供の相手をつとめるという状態だった。それでも二年たち三年たつうちに、正式の教員も次第に赴任してきて学校らしい体裁も整うようになった。少年吉野の学校での成績はもちろん抜きんでていた。そのうえ他人とけんか一つしない温和な性格で、「吉野家の作さんのように」というのが、子をもつ親の訓育方針だったと言われるほどの模範少年であったらしい。ただ体の弱いのがこの少年についての唯一の心配の種であった。しかし吉野の父は、優秀なこの子を中学校へ入れようと早くから心に決めていたので、期待どおり小学校を首席で卒業した彼はともかく中学へ進むこととなった。

吉野の中学への進学は、父の満足のみならず町の誇りでもあった。古川町にとっては初の中学校入学者である。しかもそれが町の模範少年ということになれば、この少年の学業に郷土の大きな期待がかけられるのも当然だろう。町会は『言海』一冊を贈って彼の入学を祝福し、出発にあたっては小学全校の生徒が町はずれまで見送るという騒ぎだった。

また小学校時代の吉野は、文章や書物にも少なからぬ関心を示していたようである。当時、『三餘之門』という仙台で発行されていた小学生を対象とする雑誌があったが、この雑誌に投書して採用されたこともある。もともと彼の家が新聞の取次ぎをしていたこともあって、新聞や雑誌に対する彼の興味は少なくなかったわけだが、小学三、四年頃たまたま彼のクラスの担任になった先生が文章好きの青年で、新聞取次ぎのことで彼の家へよく出入りし、またたえず新聞に投書していたことなどから、子供ながらに投書への興味をそそられたということらしい。またのちには、同好の友と雑誌作りに懸命になるというようなこともあった。模範少年の吉野は、また文学少年でもあったのである。

彼の小学校では、『皇朝史略』や『日本外史』『近古史談』などを読まされたが、とくに『皇朝史略』は学校で正式に習うまえに、九歳くらいの頃、二人の姉から手ほどきをうけたりした（吉野「初めて読んだ書物」一九二六年一一月、選集12、五九頁）。彼の読書欲は、学校以外の書物についてとくに盛んだった。最も愛読したのは雑誌『小国民』であり、そのほかにも『少年園』とか『日本之少年』などの雑誌を読んだ。小学校の上級になってからは『文庫』の愛読者になり、当時流行した紙上を通じての誌友交際というものも人並みに試みた思い出ももっている。

単行本では、巖谷小波の『こがね丸』と紅葉山人の『二人椋助』とが非常におもしろく、のちのちまでも忘れられない書物となった。後年、切っても切れない関係となった彼と書物とのつながりは、早くも小学校のときから彼の生活の少なからぬ部分を占めていたといってもよい。このような彼の読書への関心は、小学校三年いらいの友人で、のちに第一高等学校教授となった同級の三浦吉兵衛に負うところが大きかった。三浦の記憶力のよいのと文章の巧みなことには、さすがの少年吉野も一目おかざるをえなかった。また三浦は、なかなかのもの知りで書物をよく読んだが、これに刺激されて吉野も負けずに本を買い集めたという。とくに作文ではとてもかなわないと考えた彼は、読書により多くの熱意を示し、子供のときからかなり豊富な蔵書家であったとは、後年彼みずから語っているところである（吉野「投書家としての思ひ出」選集12、四八―五〇頁）。

彼が、当時宮城県にただ一つしかなかった仙台の県立中学へ進んだのは、一八九二（明治二五）年のことである。それは、第一次松方内閣の選挙大干渉で有名な第二回総選挙の行われた年にあたる。当時の中学校長は、吉野が進学の祝いに贈られた『言海』の著者大槻文彦だった。当時の人たちは、この中学を藩黌の延長と考えたらしく、かつての藩黌養賢堂の頭領大槻磐溪の跡継ぎである大槻文彦が、やはりこの中学の采配をふるわなければならぬと、無理やり校長に招いたと言われている。校長が大槻文彦であったためか、同校の先生には「中学によすぎる程の人」が多かった。

中学のすぐれた先生たちの感化もあって、彼の書物趣味は、いやがうえにも燃えざるをえない。彼は仙台のあらゆる古本屋の上得意となった。しかし、かつての雑誌熱は、すでに中学入学のころには下火になり、投書からもしばらく遠ざかっていた。むしろ小学上級いらい彼の興味は数学に移り、中学に入っても数学に多くの力を注いでいたらしい。ところが、数学への興味と関心は相変わらずであったが、中学入学の翌年、ふたたび雑誌熱が彼の胸中に燃えはじめた。彼が雑誌『文庫』や『学生筆戦場』にしばしば投書するのもこのころのことである。当時の吉野について、同郷の先輩であり、また終生の親友となった内ヶ崎作三郎は、つぎのようにその思い出を記している。「私は二高にあって吉野君の評判を耳にしてゐた。しかし私は吉野君の文才に敬服したのは、博文館発行の『筆戦場』といふ雑誌であったと思ふが、懸賞文に当選して一等賞を獲られた時であった。題は『月に対して亡き姉を懐ふ』といふものであつたと記憶する。私は当時国文に趣味を有してゐたので、精読して、その流麗なる文章に驚いたのであつた。土井晩翠君は二高で私の四年上級の先輩であつたが、同君は未だ見ぬ吉野君の将来に多大の嘱目をしたものである」(内ヶ崎作三郎「吉野作造君と私」赤松克麿編『故吉野博士を語る』一九三四年、九九―一〇〇頁)。

このころの同級生には眞山青果もいたが、眞山は中学四年から東京の中学へ転校した。吉野にとっても中学四年頃は、一つの転換期であったようだ。吉野の趣味や志向もそのころから次第に変わりはじめていた。『文庫』や『筆戦場』のような雑誌への投書も、中学四年以後はまったく遠ざかってしまったし、将来の方針についても、これまで考えていた数学から哲学へと転換していった。その点について吉野はこう語っている。

> 中学四年頃から私の趣味が段々変り始める。此頃まで、雅文まがひの文字を並べたり、歌や俳句のまねをしたり、新刊の小説を濫読したり、殊に徳川時代の稗史《はいし》小説をあさつたりしたものの、将来の方針としては理科大学へ往つて数学をやる積りで一貫して居た。……近松だの、馬琴だの、其他その頃復刻さ

れた古文学類は、読まぬまでも、大抵私の文庫の中に収められて在《あ》つた。而して私の文庫は、之等の文学書と共に又可《か》なり沢山な数学書類もあつたのである。所が中学四年頃から考が変つた。急に文科の哲学へ這入らうと云ふ考になつたのである。私の先輩の某君は、高山林次郎が仙台二高教授としてやつて来たので自然之にかぶれたのだらうと云つた。併し自分では一年上級の土井亀之進君の感化だと信じて居る（「少年時代の追憶」選集12、五六―五七頁）。

土井亀之進とは、有名な詩人の土井晩翠の従弟である。土井亀之進について、吉野は、「非常な天才肌の人」と述懐し、「生きて居られたら偉い物になれたらう」と、高等学校在学中に不幸にも病没したこの若き先輩の早逝を惜しんでいるが、土井から受けた感化が具体的にどのようなものであったのかは、詳らかにするよしもない。しかし、吉野の中学四年頃といえば明治二八、九年、言うまでもなく日清戦争直後の時期である。日清戦争は日本の思想界にも少なからぬ影響を与え、戦勝による国民意識の高揚は、同時にまたさまざまな形での個人の自己主張の機運をも促した。ここに、戦争を契機とする日本の資本主義の確立と、それにともなう新しい社会問題の発生とあいまって、国家意識と個人意識、あるいは国家ないし社会と個人という関係を、どのように理解すべきかという問題が、新しく戦後の思想界の課題となった。

樗牛高山林次郎は、こうした新しい課題を引っ提げて華々しく論壇に登場した代表的な思想家であろう。当時の思想的状況を、のちに石川啄木はつぎのように述べている。「蓋し、我々明治の青年が、全く其父兄の手によつて造り出された明治新社会の完成の為に有用な人物となるべく教育されて来た間に、別に青年自体の権利を認識し、自発的に自己を主張し始めたのは誰も知る如く、日清戦争の結果によって国民全体が其国民的自覚の勃興を示してから間もなくの事であつた。既に自然主義運動の先蹤として一部の間に認められてゐる如く、樗牛の個人主義が即ち其第一声であった」（石川啄木「時代閉塞の現状」明治四三年八月）と。

このような思想的背景の下で、日本の哲学界も興隆のときを迎えていた。一九〇〇（明治三三）年ドイツ留学から帰国して東西倫理の総合を主張していた井上哲次郎、理想主義倫理学を説いた中島力造、それに一八九三年に来朝していらい日本の哲学界に多くの影響を与えたケーベル（Raphael Koeber, 1848–1923）らが、当時の哲学界を担う人びとであり、日清戦争後は、日本の哲学についても「哲学の学問的の形が本当に具はつて来た」（桑木厳翼『明治の哲学界』一九四三年、五三頁）と評されるような時点にあたっていた。吉野自身は、樗牛からの感化については否定的だが、樗牛をとりまく以上のような思想的状況は、おそらく当時における吉野の哲学への志向に何ほどかの影響をおよぼさずにはおかなかったであろう。

そのうえ、吉野は当時すでに数え年一八、九歳の青年期に達しており、いわば人生における思索的な時期を迎えていたわけである。晩年における彼の回顧（「日清戦争前後」一九三三年一月、選集12、九〇頁以下）によれば、これまでの彼は、郡司大尉の千島遠征（一八九三年春）に胸をおどらせ、また同年の福島中佐のシベリア単騎横断の話に血をわかし、翌年の日清戦争の勃発に興奮するなど、世間普通の子供らしい愛国心の持ち主であった。その彼にも、日清戦争前後の社会的風潮や彼自身の年齢的成長にともなって、ようやくこれまでの素朴な生活感情に対する反省と省察の時期が訪れたのかもしれない。

しかし一八九七（明治三〇）年に宮城県尋常中学を卒業して、その年の九月、第二高等学校に入学することになったとき、彼はまったく偶然の事情から、かねて志望の哲学でなく法科へ進む結果となった。偶然の事情というのは、かつて吉野と下宿を同じくしすでに東京の大学に行っていた知人が、吉野の法科進学をしきりに勧めたばかりでなく、あまり熱心に勧めるので吉野がいやいやながらウンと言ったばっかりに、その知人が勝手に高等学校へ行って吉野の願書を法科志望に書き改めてしまったということなのである。九月に彼は学校に行ってそれを知り驚いたが、どうしても嫌なら後から転科すればよいと思い、そのまま法科へ進んでしまった。当時、吉野は無試験入学の特典をもっていたので、こういうこともありえたわけなのである。「斯《こ》んなことから一生の方針がきまるとは、人の運命も変なものだ」（「少年時代の追憶」選集12、五七頁）とは、後年の吉野の述懐だが、ともあれ政治学者としての彼の方向は、このようにして決められることになった。こんなところにも、万事に楽天的な彼の性格が示されているようである。

吉野が入学した二高は、当時、小説『滝口入道』で一躍文名を高めた高山樗牛（本名、林次郎）が、国文学者の佐々醒雪（本名、政一）とともに、一八九六年に赴任して大変な評判を呼んでいた。しかし樗牛は、翌九七年の三月に早くも辞任してしまったので、吉野が主として感化をうけたのは佐々醒雪である。醒雪は、国語と作文を受け持っていたが、「国文の講義にも何となく旧套を脱した新味があつて大に感服した」（「少年時代の追憶」）と吉野は語っている。ことに彼がいたく感銘をうけたことは、「方丈記を読む」という題で作文を課せられた際、彼が提出した文章に、醒雪が、議論を展開するにあたっての論拠や論理の精粗等を細かに指摘して、三度もそれを書き直させたときであった。一学生の作文についても、これを一個の議論として、いささかもゆるがせにしようとはせぬ醒雪の指導と見識に、吉野は文字どおり冷水を浴びせられたような思いがした。そして論文とはいかに書くべきものかを、そのときはじめて覚ったという。

　そこで吉野の高等学校時代の生活について、少しばかり紹介しておこう。まず相も変わらぬものは、読書趣味と雑誌熱である。当時の友人の語るところによれば、彼の学校以外の読書趣味は大変なものであったらしい。彼の本棚には横文字や金文字の美本が光り輝くように並んでいた。その多くはゲーテとかシラーとかシェークスピアなどの詩集であり、また文学関係の和洋の書籍であった（宮本貞三郎の追憶談、眞山青果「青年時代の吉野君」所引、赤松克麿編『故吉野博士を語る』一三二頁）。彼はこれらの本を、所々に色鉛筆で線を引きながら読んだ。また、佐々醒雪を部長に依頼して吉野が雑誌部の委員をつとめるということもあった。当時の同人のなかには、のちの大蔵大臣結城豊太郎の顔も見えていた。そのほか、「吉野は吉田松陰の真似をしている」といううわさが、何人かの口にのぼったのも、このころのことである。それは、一八九八年頃、志を同じくする人たち数人と仙台のある自炊寮で生活を共にしながら、吉野がリーダー格になって彼らの切瑳琢磨にあたったことがあったのを、おそらく指すものであろう。後年の吉野は、後進の指導と助言については、文字どおり骨身を惜しむことなく、その範囲もさまざまな人たちに及んだと言われているが、そうした彼の側面が、すでにその頃の生活の一端にもうかがわれるようである。

ともかく、このようにして吉野は、三年にわたる仙台での高等学校生活を終え、一九〇〇（明治三三）年九月、東京帝国大学法科大学に進んだ。かつて彼の父は、吉野を医者にして郷里で開業させ、郷土のために尽くさせようとの希望を抱いていた。もとよりこの希望は、すでに断念することを余儀なくされていたが、吉野の法科進学にあたっては、少なくとも政治家にはなってくれるなというのが父の願いであった。こうした父の思いを背に、吉野は上京した。そしてそこには、新しいもうひとつの世界が彼を待っていた。

# 第一章　若き日の思想と行動

## 一　その師たち――海老名弾正と小野塚喜平次

吉野作造が、学者として、また思想家として、社会的に活動を開始するのは、一九一三（大正二）年七月、欧米留学より帰朝してからのことであり、さらに彼が論壇に登場して華々しく脚光を浴びるようになるのは、一九一六年一月、有名な論説「憲政の本義を説いて其有終の美を済すの途を論ず」を『中央公論』に発表、「民本主義」の指導的理論家としての地位を確保してからのことである。しかし、大正期に開花した吉野の「民本主義」は、少なくとも一九〇〇年から一九〇四年にかけて、彼が東京帝国大学の学生として過ごした時期と、それにつづく一年半の大学院学生としての期間に、すでにその根を大地に下ろしつつあったとみることができる。

ちょうど吉野が大学に入学した一九〇〇（明治三三）年九月は、その後に展開される日本の政党政治において主要な役割を担う立憲政友会が、伊藤博文を総裁として発足したときにあたっている。伊藤による政友会の創立は、日清戦争後に公然化した藩閥勢力と政党勢力との妥協の一つの到達点であり、旧自由党が党をあげて伊藤の政友会に身を投じたのは、たしかに自由民権運動いらいのその「光栄ある歴史」の「抹殺」（幸徳秋水「自由党を祭る文」）を意味するものであった。しかし他面それは、いわゆる藩閥官僚政府といえども、自己の政治的地位を維持するためには、かつてのような「超然主義」に安住することはもはや困難であり、どのような形にせよ、政党組織を利用することによって、新しい、そしてより広い基盤を、国民のなかに形づくることが必要になった事情を示すものであった。伊藤が政友会の創立にあたって、「農工商に従事するものが是まで政治に関係なきが如くに誤解して居つて、今日まで政治を論ずる者は必ず一種特別なる人に限るが如き考で参つた」という傾向をここに一洗し、「各種の事業が議会に代表せらるゝことを国民に向て勧告せん」（政友会創立の趣旨についての伊藤博文の演説、一九〇〇年八月、『立憲政友会史』第一巻、一五頁）としたのも、そのためであった。

もちろん、伊藤のいう「農工商」とは農工商一般ではなく、政友会入会の勧誘状発送の範囲が物語っているように、主として各地方の市長・助役をはじめとするいわゆる「各府県名望家」クラスにほかならなかったし、伊藤が脳裏に描いた「憲政」なるものも、天皇の大権を中心とし、国民を「宜きに誘導すること」を「政党の尤も必要なる職務」（前掲書、一四頁）とするような性格のものでしかなかった。しかし、憲政についてのビジョンこそ異なれ、「憲政」という言葉は、明治三〇年代に入ると、朝野を問わず、共通の主要な政治的シンボルとしての性格を強くするに至ったのである。吉野の思想は、このような時代思潮のなかで芽生え、そして成長していった。

さて、若き吉野の思想的成長を導き支えた師として、二人の名前を忘れることはできないだろう。それはほかでもない、海老名弾正と小野塚喜平次である。海老名は、いわゆる横浜バンド・札幌バンドとならんで日本におけるプロテスタント発展の重要な起点となった熊本バンドの一員で、一八七六（明治九）年一月、金森通倫・横井時雄・徳富猪一郎ら三十数名の人たちとともに、熊本の花岡山上で奉教を誓っていらいキリスト教信仰の道に入った人として知られている。吉野が東京帝大に進んだ頃、海老名は本郷教会に拠る「自由基督教の総大将」（山路愛山「我が見たる耶蘇教会の諸先生」一九一〇年一二月『愛山文集』九三七頁）として、当時のキリスト教会の間ではもっとも令名の高かった牧師の一人となっていた。そしてこの海老名と好対照をなしたのが、「正統教会の驍将」と評された富士見教会の牧師植村正久である。海老名と植村は、当時のキリスト教会の間に存在した福音主義をめぐる二つの対立的見解――自由主義神学と正統主義神学――をそれぞれ代表する人物であり、この両者は、一九〇一年九月から翌年の七月に至るまで、日本キリスト教史上最大といわれる激しい神学論争をくりひろげて注目をあびた。

この信仰上の対立は、これまでオーソドックスな信仰の上に立っていた日本のキリスト教会が、明治二〇年代になると新たにドイツ自由主義神学の影響を受けることによって、教義に対する歴史的省察や合理主義的解釈を行おうとする新しい機運が生じたことに起因していた。自由主義神学とは、キリスト教の世界に見られたこの新しい傾向を指すもので、ほかならぬ海老名が、当時の日本にあって、その「総大将」格にあったというわけである。海老名弾正について山路愛山が、「君の心は流動せる蠟の如し。余りに強く一定の説を固執せず。故に君は今日に於ても君の最も善しと感じたる方向に向って常に其説を変化す。君は神道は耶蘇教と同じ根底に立つものなりと説き試みんとしたることもあり。武士道と耶蘇教とを混じ、耶蘇教は武士道を聖化したるものなりとやうに見たることもあり。帝国主義と耶蘇教の並行し得べき点を発見せんとしたることもあり。グリーン、王陽明、物徂徠、見神論、自然主義、社会主義、プラグマチズム、凡そ君の心の前に現はれたる総ての思想に対し君は何等かの感動なきを得ず。而して君の思想は此感動に依りて何等かの変化を経ざるは無し」（山路愛山、同上、前掲書、九三八頁）と述べているのは、闊達自在な海老名の思考態度と、日本における自由神学の奔放な姿とを、いわば拡大鏡にかけたように映し出している。そしてこの海老名弾正こそ、吉野作造が信仰の師として、文字通り終生、敬慕してやまぬ人となるのである。

吉野がキリスト教に接近したのは、彼の高等学校時代のことであった。すなわち二高に入学後まもなく、尚絅女学校長ブゼルのバイブルクラスに参加したのがそのはじめである。それが縁で一八九八年七月、仙台浸礼（バプテスト）教会で受洗し、敬虔なクリスチャンとなった。しかし、とくに吉野が海老名に深く私淑し、その感化を受けるようになったのは、吉野が大学に進んでからのことである。当時、「書生の教会」と言われた本郷教会に彼もしばしば足を運び、日曜日ごとに行われる海老名の説教に新しい感銘をおぼえた。

二〇年余りのちの一九二三年二月、『中央公論』が「予の一生を支配する程の大いなる影響を与へし人・事件及び思想」と題して、当時各方面で活躍する著名人にアンケートを行った際、吉野はつぎのように記している。「僕の思索生活に最も大なる影響を与へた具体的の事実はないかと反省してみると、大学生時代に聴いた海老名弾正先生の説教が夫れであると思ふ。日曜毎の説教に依て僕は信仰上に得る所も尠《すく》なくなかつたが、先生が宗教上の神秘的な問題を、科学的に殊に歴史的に、快刀乱麻をたつの概を以て解いて行くのには教へらるゝ所非常に多かつた。斯うした先生の態度に依て僕の学問上の物事の考方が著しい影響を受けて居ることは、今以て先生に感謝して居る」（選集12、二二頁）と。みずから善と信じたことは大胆に取り入れて自己の思想を展開していく海老名の真理を求める意欲と科学的な態度が、おそらく若い吉野の心を捉え、また揺り動かしたのであろう。とにかくこうして吉野は、生涯の心の師とめぐり会うことができた(1)。

しかし吉野と海老名との結びつきは、ただ日曜日の説教を通じての師弟関係にとどまらなかった。ちょうどこの頃、海老名は自己の主宰で雑誌の発行を計画しており、それは、一九〇〇年七月、雑誌『新人』の創刊という形で実を結んだ。七月一〇日の創刊号によれば、同誌は、宗教・道徳をはじめ教育・哲学・美術にかんする問題を論じるほか、社会の諸問題に批評を加え、とくに青年男女の徳育に力を尽くして、「其指導者たり又好伴侶たらん」ことを趣旨とする雑誌を目指した。そして発足したばかりの『新人』が、早急に執筆陣を強化する必要に迫られていたとき、大学入学まもない吉野は、友人の世話で、親友の内ヶ崎作三郎・小山東助らとともに、この雑誌を援けるため寄稿することとなった。こうして雑誌『新人』は、のちの論壇の雄吉野作造のいわば初舞台となったわけだが、彼と海老名弾正との結びつきは、このことを通してますます断ちがたいものへと進んだ。

渡瀬常吉『海老名弾正先生』によれば、吉野と『新人』との関係は同年一一月の第五号からのことといわれ、事実、『新人』を創刊号から読み返してみると、同号から面目を一新し、翌年一月の第六号から は内容も一段と充実をみせている。吉野は主として政治問題にかんする時評を担当したようだが、彼がこの雑誌で用いたペン・ネーム「翔天生」の署名が見られる記事は、一九〇三年二月の「時評」欄に掲載されている「政界時感」が最初である。

彼がこの「政界時感」を書いた一九〇三年の初頭は、三月に迫った衆議院の総選挙を目前にして、政局も一段とあわただしさを増しつつあるときであった。すなわち前年の第一七議会は、開会の冒頭から、海軍拡張の財源を確保するため地租増徴の期限延長を強行しようとした桂内閣と、あくまでこれに反対する立場を崩そうとしなかった政友会および憲政本党を中心とする衆議院とが真っ向から対立し、ついにその年の暮には衆議院の解散という事態にまで至った。このような政界の情勢に対して、雑誌『新人』の「時評」欄は、すでに同年の一月号で「政治界に対する我党の態度」ならびに「国務大臣及び政府委員に望む」を掲げ、この二文でそれぞれ立憲政治下における国民と政府のあり方をとりあげた。翔天生の「政界時感」は、前号のこの二文につづいて今度は立憲政治における政党の問題を論じたものであった。

この「政界時感」では、総選挙に対する各党の方針を紹介したのち政党論に言及しつつその見解を展開している。それによれば、政党は立憲制度と相伴うものであるゆえ、政党も立憲制度と同様、「教養ある国民」と相まってはじめてその効用を全くすることができるとし、一定の主義を理解できるだけの「智識」と、団結の基礎をなす「共同心」と、衆人の一致した主張に対してはこれに服従するだけの「雅量」とがなければならぬと説いている。そしてさらに彼は、そもそも政党というのは立憲政治にいわば必然的に随伴するものである以上、政党内閣の出現は究極的には不可避であるばかりでなく、「政党の理想にして立憲政治の極致」であるという確信にもとづき、「政党内閣は其本質に於て我が国体に適せずとなすは迂儒の説のみ」と断言してはばからなかった。したがって吉野は、今なお超然内閣の存在を許す日本政治の現状を目のあたりにして、「超然内閣の存在は政党の屈辱にしてまた実に立憲帝国の最大の恥辱也」とまで言いきっている。

しかし、このような非立憲的超然内閣の存在をいまだに許している理由として、彼は、一つにはたしかに教養ある「上流人士」の政党に対する不当な反感がわざわいしているためと見たけれども、他方ではやはり、それは政党そのものの腐敗と無力とによることであり、ひいては国民の政治能力の欠如を証明するものと考えざるをえなかった。こうして彼は政党内閣の出現を理想としながらも、実際上の問題としては超然内閣もまたやむなしとし、政党内閣尚早論をとるのである。「政界時感」は言う。「政党の現状を顧みるなくして漫然として政党内閣に謳歌するも亦浅慮たるを免れず。予輩は之を我国の政党の現状に鑑み、国政を托するに足る有識至誠の士は之を求めて却て党人以外に多きを認め、茲に敢て政党内閣尚早論を唱ふるの已むを得ざるを遺憾とす」と。

この時期における吉野作造の政治的見解は、しかしあまりにも常識的であり、内容的にもまた「穏健」の一語につきると言わねばならぬ。しいてこの期の主張に彼らしさを求めるとするならば、客観的な推論によって理想を追い求めながら、同時に現実のきびしさを見失わないだけの冷静さをつねに保つ、その理知的な態度ともいうべきものを挙げることができようか。あるいは、政党内閣を「立憲政治の極致」とするだけに、現実には政党内閣尚早論を唱えながらも、人一倍声高く国民の政治教育の必要を叫び、また、吾人は如何なる人を選出すべきかという設問に対して、「要するに今後の議会に要するの人格は地租継続に反対するの人格に非ずして、反対すべき者に反対するの勇気ある人物なり」と答えているように、その政治教育の理念も多分に道徳的な人格主義の色濃いものであることなどに、後年の面目の一端をうかがうことができる。

しかしそれにしても、ここではまだ、後の彼の思想を支えたような、高い理想を求めてやまぬ知的な情熱と理性の輝きは、十分見ることができず、ただ常識的な穏健さがいたずらに現実政治に対する批判の眼を鈍らせている感を強くしていた。彼のなかに蓄積されつつあったキリスト教的人道主義の理念が、現実と向き合い、現実を高めるエネルギーとして燃焼するためには、現実科学としての社会科学的知識と、それにもとづく観察眼の修得を待たなければならなかった。東京帝国大学法科大学学生として吉野が、小野塚喜平次の担当する政治学の講義に接することができたのは、その意味でまことに幸いであった。

私自身の眼を此方面で大に開いて呉れられた第一の恩人は小野塚教授である。同博士は三十四年欧洲の留学から帰られ、私の二年生のとき私共にその最初の政治学の講義を授けられた。この講義で私の受けた最も深い印象は、先生が政治を為政階級の術と視ず、直に之を国民生活の肝要なる一方面の活動とせられたことである。先生は盛に衆民主義といふ言葉を使はれた（吉野作造「民本主義鼓吹時代の回顧」一九二八年二月、選集12、七九―八〇頁）。

この吉野の回顧にもあるように、小野塚喜平次は一九〇一（明治三四）年欧米留学より帰って東大の政治学講座を担当、東大における最初の政治学専任教授となった。もちろん吉野は、小野塚に接する前から政治学には少なからぬ関心を抱いていた。大学に入った最初の年には木場貞長が講師として担当していた上級の政治学の講義をこっそり盗み聴きしたりしたこともあった。しかし吉野が小野塚の政治学講義に深く傾倒するに至ったのは、これまでの政治学に対して小野塚のそれが独自の新しさをもっていたからであった。吉野はその新しさを、小野塚が「政治を為政階級の術と視ず、直に之を国民生活の肝要なる一方面の活動とせられたこと」という形で受け取ったわけである。さすがにこの受け取り方は問題の核心を誤っていない。ここで「為政階級の術」と言ったのは、これまでの政治学の支配的傾向であった法学的政治学ないし国家機関を中心とする技術学を指すものであり、まさに小野塚の課題は、「国家ヲ法規ノ方面ヨリ観察スル」諸学とは別個な、独自の領域と任務とを政治学のために見出すことにあった。彼のこの課題は、一八九六年の論文「政治学ノ系統」（一八九六年六月『国家学会雑誌』）のなかで表明されている[2]。

小野塚が「大学講義ノ備忘録中ヨリ其大要ヲ抄シテ」一九〇三年に公刊した最初の著書『政治学大

綱』（上下二巻）は、こうした小野塚の課題を具体的に追求した書であった。この書で小野塚は、「輓近一般学問的精神ノ勃興ト、国民ノ実際ガ益々学理的指導ヲ要スルノ趨勢トハ、相待テ先ツ国家ノ法規的研究ノ発達ヲ促シ今ヤ一歩ヲ進メテ事実的政策的研究ニ向フノ気運ヲ醸出セリ」と記し、政治学を定義するにあたって、国家の法規的説明をなす学問を国法学・行政法学・国際公法学などとして政治学から切り離し、「国家ノ事実的説明」をなす「国家原論」と、「其政策ノ基礎ヲ論スル」「政策原論」とを合わせて政治学と称するとなした。同書によれば、いわゆる国家原論とは、具体的には、国家の性質・分類、国家の発生盛衰および消滅などを対象とするものであり、政策原論とは、国家の存在理由・目的、国家機関、輿論、政党および内外政策の基本原理などにかんする理論をその内容として考えていた。そして、これらの問題の考察を通して見られた小野塚の一貫した方法的特色こそが、先に述べた国家政治についての形式的＝法律学的説明に対する実証的＝政治学的説明の重要性の主張にほかならなかった。

ところで、日本における近代政治学の先駆と言われているのは、加藤弘之『国法汎論』（一八七二年）であるが、この書物は一九世紀ドイツ国家学の代表的学者ブルンチュリ（Johann K. Bluntschli）の『一般国法論』（Allgemeines Staatsrecht, 1852 の第三版）を部分的に訳出したものであった。そのなかでブルンチュリは、国家政治にかんする学問を「国法学」と「国政学」とに分け、前者は国家の静態的な法制度的形態ないし構造を論ずるものとし、後者は政治の目的および目的達成の方法など国家の動態を論ずるものと規定した。そしてブルンチュリ自身は、国家を論ずるには法律的考察＝「国法学」と同時に政治的考察＝「国政学」が必要であり、この両者相まってはじめて国家学の課題は達成されるとの立場をとったのであった。しかし、加藤によるブルンチュリの国家学の紹介は、もっぱらその制度的側面に限定され、その後の日本の政治学もまた公法学の一つとして国家の法律的制度的説明に重点が置かれてきたという経緯があった。

したがって小野塚喜平次が、国家の形式的・法律学的説明に対して、国家の動態にかんする実証的説明の重要性を指摘したことは、これまでの日本の政治学に対する一つの大きな挑戦を意味した。彼は、国家あるいは国家の基本法である憲法についての、法律学的研究と政治学的研究の違いについて、つぎのように述べている。

政治学ノ国家研究ハ事実的也、根本的也、活動的也、政策的也。之ヲ例センカ、法律学トシテノ憲法学ヲ以テ蒸気機関ノ構造ノ説明トセバ、政治学上ノ憲法論ハ其作用ト活動力ノ基礎トノ説明也。各国ノ憲法ハ決シテ法律学者ノ随意ニ作成シタル系統的一体ニアラズ、特定ノ政治事情ノ産物ナリ。各種ノ政治的勢力ノ按排ノ結果也。国民ノ政治生活ノ歴史的結晶ナリ。故ニ憲法ノ真意ヲ解セント欲スル者ハ、其法律学的研究ノミニ満足ス可ラザルコト知ルベキナリ（『政治学大綱』上巻、三二頁、濁点・句読点は引用者が付す、以下同じ）。

ここでは、加藤弘之をはじめとするこれまでの日本の政治学者によって不当にも看過されてきたもの――『国法汎論』の表現を借りれば、「国家ノ元気旺盛シテ活動スル所以ヲ論ズル」いわゆる「国政学」が、政治学のまさに核心的構成部分をなすものとして、ようやく学問の場にみちびき出されたというわけである。「政治を為政階級の術と視ず、直に之を国民生活の肝要なる一方面の活動とせられた」と吉野が評したのはその意味であり、青年吉野作造をひきつけた小野塚政治学の魅力もまたそこにあった。ことに当時、「膝もとの帝大の先生はと見れば、穂積八束先生は申すに及ばず、外の先生でも、例へば英国も選挙権の拡張後著しく議会の品位が墜《お》ちたなどの出《で》鱈目《たらめ》を臆面もなく公言するの類で、どうも頼るべき師表が見出せぬ」（「民本主義鼓吹時代の回顧」選集12、八一頁）とのちに述懐しているような満たされぬ状態にあった吉野にとって、小野塚の出現はどれほどその知的な渇きをいやしたことであろう。

　さて、吉野作造が小野塚喜平次にひかれたのは、単に以上のような学問的な清新さ――実証性の重視と政治学の自立性にむけての意欲――のゆえだけではなかった。小野塚政治学の方法論的革新性が必然的にもたらす政治学的視野の広さと深さこそが、また吉野にとっては何よりも魅力であった。すなわち、従来の国家政治の法律的説明が往々にして陥った視野の狭さ――たとえば政治を国家機関の公法的行為に限定するような見解――から小野塚が免れて、国家政治を国家機関および国民の二面から観察する必要を主張し、国家を国民の観点から論ずる途を切り開いたことが、ここではとくに重要である。

　小野塚によれば、国家機関すなわち国家という見解は、「国家ノ組織ヲ単ニ統治権ノ方面ヨリ観察シタルモノ」で、これとは別に、「国家ヲ構成スル人類ノ方面ヨリ見レバ」国民以外に国家なく、国民すなわち国家ということもできる。こうした新しい視点に立つとき、国家政治もまた新しい様相を示すこととなる。小野塚はつぎのように述べている。

　国家ガ其目的ヲ達スル手段タル可キ勢力ヲ求ムレバ、国家ニ国家機関ノ権力ト国民ノ勢力トノ二アルヲ発見スベシ。……国家機関ノ権力トハ、憲法又ハ慣例上、国家機関ガ国家特有ノ強制権ノ運用者トシテ有スル勢力ニシテ、国民ノ勢力トハ、国民ガ被治者トシテ政治上ニ有スル勢力ナリ。只両者勢力ノ種類ヲ異ニスルモノアリト雖モ、政治的勢力タルニ至ツテハ即チ一ナリ。政治学研究ノ目的物タル勢力ハ、公法学ニ於ケルガ如ク国家機関ノ法令的規定ノ有無ヲ問フニ及バズ、事実的政策的研究ノ必要ニ応ジ公法論ト独立シテ自由ニ各種ノ勢力ヲ取扱フ可キハ、政治学ノ定義ニ徴スルモ明白ナリ（『政治学大綱』下巻、六八―六九頁）。

ここでは国家論が、官僚主義的な観点から脱却して、より広く自由で国民的な立場からとりあげられていることに気づくであろう。

小野塚政治学におけるいわば国民の発見は、論理的にはまさしく政治学の法律学からの自立がもたらしたものということができる。しかし、実際には、国民的勢力に対する正しい理解と認識があったればこそ、国民への注目を生み、政治学の自立を可能にしたと考えることもできよう。小野塚によれば、国家はその性質上、人民こそがその最終的基礎であり、「人民ヲシテ自ラ直接間接ニ国家経営ノ任ニ参与セシムルハ国家ノ目的ヲ達スル上ニ於ケル正道」（同上書、八〇頁）であるというのが、その基本的見解であった。この見解は、「衆民勢力膨張ノ潮流」すなわち「民衆的傾向」こそが、君主国たると共和国たるとを問わず、近代国家発展の必然的方向であるという歴史認識にうらづけられて、彼のいわゆる「衆民主義」を形づくっていたのである。

彼が大学の講義で力をこめて説いたこの衆民主義に、吉野がもっとも強い感銘をおぼえたことはすでに紹介した。人間の内なる信仰的世界における導きの師として海老名弾正をえた吉野は、こうして外なる政治社会への眼を師小野塚喜平次によって開かれたのである。

若き吉野にとって、この二人の師との出会いは、彼の思想形成において決定的な意味を持ったばかりでなく、政治学者としての彼の方向を決するうえにも重要な契機となったと考えられる。一九〇四(明治三七)年、東京帝国大学を卒業するに際して、彼は就職の口を求めず、あえて学問への途を選んだ。小野塚のいわゆる「政治ノ事実的政策的研究」すなわち現実科学としての政治学こそ、彼の目指すものであった。

もちろん彼の大学生活において、生涯の思い出に残るような師は、ひとり小野塚に限られてはいなかった。たとえば、温厚寛恕な人柄と自由闊達な学風とをもって学生の間に声望の高かった法律学の権威穂積陳重もその一人であろう。当時、ほとんどの学生は、就職について多かれ少なかれ穂積教授の世話になるのが常だったが、とくに吉野は、そういう個人的問題のほかに、在学中同教授の法理学演習に参加し、親しくその指導を受ける機会にめぐまれたのである。そこでの研究テーマは、ヘーゲルの法哲学だった。わが国におけるヘーゲル研究が、まだ寂寥たる当時にあって、この課題は一学生の手にはかなりの重荷であったろう。しかし、吉野はこの困難によく耐え、一九〇四年三月、一篇の論文を穂積のもとに提出することができた。その成果は、『ヘーゲルの法律哲学の基礎』として翌年の一月に公刊された。

しかし、そこでのヘーゲル研究が、吉野の思想形成にどれほどの痕跡を残し、いかほどの影響力を与えたかということになると、その評価は必ずしも一定しない(3)。たしかに吉野は、ヘーゲルが、国家を個人の自由意思の顕現となし、これまでの個人本位または国家本位の国家観に対して両者の綜合を企て、国家と個人の一体性を説いたことに、心からの賛意を表した。ことに国家を個人の手段とみなし、個人の絶対的自由を当然の前提とする「個人本位的国家説」に対する批判と克服の方向を、彼はヘーゲルの国家論――とくにその有機体的国家観――に見出し、「彼が国家を以て其自身に固有の目的を有する一種の有機体となせるの一点に至りては、古来の惑を一掃して国家学の前途に一大光明を放つものなり」(『ヘーゲルの法律哲学の基礎』一九〇五年、選集1、七六頁)と賞賛の言葉を惜しみなくつらねた。

しかし、吉野にとって最大の関心事は、やはりあるべき国家の観念や望ましき国家の理想ではなく、あくまで現にある国家の姿、国家の現実そのものであった。彼は同書でヘーゲルの法律哲学の大綱を紹介したのち、つぎのように記した。

> 思ふにヘーゲルの所説の如きは望ましき国家の理想を談ずるものとしては頗る傾聴を値すべしと雖も、現在の国家そのもの丶考察としては天下大に異議あらん。況《いわ》んや彼の所謂国家論は彼自ら云ふ如く、「古往今来幾多の国家の連続的発達の上に実現せらるべき国家の理想」を語るものにして、現在個々の国家を見るが儘に観察するものに非るが故に、徹頭徹尾事実を論究の基礎とする科学者より彼の説を見れば、中に幾多の有益なる暗示《サゼツシヨン》を含蓄するものあるに拘《かかわ》らず、必ずや一片の空想又は希望に止る部分少からざらん。近世科学的研究の結果は固よりヘーゲルの論結と乖離《かいり》する点極めて多かるべし(同上、傍点ママ)。

吉野の関心は、主として現実態としての国家、事実としての政治の探求に注がれていた。彼は大学を卒業してまもなく、一時、政界入りの希望を抱いたことがある。ある日、彼は郷里の先輩でありまた彼の大学入学の際の保証人でもあった政友会の代議士菅原伝を訪ね、斡旋を依頼してみた。菅原は、吉野の希望を最後まで聞くこともなく即座に思いとどまるよう忠告した。政界は大学出の人間が入るには、あまりにも表裏のある世界であり、吉野の品性のためにも断念するようにと言うのである。こうして吉野の政界入りは実現することなく終わったが、政治家にだけはなってくれるなという父のかつての戒めを、このとき彼は忘れていたのだろうか。四年前、菅原に保証人を頼んだ際も、父は菅原氏の教えをうけることはよいが、あの人の跡を追うのは考えものだとくれぐれも注意をしたという。だが、後年、吉野自身が語るところによれば、彼は父の戒めを忘れたわけではないし、本気で政治家になるつもりもなかった。それどころか、政治の研究に一生を捧げようという彼の初心は微動だにしなかったといってよい。ただ「研究には実験も必要だといふ位の考で、若《も》し出来るものなら政党事務所に一年位仕事して見たいと考へたものゝやうに記憶する」（「管《［ママ］》原伝氏と私」『新人』一九二四年九月、選集12、一三三頁）とみずから回想している。言ってみれば、日本政治の実態を身をもって検証したいという現実政治探求の意欲と、青年らしい一本気な実行力が、政界入りという一時の志望となって表れたとみることができるだろう。そのころ、また彼はしきりに政治家の伝記を書きたいという欲求にかられた。たまたま西園寺公望が菅原の所属する政友会の総裁でもあったところから、一日出し抜けに西園寺に紹介してくれと頼んで菅原を困惑させたこともあった。このエピソードもまた、現実政治に向けられた当時の彼の学問的関心の方向を物語るものであろう。

## 二　日露戦争と新しい世界像

一九〇四（明治三七）年七月、吉野は東京帝国大学を卒業し、政治史研究のため同大学の大学院に入った。北清事変勃発直後に入学した彼は、日露戦争のただなかに晴れて法学士となったわけである。その間四年、日本の国家は内外にわたってまことに多事であった。とくに一九〇〇年七月の北清事変を契機とするロシアの満洲（中国東北部）占領は、日本が政治的にも経済的にも「特別ナル利益」を有するものとなした韓国の存立に、直接重大な関係を持つと考えられていただけに、その解決は当時における対外政策の焦点を形づくった。いわゆる「満洲問題」がそれである。

この「満洲問題」の発生から、日露戦争という破局的段階に至るまでの過程は、まことに曲折に富んだ道程であり、それをめぐる朝野の意見も活況をきわめていた。すなわち、一九〇一年当時、一方では、伊藤博文・井上馨を中心として、日露協商――つまり日本の韓国における自由行動とロシアの満洲における自由行動とを、両国が相互に確認するといういわゆる満韓交換論の線で日露両国の利害の調整を図ろうとする試み――が構想されると同時に、他方では、日英両国がそれぞれ、英国については清国における特殊利益を、日本については清韓両国における特殊利益を、相互に認めあい、これらの利益を日英両国ともども提携して第三国（現実にはロシア）の侵略から擁護しようという日英同盟の締結が、時の首相桂太郎や外相小村寿太郎らによって推進されていた。

いわば硬軟両様をかみ合わせた政府の対露政策に対して、世間ではロシアの満洲占領に対する批判的空気が日ごとに強まり、「清国保全主義」の名のもとにロシアの満洲撤兵を要求し、韓国における日本の特殊利益を擁護しようとする意見が、組織的に展開されつつあった。近衛篤麿を盟主とし頭山満・神鞭知常・陸実（羯南）らを主軸として一九〇〇年九月に結成された国民同盟会は、その強力な推進力を形づくっていた。また当時、ロシアの満洲占領に憤激し対露強硬意見を持していた東京帝大法科大学教授の富井政章・戸水寛人・金井延・寺尾亨および東京商業学校教授の松崎蔵之助・中村新午ら六博士も、近衛たちと歩調を合わせつつ、日露問題にかんする建議書を政府に提出し、また強硬な外交意見を新聞に発表するなどして、大いに世論の喚起につとめ、世人の注目を集めたのであった。

もとより世上の論調は、対露強硬論一色に塗りつぶされていたわけではない。たとえば、幸徳秋水や堺利彦らは、社会主義の立場から、今日の戦争は一部の「富豪資本家」たちの利益に奉仕するものであって、多数の国民や労働者にとっては悲惨と困窮以外のなにものでもないとこれに反対していた。また内村鑑三や木下尚江も、キリスト教人道主義ないし人類同胞主義の観点から、非戦論・平和主義を精力的に鼓吹しつづけていた。この中にあって、吉野の関係する雑誌『新人』もまた、この「満洲問題」・対露外交に深い関心を示したことはいうまでもない。しかし当時、同誌の評壇においては、日本の韓国経営と韓国の「文明化」とをまさに日本の「天職」とみなし、日本独自の利害にもとづく自主的行動の必要を説く一方で、また他方では清国保全論の排外的性格を非難し、日露の経済的な共存共栄や満韓交換論的な日露協調を主張するなど、ロシアに対しては一般に穏健で平和的な論調が目立っていた。

このような多様な朝野の動向の中で、事態は、一九〇二（明治三五）年一月、日英同盟の調印、その年の四月、ロシアと清国との間の満洲還付条約の締結と進んで、問題は解決されるかに思われた。しかし懸案のロシアの満洲撤兵が、第一期の期限を過ぎ、第二期の期限が終わっても、一向に実現を見るに至らなかったとき、世間の対露強硬論は燎原の火のごとく広がっていった。先に対外硬の意見を発表した戸水寛人・中村進午・富井政章・金井延・寺尾亨らも、一九〇三年六月、あらたに高橋作衛・小野塚喜平次の両博士を加えて、ふたたび政府に断固たる決意を促すべく即時開戦を主張する建議書を提出した。いわゆる「七博士」の建議書として、時の視聴を集めたものがこれである。また、一時解散してロシアの満洲撤兵を注視する態度をとっていた国民同盟会も、この年の八月には対露同志会として再登場し、対露強硬政策の推進に努めることとなった。

こうした情勢を前に、幸徳・堺・内村らが非戦論を擁して立てこもっていた『万朝報』も、ついに開戦論にふみきったため、朝報社と立場を異にするに至った幸徳らは、社長黒岩周六らから寄せられた多年の好誼を惜しみつつ訣別を余儀なくされた。同紙に堺・幸徳連名の「退社の辞」が掲げられたのは、同年一〇月一二日のことである。そして彼らは、ただちに同志と語らって平民社を立ちあげ、翌月『平民新聞』を発刊してその「所信」を訴えつづけた。

これら非戦の声をよそに、対露開戦不可避の空気は、日一日と国内を重く包んでいく。吉野が卒業を一年後にひかえて、「ヘーゲルの法律哲学の基礎」という研究テーマに取り組みはじめたのは、ちょうどそのころのことである。しかし難解なヘーゲル哲学に取り組みながらも、現実の国家の動向に対する彼の強烈な関心はすこしも衰えなかったようである。ヘーゲルについての論文が一段落ついたころ、彼はふたたび『新人』の「時評」欄にしばしば筆を執るようになっていた。ことに一九〇四年一〇月、同誌の編集記者となってからは、彼の執筆活動もしだいに本格化するのである。

『新人』に掲載された対露問題にかんする翔天生吉野作造の時評としては、「露国の満洲占領の真相」（一九〇四年三月）、「露国の満洲閉鎖主義」（同上）、「征露の目的」（同上）、「露国の敗北は世界平和の基也」（同上）、「日露戦争と世界政治」（同年八月）、「豪洲人の日露戦争観を読みて」（同年一〇月）、「大いに黄禍論の起れかし」（同年一一月）などがある。これらの時評を通じて気づく点は、当時の一般的風潮を反映してか、日露戦争を正当化し、これを積極的に理論化しようという姿勢が認められることであり、また、先の日清戦争の結果、台湾という植民地をはじめて領有し、今やすすんで朝鮮をも自己の支配下におこうと企てている新興帝国主義国家日本の熱っぽい息吹が、そこにも感じられることである。

すなわち彼の所説によれば、ロシアが満洲に注目し、そこを占領して独占的に勢力の扶植をはかるであろうことは、中国がすでに先進諸国の進出を許し、その絶好の市場と化している現在、十分予想されたことである。ことに海港を獲得したいというロシア年来の希望を考えあわせれば、さらに容易に理解できよう。しかもロシアの意図するところは、満洲の経略にとどまらない。おそらくロシアは、ひとたび満洲を経略すれば、さらに進んで今度は朝鮮をも経略しようと企てるであろうし、ついには中国全土をも手中に収めようとするに違いない。たしかに、満洲は日本の商工業にとって大きな市場である。また朝鮮の独立を保全することは、日本の独立と安全のためにも不可欠の条件である。したがって朝鮮の独立保持のため、また日本の商工業の自存のみならず日本国家の存立そのものを守るためにも、満洲におけるロシアの勢力をくじくことは必要だ。しかし、このことは以前からすでに予想されたことであるから、日本としては機先を制して、満韓に貿易の権利を確定しておくべきであった。にもかかわらず今に至って日本の利害関係を唱えて、「先人の露客」を立ち退かせようというのでは、開戦の理由としてもわれわれの是認しがたいところである。

このように説きすすめた吉野は、「征露の目的」をつぎのように結論づける。「要するに露の膨脹は独り日本の危険とする所たるのみならず世界の平和的膨脹の敵也。露国の膨脹を打撃せざるべからざるは其平和的膨脹の敵なるが故也。自由進歩の敵なるが故也」（「征露の目的」選集5、八頁）と。たしかに満洲問題は、形式的には露清両国間の問題であって、日本の利害という個別国家の次元でロシアの既成事実に異を唱え挑戦することには、多くの困難をともなっていた。少なくとも日露両国が、第三国たる清国の領土＝満洲で砲火を交える理由としては、十分に説得的とは言いがたい。そこで、もし日本による対露開戦の大義を求めるとすれば、当時口にされた「満洲開放」、つまり一国による満洲市場の独占的支配の排除という国際的要請がそれであろう。この要請に応えるという日本の「国際的責務」を強調すること以外には、おそらく日本にとって説得的な開戦理由を見出すことは困難と言わざるをえまい。

吉野が、前述のように、満洲閉鎖主義にもとづくロシアの対外膨張は「世界の平和的膨脹の敵」であると「征露の目的」を理由づけたことは、その意味で、それなりに筋の通った対露開戦の正当化と言うべきであった。そしてさらに彼は、この戦争を歴史の理念によって意義づけようと試み、専制の時代より民権論の時代へという「近世欧洲の政治的進化の跡」にてらして、これを自由民権主義対専制主義の戦いと規定したのである。こうした観点から吉野は、ロシアを「自由進歩の敵」と規定し、さらに「吾人は文明に対する義務として露国に勝たざるべからず」（「露国の敗北は世界平和の基也」）と主張した。(4) そこには、師小野塚喜平次から学びとった例の衆民主義の精神が、いささか場違いの感じを免れないが、彼なりに生かされていることを知るのである。

しかし、ツァー・ロシアを専制主義の拠点とみなした吉野が、藩閥支配下の日本を自由民権主義の闘士と見たてたことは、すでにふれた日本立憲政の現状に対する彼の見解、およびのちに考察する彼の国内政治論からみて、理解しがたいものが残る。おそらくそれは、本来、彼の思想に内在しているナショナリスティックな性格――その表れ方は状況に応じて多様であり、その点についてはのちの叙述のなかで順次ふれるはずである――が、日露戦争下の異常な国家意識の高揚という状況の下で、衆民主義の原理と容易に結びついてしまったためであろう。

ところで日露開戦の翌年、一九〇五年、ロシア国内では、ゼネストによって自己の窮状を打開しようと立ち上がった労働者たちが、一月二二日日曜日の早朝、ツァー政府によって弾圧され、多くの犠牲者をだす流血の惨事が起こった。「血の日曜日」と言われてロシア第一次革命の始動を告げる事件がそれである。このロシアの革命的状況を見て吉野は、『新人』一九〇五年五月号の「時評」欄に、「露国に於ける主民的勢力の近状」および「露国貴族の運命」と題する二篇を発表している。そしてその中で吉野は、近年、ロシアにおいて人民的勢力が激増している原因は疑いもなく日露戦争にあるとし、「日露戦争の結果たる露国の人民的勢力の激増は結局同国人民を専制の害禍より救ふに至るべきや疑を容れず。吾人は今や東欧の天地に漸く文明の微光のひらめき初めたるを見て大に之を祝する者也」（「露国に於ける主民的勢力の近状」選集5、一三頁）と記した。そして彼は、さらに、「人智の開発は世の大勢なり。世の大勢にして抗すべからずんば人民の政治的熱望は決して抑圧すべきものに非るなり。貴族階級如何に其地位と力とを以てするも豈永く人民の勢力に抗すべけんや」（「露国貴族の運命」前掲書、一三頁）と説いて、ロシアにおける「人民的勢力」の台頭に心から拍手をおくり、その前途を祝福した。

このように近代ヨーロッパの政治的進化の方向を人民の自由の拡大と捉えた吉野の認識は誤っていなかったし、日露戦争下におけるロシア国内の革命的勢力の勃興に注目した彼の見識も、それなりに評価すべきものがあった。それにもかかわらず、専制ロシアの敗北は世界平和の基であり、日本の勝利は自由と文明の勝利であるとして、彼がこの戦争を美化したことは、いささか楽観的に過ぎた。冷徹なるべき吉野の国家批判の眼も、民族の運命をかけて戦う国家行動が人びとを引き寄せた強烈な国家感情の渦に、一時圧倒されたかの感が深い。

ちょうど一〇年前の日清戦争の勝利によって、きびしい国際社会の生存競争にともかくも耐えぬく自信を勝ち取った後進国日本にとって、今度の日露戦争は、さらに世界に向かって日本の存在を問い、その国際的地位を一層強固なものとするために、乗り越えなければならない大きな試練であった。「世界における日本」という、当時の多くの日本人にとってはまさに心の躍る主題が、おそらくは若き吉野の国家感情をはげしく揺り動かしたのであろう。彼は、日本の国内政治に今なお横たわる非立憲的要素の克服、閥族支配の打破という困難な課題にもかかわらず、この戦争における日本の勝利を歴史の大きな前進と考えたわけである。

すなわち吉野によれば、日露戦争はつぎの点で歴史的に意義深いものと考えられた。それは、一言でいえば、ヨーロッパ的世界像の克服と世界政治の理想への一歩前進ということである。吉野は言っている。一九世紀いらいヨーロッパ人は世界の主人公をもって自任し、世界はすなわちヨーロッパの社会を意味することにほかならなかった。「彼等は自己の定めたる規則におこがましくも万国公法の名を与へ、自己の歴史を僭称して世界歴史といへり。欧洲の利害は即ち世界の利害にして人道とは欧州的同情以外に出でざるものと誣うるに至る。ア、此思想は如何に高遠なる人道の発達を妨げたるぞ。光栄ある十九世紀の文明を穢せる少数の汚点の一は此思想に非ずや」(「豪洲人の日露戦争観を読みて」『新人』一九〇四年一〇月)と。

このように、欧米先進諸国によって捉えられた「世界」のイメージが、きわめて欧米中心的視点から形成され主張されたものであり、したがって彼らの説く近代の国際法にせよ、近代自然法にもとづく正義や人道の観念にせよ、いずれも欧米中心ないしキリスト教文化中心的な歪曲と独善性・虚偽性をもつ、とする考え方は、明治維新いらいヨーロッパ文明の積極的な受容にもかかわらず、他方では同時進行的に、日本の知識人や政治家に多かれ少なかれ広く共有されていた。たとえば福沢諭吉も西洋諸国のいわゆる「世界万国」や「万国公法」について「彼の所謂万国公法、又は万国普通の権利云々と称する其万国の字も、世界万国の義に非ずして、唯耶蘇宗派の諸国に通用するのみ」(福沢諭吉『時事小言』第四編、一八八一年九月、『福沢諭吉全集』第五巻、一八四頁）と述べている。また憲法調査で欧洲に渡った伊藤博文は、「抑欧洲の所謂文明道徳なる者は、悉皆耶蘇教内の事にして、之を異教の人に推さんとする誠意ある事なし」（伊藤博文、松方正義宛書簡、一八八三年一月八日、『伊藤博文伝』中巻、三三八頁）と、東洋の国日本に対する欧洲の差別的見方に不信感をあらわにしている。同様のことは、民権派についても見られる。たとえば民権派の代表的な新聞である『東京横浜毎日新聞』に掲載された「東洋諸国ハ万国公法ノ利益ヲ分取セズ」と題する論説でも、「泰西ノ政治家動《やや》モスレバ則チ曰ク、万国公法曰ク公道正理ト。而シテ彼等亜細亜地方ノ諸国ニ対スルニ至リテハ、公法モ道理モ顧ル所ナキガ如シ。故ニ彼輩ガ言フ所ノ万国公法ナル者ハ欧米二洲ノ万国公法ナリ、彼輩ガ言フ所ノ道理ナル者ハ欧米二洲ニ通用スル道理ナリ……」（『日本近代思想大系12　対外観』一九八八年、岩波書店、二二九頁）と、国際法や欧米諸国のいわゆる「道理」のイデオロギー性を指摘している。吉野のヨーロッパ中心的世界像に対する異議申し立ても、このような維新いらいのヨーロッパ批判の系列に属するものであり、日露戦争の勝利にもとづく国家意識の高揚という背景の下でそれが噴出したと見ることができよう。

吉野は考えた。日露戦争での日本の「連勝」は世界の耳目を驚かせ、日本の存在とその強大な国力とを世界に強く印象づけることに成功した。おそらく今後は、日本を世界政治の舞台から除外することは不可能となるであろうし、「世界公同の福祉」にかんする貴重な一票を、日本もまた自ら行使する権利を獲得することとなろう。これは「世界政治」の東洋への拡大であり、「世界政治の理想に一歩を進むること」にほかならない（「日露戦争と世界政治」『新人』一九〇四年八月）と。彼が、「大に黄禍論の起れかし」(『新人』一九〇四年一一月)と題して、いささか逆説的な形で説いたのもその意味であって、日本の国力の強大化こそが――たとえそのために白色人種の黄色人種に対する恐怖と対抗の感情を増大させたとしても――日本の存在をヨーロッパ世界に知らしめる道であり、「世界」政治を文字どおりグローバルならしめる所以である、というのがその趣意だったのである。

いわば、これは当時における吉野の「世界史の哲学」であった。日露戦争が国際社会に与えたインパクトは、たしかに多大なものがあった。ことに日本の勝利が、長くヨーロッパ列強の抑圧下にあったアジア諸民族を奮起させ、民族的自覚を呼び起こしたことは、無視できない事実であろう。中国革命の父孫文は、その点にかんしてつぎのように述べている。「日本がロシアに勝つてからは、アジア全体の民族は、欧洲を打破らうと考へ、盛に独立運動を起しました。即ちエジプト、ペルシャ、トルコ、アフガニスタン、アラビヤ等が相継いで独立運動を起し、軈《やが》てインド人も独立運動を起す様になりました。即ち日本が露国に勝つた結果、アジア民族が独立に対する大なる希望を抱くに至つたのであります」(孫文「大アジア主義」一九二四年一一月、神戸での講演、外務省調査部編『孫文全集』上巻、明治百年史叢書、一九六七年、原書房、一一三六頁、ただし原文のカタカナ文をひらがな文に改め、地名・国名は漢字表記をカタカナ表記に改めた)と。

吉野の日露戦争観は、このようなアジアの民族意識の動向と互いに響きあう性格をもったものであり、したがって当時の一部の識者が抱いたいつわらざる実感を代弁したものと言ってよい。たとえば大隈重信もまた日露戦争のさ中において、「従来世界の歴史は真に世界の歴史ではなかつた」と述べ、この戦争の勝利を契機とする日本の国際的地位の向上は、「世界の歴史に大なる変化を惹起」するであろうと説いた。そして歴史のこの新しい段階を迎えて、東洋の平和とくに中国の近代化に対する日本の指導的役割と、世界の新文明に対する日本の積極的貢献――大隈のいわゆる「東西文明の調和」――こそが日本の使命であるとしている（大隈重信『大隈伯演説集』所収、「日露戦争と世界の平和」一九〇四年五月、および「東亜の平和を論ず」同年一〇月などを参照）。

ただ問題は、この戦争がもたらした日本の国際的地位の向上と、アジアにおけるその先進的地位とを、それ以後の日本がいかに活用したかである。それは、すでに周知のようなその後の歴史――アジア太平洋戦争のそれ――によって明白に答えられている。そして、世界の新文明の有力な一形成者をもって自任し、中国を文明に導きうる国は日本を除いてほかにはないと自負した大隈は、一〇年後、かの二十一ヵ条の要求を中国に提示して、中国人民に屈辱の思い出を深く心に残さしめた当の人となった。ここでは、大隈とともに、この戦争を通して、祖国日本を世界におけるアジアの先導者と認識した吉野が、その後の日本の対外政策とくにアジア政策を、どのような視線で捉えることとなったかが、関心のもたれる問題として残るであろう。それについては、のちに項を改めて考察することにしよう。

## 三　主民主義と社会主義

日露戦争を契機に、日本の国際社会における存在感がいちじるしく増大したことに意を強くした吉野も、対外的進出の華やかさによって日本自体の政治の不合理や後進性に目をそらしそれを美化することは、許しがたいところであった。日露開戦前の政局は、一九〇三年一二月、異例にも衆議院議長の河野広中が、開院式の勅語に対する奉答文のなかに政府弾劾の文字をつらね、これを可決するという事件があって議会は解散、翌年三月三一日を期して総選挙という段取りにあった。総選挙を前にして時の二大政党である政友会と憲政本党（旧進歩党）との間には、歩調を一にして政府に当たろうという気運がしだいに高まりつつあった。政局はようやく動こうとする気配を濃くしていたのである。

しかしまさにそのとき、二月一〇日、ロシアに対して宣戦が布告され、様相は一変した。「万事は挙国一致の声に圧せられて反目茲に跡を収め闘争亦歇み、此の如くして選挙界は極めて静穏なりしのみならず、政界一般の情勢亦之が為に一変化を来せり」（『立憲政友会史』第二巻、八三頁）という事態が支配した。こうして総選挙直後に開かれた第二〇議会においても、政府は両院議員の有力者を招いてあらかじめ予算の内容を示して協力を求め、また政友会・憲政本党の幹部を招いて政府の財政計画について意思の疎通をはかるなど、政府と政党との接近は緊密の度を加えた。その後も政党は、「挙国一致」の声に引き寄せられたように、日露戦争の終幕に至るまで政府との妥協をつづけるのである。

このような政党の実情を目の前にして、吉野は「今日は政党の一大危急の秋なり」と訴え、藩閥政府に接近する政党勢力のあり方を批判して、つぎのように警告している。「政党は主義として藩閥政府其ものに反対すべき者なり。二者は先天的に相容るべからざるものなり。主義政策の一致を名として両者相接近するは政党の自殺なり。漫りに『挙国一致』の名に惑ふ勿れ」（「政進両党の新連鎖」『新人』一九〇四年一〇月）と。このようにして彼は、すでに藩閥政府の超然主義を原理的に否定する姿勢を明確にし、超然内閣を「此の奇怪なる元老内閣」と呼んで非立憲内閣の消滅と責任内閣制の確立こそが、「立憲有終の美を済さんと称して起てる政党の目的」でなければならないとした。政党が今日直面している急難を救うもの、それは何よりもまず政党勢力自身が相提携して政府に対抗することであると考えた彼は、政党勢力の奮起に望みを託した。しかし、その望みは果たされぬままに時はむなしく過ぎた。

ところで吉野は日本における政党発達の跡をかえりみて、これを三つの時期に分けている。第一期は明治一二、三年頃より国会開設まで、第二期は日清戦争前後まで、そしてそれ以後「現今」（明治三七年）に至るまでを第三期とみなした。そして第一期は、「仏蘭西流の自由民権論」を背景に国民の政治参加への要求が高まり、政党が組織された時代で、「云はゞ只感情的に直覚的に政党を組織して民権を主張」した時期であり、第二期は、政党が「一に藩閥打破といふことを以て唯一の目的とするに至る」時期である。この時期は政府と議会との激しい対立抗争によって彩られた。これに対して第三期は、あたかも政友会の創立に象徴されるような、藩閥と民党との提携によって特徴づけられる時期である。この期の政党について、「表面は国論の統一を以て原理とすと雖も、党員多数の意裡を窺ふときは彼等の党籍に列する所以は主として利益にあり」（「政党進化論」『新人』一九〇四年四月）と彼は述べている。こうして吉野は、政党が藩閥勢力と妥協することによって政権への接近をはかり、利益にもとづいて離合集散をかさねる姿に、政党の暗い将来を感じとっていた。

言うまでもなく、日清戦争後、藩閥政府と政党との妥協が公然化すると、既成政党に対する批判の声は各方面から寄せられた。なかでもきびしい批判者として登場したものに、当時すでに社会主義的立場に多くの共感を覚えていた一群の人たちがあった。その代表的なものとして、たとえば幸徳秋水・木下尚江・片山潜・堺利彦らの名前を挙げることができよう。彼らは、それぞれの個性と独自のニュアンスとを保ちながら、しかも労働者の劣悪な生活状態に集中的に表現されているような当時の社会の病弊にひとしく目を注ぎ、その根源が資本主義制度にあるとする点で考えを同じくしていた。そしてそれを救治すべき一国の政治は、かえって一部の資本家の利益に奉仕し、議員は徳義も節操も失って私利に走る、ここに議会政治の腐敗堕落の原因があるとの認識においても、また彼らはたがいに立場を共有していた。

彼ら初期社会主義者たちの活動は、明治三〇年代を通じて、多くの妨害と弾圧とにもかかわらず、精力的につづけられた。一八九七（明治三〇）年七月、片山潜・高野房太郎らを中心に結成された労働組合期成会は、文字どおり日本における労働組合運動の母体をなしたものであり、一八九九年一〇月、片山潜・木下尚江・幸徳秋水・中村太八郎らによって組織された普通選挙期成同盟会と、それを足場とする普選論の展開は、大正期に入って本格化する普選運動の草分けとしての意義を担った。

また彼らは、資本主義社会の病弊を除去し、労働者の社会的・経済的地位の向上をはかるという意味で、社会主義社会を理想としたのであるが、それへの階梯として主張されたことは、言論・集会・結社等の自由の保障や、普通選挙制度の採用を中心とする参政権の拡大強化であり、また各種の社会改良論や社会の徳義品性の向上などであった。したがって、本来、彼らの思想そのものはきわめて理想主義的・人道主義的であり、政治的には立憲主義の徹底を当面の目標としていた。明治三〇年代における彼らの多くが、社会の悪と戦う正義感と人類愛の精神にひかれてキリスト教と交渉をもち、またキリスト教徒と提携してその活動を進めることができたのも、その一つの表れであった。

それでは、同じく既成政党の腐敗を嘆き、日本政治の現状に甘んじることができず、立憲主義の貫徹を心から願った吉野は、当時の社会主義に対してどのような態度をとっていたのであろうか。ことに吉野が師事した海老名弾正の本郷教会には、石川三四郎・大杉栄・木下尚江ら、当時、社会主義や非戦論を主張した人たちのグループである平民社の同人や関係者の出入りも少なくなかった。このような環境、このような時代に、多感な青年期を過ごした吉野が、社会主義に関心を持つようになったとしても、けっして不思議ではあるまい。事実、吉野のために社会主義の手引き役を引き受けたのは、仙台時代からの親友でありまた本郷教会の仲間でもある小山東助であった。その間のいきさつについては、吉野自身の回顧がある。話は吉野の学生時代、一九〇一、〇二年の頃にさかのぼる。

私をして社会主義の研究に眼を開かしめた恩人は故小山東助君である。彼は私を無理に引ッ張って文科の故中島力造教授の講義に侍せしめた。社会倫理の講義と云ふのだが、内容は徹頭徹尾ソシアリズムの講釈であつた。机上に携へ来られた本をそつと覗《のぞ》いたらフリントの『社会主義』である。そこで私も直に之を丸善に求めて読んで見た。余りいゝ本とは思はなかったが、併し中島教授の口から聞いたロドベルッスとマルクスとの学説の関係などは今に些《すこ》しは憶へておる。その中に段々之だけでは満足出来なくなる。けれども不幸にして大学の講義にはその頃社会主義を説明して呉れるものは外には頓《とん》となかったのである。坪井九馬三先生の政治史の講義では少しばかりバクニンとクロポトキンとを聞いた。金井延先生の経済学では独乙《ドイツ》のゾチアリステン・ゲゼッツの話を聞いた。いづれも社会主義と社会党とは不正不義なものと押し付けられる丈けで、私の要求するものとは大分距離が遠い。之が遂に是亦《これまた》小山東助君の手引に依て屢々《しばしば》社会主義者の講演会に出席し、ひそかに安部磯雄木下尚江の諸先輩に傾投《けいとう》する因縁《いんねん》を作った所以《ゆえん》である（「民本主義鼓吹時代の回顧」選集12、八〇―八一頁）。

この回顧からも察せられるように、吉野の社会主義に対する関心は、多分に学究的な興味にもとづくもののように思われる。そういえば海老名との場合もそうである。すでにふれたように、吉野が海老名から得たものは、たえずより高い真理を追求してやまない激しい知的な意欲であり、科学的精神であった。それに対して石川三四郎や大杉栄らが海老名の門をくぐったのは、資本主義社会の権力と対決をつづける社会主義者として、揺るぎない確固とした倫理的支柱を得たいという、自己の内なる要請にかられてのことであった。たとえば石川三四郎は、すでに一四、五歳のときから社会主義や無政府主義について教えられ、学生時代から社会主義的な文章を新聞や雑誌に寄せていたが、「しかし、本当に人類社会への献身と言うことを教えられ、全我をそれに傾倒しようとする情熱を養われたのは全くキリスト教によってでした。海老名弾正氏の『新武士道』という説教などにはどの位感激せしめられたことでしょう」（石川三四郎『自叙伝』上巻、一九五六年、理論社、六三頁）と、そのころの感慨を語っている。

また本郷教会では石川の後輩にあたる大杉も、海老名にまつわる思い出をつぎのように述べている。「僕は、海老名弾正が僕らに教えたように、宗教が国境を超越するコスモポリタニズムであり、地上のいっさいの権威を無視するリベルタリアニズムだと信じていた。……そしてまた僕は、海老名弾正の

『基督伝』や、なんとかいう仏教の博士の『釈迦牟尼』の、クリスト教および仏教の起源のところを読んで、やはりトルストイの言うように、原始宗教すなわち本当の宗教は貧富の懸隔からくる社会的不安から脱け出ようとする一種の共産主義運動だと思っていた」（大杉栄『自叙伝』中央公論社『日本の名著』46、中公バックス、一九八四年、四二七―四二八頁）。

社会主義およびキリスト教について見られた吉野の学問的関心と、社会主義者たちの実践的な関心、この相違が、現実の政治や社会については同じく批判的立場をとりながら、ついに両者の提携を阻んだかのごとくである。社会主義者たちのように、地主・資本家に対する闘争の姿勢や憎悪の哲学は、吉野の受け容れるところではなかった。社会主義者たちが主張しているように、果たして現在の社会に窮乏や罪悪が存する主たる理由は、地主・資本家の存在するためなのであろうか。彼らを社会から一掃すれば、人びとの窮乏や罪悪は絶滅するであろうか。土地や資本の私有制度を否認したのちに、新たな別の弊害が生ずることはないか。こういう点に、彼の「社会主義に対する根本の疑問」（「普通選挙請願運動の檄を読む」『新人』一九〇四年一二月）が残されていた。制度的改革には、つねに国民の道徳的向上がともなわなければならぬ。いや、むしろ「根本の問題は制度を運用する国民の精神如何といふに帰する」（「国民共同の根本欠陥」一九二五年一一月、『公人の常識』一九二五年、一四一頁）と吉野は後年述べているが、それは階級的視点に対する彼の首尾一貫した立場をなしていた。吉野のいわゆる「社会改造運動に於ける理想主義的立場」（前掲書、一四二頁）がそれであった。

「主民主義」と称した日露戦争当時の彼の立憲政治論も、また民衆一般の知識と道徳に期待する「理想主義」の観点によって貫かれていた。『新人』(一九〇五年一・二月)に連載された彼の「本邦立憲政治の現状」は、前年の一一月に新人社講演会で「政治勢力の中心」と題して述べた講演の大綱を記したものであるが、この雑誌に掲げた彼の最初の本格的論説であり、当時の彼の立憲政治論を体系的にまとめあげたものとして注目される。

彼の立憲政治観を一言にして示せば、つぎのようになる。「所謂立憲制度とは、元首の行動は政府之を制し、政府の行動は議会之を監督し、議会の行動は人民之を監視するの制度にして、人民をして政治の得失に対する終極の判定をなさしめんとするものなり」(「本邦立憲政治の現状」一九〇五年一月、選集1、六頁)。人民・議会・政府・元首と積み上げ、それぞれの間を下からの抑制ないし監督という関係で結んでゆく立憲制度観は、大正期に入ってから、彼のいわゆる民衆政治論や民本主義論のなかで、くり返し説かれるところである。

すなわち彼の立憲政治論のねらいとするところは、第一に、議会が有効に政府の行動を監督する地位を確立すること、第二に、議会が人民の意向を代弁する健全なる政治勢力を形成すること、この二点にあった。おそらく今日では、このような立憲政治論に異議をさしはさむ者は誰もいないであろう。しかし当時にあっては必ずしもそうではなかった。たとえば穂積八束は、「立憲制ノ要素ハ民主主義ニ在ラス三権分立ノ組織ニ在ルコトヲ忘ルヘカラス」(穂積八束「立憲制ノ本旨」一八九九年一月、『穂積八束博士論文集』一九四三年、増補改訂版、四二四頁)という説を主張しつづけていた。穂積によれば、立憲制の眼目は、立法・司法・行政三権の作用を分割して、それぞれ独立の機関に配分し、各々の領域を明らかにして相互に侵すことを許さず、それによって一機関による専制を防ぐことにあった。

それは一見、自由主義的な三権分立論の継承を思わせるのであるが、しかし事実はそうでない。穂積が言おうとする点は、じつはつぎの二点にあった。第一の点は、立憲制に対置された専制は、彼によれば、中世にあっては多く「君主ノ専制」を指したが、近時においては「大臣専制（ミニステリエルデスポチスムス）」および「議院専制（パーリアメンタリスムス）」であり、とくに後者――すなわち議会の信任を内閣存立の前提とする議院内閣制や、国民の意思と利害とを政治の最終的判定者たらしめようとする議会主義――を否定することにあった。また第二の点は、三権の分立を本旨とする穂積の立憲制論は、当然、三権の分離軋轢を予想しなければならない。そのため、この三権を「統一シ之ヲ調和スル」主権者すなわち君主の強大な権力と強固な地位を不可欠のものとして主張することにあったのである。

要するに穂積八束の立憲制＝三権分立論は、議院内閣制や議会主義の否認であり、君主大権の独立と強化を主張するものにほかならなかった。そしてこの穂積八束は、当時、東京帝国大学法科大学長であり、また憲法講座の担任者、貴族院議員、その他各種の政府委員をつとめる憲法学の権威として自他ともに許す存在であった。それを思えば、この主張の重みのほどもおのずから想像できよう。

したがって真に近代的な立憲政治の貫徹、吉野流に言えば主民主義的な立憲政治の樹立のためには、まず以上のような旧来の「立憲制」論と戦わなければならなかったのである。議会は政府の行動を監督し、人民は議会の言動を監視する点に立憲制度の「眼目」を見出した吉野の主張は、穂積が議会を立法・司法・行政という横の配列の中で捉えて、これらを君主大権の下に従属させたのに対して、議会を政府と人民とにつらなる縦の系列の中に位置づけた点で、新鮮な理論構成であった。それはまた議会をもっぱら立法機関として静的・法制度的に捉える議会観を打破するものでもあった。穂積八束が、「蓋立憲政体ノ本領ハ三権分立ノ精神ニ則リ国会ヲ以テ立法権ヲ行使スルノ機関タラシムルコトニ在リ、国会在リト雖立法ニ参与スルノ権能ナキトキハ立憲ノ体制ヲ成サヽルト同時ニ其権力強大ニシテ立法司法行政ニ通シ国家最高ノ権力ノ中心トナルコトアラハ亦立憲政体ノ主義ニ反ス」（穂積八束「憲法ノ精神」一九〇〇年四―六月、前掲書、四八九頁）と述べるとき、そこには立憲政体即三権分立、国会即立法機関という立論の反議会主義的性格が如実に示されている。

このような立論に抗して、「議会ヲ監督機関ト呼ハント欲ス」とあえて主張したのは、吉野の師小野塚喜平次だった。

世人普通ニ議会ヲ以テ立法機関ト為ス。然レドモ実質的ノ意義ニ於ケル法規ノ決定ニ参与スルコトハ議会ノ専占ニアラズ。高等ノ形式ヲ有スル法規ニ参与スルコトハ近世議会ノ特色ニシテ歴史上重要ノ事項タリト雖モ、現今議会ガ世人ニ注目セラルヽハ此特色ヲ有スルガ為ニアラズ。且ツ議会ノ権能ハ所謂立法事業ニ参与スルノ外多々アリ。予算ヲ立法事項中ニ算入スルハ究屈ナル一ノ解釈タルニ過ギズ。若シ夫レ彼ノ因習久シキ三権分立説ノ旧套ヲ脱シテ、冷静ニ各国議会ノ国法上ノ特権ト政治上ノ活動トヲ概括シ来レバ、議会ハ批評、質問、議決、協賛、上奏、事後承諾等ノ方法ニ依リ、政治ノ万般ノ事項ニ付テ適法ニ意見ヲ発表シ、執政機関ノ行動ヲ監視シ、如何ニ傍若無人ノ内閣モ全ク議会ヲ無視スルノ挙動ニ出ヅル能ハズシテ、僅ニ議員操縦ノ如キ権道ニ依頼シテ漸ク其地位ヲ保チ政見ヲ行フヲ発見スベシ

（小野塚喜平次『政治学大綱』下巻、八七―八八頁、濁点・句読点は引用者）。

吉野の立憲政治論が、師小野塚喜平次のこのような議会観を継承するものであることは明らかである。ただ小野塚は、議会が「独立ノ監督機関」という地位を占める点に立憲国家共通の特色を見出したけれども、議会の意思が政府の参考の対象となるにとどまるか、それとも政府の進退をも制するに至るか――この場合をとくに「議会制」と小野塚は呼んだ――は、議会勢力の大小、その国の政治事情によって決定されると考えた。それはいわゆる議会制をもって立憲制と相容れないものとする穂積八束の立憲制観とは、もちろん立場を異にするわけであるが、しかし他面では、議会が政府の進退をも制する「議会制」は、両者の力関係によるものであって「必ラズ到来スベキモノニ非ラズ」（小野塚、前掲書、上巻、一三七頁）としているように、監督機関としての議会の地位は必ずしも徹底していなかった。

それに対して吉野の場合においては、少なくとも主義としては、政府が議会に対して責任を負うところの責任内閣制が到達すべき目標として、すでにはっきり設定されていた(5)。しかし、日本の現実を見るとき、責任内閣制の実現に至る道程がきわめてきびしいものであることは、吉野もよく承知していた。すなわち、吉野によれば、立憲政治が完備するためには当然つぎの二つの条件を必要とした。

（一）選挙を為す者が善良なる代議士を選挙するの明あり且つ其行動を監視するの十分なる能力あること

（二）議会に政府を監督するの実力あること即ち政府は議会に対して政治上の責任を有すること（「本邦立憲政治の現状」前掲書、六―七頁）

この二つの条件は、しかし、当時の日本の現状では、いずれも期待することが難しかった。善良なる議員を選ぶ知識と、その行動を監視しうる能力とを、すべての人民が持ち合わせているとは残念ながら認め難かったし、監督機関となるべき議会の実状についても、吉野自身が「議会の見識に就ては猶大に疑惧を抱く」（同上、前掲書、一七頁）と表白せざるをえない始末だったからである。したがってこの現実の中で、「立憲主義の本旨たる責任内閣制」の実現に一歩でも近づくためには、立憲政治の基盤をなす一般人民を教育して憲政運用に必要な知識と道徳とを身につけさせること、つまり公民教育の普及が急務であると、吉野は主張する。そしてそれと同時に彼が考えるには、権力を独占して民論の自由を束縛する閥族勢力については、「藩閥一系の頑迷を諭し速かに兜を主民主義の軍門に脱せしめ」るよう「啓蒙」し、他方、「放漫専恣」に流れて超然内閣の存続を許している議会勢力については、「議員を警告して大に自重自愛する所あらしめ」るようその「悟達」を求める、この二点を追求することが、わずかとは言え、責任内閣制への到達とわが国政界の進歩に貢献するに違いないと、吉野はあたかもみずからを励ますかのように述べるのであった。

## 四　国家観をめぐって

一九〇五（明治三八）年前後は、後年の民本主義者吉野の思想的枠組みが形づくられる過程を知るうえにも注目すべき時期となっている。吉野の初期の思想を特色づけたいわゆる主民主義は、藩閥官僚の支配する明治寡頭政批判の視点として注目すべきものをもっていたが、そこにはすでに、後の吉野の政治論を貫く思考方法上の特色が、かなり鮮明な形で浮きでていた。その特色をここでは、吉野と平民社同人との間で行われた国家観をめぐる論争を中心に、考えることとしたい。

雑誌『新人』と平民社同人との間で、国家精神の考え方をめぐって論争がかわされたのは、一九〇五年初頭のことである。吉野もまた『新人』の同人の一人としてこの論争に加わったが、この論争は、具体的な政治改革論の問題についてというよりは、むしろ国家の原理的な考え方についての論争であった。それだけにこの論争は、吉野と平民社同人たちとの政治的立場の違いを根底にあって支える、思想レベルでの相違点を浮きぼりにした点で興味深い出来事であった。

この論争は、一九〇五年一月の『新人』に掲げられた社説「日本魂の新意義を想ふ」（無署名、筆者は海老名弾正）に対して、幸徳秋水が『平民新聞』で論評を加えたことに端を発していた。すなわち『新人』の社説では、「日本魂」を論じてつぎのように主張した。「日本魂は由来国家魂なりき、今や大進して世界魂たらんとす。日本魂は由来民族魂なりき、今や大転して人類魂たらんとす」（選集1、参考篇、三七一頁）と。そしてこの社説の説くところによれば、これまで世界や人類の普遍的な魂は、聖人・仏陀・ヤハウェなど個的な人格を通して顕現される形をとるのがつねであった。しかし日本においては、「日本魂」という国家や民族の魂が、今や普遍的な「世界魂」「人類魂」に転化し、国家を通して顕現しようとしている。それは、「日本魂」が「天地の公道」あるいは「ロゴス」である「宇宙魂」に深くその根源を発しているからにほかならないとした。こうして社説は、キリストのいわゆる「神の国」「ロゴスの国」の顕現は、じつに「大日本帝国」こそが実現すべき運命を有するものであることを確信せざるをえないと熱情こめて説いたのであった。

ここにいう「日本魂」が、ナショナルな集団意識《グループ・コンシャスネス》以上の何を指すものであるかは必ずしも明確でない。しかし日露戦争を契機とする日本の強国としての自意識、世界の日本という自負が、この社説の気負った論調を生み出していることは間違いない。幸徳秋水は、この社説を『平民新聞』（一九〇五年一月八日）の「新年雑誌瞥見」欄でとりあげた。そして海老名のこの所説は、日本による東洋諸民族の併呑を聖化し、日本魂をロゴスの顕現と説くことによって「国家無上、国家万能の主義」を指向する政教一致論にほかならないと批判したのである。

吉野が社説「国家魂とは何ぞや」（無署名）を『新人』（一九〇五年二月）に執筆したのは、この秋水の批判に応えるためであった。吉野によれば、秋水の批評は『新人』の所説に対する曲解であり、それは国家あるいは国権という観念についての正確な理解を欠くことに起因するものだとした。そして、そのような立場から国家についての吉野の見解を展開したのが、「国家魂とは何ぞや」と題するこの文章であった。

当時の吉野が国家観念について述べたものとしては、この文章のほか、木下尚江の『新人』批判に反論した「木下尚江君に答ふ」（『新人』一九〇五年三月）と「平民社の国家観」（同上、同年四月）および「『国家威力』と『主権』との観念に就て」（『国家学会雑誌』同年四月）と題する論説がある。これらの文章を通してまず注目される点は、吉野が、国家の意思と国家の権力、および国家の構成員である個人という三つの側面から、国家のあり方を把握しようとしていることである。すなわち「国家魂」「国家精神」あるいは「国家威力」と吉野が呼んでいるものは、いずれも第一の国家を基礎づける意思を意味する概念であり、「政権」「主権」というのは、第二の権力としての国家ないし国家権力の所在を意味する概念として用いられていた。そして国家の意思と権力と国家の構成員という三者の関係を通して近代国家の特色を明らかにし、「国家魂」や「国家精神」の意味を考えようとする点に、吉野の基本的な問題関心もそそがれていた。

すなわち吉野によれば、人類はもともと孤立して生活しうるものではない。つまり「個人の物質上并びに精神上の生活は決して社会国家を離れて存在するものに非ず。即ち各個人は皆社会国家なる団体の一員として常に其団体の意思に統制指導せらるゝものなり」（「国家魂とは何ぞや」選集1、七八頁）という前提から、その立論は出発していた。ちなみに国家あるいは社会と個人との関係にかんする同様の考え方は、すでに、吉野が大学在学中に参加した法理学演習での報告を基にまとめた著書『ヘーゲルの法律哲学の基礎』（一九〇五年一月）のなかでも述べられている。そこではつぎのような表現が見られる。

> 個人の生活なるものは元と社会国家を離れて存在せず。全然社会的交通より超絶せる個人の自由独立と云ふが如きは到底吾人の想像し得ざる所なり。個人の自由といひ個人の独立といひ之を相対的の意味に解すれば可ならんも、之を絶対的の意義に解すべしとせば果して一面の真理を伝ふるものなるや否やを疑はざるを得ず。果して然らば個人と社会国家との間には俄《にわか》に主従の別を附するを得べからず。個人の絶対的自由を前提とせる幾多の説明は動《やや》もすれば個人其者の本質を誤り易きのみならず、又其の国家を

解明するや余りに機械的に過ぐるの嫌なきにあらず（『ヘーゲルの法律哲学の基礎』選集1、七三頁）。

このように、独立した存在としての個人を思考の原点にすえる個人主義的な「機械的」国家観から、個々人の有機的な結合体として国家を捉える有機体的な国家観への転換にあたって、「わがヘーゲルの国家学説は実に此一転機を為すものといふべし」（同上、前掲書、七四頁）と吉野は述べているが、先の「国家魂とは何ぞや」に見られるような吉野の国家観の形成にあたっては、学生時代に接したヘーゲルの見解が、少なからぬ影響を及ぼしていたように思われる。このことは、後の吉野の民本主義論の性格ともかかわる点であるので、一応、念頭においておく必要があろう。

すなわち吉野は、国家を一つの団体＝「一国民族の団体」として捉えた。そして彼が「国家魂」とか「国家精神」とか言うとき、そこで意味しているものは、このような団体としての国家の「共通意思」であり、それは各個人にとって「内外一切の生活の最上の規範」（「国家魂とは何ぞや」前掲書、七八頁）とされるものにほかならなかった。だがここで問題となるのは、この「国家精神」または「国家魂」が、果たして誰の意思によって形づくられるのかという点である。吉野によれば、その点にまさに国家の歴史的発展の相違が生まれ、多様な政治形態の出現するゆえんがあると考えた。

つまり吉野によると、「古代蒙昧の時代」においては、この「国家精神」は君主一人の意思にほかならず、人智が少しく進むに至っても、それはなお少数の貴族の意思という域を出ることはなかった。国家という団体の全体の意思や生活規範が、その団体を構成するすべての人の意思や判断を基礎として形づくられるようになったのは、じつに近代になってはじめてのことであり、近代が「個人覚醒の時期」

とされ、近代史が「個人的霊覚の発展の記録」と言われる意味もまたそこにあった、と言うのである。そして近代以前の国家を「少数中心主義の国家」と呼び、他方、近代の国家を「多数中心主義の国家」と吉野は呼んだ（「木下尚江君に答ふ」前掲書、八三頁）。

国家は、このように意思の主体として捉えられると同時に、他方では主権的な権力の主体としても理解することができる。というのは、いわゆる「国家魂」「国家精神」は、個々人が国家生活を送るに際しての最上の規範であり、「各個人を支配する一大意力」すなわち吉野のいわゆる「国家威力」であるとするならば、この国家意思の有効な支配を担保するために、国家はまた主権的な権力を必要不可欠としたからである。吉野は、このような国家の権力を「政権」と呼び、「国家魂」「国家精神」「国家威力」を指すところの「国権」と区別した。そしてこの政権の所在を彼は主権者と考え、それを国家という団体の最高の機関とみなしたのである。

国家についての吉野のこのような理論構成は、いうまでもなく君主制国家にあって主権者の地位を与えられていた君主を国家の機関に位置づけている点で、いわゆる君主（天皇）機関説を採るものと理解することができる。事実、その理論構成は、機関説論者として知られる憲法学者美濃部達吉と、いくつかの点で相似たところがあった。たとえば、国家を団体とみなし、団体としての国家の意思力に最高性を認める点、また、この意思は、近代においては国家を構成する各個人の「共通意思」に基礎づけられると考えた点、および、いわゆる君主主権あるいは主権在君という場合の主権とは、「国家最高の機関」の意味であると理解する点などがそれであろう。

このような国家についての理論構成は、いずれも団体としての国家全体の意思や利益を主権者たる君主の意思や利益より上位におくことによって君主権を制限し、国家の構成員である一般民衆の意向が政治の上に占める比重をより高くしようとする意味を持った。この点について吉野は、その論文「『国家威力』と『主権』との観念に就て」で、一層明確に問題点の追求を行っている。すなわちこの論文では、国家の統治権という意味での国家主権の観念に対して、とくに「国家威力」なる観念を提示し、この両者を明確に区別すべきことを説いている。吉野によれば、いわゆる主権というのは、各個人に対して国家的行動を命令できる法律上の力であり、各人にとっては外的な規範であるのに対して、「国家威力」は、国家の構成員に対する「一種の精神的規範」であり、「各人の国家的行動の最上の内的規範」である点に特色があるとした。つまり、先に団体としての国家の意思ないし生活規範を意味するものとして「国家魂」「国家精神」と呼んだものが、とりもなおさずこの「国家威力」にほかならない。したがって近代国家の特色は、まさに各個人が「啻《ただ》に受働的に国家威力の統制に服するのみならず今や又実に能く主働的に国家威力を維持し発生せしむるものたらんとす」（選集1、九四頁）る点にあると、吉野は考えたのである。

そして吉野が主権なる法律的観念に対して、とくに「国家威力」なる新しい政治学的観念を提示した意図も、また主権を超え、したがってまた主権を規律する、規範ないし理念を理論的に基礎づけたいという点にあったと思われる。この論文で吉野が、「法律上より論ずれば主権は国家に於ける最高の権力なり主権者は何人の支配をも受くべからざるものなりと雖も、政治上より之を論ずれば主権者は実際国家威力の支配を受くること多きものにして且つ又之が掣肘《せいちゅう》に甘ずるを可とするものなり」（前掲書、九五頁）と述べているのは、そのことを物語るものであろう。ここには、「法律上」と「政治上」という二つの視点を区別し提示する形で、恩師小野塚喜平次の志した政治学の法律学からの独立という先述の試みが、みごとに継承されまた活かされていることを知るのである。そして、この国家観を支えるものは、まぎれもなく吉野のあの主民主義であったし、それはその後大正期に入って唱道される民本主義論への先駆をなすものでもあった。

ところで木下尚江がこの吉野の国家理論に批判を加えたのは、もとよりその理論の背後にある吉野の主民主義的立場に対してではなかった。むしろ、国家は国家を構成する各人の「共通意思」によって基礎づけられるべきものとする吉野のこの主民主義的国家理論については、「是れ『国家』の哲理的基礎と其理想とを説明せるものにして、吾人が宿論たる民主々義の依つて建つ所なり、何の異議か是れあらん」（木下尚江「『新人』の国家宗教」『直言』一九〇五年二月一二日、選集1、参考篇、三七四―三七五頁）と、木下は支持を惜しまなかった。いや吉野の方が、かえってこの木下の「民主々義」云々の賛辞に対して、いささか迷惑気味の態でもあった。吉野は「木下尚江君に答ふ」のなかでつぎのように述べている。「予輩の共通意思論は近代国家の趨勢に就て云ふのみ。国家は其国家たる本来の性質上すべて民主々義に基くべき筈のものと云ふ空理空論は予輩の主張するを欲せざる所なれども、只近代人文の開発と個人霊性の醒覚との事実に基き、国家の基礎は主民主義たるべきを主張するの点に於て、偶々《たまたま》木下君の同感を博し得たるは予輩の大に光栄とする所也」（選集1、八四頁）と。

しかし木下尚江が問題としたのは、じつは国家の「哲理的基礎と其理想」というような概念としての国家や、当為としての国家ではなかった。そうではなくして、現に当時の日本において支配をほしいままにしている国家こそが、木下にとっては問題であったし、したがってまた国家の概念や理念もそれが日本の現実の中で、具体的に何を意味するかが重要だと考えたのである。木下の批判は、いずれもこうした観点に根ざすものと見ることができる。たとえば木下は、この論説のなかで三つの点を指摘し、吉野を批判している。

第一の点は、吉野が近代においては国家意思たる「国家魂」は、もはや君主や貴族によって代弁されるのではなく、各個人によって積極的に形成され基礎づけられるとした部分に関連していた。すなわち吉野が、「現今の論壇に於て国家魂を目して君主若しくは貴族の声なりと為す者あらば是れ甚しき誣妄《ふぼう》の言たり」(「国家魂とは何ぞや」前掲書、七九頁)と述べたのに対して、木下は「法科大学の講堂」において説かれる「哲理」の上では、あるいは吉野のような理解が支配的であるかもしれないが、少なくとも日本の「現実社会」にあっては依然として「国民の旧信仰」が温存され利用され、吉野の説くような「進歩せる国家の哲理的理解」は、比較的少数と言わなければならないとしたのがそれである。すなわち吉野があくまで理論のレベルで問題を展開させたのに対して、木下の問題関心はむしろ現実の世界にあったわけである。

第二は、たとえ問題を「法科大学の講堂」に限定したところで、吉野の説くように、国家の基礎を「各個人共通の意思」に求める国家論が、果たして学界において確立しているか否かはきわめて疑わしい、という点にあった。その例として木下は、憲法学の権威として当時学界に有力な地位を占めていた穂積八束の「祖先教ハ公法ノ源ナリ」とする国家論を挙げる。

穂積の「祖先教ハ公法ノ源ナリ」と題した論文は、『国家学会雑誌』（一八九二年一月）に掲載されたものである。その前年、穂積は、新しい民法制定の賛否をめぐって激しい論争が起こった際、「民法出テ、忠孝亡フ」（『法学新報』一八九一年八月）といういかにも挑発的な題名の論文を発表して反対論を展開し、民法の施行延期に力をかしたことで知られている。いわば明治日本の保守的な法学者・国家学者の大御所的存在と言ってよい。

いずれの論文においてもそうだが、穂積がそこでとくに強調しているのは、公法により規定される権力関係とは、元来、家父長制的な家族における父と子の関係に由来するもので、その本質において絶対的で無制限な命令服従の関係を意味するものであること、そしてこのような権力関係を内面的に支えているものは、「祖先教」つまり古代における死者の霊魂の崇拝に起源する祖先崇拝の慣習ないし精神であるとする点にあった。そして日本は、古来、祖先教＝祖先崇拝を倫理の根本として維持しつづけることによって、天皇統治の絶対不可侵と国民服従の絶対無制限とを権力関係の特質として今日にまで至っているると主張したのである。

この穂積の考えは、彼自身が述べているように、キリスト教文化を背景とする欧米諸国の「個人平等ノ社会」や「個人本位ノ法制」への対抗を意図して唱えられたものであったが、天皇親政の理念や天皇統治の絶対性という観念——木下尚江のいわゆる「国民の旧信仰」——をイデオロギーとして最大限に利用していた明治日本の藩閥官僚支配に好個の理論を提供するものであった。木下尚江は、こうした穂積の理論が今なお権威をふるっている日本の現実に一指も触れることなく、吉野のように「各個人共通の意思」に基礎づけられた国家を近代では自明のものなどと説くその姿勢が、いかにも観念の世界に遊ぶものでしかないと感じたのであろう。

たしかに「現今の論壇に於て国家魂を目して君主若しくは貴族の声なりと為す者あらば是れ甚しき誣《ふ》妄《ぼう》の言たり。君主貴族の声が直ちに吾人最上の規範たりし時代は既に遠き昔の夢となりぬ」という吉野の言い方には、なるほど読み方によっては、いかにも日本の現実との緊張感覚を欠いた他人事のような印象を受ける。おそらく木下にとっては、こうした吉野のアカデミズムに安住した姿勢が歯がゆくてならなかったのであろう。しかし吉野にしてみれば、穂積のような専制主義的な国家論が依然として学界で権威をたもち、天皇の政治に対する絶対服従という「国民の旧信仰」が、「国体」の名の下で根強く維持されている日本の現実に、もとより無関心であったわけではない。吉野が近代国家の原理をあたかも自明の理のごとく説いたのは、日本の前近代的な現実に対する彼なりのプロテストであったのであろう。

以上の二点をめぐる木下の吉野批判は、あくまで理論を通して現実に接近しようとする思想家吉野作造と、現実に向けての戦闘的な実践の姿勢を貫こうとした行動者木下尚江との、いわば人間的な性格ないし傾向の違いを示すものであったが、つぎに述べる第三の点は、両者の思想のより本質的側面における立場の相違と関連するものと考えられる。それは、吉野が国家の基礎を「各個人共通の意思」に求めたのに対して、木下が「乞ふ書斎の窓を開いて実社会を看よ、文明の結果は同胞の間を割きて貧富両民族に分類せんとするの傾勢日に益《ます》甚《ます》だし、何の処にか『共通意思』を基礎とせる国家の理想は実現せらるゝや」(木下尚江「『新人』の国家宗教」前掲書、三七五頁)と疑問を投げかけた点である。すなわち資本主義国家の存在そのものに否定的な立場をとっていた木下は、現実社会にあって進行しつつある「貧富」の差の拡大に注目し、近代文明が生んだこの抜き難い社会的不平等と利害対立を直視するならば、吉野が考えたような国家を基礎づける「共通意思」などというものは、書斎の中での観念論でしかないと切って捨てたわけである。(6)

しかし吉野はもとより書斎のなかで観念をもてあそぶ類の人ではない。前述のように彼は政治の研究を志すにあたり、「研究には実験も必要だ」というほどの思いから、一時は政党事務所で一年くらい働いて政治の実際を知ろうと真剣に考えたほどに、現実のもつ重みを認識し、現実から出発することを心がけた学問の人であった。たしかに彼は、日本においても立憲制度の下で、個人の自由な意思を通して形成された「共通意思」により国家が基礎づけられる日の来ることを待ち望んだ。吉野のこうした志向は、先に論説「本邦立憲政治の現状」をとりあげた際にふれたように、藩閥官僚支配を支えた「超然主義」の批判と、これに代わる「主民主義」の提唱という形で示されていた。しかし、当時の国民の政治的資質や能力の一般的な水準の低さ、および藩閥勢力に対抗し得るだけの自主的な政党勢力の未成長という日本の現実を考えると、残念ながら現在の日本においては、立憲制度を通して形成されるはずの「共通意思」と、それに基礎づけられた国家を、ただちに期待することは困難だとするのが吉野の現状認識であった。

しかし、木下が「貧富」という経済的利害を重視し、経済的な利害対立の存在するところでは、当然、「共通意思」の形成もまた困難だとする立場をとったのに対して、吉野は立憲制度を媒介とする主民主義的な「共通意思」の形成に代わる別個の集団意識、すなわち個人の個別的な意思や利害を超えた高次の集団意識が存在することを主張した。民族という意識＝「民族的精神」がそれであった。「木下尚江君に答ふ」のなかで吉野はこう述べている。

抑も現時の国家に於て共通意思の実現が完全に非るや固より論を待たず。個々特定の問題に就て各人其見る所を異にすること恰《あた》かも木下君と吾人との論争するが如きことあればとてそは、直に其間の共通意識の存在を否定するの確証となるか。貧者と富者と一方に相争ふと同時に他方には日本人としての独特なる共通意識なしと云ふ乎（選集1、八六頁）。

国家や社会の秩序概念の根底として経済的要因を重視した木下と、「日本人としての独特なる共通意識」という民族の存在を強調した吉野、二人の思想を支えたこの思考方法上の相違がここでは示されていた。そして吉野に即して言うならば、こうした形で、図らずも彼の思想に内包されたナショナリスティックな側面が鮮明に映し出されることとなった。吉野が国家について語るとき、そこにはたとえば主民主義というように、理論的に吸収された西欧近代の合理主義的な国家観と、他方、いわば彼自身のなかに血肉化されたナショナリスティックな国家像とが、つねに表裏をなして分かちがたく交錯していたのである。

# 第二章　民本主義の誕生

## 一　異境での体験と思索

大学卒業直後の吉野の論説を通して、後年の民本主義者吉野の思想的輪郭は、かなりの程度までたどることができた。しかし、若き日の吉野を大正期における論壇の旗手へと橋渡しするためには、一九〇六（明治三九）年一月より約三ヵ年にわたる中国滞在と、一九一〇（明治四三）年六月よりさらにまた約三年におよぶヨーロッパ留学の体験について、その概要を把握しておくことが必要であろう。もとより、吉野の詳細な伝記的記述をこころみることは、本書の趣旨ではないから、ここでは、あくまでその思想形成に関連する範囲ないし視点からの整理にとどめたい。

吉野が中国に向けて旅立ったのは一九〇六年一月、間もなく二八歳の誕生日を迎えようとしていた二二日のことである。その後、ごく短い期間の一時帰国を間に挿んで、一九〇九年一月に帰国するまで、中国滞在は三年におよんだ。中国での彼の主な仕事は、天津に居を構えていた直隷総督袁世凱の長男袁克定の私教師つまり家庭教師であった。克定は、当時吉野と同じ二八歳で、もともと身体が弱く、両親からも甘やかされて育ったらしい。吉野の表現によれば、彼は「頭脳明晰と聡明好学といふことより取り柄のありさうに見えない人」だった。そして日本への留学を熱望していたが、親の反対でそれも果たされずに終わったこともあったようだ。吉野がのちに記すところによると、「彼れの読書好きなのはまた格別で、親爺が奨励など少しもせぬに拘《かかわ》らず、日本の新刊のあらゆる法政経済の書物を買ひ集めて勉強せんと心掛けて居る。是《こ》れ丈《だけ》は誠に感心した。予の行く前は、直隷総督の招聘せる日本教習を引請して、日本語やら何や彼やを学んで居つたが、遂に専属の教習を雇つて、かねて買ひ集めて居る日本の書籍を片ッ端から読破しやうとの決心から予を雇ふ事にしたのである」(「清国の夏」一九〇九年七月、選集12、二六二頁)という。吉野を家庭教師として招くに至った背景にはこのようなことがあったようである。

ところで当時、吉野は、大学を卒業していらい大学教授への道を求めて得られず、大学院に籍をおいて政治史の研究を続けながら機会の訪れるのを待っていた。いわば不遇の身であったのである。彼が、同郷の先輩で政治家の菅原伝が社長をしていた新聞『人民』から頼まれて、進学を目指す学生生徒のために「如何にせば試験に成功するか」と題する一文を寄稿し、一四回にわたって連載(1)したのも、その時期のことである。とくに吉野は、一八九九年の秋、高等学校在学中に阿部たまのと結婚し、大学卒業のときはすでに二人の娘がおり、まもなく三女も生まれて家計のやりくりは並大抵でなかった。そのうえ羽二重会社に出資していた実家も工場焼失のため倒産し、学資の援助を期待できるような状況にはなかった。彼は何とか自分自身でこの苦境を乗り越えなければならない事情に迫られていたのである。

吉野に中国行きの話が伝えられたのは、そのような状況にあったときであった。話は法科大学教授の梅謙次郎からもたらされた。中国（清朝）は、日清戦争による敗北いらい、ようやく近代化へ向かって胎動を開始していたが、その中国の改革に何らかの力を貸すというこの仕事、しかもそれが当時の中国の動向を左右する実力者の一人袁世凱の招くところであったことは、青年吉野の心を動かすものがあったにちがいない。そのうえまた、彼が解決を迫られていた経済的苦境を打開するためにも、それは一つの選択としての意味を持つことができたはずである。こうして彼は、知己友人の見送りをうけ天津に向けて日本を離れた。それでは三年間にわたる中国での生活から吉野は何を得たのだろうか。

吉野が任地天津に着いてみると、報酬等の雇用条件が最初の約束とはまったく異なり、いきなり裏切られた思いを味わわされたこともあって、中国の印象は好ましくないことの連続であった。現地在住の人からはしばしば「支那人は直接遇つて見ると非常に愛嬌があるが、相見ぬ中は馬鹿に尊大に勿体《もったい》ぶる」と聞かされていたが、実際は予想をはるかに超えるものがあった。ことに直隷総督の地位にあった袁世凱となると、「勿体ぶること王侯も啻《ただ》ならず」という具合である。吉野は記している。「予の如きは愛児の教師であるから、向ふから訪問して来なくても、不取敢《とりあえず》僕を丁重に招いて宜しく頼む位の一言あるべきことゝ思ふのであるが、彼は中々勿体ぶつて之れ迄数度会見を申し込んだけれども、成功しなかつた。会見を申込んで其承諾を待つといふ様な対等の言葉では、勿体ぶる有様を形容することが出来ぬ。寧《むし》ろ拝謁を懇請して、御許しの御沙汰を待ちはべるとでも云つた方が適当であらう」(同上、選集12、二六四頁)と。ともあれ、これが実態であった。

このような次第で、目のあたりに見、また直接の体験を通して捉えられた中国の実情は、この国の改革とその将来についての安易な見通しを、冷たく拒むような旧い病巣を至るところでのぞかせていた。役人の腐敗・横暴、警察の不誠実、形式化した生活習慣、外国人に対する深い猜疑心……。吉野は、中国から雑誌『新人』に寄せた一文のなかでつぎのように述べている。

支那に於ける形式の異常なる今日の発達と云ふものは、如何に深く人類本性の自然的煥発を妨げて居るか、到底吾人の想像の及ばざる所である。人類本性の自然的煥発が著しく妨げられて居るが為めに、支那人には著しく独立自由の思弁と云ふことが乏しい。独立自由の思弁が乏しいから従て亦高遠なる理想と云ふものがない。理想がないから当然また進歩と云ふことが無い。大体から云ふと支那には模倣はある。併し乍ら進歩は無いと予は断ずるを憚《はばか》らない(「支那人の形式主義」一九〇六年九月、選集8、一八一頁)。

当時の中国の状況には、理想主義的な吉野の心情にとってやりきれないいらだたしさを感じさせるものがあった。それを彼は「形式主義」として捉え、そこに中国の進歩をはばむ最大の障害を見たのである。ところで、天津滞在の当初、吉野は月々の俸給もきちんと支払われない不安定な生活を余儀なくされた。そのような事情もあって吉野は、当時、清国に派遣され袁世凱の顧問などもつとめた陸軍の坂西利八郎少佐らの世話で、直隷督練処翻訳官という名義を与えられ、督練処の将校のために戦時国際公法の講義を行う仕事も引き受けた。この講義は、一九〇七年三月二五日より日曜を除く毎日行われた。また同年の九月からは北洋法政学堂で教壇に立ち、政治学および国法学の講義も行っている。この北洋法政学堂は、立憲制度導入のため袁世凱により新しい人材養成を目的として天津に設立され、この年九月に開校したばかりの専門学校である。そして吉野が教鞭をとった当時の教え子には、のちの北京大学教授で中国共産党創立にも関与した李大釗がいた。

こうした公的な活動のほか吉野は、天津の教会活動に熱心に加わり、祈禱会の司会や青年会の運営、聖書研究会の活動等々に多くの時間を割いていた。青年会では、夜学部の通俗講話会に出て、社会主義についての講話などを行ったことも日記（一九〇七年一月九日）に記されている。吉野の中国滞在の三年間は、このようにして過ぎた。そしてこの三年間が吉野にとって何だったかは、彼自身のちに振り返ってつぎのように述べている。

私は嘗つて今日より十数年以前支那に往つて居つた。三年も居つたので、支那を少し知つて居るやうに世間では誤解して居るが、実は余り知らない。其の時は主として北方に居りましたが、つまり旧式の官僚畑の人々との交際でありました。僅かの間であるが、それでも色々の人と交際して友人を求めたのでありましたが、実は殆んど一人も心友を得なかつた、信頼するやうな人物に遇はなかつた。故に支那に三年も居つたのだが其時は支那に人物なしときめて大に失望して帰つたのであります（「支那問題に就いて」一九一九年六月、『黎明講演集』第四輯〈復刻版〉第一巻、一九九〇年、龍渓書舎、三五六―三五七頁）。

このようにして吉野は中国の前途に光明を見出すこともできず、三年間の滞在を終えて帰国した。しかし中国の将来について、彼はまったく望みを絶ったというわけではない。中国の為政者や役人に愛想をつかしたとき、彼が最後に望みを托したのは中国の民衆であった。中国滞在中に寄稿した先の論説で吉野は、「支那といふ国が若し果して改善進歩すべき国であるとすれば、其改進の原動力は必ず平民より来ねばならぬ」とし、したがって本当に中国の改善進歩を願うならば、清国政府や政府留学生を援助する以上に、清国の民衆に近世文明の恩恵を及ぼし、「彼等をして真理に依りて事を断じ事を行ふの人民たらしめる事」こそが重要だと論じた（前掲「支那人の形式主義」前掲書、一八六―一八七頁）。

中国論は、後年の吉野にとって民本主義論とならぶ主要なテーマを形づくるのだが、とくに今回の中国滞在が吉野の中国研究に重要な契機を与えたようには考えられない。吉野に親しく教えを受けた蠟山政道も、吉野のこの中国行に関連して、「その二ヵ年の滞在中になされた見聞と、行われた研究とが、後年の先生の中国革命研究にどんな役割をもっているかは明かでない。先生自身もその点をあまり積極的に主張されたことはない。おそらく、先生の中国革命研究は、明治四十三年から大正二年までの欧洲留学中になされた欧洲政治史の研究の結果とその観点に立って為されたものと推定される」（蠟山政道「わが師吉野作造先生」社会思想研究会編『わが師を語る』一九五三年、社会思想研究会出版部、一四一頁）と述べている。この蠟山の言葉をうらづけるように、吉野もまた前引の講演「支那問題に就いて」の中で、中国滞在から帰国後も、中国の将来について失望のあまり「其後も支那のことを研究する積りにもならず、支那のことは全く分からなかった」としている(2)。

かつて清国に滞在した体験を、このように中国の前途に対する失望という形でしか思い起こすことができなかったにもかかわらず、この清国滞在の最中に、もし中国が改善進歩するとするならば、その原動力は必ず平民より来るとした前述の吉野の見解は、中国の現状に対する彼の失望の深さゆえに、一層の重みを持つもののように感じられる。中国近代化の究極の担い手を民衆に求め、民衆の力に最後の期待を寄せる点は、後年の吉野の中国論を貫く特色をなすが、この特色にかんしては当時の吉野の中国観においても、すでにはっきりと示されていたわけで、このことは注目に値する点であろう。それというのも、彼の主民主義が吉野のものの見方を内側から規定する重要な視座として、当時の中国論においても確実に機能していたことを物語るからである。

ところで一九〇九年一月、袁世凱が失脚したのを機会に、吉野は中国より帰国し、翌月五日、かねてから期待していた東京帝国大学法科大学の助教授（担当は政治史）に任ぜられた。そして翌一九一〇年一月、政治史及び政治学研究のためドイツ・イギリス・アメリカへ留学を命ぜられ、四月、東京を後に三年にわたる在外研究の旅に出るのである。

東京の留守宅には、妻をはじめとし一一歳を頭とする五人の幼い娘たちが残された。吉野の心配は、東京に残った家族の生活資金にあった。当時、吉野の生活は、経済的にかなり困難な状況にあった様子で、天津時代に北洋法政学堂の同僚としてともに教鞭をとった親友の今井嘉幸から、友情の記念に贈られた自転車まで手放して生活費にあてるほどであった。彼の日記にも「帰朝以来毎月支出スル所百金ニ上リ五十余円ノ月給ニテハ足ラズ　四月マデハ多少ノ原稿料ト多少ノ貯蓄ヲ以テ補ヒシモ五月分ノ不足ハ何ヲ以テ之ヲ補フベキカニ窮シ」云々（一九〇九年五月三一日の項、選集13、八三頁）とその間の苦しい事情を記している。そのような状況であったから、在外研究の意志を固めるとともに、彼は家族の生活資金に対する援助策について奔走をかさねなければならなかった。そして二、三の心当たりとの交渉が不調に終わったのち、海老名弾正の紹介で徳富蘇峰に面会し、蘇峰を通して何とか後藤新平から援助を受ける見通しがつくところまでこぎつけることができた。

後藤は、当時、第二次桂内閣にあって逓信大臣兼鉄道院総裁の要職にあった。蘇峰は後藤と会って細かい点まで話を詰めたうえで、後藤に宛てた紹介状を吉野のために書いてくれた。後藤との面会の模様は、吉野の日記につぎのように記されている。「昼近ク学校ニ行キ電話ニテ打合ヲナシ後藤新平氏ヲ逓信大臣官舎ニ訪フ　単刀直入願望ノ主意ヲ述ベタルニ即座ニ快諾ヲ与ヘラレ毎年五百円ヅヽ三年間恵与セラルヽコトヲ約サル　徳富氏ハ何カ調査ノ嘱托アルベキ話ナリシモ氏ハ何モ頼ムコトナシトノコトニテ全ク無条件ニテ恵与セラルヽコトトナリシ也」（一九〇九年九月三日の項、前掲書、九七頁）。この後藤の好意は、当時の吉野にとって何よりも嬉しく感じたにちがいない。田中惣五郎『吉野作造』によれば、「後年吉野は、後藤新平の命日には、ひそかにただ一人で墓まいりをしつづけた」（同上書、一二四頁）とのことである。また蘇峰に対しても吉野は敬愛の念を失わず、晩年に至るまで公私にわたり交際がつづいた。

こうして欧米留学へ旅立った吉野は、一九一〇年六月一日マルセイユに到着、ヨーロッパでの生活が始まる。最初の滞在地は、ドイツ西南部の大学都市ハイデルベルクであった。ハイデルベルクには一ヵ月の旅行期間を含めると約八ヵ月滞在し、その後、リーデンハイムやヴュルツブルクなどを訪れ、つづいてミュンヘン、オーストリアのウィーン、そしてふたたびドイツにもどり、一九一一年の九月三〇日夜にベルリンに到着、同地に約六ヵ月滞在する。その後は、ヴュルツブルク、シュトラスブルクを経てフランスに入り、ナンシーそしてパリに向かう。パリの生活は一九一二年の八月から翌年の一月まで、その間一ヵ月のジュネーヴ滞在を挿んで約六ヵ月、ふたたびベルリンにもどったのち、ベルギーを経てロンドンに入っている。ロンドン到着は一九一三年三月一三日夜であり、二ヵ月半のイギリス滞在を終えて、アメリカ経由、帰国の途につくという順序になっている(3)。

欧米における三年間は、吉野にとって新しい見聞と知的な刺激に満ちた日々の連続であった。まず吉野が心がけたのは英・独・仏・伊などの外国語の修得であった。ハイデルベルクを離れたのちも、滞在先の各地では、到着するとまず新聞広告などで語学の個人教師を募集し、定期的に稽古に通うという具合で、異国の言葉を身につける努力を終始怠ることはなかった。そして最初の滞在地ハイデルベルクでは大学の講義にも出席している。聴講したのはゲオルグ・イエリネック（G. Jellinek）をはじめ主として政治学・政治史・国家学にかんするいくつかの講義であった。

イエリネックは、美濃部達吉をはじめ日本の公法学にもきわめて大きな影響を与えた当代を代表する学者だが、吉野は聴講に先立ち、このイエリネックを自宅に訪ねている。「五十六七ニ見ユル中肉（トニ云フヨリモ小肥リノ）中脊ノ老紳士ナリ　低声ニテ親切サウニ話ス　折アシク客ヲ招待シテルノデ暫時話セルノミニテ帰ル」（「日記」、一九一〇年一一月六日、選集13、一四三―一四四頁）と吉野はそのときの印象を日記に記した。また最初にイエリネックの講義を聴いた日の日記には、「朝初メテ Jellinek ノ講義

ニ出テ見ル　題ハ Politik des modernen Staats〔近代国家の政治〕ト云フノデ今日ハ第五回目ナルガ国家ニ及ス地勢人種ノ関係等政治地理ニ関連スル部分ヲ講ズ　低声ナレドモ能ク分ル」（同年一一月一一日、前掲書、一四五頁）とある。しかし、当時、吉野が日本に書き送ったエッセーではかなり手きびしく、「兼《かね》て大学の講義はツマラヌものといふことは聞いて居たが、斯れ程とは思はなかった」と、ドイツの大学の講義についての印象を伝えていた。そして学生の間では好評のイエリネックの講義にかんしても、「最も内容に富むと云はるゝエリネック先生のですら、馬鹿々々しくて聞いて居れぬ。是れ学生の智識の程度が低い為めで致方《いたしかた》もない」（「ハイデルベルグ大学――『滞徳日記』より」一九一一年三月、『選集』12、二七三頁）と、不満をもらしている。

このように吉野は、聴講したドイツの大学の講義には、さほどの魅力を感じることができなかった模様である。むしろ彼が興味をひかれたのは、大学の講義に出席して熱心に聴講している市民の姿であり、しかも男女を問わず、中には老人もまた珍しくないことに彼は驚きをおぼえている。彼も聴講したオンケンの政治史の講義での教室風景とその感想を、彼は日記にこう記している。「Oncken ノ講義ニハ例ノ如ク満堂一杯ノ人ナリ　中ニハ七十ヲ超エタリト見ユル老人モアリ　六十代ノ白髪ハ男女共ニ其数少カラズ　Oncken ノ評判ヨキニモヨラルガ独乙人ノ学問ニ趣味ヲ有スルコトハ之ニテモ其一斑ヲ知ル可キカ　之ヨリモ驚クベキハ丁度 Oncken ノ前ニ同ジ講堂ニテ Windelband ノ哲学史ノ講義アルガ之ハマタ Oncken ニモマシテノ大人数ナリトカ　Windelband ノハ純粋ノ哲学ニテ Oncken ノハ政治史ナルガ之ニヨリテ観ルニ独乙人ハ哲学ト政治トニハ男女老少ノ別ナク格別ノ趣味ヲ有スト云フベキガ如シ」（日記、一九一〇年一一月二五日、選集13、一四九頁）と、ドイツ人の哲学と政治への一般的な関心の高さに強い印象を受けた模様であった。

とくに吉野はヨーロッパの女性が男性に劣らず積極的に社会で発言し行動する姿にふれて、しばしば新鮮な驚きを感じていた。ウイーンに滞在中、食料品価格の騰貴に抗議する市民のデモが行われた際、各所で警官との衝突が起こり、ついに死者も出る事件があった。数日後、犠牲者の葬式が労働者たちの手で行われたとき、吉野もまた墓地まで見に出かけたが、そのときの印象でも、「会葬者野次馬男女合セテ無慮数千名半バハ女ナルニハ驚キタリ」（日記、一九一一年九月二一日、前掲書、二四一頁）と、こうした社会的問題に対する女性の関心の高さにやはり驚いている。また、ベルリン滞在中の一九一二年一月、吉野はドイツの帝国議会選挙を目のあたりに見聞する機会を得、選挙演説の傍聴などにも出かけているが、そのときにも「婦人来集者甚ダ多シ　生活難、物価騰貴ナド云フコトハ自ラ細民ヲシテ Sozialdemokratie〔社会民主党〕[4] ニ傾カシムルモノ、如シ」（日記、一九一二年一月一一日、前掲書、二六六頁）と書きとめている。

こうした女性の政治意識の高さに強い印象をうけた吉野は、婦人問題にかんする催しには比較的こまめに足を運んだ。たとえば、婦人参政権運動についての演説会にも、留学中もっとも心を許す友として誼を深めた佐々木惣一と一緒に出かけている。そのときの日記には、「夕方佐々木君来ル　其誘ニヨリ Frauenstimmrecht〔婦人選挙権〕ノ演説会ニ傍聴ニ行ク　Frau Bauer ト云フ七十余歳ノ婆中々元気ニ演説スル　聴衆モ8分ハ婦人ナリ　題ハ今次ノ選挙ノ結果ニ関スルモノナルガ婦人ノ斯クモ政治ニ興味ヲ有スルハ感ズルニ余リアリ」（日記、一九一二年二月一二日、前掲書、二七一―二七二頁）とある。またその翌月、同じくベルリンで家庭婦人と職業婦人についての博覧会が開かれた際にも、彼は早起きして会場に足を運んでいる。

吉野は、帰国後、婦人問題についていくつかの論説を発表しているが、そこでの彼の基本的立場は、女性もまた一人の人間として、男性と対等の独立した人格を認められるべきであり、女性自身もその自覚を身につけなければならぬという点にあった。そして、そうした基本的立場を前提としたうえで、婦人は本来家庭的であるべきだとする考えを原則的に支持した。それはつぎのような吉野の婦人観にもとづいていた。すなわち、「婦人の天性はもと男子と共に家庭を作り、男子を輔《たす》け男子に倚《よ》りて其本分を完うするに在つて、外界の社会とは云はゞ男子を通じて間接に交渉するに止るものである」（「婦人の政治運動」一九一五年五月、選集3、一一六頁）とする考え方である。婦人の天性を家庭に求める点で、これは一種のあるいは広義の良妻賢母主義ということができる。

しかし日本の現実はどうであろうか。日本の女子教育をこれまで支配してきた良妻賢母主義は、その美名の下で実際には女性の自主性や独立の人格を否定し、「奴隷的婦人の養成を目的とする教育主義」（同上、前掲書、一一八頁）にほかならないと吉野は指摘する。その意味で彼は、良妻賢母主義に反抗する「所謂新しき婦人」たちの主張にも理解を惜しまなかった。そしてそれと同時にまた、自己に目覚めた婦人たちが社会的に進出し社会に向かって発言をする趨勢は、これからも一層著しくなるであろうし、それは現に西欧諸国に見られるように、もはや避けがたい時代の動きと考えた。「婦人運動の起るは、ドーセ自然の大勢である。人力を以て之を阻止するは、一木を以て大河の決するを支へんとするよりも困難である。然らば寧ろ婦人運動の健〔堅〕実なる発達を助長して、皮相的の軽薄な流行を抑止するのは急務ではあるまいか。下らない取締などをすると却て浅薄な運動の生起を促すものである」（同上、前掲書、一二二頁）。これが吉野の婦人運動に対する態度であった。そしてそのような観点から彼は、今日における婦人問題の本質と欧米各国における婦人問題の実情を具体的に説いた『婦人問題』（徳富蘇峰監修、現代叢書）と題する書物を、みずからが編者となって一九一六年に刊行している。

　こうした吉野の婦人問題や婦人運動についての現状認識を確かなものとするうえに、彼の留学中のヨーロッパでの見聞が大いに寄与したであろうことは想像に難くない。事実、彼は婦人問題を論ずるなかで、「私がウインナに居る時、下宿の女中は勉強の時を得て毎夜二時間宛、天文学や解剖学を研究して居た」（「戦後の婦人問題」一九一五年四月、選集3、一一三頁）とか、「先年予が伯林《ベルリン》に留学して居つた頃、国会議員の総選挙があつた」（「婦人の政治運動」前掲書、一一九頁）云々といった具合に、随所に彼自身のヨーロッパでの体験にふれてその論考の裏づけとしていた。

　また吉野の留学生活のなかで関心を抱きつづけた問題の一つに宗教の問題があった。それは、彼のこれまでのキリスト教との関わりからして当然のことであろう。彼はハイデルベルクでキリスト教青年会に加入し、多くの友人を得るとともに、またその友人を通して各地を訪れるなどして見聞を広めることにも努めていた[5]。その宗教も新旧のキリスト教をはじめユダヤ教にも深い興味を抱き、ユダヤ教の寺院を訪ねたり、シオニズムの演説や講話を聴きに行ったり、ユダヤ人学校を参観したりしている[6]。

留学中の吉野は、規則正しくほとんど午前中は読書にあて、しかも時間が許せば夜間あるいは終日読書に取り組んだようである。そのためだろうか滞欧生活中に眼をわるくし（「眼精疲労」）、「眼霞ンデ本ガ読メズ困ル」（日記、一九一一年二月二一日、選集13、一八二頁）とか、「幾ラ勉強シタッテ聊モ疲労困憊ヲ覚エザレドモ眼ガチクツイテ本ノ読メナクナルニハ誠ニ閉口ナリ」（日記、一九一二年七月五日、前掲書、三〇九頁）という日記の記事が目にとまる。またロンドン滞在中の日記にも、「終日読書セシタメ眼マタ悪クナル」（日記、一九一三年四月二日、前掲書、三八五頁）とある。しかしその後も彼の日記から「読書」の文字が消えることはなかった。

このように吉野は、留学の間、じつに勤勉な生活に終始したが、しかし彼の滞欧生活をその日記から辿るときとくに印象に残るのは、熱心な勉学態度もさることながら、それに劣らず驚くほど積極的にその国の各層の人びとと接触し、いわば「何でも見てやろう」式に出かけて行っては、自分の目で確かめ耳で聞くという足を使った勉強にも大変意欲的なことであった。市民のデモや選挙のことは前にふれたが、そのほか議会の傍聴、裁判所の見学、各種の博物館・美術館の見学、史跡の訪問、オペラ見物はもとより、各地の学校訪問や授業参観、病院の見学、そしてリーデンハイム滞在の際などは近郊の農家を訪ねて農村の生活を体験し、パリではゴブラン織の織物工場を見に行き、ドイツのルール地域の都市エッセンを訪れたときは、クルップの工場を通りぬけてコロニーを視察し、「労働者ノ住宅ノ模様ニツキテハ一ト通リノ観念ヲ得タリ」（日記、一九一三年二月一七日、前掲書、三七一頁）とみずから納得したりしている。

また一九一二年九月、ジュネーブで万国議員会議と万国平和協会大会が開催されたときは同地に赴き、これらの会議にも連日熱心に傍聴に通った。そして万国議員会議には日本の議員も出席の予定であったが、明治天皇の大喪のため出席とりやめとなったことを聞いた吉野は、「日本モ世界的地歩ヲ占メタル今日世界的問題ノ討議ニ参加スルノ好機会ヲ我カラ放棄スルノハ大喪ト云フ大事ノ場合トハ云ヒ返ス返スモ残念ナリト思フ　大喪トハ云ヒ乍ラ国運ノ発展ニ関スル問題ハ之ヲ等閑ニ附スベカラズト思フ　如何シテモ日本ハ未ダ世界ノ一国タルノ意識徹底シ居ラズト思フ」（日記、一九一二年九月一九日、前掲書、三三二頁）と、やり場のない憤懣の念いをもらすのである。

一九一三年五月、吉野はヨーロッパ滞在を終えてロンドンを発ち、最後の滞在地アメリカに向かった。六月五日、ニューヨーク着。最初の計画では九月上旬までアメリカに滞在の予定であったが、妻たまのがチフスで入院との知らせを受け、取るものも取りあえず帰国の途についた。したがってアメリカは、ニューヨークからシアトルまで五日間の汽車の旅となった。バッファローからシカゴに向かう日、吉野はアメリカの印象を日記にこう書いた。「American cities ニテ著シク気ノツクノハ本屋ノナイノトAuto-mobil ニ関スル物品ノ売店ノ多キコトナリ　大学ノ近所ニモ本屋ハ一軒モナカリキ　偶アレバ小説ノ類ヲ売ルモノ、ミ」（一九一三年六月七日、前掲書、四〇二頁）と。ヨーロッパでは行く先々で本屋や古本屋をのぞき、本を買い集めることを欠かさなかった吉野らしいアメリカ文化観といえよう。六月一七日、シアトル出帆、七月三日横浜に入港、三年あまりの在外生活はこうして終わりを告げた。

では吉野自身、この三ヵ年の欧米での生活から何を学んだと考えていたのだろうか。その点について彼は、後年、回顧してつぎのように述べている。

留学三年にあまる幾多の見聞が後年の私の立場の確立に至大の関係あるは勿論《もちろん》だが、中に就き特に茲《ここ》に語っておきたいのは、(一) 英国に於て親しく上院権限縮小問題の成行《なりゆき》を見たこと、(二) 墺都維納《ウィーン》に於て生活必需品暴騰に激して起《た》つた労働党の一大示威運動の行列に加はり、その秩序整然一糸みだれざるを見て之でこそ国民大衆の信頼を得るに足るなれと大に感服したこと、(三) 一九一二年の白耳義《ベルギー》の大同盟罷業《ひぎょう》を準備時代から目《ま》のあたり見聞し、秩序ある民衆運動の如何に正しく且《かつ》力あるものなるかを痛感せしこと等である(「民本主義鼓吹時代の回顧」一九二八年二月、選集12、八四頁)。

ここで吉野が留学中の貴重な見聞の一つに挙げているイギリス上院の権限縮小問題とは、一九一一年八月の議院法制定を指すことは言うまでもない。すなわち一九世紀末いらい抜き差しならぬほどにその溝を深めつつあった上下両院の対立は、一九〇九年、自由党のアスキス内閣の提出した予算案が、地主および保守勢力の拠る上院で否決されたとき、両院の対立はもはや決定的となった。アスキス内閣は下院を解散して国民の信を問い、国民の支持を背景に予算案を成立せしめるとともに、上院の権限縮小にかんする議院法案 (Parliament Bill) を提出、上院の強硬な抵抗を乗りきって同法の成立を達成した。この議院法の成立により財政にかんする下院の絶対権と立法上の優越権が確立することとなったのである。この議院法成立当時、吉野はオーストリアのウィーンにいたが、同地からこの歴史的な事件の推移を見守っていたのであろうか。彼がロンドンの地を踏んだのはその二年後のことである。イギリスにおける議会制度民主化の動向を見聞したこの体験が、吉野の民本主義論の大きな支えとなったことは、容易に理解できるところであろう。

また第二に挙げているウィーンでの物価騰貴反対の示威運動については、先に女性の社会的進出の問題に関連してふれたが、このデモの集会に参加した吉野はまた、警戒のため出動した巡査とデモに参加した人民の両者の態度にいたく感心した様子であった。そのことは当日の日記に、「見物中感ジタルハ(1)巡査ハ全然看護人ノ如ク人民ニ対シテ毫モ積極的追究ノ態度ニ出デザルコト(2)人民モ概シテ規律ヲ守リ漫リニ反抗ノ態度ニ出ザルコト、是ナリ」(一九一一年九月一七日、選集13、一三九頁)と記していることからも知られる。

このようにヨーロッパの民衆や労働者が、社会的な道徳や節度をきちんと身につけていることに、滞欧中の吉野はかなり強い印象を受けた模様である。そのことは、吉野がヨーロッパ留学の収獲として第三に挙げたベルギーでの大同盟罷業の見聞と民衆運動のあり方についての高い評価を見ても明らかなところであろう。同様のことは、また、ハイデルベルクに滞在中、ハイデルベルクから汽車で二時間ほどのプフォルツハイムを訪れたとき、街頭を往来する労働者の群集に接した際の印象として、彼が日記につぎのように記している点にも示されている。すなわち「此土地ハ金銀細工ノ有名ナル工場ノアル所ニテ土曜日ノコトヽテ工場労働者ノ往来頗ル夥シ　併シ何千人ト云フ労働者ノ中一人モ不作法ナル者ナク整然トシテ左往右来シ人ノ迷惑ニナル様ナコトヲセヌハ実ニ見上ゲタ者ナリ　日本ナラバ放歌スル者アリ悪口スルモノアリ女ニフザケル者アリテ到底不快ヲ感ゼザルヲ得ザルナランニ去リトハ見上ゲタ者カナト熟々感心ス」(日記、一九一〇年一〇月一五日、前掲書、一三四―一三五頁)[7]と。

このように吉野がヨーロッパ滞在中、民衆の規律ある集団的行動や労働者の節度ある社会的態度などに直接ふれる機会にめぐまれたことは、彼の民衆運動への関心と理解とを深めるうえに大いに役立ったようである。帰国後、彼は日本でも台頭する民衆運動を目の当たりにして、民衆に基礎づけられた新しい政治の時代がようやくこの国にも到来したことを確信する。そして「民衆政治と云ふものは是れ一の勢である、世界の大勢である」（「民衆的示威運動を論ず」一九一四年四月、選集3、二九頁）という固い信念に支えられて、民衆政治の実現に情熱を燃やすこととなるのである。

## 二　民衆的運動と民衆政治論

吉野が留学から帰国した一九一三（大正二）年七月は、あたかも日本の政治や社会が流動化の状況をあらわにしつつある時期であった。その一年前には明治天皇が死去し、約半世紀のあいだ慣れ親しんできた明治の年号も大正と変わった。大正と改元された最初の新しい年を迎え、雑誌『日本及日本人』に掲げられた丸山侃堂の論説は、新しい時代の空気をつぎのように述べている。「大正と明治との間に明らかなる国民思想の一線を劃するは、合理的にあらずとするも、吾人は何故ともなく新時代のけはいを感ず、大正に入りて初めて飛行機が帝都の空に飛びし如き偶然の事件にも尚之を旧き社会的因習に対する新文明の示威運動なるが如く感ず」（丸山侃堂「民衆的傾向と政党」『日本及日本人』一九一三年一月一日）と。

このように明治天皇の死は、天皇の君臨した時代の終焉を意味し、それは同時に明治という時代思想の転換を意味するものと受けとめた人も少なくなかった。夏目漱石が小説『こゝろ』（一九一四年、『朝日新聞』連載）で、主人公の「先生」の自殺という悲劇的な結末を設定するにあたって、その遺書に、「すると夏の暑い盛りに明治天皇が崩御になりました。其時私は明治の精神が天皇に始まって天皇に終ったような気がしました。最も強く明治の影響を受けた私どもが、其後に生き残ってゐるのは、畢竟時勢遅れだといふ感じが烈しく私の胸を打ちました」と記させているのも、そうした当時の雰囲気を物語る一例と言ってよかろう。

また明治天皇葬儀の日に自殺した乃木大将のいわゆる「殉死」問題についても、その評価をめぐって議論は真っ二つに割れた。当時の論調を見ると、「今回の将軍の一死が、如何に現今及び将来の国民を感動せしむるであろうか。彼等を覚醒して忠君愛国の道に入らしめ、懦夫を立たしめ、武士道を既墜に回らすの効果に至っては、世間学者の幾千万本の筆や幾千万枚の舌の及ぶ所ではあるまい」（東条英教「乃木将軍及び夫人の自刃に就ての感想」『中央公論』一九一二年一〇月）と最大限の賛辞を捧げるものもあれば、他方では「自ら生命を絶つのは、如何なる点より見ても、『天地の公道』に反して居る愚挙である」（桐生悠々「陋習打破論――乃木将軍の殉死」『信濃毎日新聞』一九一二年九月一九日）と一刀両断に切って捨てるものもあった。海老名弾正はこの状況を評して、「ここに旧新雑然たる現代の日本が見ゆる」（海老名「乃木大将の死を論ず」『新人』一九一二年一〇月）と述べたが、たしかにこの衝撃的事件への反応は引き裂かれた時代相を鮮やかに映し出した。まさしく「新時代のけはい」は確実に人びとを捉え始めていたのである。

この新時代としての大正期は、一般に大正デモクラシーの時代とも呼ばれる。それは、大正初年の第一次憲政擁護運動に始まり、一九二四（大正一三）年、貴族院を基盤とする清浦奎吾内閣に代わって、選挙戦に勝利したいわゆる護憲三派が加藤高明を首班として政党内閣の実現を果たし、翌年には男子普通選挙法の成立を見るに至る、この一連の国内政治の民主的改革運動を指すものである。そして「護憲三派」内閣以降、一九三二（昭和七）年の五・一五事件によって犬養毅内閣が退陣するまでの間、政友・民政（憲政会）両党が交互に政権を担当した政党内閣の時期も、大正デモクラシーの結実としてその延長線上に位置づけられることが多い。

ところで大正デモクラシーと呼ばれたこの新しい時代の、始まりを告げる主要な社会的現象の一つとして、民衆的運動の登場があった。それは、政治的・社会的問題の解決を求めて集団的な民衆の運動が政治の場に参入し、政治的動態の一つの要素を形づくる現象を意味した。たとえば、一九一二（大正元）年一二月、当時、陸軍が主張していた二個師団増設案を、時の首相西園寺公望が拒んだため、陸軍大臣上原勇作との間の対立が深まり、ついに上原は直接天皇に辞表を提出するという異例の行動をあえてするに至った。そのため西園寺内閣は総辞職に追い込まれたが、その後、この上原の背後にあると考えられていた元老山県有朋の直系桂太郎が、内大臣兼侍従長として天皇の側近で輔佐する立場にあったにもかかわらず、宮中を出てみずから後継内閣の首班となるという挙に出た。いわゆる宮中・府中の別をわきまえない桂のこの行動と、山県を中心とする軍閥官僚勢力（「閥族」）の非立憲的な態度に対する世論の反発は、ここに「憲政擁護」「閥族打破」のスローガンのもと、広汎な抗議の声となって各地に広がった。全国記者大会や護憲大会が開かれ、民衆が議会をとりまき、ついには政府系の新聞社や交番などを襲撃するという事態にまでなった。第一次大正護憲運動と呼ばれるものがそれである。

このような民衆運動はその後も止まることはなかった。桂内閣倒壊の後をついだ山本権兵衛内閣（第一次）のときには営業税廃止を求める運動として、さらに海軍汚職のシーメンス事件をめぐっては内閣弾劾の国民大会として、そしてまた大正後期に入ると普通選挙制度の実現を求めて、この民衆運動はいく度となく登場しては街頭をにぎわし、大正デモクラシーを特徴づける社会現象となった。

吉野が再び故国の土を踏んだのは、このような新しい激動の時代がまさにその幕を開けたときであった。しかしあいにく吉野は、帰国早々から金策に頭を悩まされていた。それは、留学延長を妻の病気で取りやめたため、留学費の一部返還を文部省から求められることになったからである。新帰朝者の多くの場合そうであるように、彼のもとにも雑誌社の人たちが執筆を依頼に押しかけてきていたから、原稿書きや講演に精を出せば金策の方法がないわけでもない。しかし彼はできるかぎり自重を心掛けた。彼は郷里の知人に借金を依頼する書簡のなかで、当時の自分の心境をつぎのように記している。「帰朝以来大学に於ける小生の地位は幸に順境にして之を利用して金を作るの道は有之候も他日の大成を期する為め今姑く貧乏を忍んで自重するの必要有之従ってモ一一年位は今の儘にて自ら養ふ覚悟に有之来年位より大に打って出づる積りに候」（渋谷栄蔵宛書簡、一九一四年一月一五日、選集、別巻、一七頁）と。

ところで原稿依頼に新帰朝の吉野を訪れた雑誌編集者の一人に『中央公論』の滝田樗陰がいた。言うまでもなく『中央公論』は、これ以後吉野の晩年に至るまで、彼の社会的発言の中心的な場となった雑誌であり、その際原稿の口述筆記を買って出たのが滝田樗陰であった(8)。樗陰は一九一三年の晩秋にはじめて吉野を訪れ、雑誌への寄稿を求めた。その求めに応じて執筆したのが、一九一四年一月号の『中央公論』に発表された「学術上より見たる日米問題」であった。そしてこれが同誌に掲載された吉野の最初の論説となったのである。

この論説は、日露戦争後とくに激しくなったアメリカにおける日本人移民排斥の問題をとりあげ、その解決策を論じたものであった。なおこの問題については、『新人』(一九一三年一二月)に掲載された「排日問題と基督教徒」でも吉野は同じように論評している。当時、この日本人移民排斥の問題は、当初の労働者の雇用をめぐる日米の摩擦という域を越えて、しだいに政治的色合いを濃くしていた。アメリカでは軍事評論家として知られたマハン(Alfred Thayer Mahan, 1840–1914)らが日米戦争を口にし、日本でも明治末から大正初期にかけて日米をめぐる未来戦争が話題とされたりした。押川春浪「武俠小説　日米の決闘」(『武俠世界』一九一二年五月)などが書かれたのも、そうした空気を反映してのことである。とくに一九一三年のカリフォルニア排日土地法成立の日本に与えた衝撃は大きかった。日本政府は強くこれに抗議し、東京の国技館では、同法案の成立を目前にして、対米問題国民大会が一万余の聴衆を集めて開かれるという有様であった(9)。そして徳富蘇峰が「白閥」と題した論説を『国民新聞』(一九一三年五月)に掲げ、「白閥打破」を声高に叫びはじめるのもそのころからのことである(10)。

吉野の「学術上より見たる日米問題」という論説は、このような状況の下で書かれた。しかし彼のこの問題についてのとりあげ方は、彼らしく冷静そのもので理路整然と問題を対象化していた。吉野はその論説で、たしかにアメリカの側に日本人に対する誤解や偏見――たとえば黄禍論のような人種的偏見にもとづく理由のない恐怖感など――が少なからずあり、それが排日思想の一つの原因となっていることを認めながらも、基本的には日本自身の側にある問題をより重視する立場をとった。すなわち彼は、日本人移民の移住の動機がそもそも「個人的乃至国家的利己心」にあって、相手国たるアメリカの建国の理想を理解しようとする気持ちが見られない、そのようなことでは、アメリカにかぎらず世界のどの地域でも、日本人が快く受け入れられることは期待できないと考えたのである。吉野はみずからの見解をつぎのように述べている。やや長文にわたるが、日本の現実に真っ向から向き合おうとする彼の立場がよく示されているので紹介しよう。

日本人は能く米国の理想を解することが出来るかといふに、残念ながら予は否と答へざるを得ぬ。何故かといふに、日本従来の国民教育の方針が全然この主意に反して居たからである。従来併《なら》びに今日の国民教育は、子弟に向って世界文明の進歩に対する日本帝国の責任といふやうなことを教へて居るか。吾々は一個人として知らねばならぬ多くの智識は教へられた。郷党に対する義務、殊に国家に対する義務は完全に教へられた。併し世界の一員としての責任については、何等の智識も授けられて居ない。要するに現今の教育は、善良なる国民は作つたけれども、世界の一員としての資格は作つてやらなかつた。……従つて、我々は亜米利加に来ても、其国の精神とは一切交渉なく、単に自分の利益、精々日本の利益を図る位で終つて仕舞ふ。即ち米国在住の動機は、個人的乃至国家的利己心である。之では米国に於て歓迎せぬのも、当然であるまいか（「学術上より見たる日米問題」一九一四年一月、選集5、三九頁）。

このように吉野は、排日問題の根本的原因を、これまでの日本の教育が、国境をこえて広く世界や人類を見つめる普遍的な視点や発想を欠き、ひたすら内向きで国家に忠誠な国民の創出に終始してきた、その偏狭さにあるとしたのである。ここには、今後の吉野の社会的発言を特色づける普遍主義的な発想と、「世界の大勢」に向けて開かれたグローバルな視点とが明快な形で示されている。そしてそれは、明治の終焉によって新しい時代の到来を期待した丸山侃堂が、先に紹介した論説で「西洋は西洋、日本は日本なりといふが如き思想的攘夷、精神的鎖国の復活を実現せんとするものあらば、危し、真に危し」（丸山「民衆的傾向と政党」）と述べている思いともかさなるものであった。

ところで新しい時代の到来を印象づけた民衆運動の登場は、言うまでもなく吉野がこの時期の立憲政治論を展開するにあたってもっとも重要なテーマであった。そして帰国後早々この問題を真正面からとりあげたのが「民衆的示威運動を論ず」（一九一四年四月）と題した論説である。この論説は雑誌『中央公論』が、「民衆の勢力によって時局を解決せんとする風潮を論ず」という課題を示して、識者に寄稿を求めたことに応じたものであった。寄稿者は、吉野のほかに浮田和民・林毅陸・永井柳太郎がいた。こうした雑誌の企画を見ても民衆運動とか民衆的傾向というものが、大正という新しい時代を象徴する社会現象として、いかに当時の論壇で注目を集めたかが理解されよう。

このように大正期に入って注目された民衆運動が、同じような政治的性格ないし意味を担って人びとの前に登場する最初のケースとしては、一九〇五（明治三八）年九月、日露戦争後の講和をめぐって国民の不満が爆発した日比谷焼討事件を挙げることができる。吉野もその論説のなかで、「民衆が政治上に於て一つの勢力として動くといふ傾向の流行するに至つた初めは矢張り三十八年九月からと見なければならぬと思ふ。尤も三十八年九月の時のは、国民の不平が期せずしてあらはれ、それに偶々点火するものがあつて爆発したので、昨年や今年のやうに、全然民衆が受働《うけみ》的になり、多少二三の人から煽動されたやうな気味のゝとは些《いささ》か事情を異にするやうだけれども、然し何《いず》れにしても、民衆的示威運動としての政治上の意味は同一のものと見てよい」（選集3、一七―一八頁）と述べている。

吉野は、日比谷焼討事件の場合には、民衆の側に講和に対する不満というそれなりの動機があったが、大正初年の護憲運動の場合には、民衆は全く受身で煽動された結果に過ぎないという見方をとった。二つの民衆運動の性格にかんするこうした吉野の見方の是非はともあれ、民衆が一つの政治的勢力として登場する最初の事例を日比谷焼討事件とする見解は、当時にあって吉野に限らなかった。

たとえば浮田和民は、先の設問に応えて『中央公論』に寄稿した論説で民衆運動にかんし、「群集の精神は個人の心理状態に比して甚だ劣等なるものである」とし、「群集の勢力を利用して国政を左右せんとするは立憲政治下に在っては時代違ひと云はねばならぬ」（浮田和民「群集の勢力を利用して国政を左右せんとする風潮を論ず」『中央公論』一九一四年四月）とこれに否定的なきびしい見解をとった。これに対して林毅陸は、「是は勢の然らしむる所である。時運の致す所である、人力の阻止し得ざる新時代の大風潮である、而して其性質上歓迎して然るべきものである」（林毅陸「民衆運動を楽観す」同上誌）と肯定的立場を示した。

このように民衆運動の評価には全く対照的な立場をとった浮田と林も、民衆運動の登場については、両者とも日露講和に反対する国民大会いらいの現象とする点で一致していた。それというのも、期せずして多数の民衆が集団をなし一致した行動をとるということの社会現象の出現は、日清戦争以後、工業化が進行して膨大な勤労者群が現れ、人口の集中する都市が発達し、新聞社の営利事業化と販売拡大競争が進んで、大量情報伝達手段としての性格をしだいにもつに至る等々の社会的要件によって支えられるところが少なくなかったからである。日比谷焼討事件に際しても、かねてから政府の「御用新聞」と言われ、日露戦争中、挙国一致と戦意の高揚に協力して発行部数を増加させた国民新聞社[11]が、交番などとともに、群集による焼き討ちの標的となったことは、その意味で注目に値しよう。そして同新聞社は、一九一三年二月、第一次護憲運動が最高潮に達するなかで、ふたたび群集による襲撃と焼き討ちの難に見舞われることとなるのである。

このように民衆が集団的な行動を通して、自らの政治的意思を時の権力に向かって表明する新しい動きが活発となるなかで、立憲政治において民衆の占めるべき位置と果たすべき役割とを論じたのが、吉野の「民衆的示威運動を論ず」であった。それは二年後に彼が理論的に整理した形で提示することとなる民本主義的憲政論の重要な部分を占める民衆政治論の展開として注目される。

この論説で示された吉野の主張のうち、その後の彼の憲政論との関係でとくに注目されるのは、つぎの点であろう。その第一は、民衆がその政治的意思を社会的に表明するということは、憲政の発達にとって喜ぶべきことという立場を明確にした点である。しかも吉野によれば、立憲制の下ではその民衆こそが政権運用の主体となるべきであり、「政治問題の解釈乃至政権の授受に関する終局の決定を、民衆の判断の左右する所たらしむる」(選集3、一八頁)ことが、政治の基本原則として尊重されなければならないとした。そして民衆が政権運用の主体となることによって、はじめて明治憲法制定いらいつづけられてきた日本の「寡人政治」――すなわち枢密院や貴族院を拠りどころとした「閥族」と言われる少数特権者たちの意思によって政権の運用が行われる明治寡頭政治――に終止符を打つことができると説いたのである。

吉野は民衆の意思を政治の最終的決定者とする政治を、ここでは「民衆政治」と呼んだが、この「民衆政治」の語に彼は「デモクラシー」という振り仮名をつけていることも注意しておいてよいだろう(12)。吉野が、「寡人政治は所謂暗室政治である」と言うように、明治寡頭政のもとでは、政権の運用もごく限られた少数の特権者の間で行われるから必然的に不透明な密室政治となる。したがって弊害や腐敗も表面化しにくい。これに対して民衆政治はすべてオープンであり、悪事も表面化しやすい。それゆえ公明正大な政治が期待できるし、政界の浄化も可能になるとその実際的効用をも力説するのである。

憲政論との関係で注目される第二の点は、民衆政治は天皇主権の原理に反するとの主張を封ずるための、説得的な議論を展開したことである。すなわち民衆政治は政権授受の準則を民衆の意思に求める点で、天皇統治の国体に反し、天皇の任免大権を定めた明治憲法とも相容れないとする考えは、藩閥勢力が政権を維持する上に格好の理論とされていた。これまでに政党内閣の実現を阻むうえで、藩閥勢力にとりもっとも強力なイデオロギー的武器となったのもこの考えであった。このような国体論や憲法論に依拠した主張に対して、吉野はこの論説でつぎのように反論している。

成程大臣任命の終局の権は君主にあるんだけれども、事の実際に於て君主が全然独断で大臣を任命なさると云ふ事は、少くとも我国に於てはない。必ず君主が何人《なんぴと》かの奏請を待つて其れに基いてお決しになる。どうせ何人にか御相談になるといふ事であれば、其相談に与《あずか》るものを何処に取るかと云ふ事は之は所謂憲法の運用上の問題で、即ち政治的慣例の発生する余地の存する所である。然らば政党内閣制が一つの慣例として発生しても何等憲法と相抵触することはない（同上、前掲書、二四頁）。

このように吉野は、国体論や憲法論を根拠とする民衆政治排除論や政党内閣否定論に対して、「之は法律論と政治論とを混同する誤解から来るもの」とし、この両者を切り離すことによって、たとえば天皇の任免大権という法の原則を現実にどう運用するか、あるいは運用しているかを問題とする、政治論に固有の視点と思考方法とを人びとのまえに明らかにしたのである。

先に第一章で、その師小野塚喜平次から受けついだ法律学からの政治学の独立についてとりあげたが、吉野のこの法律論と政治論との区別も、思考方法として同一の線上にあることは言うまでもないところである。吉野は、大正初期のいくつかの論説でも同様に、この思考方法にもとづいた藩閥批判＝民衆政治論を繰り返し展開している。たとえば論説「政治に対する宗教の使命」（『新人』一九一四年五月）においても、民衆政治は国体に背くとする批判に対して、「民衆の意志を絶対の最高権威とするなら国体上許すべからざるものなれど、主権者が其政治を行はせらるゝ上に、国民の意見を参考せらるゝことは何等差支はない。又憲法と衝突すると云ふ説は法律論と政治論とを混同したる僻論である」（選集3、五二

―五三頁）としている。

このように吉野は、法律論と政治論とを区別すべきことを強調して、民意に基礎づけられた民衆政治の樹立を主張すると同時に、政権運用の具体的形態については、天皇制国家の下での政党内閣制の導入に理論の面で道を開くことに努めた。前述のように吉野は、留学前の時点では、主義としてはともかく、現実の問題として日本における政党内閣制の実現については、政党勢力の現状から見て、かなり消極的な見解をとっていた。しかし留学から帰国後、第一次護憲運動を経過して、彼は日本においても政党内閣実現の方向が少しずつ現実化しつつあることを感じはじめたようであった。

具体的には、山本内閣が海軍の汚職事件（シーメンス事件）で倒壊した後、山本内閣を支えた政友会と対抗する非政友三派（立憲同志会・中正会・国民党）の協力によって大隈重信を首班とする内閣が成立したとき、吉野はこれを政党内閣出現に向けての「端緒を開いた」ものと評価した。その背景には、後継内閣の首班の推薦に当たって元老会議ではまず「閥族」勢力に属する山県系の清浦奎吾を推したが実現を見ず、結局「稍々《やや》政党内閣主義の色彩を帯べる」大隈に組閣の大命が下るに至ったという経緯があったからであった。吉野は論説「山本内閣の倒壊と大隈内閣の成立」のなかで述べている。「この経過は先づ大体に於て、我が国の憲政が今日最早や超然内閣の存在を許さず、漸次政党内閣制に進まんとする傾向あるを示すものと見て差支がない」（一九一四年五月、選集3、六二頁）と。すなわち議会開設いらい四半世紀にわたってつづいた超然主義に代わって、ようやく政党主義の到来を迎える時期にはいったことを感じとったのである。そして、政党内閣の制度を、国体の上から見て如何なものかと疑問視する見解について、「〔元老の推薦という形で〕少数の意見が天皇の御決定に影響することが国体上差支なくして、多数の意見の影響する方が国体上不都合であるといふ理窟はない」（同上、前掲書、六七頁）と、政党内閣制のために擁護の論を張っている。

論説「民衆的示威運動を論ず」につき彼の憲政論との関連で注目される第三の点は、立憲政治において民衆の政治参加が果たすべき役割とは何かをめぐる問題である。民衆の意思を政権運用の準則とすることを説く民衆政治論について、明治寡頭政に順応してきた人びとの間では、「小供〔ママ〕に刃物を預けるやうなもの」として危険視し、衆愚政治や暴民政治に陥る弊害を強調する向きも少なくなかった。その根底にあるものは、人民の政治的知識ないし能力についての不信であった。これに対して吉野は、「民衆政治は人民の相当の発達を前提とすることは一点の疑を容れない。併し其政治的方面の発達を絶対的の必要条件とするものぢやない」（「民衆的示威運動を論ず」前掲書、二五頁）とし、具体的な政策の是非や候補者の政見の判断などを人民に求めるものでは必ずしもないと主張している。こうした政治的な判断は、かなりの教育を受けた人でもすべて可能とは言えないものであって、民衆が政治に参与するうえの絶対的な条件ではない。むしろ大切なものとして求められるのは「人格の判断」であるとして、彼はこう述べている。

> 民衆政治はそんなら何を最少限度の要求として人民に臨むかと云ふに、之は人格の判断である。詰り候補者になつて争つて居る人が、どつちが立派な人であるか、どつちが信頼するに足る人であるか、どつちが国事を托するに足る人であるかと云ふ事を判断することを要求する。だからして人民が細目の政治

上の事の判断などは、どうでもよいが、只心術の真偽を理解して、偽を悪《にく》んで正に与《くみ》し、総ての正しきものを理解して之に同情し得る丈のものがあれば夫で民衆政治を行ふに沢山である（同上、前掲書、二六頁）。

同様の見解は、先に紹介した論説「政治に対する宗教の使命」でも展開されている。そしてこの論説では、人民の道徳性や正義の観念を陶冶するためのものとして宗教の力が不可欠であることを力説するのである（前掲書、五三頁）[13]。

このように吉野は、立憲政治の下における民衆の政治参加の意義を、狭義の政治的判断よりは、むしろより重要なものとして「人格の判断」という道徳的な面を強調し、そうすることによって民衆の政治的知識や能力の不足を理由にしてきた制限選挙制の根拠を打ち崩し、選挙権の拡大に道を開いた。「民衆的示威運動を論ず」では、民衆運動に対する今後の方針として、民衆の経済的と精神的の両面におけるレベルの向上とともに、選挙権の拡張を挙げているが、「山本内閣の倒壊と大隈内閣の成立」では明確に普通選挙制の断行を訴えている（前掲書、七〇頁）。かつて一九〇四（明治三七）年、大学卒業直後の吉野が「一般平民の政治的智徳未だ進まざるが故」（「普通選挙請願運動の檄を読む」『新人』一九〇四年一二月」）という理由で普通選挙制を時期尚早と退けたことを思い起こすとき、人びとは彼の民本主義に向けての確かな歩みを改めて確認することであろう。

## 三　民本主義の提唱

大正デモクラシーを代表する思想として広く知られる民本主義が、一つの体系的な理論として提示されたのは、吉野の論説「憲政の本義を説いて其有終の美を済すの途を論ず」(『中央公論』一九一六年一月、以下「憲政の本義」と略記する)においてであった。この論説で吉野は、立憲政治が健全な発展を遂げ、十分な成果をあげるためには、国家の根本法規である憲法の条文にのみ目を奪われることなく、「近代文明の必然的産物」である各国憲法の根底にある「共通の精神」を理解し、それを政治の運用に生かすことが重要であるとした。そしてこの各国憲法に共通する「精神的根柢」を、彼は民本主義と名づけたのである。

このように立憲主義の本質を法理上の問題としてでなく、各国憲法の根底に流れる共通の精神に求めようとするところに、法律論とは区別された政治の原則を問題とする吉野の一貫した思考方法が見られるし、立憲主義を「近代文明の必然的産物」と捉え、各国憲法の根底には共通の精神が存在すると考えるところには、世界に向けて開かれた吉野の普遍主義的な思考態度が同時に示されている。こうして民本主義は、法律上主権の主体が君主であろうと、また人民であろうと、その主権の運用にあたって等しく守られなければならない政治の原則であり、また万世一系の天皇の統治という国体の特殊性を主張する日本においても、立憲制度の採用を謳う以上、歴史や国情の違いを超えて等しく妥当する普遍的原理として尊重されねばならぬとされた。民本主義について吉野が、「政治上一般民衆を重んじ、其間に貴賤上下の別を立てず、而かも国体の君主制たると共和制たるとを問はず、普《あまね》く通用する所の主義」(「憲政の本義」選集2、二三頁)と説明したのも同様の趣旨からである。

吉野によれば、民本主義の語は、デモクラシーという「西洋語の翻訳」とされている。しかし彼の言うところによれば、デモクラシーの語は、少なくとも二つの異なった意味に用いられている。一つは、「国家の主権は法理上人民に在り」という意味であり、もう一つは、「国家の主権の活動の基本的の目標は政治上人民に在るべし」という意味である(同上、前掲書、二四―二五頁)。この両者は、「全然別個の観念」であるにもかかわらず、これまでわが国では、第一の意味も、第二の意味も、同じく民主主義と訳されてきた。そのため、デモクラシーの語に含まれているこの二つの意味が混同され、誤解を生む恐れもある。そのためここでは前者についてのみ民主主義の語をあて、後者については民本主義の語をあてることにしたと述べている。

もとより民本主義という語そのものは、吉野によってはじめて用いられたわけではない。その点について吉野自身はこのように語っている。

一体民本主義といふ文字は二三の人からは私が作つた様に云はれて居るが、私が作つたのではありませぬ。作り主は誰であるか能く分らないけれども、自ら俺が作つた俺が弘めたといふ人は私の知る所では二人あります。一人は上杉博士で、氏は俺が作つて世間に弘め(た)と申して居ります。もう一人は茅原華山氏で、もともと黒岩涙香氏が作つたのを自分が弘めたのだ。それを世間の人が喜んで使つて居るのだといって居ります。茅原氏か黒岩氏か又上杉博士かどっちが作り主か知らないけれども、丁度私が欧羅巴から帰つた時に、此言葉が日本で盛んに使はれて居りました(14)（吉野作造「支那問題に就いて」『黎明講演集』第四輯、一九一九年六月、黎明会編『黎明講演集』第一巻〈復刻版〉三四六頁）。

では吉野より前に民本主義の語を用いた上杉慎吉と茅原華山について、民本主義がどのようなものとして説かれていたのか見てみよう。まず吉野によって、民本主義という言葉の「作り主」をもって自任する一人とされた上杉慎吉の場合はどうであったか。上杉には、一九一三年五月『東亜之光』に発表された「民本主義ト民主主義」という論説がある。そしてその冒頭で上杉は、自分と同じような立場から民本主義を論じたものとして、井上哲次郎の「国民思想の矛盾」（『東亜之光』一九一三年二月）と題した論説があることを紹介している。この論説は、維新以降わが国が西欧近代文明を受け入れてきた結果、新旧思想のあいだにさまざまな形の矛盾があらわれたことを論じたものである。そして井上は、その矛盾の一つとして君主主義と民主主義との問題をとりあげたのであった。彼は、君主主義と対抗する意味での民主主義は受け入れられないとしながら、国民の「忠君の念」と対応した形で、天皇統治の精神として継承されてきた「民本主義」、すなわち臣民を「国家の基礎」と考え、「臣民の福利の増進」を重んずる君主の統治理念は、今日ますます重要性を増している、とこのなかで説いたのであった。

上杉の論説も、この井上の民本主義論を受ける形で展開されている。すなわち上杉は、やはり民主主義と民本主義とは区別すべきことを説き、民主主義は「人民全体ヲ以テ統治権ノ主体」と主張する「非君主主義」で、日本の国体とはまったく相容れない主張である。これに対して民本主義は、「君主カ統治スルノハ帰スル所人民ノ幸福ヲ増進スルニ在ラネハナラヌト云フ帝王治国ノ根本義ヲ指シタルモノ」であって、「我カ歴代ノ天皇カ治国ノ精神トセラレタル所」でもあるとする（「民本主義ト民主主義」上杉慎吉『国体憲法及憲政』一九一六年、一八七頁）。

このように民主主義と民本主義とを区別する点において、上杉は吉野と同じ考えであるかに見える。しかも上杉は、この二つの観念が区別されずに混同されるのは、「統治権ノ主体ハ誰ナルカト云フ法律上ノ国体問題ト此ノ人カ如何ナル方向ニ統治権ヲ運用スルカノ実際ニ就テノ倫理的批判トヲ区別セス」（同上、前掲書、一九五頁）に論ずるところに原因があるとして、「法律上」の問題と実際の「運用」の問題とを区別する必要を説くのである。こうした民主主義と民本主義との区別の仕方においても、また主権の主体という法律上の問題と主権の運用という実際上の問題との区別を主張した点でも、吉野の思考方法と上杉のそれとは、微妙に重なり合うものがあることを感じさせる。

しかしこのような形式上の相似にもかかわらず、上杉の民本主義論は、いうまでもなくその思想の内容ないし役割において、吉野のそれとまったく異なるものであった。まず上杉の場合、民本主義とは「帝王治国ノ根本義」を指すものと述べているように、君主＝天皇をあくまで法律上および政治上の統治の主体と想定し、そうした原理的たてまえの枠のなかで、その統治権の運用のあるべき形を問題としていた。そしてその統治にあたり、君主の守るべき倫理的準則として「人民ノ幸福ヲ増進スル」という配慮を期待するのが民本主義であった。それだからこそ彼によれば、つねに国民に対する仁慈を忘れない天皇統治の国体は、民本主義そのものなのであって、「所謂ル民本主義ノ御精神ハ上下一貫万代渝ラサル我カ国体ノ精神ナリ」（前掲書、一八八頁）ということになる。上杉の場合、民衆運動の登場という新しい時代状況を迎え、あらためて国体論を擁護し弁証するための理論として、ここに民本主義がとりあげられたということを、それは物語るものであろう。

このように上杉の民本主義は、天皇統治という国体論のための民本主義であった点で、吉野の憲政論のための民本主義とは本質的な違いがあった。この上杉の国体論的民本主義は、彼の独特な立憲制度観と結びついていた。たとえば一八八九（明治二二）年の憲法制定による立憲制度の採用についても、彼はその意味を「天皇カ自己ノ有セラレル主権ノ効果ヲシテ益々大ナラシムルカ為メニ憲法ヲ制定セラレタノテアリマス」（上杉「憲法制定ノ趣旨」一九一五年四月、『国体憲法及憲政』二七二頁）と述べている。ここでは、憲法の制定も議会の開設も、すべて維新後の新しい政治状況のなかで、主権者である天皇の支配をより一層強力かつ効果あらしめるための天皇自身の決断によるものとされ、法の支配あるいは法による権力の制限という近代立憲主義の本質的意味は、まったく視野の外に置かれていた。

だから上杉は、憲法と国家権力との関係についても、「憲法なるものがあって然る後に国家権力が生ずるのではなくして、国家権力あって然る後に憲法が出来るのであります」（上杉慎吉『国民教育　帝国憲法講義』一九一一年、二〇五頁）と述べているように、国家権力のあり方を基礎づけるものとして憲法があるのではなく、本来、憲法とは国家権力によりその根拠を与えられるものとして、国家権力を憲法より上位に位置づけたのである。このように上杉にあっては、立憲制そのものが天皇の統治権あるいは国家権力の下位に従属する位置づけしか与えられなかった。

したがって吉野の場合には、民本主義を立憲政の精神として立憲制度の側に取り込み、それによって天皇統治に立憲主義に向けての方向づけと枠づけとを与える理論を仕立て上げることが可能となったが、上杉の場合には、憲法がそうであったように、民本主義もまた天皇統治という国体の傘の下から脱け出ることを許さなかった。こうしてその民本主義は、結局、国体論と結びついた国体論的民本主義として、天皇統治の「仁慈」をいたずらに増幅する役割にとどまったのである。

もう一人いち早く民本主義を唱えたとされた茅原華山には、「民本主義の解釈」(『万朝報』一九一二年五月二七日)という論説がある。華山については、今日かならずしも多くを知られていないので、ごく簡単にそれまでの彼の経歴を紹介しておこう。彼は、一八七〇(明治三)年、東京に生まれた。本名は廉太郎。『山形自由新聞』や『長野新聞』の主筆をつとめたのち、一九〇四年に黒岩涙香の『万朝報』に入社、主として「言論」欄を担当した。それ以後、涙香のよき協力者として彼と密接な関係にあった。一九〇五年九月から『万朝報』の海外通信員として米欧に滞在、一九一〇年に帰朝、ふたたび同紙の「言論」欄の執筆にあたった。朝報社は一九一四年八月に退社するが、華山にとってこの『万朝報』時代は彼の全盛期といわれ、屈指の人気記者として声名をふるった。したがって民衆運動の高まる大正初期には、演説会の弁士として時局問題を論じ、閥族打破を訴えることも少なくなかった。民本主義をとりあげた前記の論説も、華山がもっとも華々しい脚光を浴びていたこの時期に執筆されたものであった。

華山はこの論説で、国家経営のあり方を論じ、それを二つの型に分けた。一つは、軍隊を国家の中心勢力とし、貴族主義・官僚主義を扶植し、関税障壁を高くし、保護貿易を強め、対外的には敵視政策を主とする国家経営である。もう一つは、人民を中心とし、自由制度を愛し、平和を主とし、自由貿易を重視する国家経営である。華山は、前者を「軍本主義」と呼び、後者を「民本主義」と称した。そして民本主義について、つぎのように述べる。

民本主義は……人民を主とすれば、人民の機関たる国会の勢力の進展を攔遮《らんしゃ》［さえぎる］せずして助長せんと欲す、国会の権力を助長せんと欲すれば論理の必至として貴族主義、官僚主義、軍人政治に反対せざるべからず、財政問題に於ては関税は国庫収入を目的とする外、努めて自由貿易の政策に出づるは民本主義の帰着なり、何となれば民本主義は独り少数資本家の利害を考へず、常に一般消費者の休戚を念へばなり（茅原「民本主義の解釈」『新動中静観』一九一三年、九六―九七頁）。

このように華山の民本主義は、上述のような意味における「軍本主義」との対抗において主張された。まさにそれは、一九一二年という明治と大正の交に、新しい時代思潮を敏感に感じ取ったうえでのものであろう。当時の華山について、小野秀雄『新聞研究五十年』は「華山の論文は思想的にすぐれているというのではないが、時代精神をとらえる賢明さがあり、文章に魅力があって青年に喜ばれていた」（茅原健『茅原華山と同時代人』一九八五年、不二出版、七八頁、所引）と評しているが、彼の民本主義論もそうした「時代精神をとらえる賢明さ」を示すものと言えるかもしれない。

吉野作造が、デモクラシーの訳語としてこれまで一般に用いられていた民主主義の語のほかに民本主義の語を選んだ背景には、このような華山らの使用例があった。吉野は華山の名を挙げて、「欧洲留学から帰りたての私は突如斯うした用例に接し、成る程便利だと思つて一寸踏襲して見たまでの話、実は余り適切な表現とは信じてゐなかつた」（「民本主義鼓吹時代の回顧」選集12、七五頁）と回顧している。

しかし、これまでの民本主義とは違って吉野の民本主義が持ち得た思想としての強さは、小野塚喜平次から継承した政治学的な思考方法を生かして、主権の法的所在と政治的運用とを区別し、法律論から解放された政治論の独自の意義を明らかにしたところにあった。そしてそうすることによって、天皇主権の問題を法律論としてカッコに包み、「主権が法律上君主御一人の掌握に帰して居ると云ふことと、君主が其主権を行用するに当つて専ら人民の利福及び意嚮を重んずると云ふこととは完全に両立し得る」（「憲政の本義」前掲書、三二頁）と、天皇主権の厚い壁を乗り越えて、主権の運用を問題とする民本主義のための場を確保することができたわけである。吉野によるこの民本主義の提唱は、大正という新しい時代が要求する日本政治の立憲主義化＝「憲政擁護」「閥族打破」を、天皇統治の国体論や天皇主権の憲法論との摩擦を避けつつ、いかに達成するかについての一つの明確な理論的道筋を示した点で、その意味は大きなものがあったと言うことができる。

ところで『中央公論』に掲載されたこの「憲政の本義」にかんする吉野の論説は、九八頁におよぶ長大なものであった。この「憲政の本義」論は、吉野の日記によると、前年（大正四）の一一月三〇日から一二月六日までの間五回にわたって、吉野の談話を滝田が筆記する形でまとめあげられたようで、最終日の一二月六日の記事には、「夜滝田君来る　十一時迄掛つて了る　君曰く約八九十頁になる　中央公論始つて以来の長論文なりとて喜んで帰らる」（選集14、四八―四九頁）と記されている。

じつは吉野は、この「憲政の本義」を『中央公論』に発表する半年ほど前に、未完に終わったけれども、この論説と同様の趣旨ならびにほぼ同じ構成をもった論説を発表していた。それは、吉野も主幹の一人となって刊行した雑誌『国民講壇』(大学普及会発行)の創刊号(一九一五年六月一五日)から第三号(同年七月一五日)まで三回にわたって掲載された「欧米に於ける憲政の発達及現状」と題された論説で、第一回は「憲政とは何ぞや」、第二回は「民本主義(上)」、第三回は「民本主義(中)」の副題がそれぞれ付されている。ここでも「憲政の本義」論と同様に、「憲政」の意味、近代憲法の性質要件を説明したのち、「凡ての憲法に通ずる所謂立憲政治一般の根柢を為す所の精神」を指すものとして「民本主義」の語を用い、同じデモクラシーの訳語である民主主義との違いが論じられるという順序で進められている。

この「欧米に於ける憲政の発達及現状」では、その第三回の「民本主義(中)」で「民本主義の内容」をとりあげ、その「二大綱領」の第一にあたる「目的」の項を説明したところで終わっている。したがって「憲政の本義」論は、この『国民講壇』の論説に修正と加筆を行うとともに、未完の部分を新しく書き加え、冒頭に「序言」を付して論文の形式に仕上げたものと見ることができる。このように『国民講壇』の吉野の論説は、その数ヵ月後に発表された「憲政の本義」論の原型をなした論稿としての意味をもつものであったし、民本主義という言い方で彼の立憲政治論を提示した(あるいは提示しようとした)最初の作品と位置づけることもできよう(15)。

このような経緯をへて発表された「憲政の本義」論では、冒頭の「序言」で、憲政の発達には、その制度や運用の問題以上に国民一般の智識や教養が重要な意味をもつという吉野の民衆重視の視点が語られ、それにつづいて憲政の本義をめぐる彼の議論が展開されるという順序をとった。まず、憲政とは何かという問題から彼ははじめている。そして憲政とは「憲法に遵拠して行うところの政治」であるとして近代憲法の法的な特質を論じたのちに、はじめて「憲政有終の美を済すとは何の謂ぞ」というテーマを示して本論へと進むのである。ここでは、立憲政治が「憲法に遵拠する」という場合の「遵拠」の意味は何かを問い、先述のように、それは憲法の規定する条項や制度にただ形式的に依拠することではなく、憲法の根底にある精神、それも各国近代憲法の根底に流れる共通の「精神」にもとづいて政治の運用を行うことだとしたのである。そしてその共通の精神が吉野のいう民本主義であったことはすでに述べたところである。

ところで、この各国憲法の根底的精神を指すものとされた民本主義は、吉野によれば、「一般民衆の利益幸福並びに其意嚮に重きを置くといふ政権運用上の方針」（「憲政の本義」前掲書、三五頁）と定義されたが、こうした政治の原則自体は、これまでの吉野の論説を通じてしばしば説かれたところであり、必ずしも目新しい内容というほどのものではない。たとえば、彼の初期の論説「本邦立憲政治の現状」（一九〇五年一・二月）で説かれた「主民主義」においても、「所謂立憲制度とは、元首の行動は政府之を制し、政府の行動は議会之を監督し、議会の行動は人民之を監視するの制度にして、人民をして政治の得失に対する終極の判定をなさしめんとするものなり」とか、「主権の発動は人民全体の利益を保護進捗するを以て目的とすべし」（選集1、六頁）などと説かれていた。

とくに留学から帰国後の大正初期の論説では、この民本主義と同趣旨の主張が、「民衆政治」という表現の下で、具体的な政治改革論としてしばしば展開されていた。その内容については「民衆的示威運動を論ず」などの論説をとりあげた際にふれたところである。また「憲政の本義」論の半年ほど前に発表された「大正政界の新傾向」(『中央公論』一九一五年七月)では、元老の勢力に代わって輿論の力が次第に勢いを強めてきた日本の現状を「少数政治から多数政治に移る一つの階段」と認め、来るべき民衆政治について、「一体民衆政治といふ事は、一国の政治は須らく人民の為めに為さるべしといふ主義と、一国の政治は須らく人民に依つて為さるべしといふ主義と、此二つの内容を有して居るもの……」(選集3、一三二頁、傍点ママ)と、その後の「憲政の本義」論を予知させるような主張が見られた。

このように見てくると、「憲政の本義」で提示された民本主義の内容そのものは、彼の所説のなかで特別に注目されるほどの目新しさをもつとは必ずしも言えない。それにもかかわらずこの論説が多くの注目を集め、また反響を呼んだのは何故であろうか。まず考えられることは、彼がこれまで個別的な問題を論ずるなかで断片的に主張してきた民衆中心の政治論を、ここではじめて民本主義という新しいネーミングの下で、真正面から膨大なスペースを割いて論じたということ、しかもその民本主義という語を、彼がデモクラシーの新しい訳語として用いたことは、当時の人びとにある新鮮さをもって受けとられたのではないかということである。そしてさらに言うならば、これまで彼が立憲政治の基本的精神と考え、それを時論の形で論じてきたものを、この「憲政の本義」では、いわば学術論文を思わせるような論述の形式を用い、理論的・体系的に真正面から論じた点も挙げられよう。たとえば民本主義の内容についても、先に紹介した民本主義の定義――「一般民衆の利益幸福並びに其意嚮に重きを置くといふ政権運用上の方針」という定義――を受けて、「此定義は自ら二つの内容を我々に示す。一つは政権運用の目的即ち『政治の目的』が一般民衆の利福に在るといふことで、他は政権運用の方針の決定即ち『政策の決定』が一般民衆の意嚮に拠るといふことである。換言すれば、一は政治は一般民衆の為めに行はれねばならぬといふことで、二は政治は一般民衆の意嚮によつて行はれねばならぬといふことである。之れ実に民本主義の要求する二大綱領である」（選集2、三五頁）という具合である。この例が示すように、この論説では全般的に論理的に問題を分析し整理する形で議論が進められている。いわばこれまで主観的な政治評論や政治的主張と受け取られたものが、ここでは客観的な理論として提示されることによって、人びとに訴える力もまた一層強まったということかもしれない。

いずれにしても、この「憲政の本義」論では、立憲政治に関連する主要な問題がきわめて包括的にとりあげられ論述されている。すなわち、そこでは国民一般の智識・教養の重要性や近代憲法の特質からはじまって、近代憲政の根本精神としての民本主義の問題に移り、民本主義を実現するための制度としての代議制の問題が、また代議制の役割という視点から人民と議員との関係、議会と政府との関係などが、順を追って論じられている。そしてたとえば、「政治の目的」としての一般民衆の利福とならんで民本主義の要求する「二大綱領」とされた、「政権運用の終局の決定を一般民衆の意嚮に置く」という内容の説明にあたっても、吉野が「民衆的示威運動を論ず」などでとりあげた君主大権の制限という問題、すなわち憲法論ないし国体論の側から予想される攻撃が、ここでもふたたび論じられ、これまでと同様に委曲を尽くして説明が加えられる。そして立憲政治において君主の大権というものは、実際政治の上ではじめから何らかの形で制限を受けるものであること、したがって「制限を受くるを可とするや否や」はもはや問題ではなく、「若し問題となるものありとすれば、君主の大権が如何なる種類の制限を受くべきやといふ点にあらねばならぬ」（前掲書、四六頁）として、閥族政治下の慣例である「君側二三者の意見に諮《はか》ると云ふ制限」が、「人民一般の意嚮に聴くと云ふ制限」とくらべて如何に非合理で非立憲的かを一つ一つ解き明かしていく。

また民本主義によって政権運用の最終的な判定者の立場を与えられた一般民衆の政治的役割についても、かなりの紙数を割いて論じられている。いわゆる民衆の政治参加――実際問題としては選挙権の拡張による民衆への参政権付与――ということの問題をめぐって、保守勢力の側からいつも出される疑問は、民衆にそれだけの知見や能力ありやということ、「多数者の政治は所謂衆愚政治に陥る」（前掲書、五〇頁）という批判であった。こうした疑問や批判に対して吉野が一貫して主張するのは、政治参加のため民衆に求められるものは特別な政治的知見や判断力ではないということであった。彼は「政治に対する宗教の使命」と題した論説（『新人』一九一四年五月）ではこう述べている。「ソンナ六かしい事は民衆政治は一般人民に要求しない。唯だ代表者を選ぶ時に我々の利益を托するに足る高潔なる人物か否かを判断し、正しく之はと思ふ人を選ぶことが出来れば足るのである。之れは政治や法律の智識はなくとも普通人間の持ち得る能力である」（選集3、五三頁、傍点ママ）と。またほぼ同趣旨の主張は「民衆的示威運動を論ず」でも見られた。それについては前項でもふれたところである。そしてこれらと同様な見解が、「憲政の本義」の中でも展開された。その一端を紹介すれば、「今日の民本主義は、人民智見の相当の発達を前提とすといふも、然し其所謂相当の発達なるものは、各種の政治問題について積極的の意見を立て得る程の高い発達を意味するものではない」(選集2、四九頁)と述べ、民衆自身が自己の政治的見解をもっている必要はなく、自己の代表者を選ぶにあたって、「何れが最もよく大事を托するに足るの人物なりやを間違なく判断し得るならば、それで十分である。此位の判断は相当の教育を受け、普通の常識を備ふるものには誰にも出来る」(同上)と言っているのは、その一例であろう。

政権運用の最終的な判定者とされた民衆の資格条件についての以上のような吉野の見解は、デモクラシーの下で一般民衆に課せられた政治的役割をいわば限定的に捉える彼の考え方と結びついていた。すなわち彼は、「少数政治は常に暗室の政治である」と言って、民衆からかけはなれた「賢者」や「貴族」と称する少数者の支配は、必然的に専制主義や政治腐敗を招くときびしく批判をつづけたが、民本主義における一種の精神的貴族＝精神的指導者の果たす役割については、終始、その重要性を強調した。「多数者は形式的関係に於ては何処までも政権活動の基礎、政界の支配者でなければならぬ。然しながら彼は内面に於て実に精神的指導者を要する。即ち賢明なる少数の識見能力の示教を仰がねばならぬのである」(「憲政の本義」前掲書、五二頁)と彼は述べている。

もちろんこの少数の賢者は、一般民衆から超越し、民衆を無視した特権的階級を形づくるような存在であってはならない。彼はこう言っている。「少数の賢者が独立の一階級をなし、多数と没交渉に政権の運用を専行する時には勿論弊害がある。けれども彼等が自ら謙遜《へりくだ》って多数の中に没頭し、陽に多数者の意嚮に随従しつゝ、陰に多数者の精神的指導者として公事に尽す時、彼等は真の賢者としての役目を最も適当に尽すことを得るものである」（同上、前掲書、五一頁）と。民本主義におけるこうした多数者＝民衆と少数者＝賢者との相互依存的な関係を、ここでは「民本主義であると共に、又貴族主義であるとも言へる。平民政治であると共に、一面又英雄政治であるとも言へる。即ち政治的民本主義は精神的英雄主義と渾然相融和するところに憲政の花は見事に咲き誇るのである」（同上、前掲書、五二頁）と評している。このような民本主義の貴族主義的性格については、すでに「民衆的示威運動を論ず」においても、「最良の政治と云ふものは、民衆政治を基礎とする貴族政治である」（選集3、三三頁）という表現の下に述べられていたが、こうしたデモクラシーについての考え方は、さまざまな表現をとりながらも吉野の一貫した立場としてその後に受けつがれている。

ところで、上述の多数者・少数者の関係は、これを実際的な政治の動態に引きおろして当てはめるならば、「少数の賢者」とは実際政治の世界にあって政策を立案し、法律を制定し、政権を運用する権力エリート＝職業的政治家を意味した。一方、一般民衆はこのような政治の動態的世界の外部に位置してその政治の動向を観察し、その動態が生み出す実績にもとづいて「少数の賢者」を判定する役割に限定された。吉野が頭に描く政治の世界は、ほぼそのような構図のもとに成り立っていた。「人民一般が悉く理想的の高度の発達をなし、総ての問題に積極的の意見を立て得るやうになれば格別、然らざる以上は、実際政治の運用を少数者に托し、一方には意見人格の批判によつて何人に之を托すべきやの選択を誤らず、他方に於て自己の挙げたる少数者を監督するといふことを以て満足するの外はない」（「憲政の本義」選集2、五七頁）という「監督者」としての民衆がそれである。

後年、労働運動が激化し、社会主義が政治的実践の世界に浮上してくるなかにあっても、この「監督者」は政治の「主動者」と対比され、民衆が主体的なアクターとして現実政治の動態に積極的に身を投ずることは抑制されるべきものと考えられた。「孰《いず》れにしても民衆を政治的に覚醒し、緊張させ、場合に依ては多少昂奮させることは大に必要である。但しそれは政治の主動者たらしめる為ではない。監督者としての任務を十分に尽さしめる為であることを忘れてはならない」（「我が国無産政党の辿るべき途」一九二七年一月、選集2、一九七―一九八頁）と彼は述べている。彼自身、無産政党の結成に積極的に関与し、無産政党の発展に大きな望みを託するのだが、それにもかかわらずこの姿勢は一貫して変わらなかった。こうした彼の無産政党論については、あらためて後にとりあげることになろう。

吉野の民本主義が頭に描いた「監督者」としての民衆について、それと関連するもう一つの問題は、民衆による代表者の「判定」ということの意味である。前述のように吉野は、一般民衆が政治の最終的な判定者になるといっても、そこで求められている通常の資格条件は、政治にかんする特別な知見や能力ではなく、誰が、あるいはどちらが、国民の代表者にふさわしいかを判定する力、すなわち相応の教育があり、常識がある普通の人間なら、誰でももっている能力で十分であると繰り返し説いてきた。またそれは、普通選挙制の実現に向けての道筋を開く意味をもっていたということについても前にふれた。しかし問題は、その際の判定とは何を基準とし、どのような内容についてのものかという点である。論説「憲政の本義」では、この点にかんして必ずしも明確な説明が行われているとは思われない。

たとえば、「民本主義の内容（二）――政策の決定」の項で、「政策の終局的決定を人民の意嚮に拠らしむべしとする主張」に対する批判に反論する形で、人民に求められる能力を説明した部分である。ここでは、代議政治を前提にする以上、国政に参画しようとする政治家は、進んで自己の政見を人民に訴え支持を求めるであろうから、人民の側は、「冷静に敵味方の各種の意見を聴き、即ち受動的に何れの政見が真理に合して居るやを判断し得ればよい。更に双方の人物経歴声望等を公平に比較し、何れが最もよく奉公の任を果たすに適するや、何れが最もよく大事を托するに足るの人物なりやを間違なく判断し得るならば、それで十分である」(選集2、四九頁)と述べている部分もそうである。「政見が真理に合して居るや」とか、「奉公の任を果たすに適するや」等の指摘は、何を基準とした評価を語っているのであろうか。本来、民本主義の要求を前提とするならば、代表者の選出は、政治の「目的」である「一般民衆の利益幸福」を実現するうえにふさわしい代表者か否かという視点が、当然、前提とならなくてはならないと思うのだが、その「一般民衆の利益幸福」という目的との関連があいまいとなっている点が気がかりである。

それでは、この点についてこれまでの論説ではどのように論じられていたか、もう一度振りかえってみよう。たとえば前項で民衆政治論をとりあげた際にも、「民衆的示威運動を論ず」でこの問題が論じられていることを紹介した。たしかにそこでは、民衆運動の台頭を歓迎する理由として、立憲政治では民衆の判断が政治上尊重されなければならないことを挙げ、「政治問題の解釈乃至政権の授受に関する終局の決定を民衆の判断の左右する所たらしむる」(前出)ことが必要だからとしている。このようにこの論説では、民衆が「政権運用の終局の決定」を担う者として明確に位置づけられるが、しかし同時に他方で、民衆の政治的判断能力が問題とされるところでは、「民衆政治は人民に、其政見によって其判断をしろと云ふやうな六つかしい事を常に要求するものでない」（選集3、二六頁）とし、結局、人民に求められる最小限のものとして、候補者の「人格」についての判断が挙げられている。そして人民の側の要件として、その論説はこう述べている。「人民が細目の政治上の事の判断などは、どうでもよいが、只心術の真偽を理解して、偽を悪《にく》んで正に与《くみ》し、総ての正しきものを理解して之に同情し得る丈のものがあれば夫で民衆政治を行ふに沢山である」（同上）と。この人格の判断という視点の強調は、また「山本内閣の倒壊と大隈内閣の成立」（一九一四年五月）でも、「選挙権の行使に必要なるは、候補者の人格を判断する能力である」（前掲書、七〇頁）という形で述べられている。

　このように「憲政の本義」発表に至るまでの間、吉野が民衆政治論において説いた民衆の政治的役割とは、主として実際政治の担い手たち――その後の吉野の表現を借りれば政治世界の「主動者」たち――に対する道徳的評価であった。その点を一層明確に示したのは、「議員選挙の道徳的意義」と題した論説（『新人』一九一四年三月）である。ここでは議員選挙に関連して、選挙する人民と選ばれる候補者についてこのように述べている。「かの主義がどうの、政見がどうの、と云ふことは抑も末の問題で、前後通じて変らざる人格を見るのが根本である。又候補者夫れ自身にしても、将来は政見とか主義とか云ふ事のみを以て人民に訴へる事をやめて、主として其全人格を以て国民の良心に吶喊すると云ふ運動方法を採る様にありたいものと思ふ」（『現代の政治』一一〇―一一一頁）[16]と、政治を担う人たちの人格の問題が政治そのものの主義の問題よりも優位におかれていた。この論説では、政党政治の発達のためには二大政党制でなければならないと主張されているが、その場合でも、第三党が存在すると大政党がその協力を求めて種々の腐敗手段をもちい、政界の腐敗を招くというのが理由とされている。つまりここでも道徳の視点が重視されていた。

「政見」よりむしろ「人格」を重視すべきとする吉野のこのような立場は、「憲政の本義」論以後においても彼の代議制論の重要な柱をなしていた。たとえば原内閣時代の一九二〇（大正九）年、国民の選挙に対する態度を論じてこう述べる。「一個の人格として信頼するに足るや否やをまず観る。政友会たると憲政会たるとは姑く問わない。これによってまず政党そのものの廓清を計るのが肝要であるからである。信頼に値する人が二人も三人もあった上で初めて自己の政見と合する人を選むべきである」（「原首相の訓示を読む」一九二〇年四月、岡義武編『吉野作造評論集』岩波文庫、一九七五年、一六三頁）と。彼はこうした考えが「立憲の常道」でないことを認めてはいたが、日本政治の現実からやむをえないと考えた。

ところで、既述のように「憲政の本義」で提唱された民本主義では、その二大綱領として「『政治の目的』が一般民衆の利福に在るといふこと」および「『政策の決定』が一般民衆の意嚮に拠るといふこと」を挙げ、民衆を政治の最終的な判定者に位置づけた。しかし、代議政治の下で、その民衆の判定について求められるものが、実際政治の担い手たちの「人格」に基準をおくものであったとするならば、「民衆の利福」という政治の目的が正しく追求されているか否かは誰によってどのように判定されるのであろうか。

こうした問題は、吉野がそれまでの「民衆政治」論を「民本主義」という形で理論化したことによって、じつははじめて浮かび上がったものと考えられる。それは、とりわけ「一般民衆の利益幸福」を政治の目的として明示し、民本主義の二大原則の一つに据えたことに発していた。もちろん吉野は、それまでの民衆政治論においても一般民衆の利益を尊重することに言及はしている。たとえば普通選挙を主張する場合でも、その利点として、国民の政治教育に資するとか、政界の浄化に役立つとかのほかに、「国民一般の利益が法律上偏頗《へんぱ》なく、平等に保護せらるゝこと」(「山本内閣の倒壊と大隈内閣の成立」前掲書、七一頁)を挙げている。しかし全般的に見ると、彼の大正初期の民衆政治論においては、政治の目的の問題よりはむしろ民衆の政治参加、政治における民衆の意向の尊重に重点がおかれ、その結果、民衆の政治的能力が問題になると、民衆の判断は道徳的人格性についての判断で十分と主張するパターンが繰り返された。彼の民本主義論は、大正初期のこの人格重視の視点をそのまま引きずりながら、しかも他方では「一般民衆の利益幸福」を政治の目的とすることを新たに原則として明示したために、かえって上記のような政治論と道徳論の接合という難しい問題を抱えこむこととなったと考えられるのである。

じつは、彼が民衆政治論を展開するなかで、この政治の目的を原則として明示したのは、先に紹介した未完の論説「欧米に於ける憲政の発達及現状」を別とすれば、これとほぼ同時期に書かれた「大正政界の新傾向」(『中央公論』一九一五年七月)である。ここでは、「民衆政治」という従来の呼び方をうけつぎながら、「一体民衆政治といふ事は、一国の政治は須らく人民の為めに為さるべしといふ主義と、一国の政治は須らく人民に依つて為さるべしといふ主義と、此二つの内容を有して居るもの」(選集3、一三一頁、傍点ママ）と、政治の目的と方法にかんする二つの原則がともに不可欠のものとしてとりあげられている。そしてそれにつづけて吉野はこう述べている。「若し此政治の利害得失の関係に就いて争ひの起る点ありとすれば、人民に依つて為すのがよいか、或は少数者の手に政治の運用を総て托するのがよいかといふ［政治の方法の］問題に就いて起るのであつて、政治が人民の為めに行はるべきものとするの点は、最早や一点の疑もなかるべき筈であると思ふのに、案外にも我国には此事まで明白に了解しない者がある」（同上、傍点ママ）と。

つまり、これまでの民衆政治論では「人民の為め」の政治という点は自明と考えられていた。したがって重点はもっぱら「人民に依って」の問題におかれたが、ここに至って「人民の為め」という政治の目的論が、かならずしも一般には自明のものとして受け入れられていないことに気づき、改めてそれを政治の原則に掲げることになったと考えられる。この点と関連して、「憲政の本義」発表後、吉野はこの論説を執筆した動機にかんしてつぎのように述べている。「予は偏狭なる国家中心主義の跋扈《ばっこ》する時弊に憤慨して、聊《いささ》か個人中心主義の一端を鼓吹せんと欲し、先きに本年一月の本誌に於て、我国憲政の現状及其発展策を述ぶる所があつた」（「国家中心主義個人中心主義 二思潮の対立・衝突・調和」一九一六年九月、選集1、一一七頁）と。「人民の利益幸福」こそが政治の目的であることを、改めて確認しようとした背景には、当時、高まりつつあった「偏狭なる国家主義」の風潮に対して、とくに「個人中心主義」を強調しようとした吉野の思いがあった。吉野によれば、この「偏狭なる国家主義」は、一九一四年の第一次世界大戦の勃発、とくに緒戦におけるドイツの優位を背景にしてその勢いを増したとしている。

こうした事情もあって論説「憲政の本義」における民本主義論では、「一般民衆の利益幸福」を政治の目的として「二大綱領」の一つに掲げ、「政治の終局の目的が人民の利福にあるべしといふ事、是れ民本主義の第一の要求である」（「憲政の本義」選集2、四三頁）と、この原則を欠くべからざるものとして強調することとなったのである。

吉野の民本主義論では、じつは、このように政治の目的を「人民の利福」におくことを強調すると同時に、また政策の決定を民衆の意向に依拠させるとしたのは、「何が人民一般の利福なるかは人民彼自身が最もよく之を判断し得る」（同上、前掲書、四三頁）という点にその「理論上の根拠」を置いていた。それは吉野自身も述べているように、「自家の利福の何たるかは其本人が一番よく之を知って居るもの」（同上、前掲書、四四頁）という認識こそが、近代における自立的人格としての個人の観念を支える重要な前提であったからである。そしてこの認識が成立することによってはじめて、「仁政」や「善政」の名で装われ維持されてきた前近代的専制支配からの個人の解放が可能となったということができる。吉野の民本主義も、本来、このような前提から出発していた。それにもかかわらず、民衆政治を衆愚政治とする攻撃から守る必要もあって、政治の監督者・判定者としての民衆に求められる知見や能力は特別のものでなく、「普通の常識」で十分としたその「普通の常識」が、以前から彼の強調する「人格」の判定へと次第に吸い寄せられ、「一般人民の利福」という本来の判断基準とその判定主体の存在は限りなく不透明なものとなる結果を招いたのであった。

## 四　民本主義論の波紋

吉野の民本主義論において政治の目的としての「一般民衆の利福」という観念は、いうまでもなく理論構成のうえでかなめ石的な意味をもっていたはずであるが、前項でも検討したように、人民の政治参加の意義をめぐる問題など、政治の目的と方法との結びつきにかんして、理論的にいささか徹底を欠くきらいが見受けられた。そのほころびは、やがて吉野自身による手直しを必要とさせることとなる。論説「憲政の本義」で民本主義論を提唱した二年後、吉野が、「思想に幾分の混乱あり、発表の方法亦其宜しきを得なかった」という反省の言葉とともに、論説「民本主義の意義を説いて再び憲政有終の美を済すの途を論ず」(一九一八年一月、以下「民本主義再論」と略記する)を『中央公論』に発表し、先の民本主義論の修正を試みたのはそのためである。

すなわちこの「民本主義再論」で吉野は、民本主義についてつぎのような修正を加えた。それは要するに、民本主義の「二大綱領」とした政治の目的にかんする原則と、政策決定は民意によるという原則について、これを「民本主義の二つの内容」と説明したが、それは誤りであり、民本主義という一つの言葉によって「政治上に於て二つの異つた観念」が表されていると考えるのが正しいというものであった。彼は述べている。

如何なる二つの観念が民本主義なる言葉によつて云ひあらはされて居るのかといふに一つは政権の運用

によって達せんとする目的（即ち政治の方針）に関する或る主義であり、他は政治の目的を最も有効に達し得べき政権運用の方法に関する或る主義である。前者は政治の実質的目的に関する主義であり、後者は政治の形式的組織に関する主義である。此二つは全く別個の範疇に属するものであって、両者相伴って一つの観念を構成すべきものではない（「民本主義再論」選集2、一〇三頁）。

このように吉野は、先の論説で、政権運用の目的にかんする主義と政権運用の方法にかんする主義という二つの主義によって民本主義の観念は構成されると説いたのは誤りであり、この二つの主義は、本来、それぞれ別個の民本主義の観念を構成するものであるとして、二つの主義相互の関連を整合的に説明することの困難さからいち早く身を引くこととなった。そしてまた民本主義の意味をこのように修正することによって、吉野の民本主義は結局のところ民主主義と同様であり、両者を区別する理由に乏しいという批判――それは吉野に反対する側のみならず吉野を支持する側からも寄せられた――に対しても応えることができると考えたのである。

さらに彼は、二つに分けた民本主義のなかでも、第一の政治の目的にかんする主義を意味する民本主義について、新しい見方を付け加えた。それは、政治の目的にかんするこの第一の意味の民本主義を、政治の方法にかんする第二の意味の民本主義に対して、より重要度の低いものと位置づける考え方をとった点である。すなわちこの論説では、政権運用の方法にかんする第二の意味の民本主義、つまり政権の運用は一般民衆の意向によるべしという原則をさす民本主義は、いかなる政治の方針をめざす場合でも必要不可欠な「絶対的の原則」であるのとしたのに対して、政治の目的にかんする第一の意味の民本主義は、「相対的の原則」に過ぎないとしたのである。

これまで見てきたように、二年前に書かれた論説「憲政の本義」においては、政治は人民のためのものであり、一般民衆の利益幸福が政権運用の目的であるとする政治の原則は、むしろ民衆の意向にもとづく政権の運用という原則以上に重視され、民本主義の根本をなす原則という印象を読む者に与えていた。論文の構成上でも「民本主義の内容」の第一に「政治の目的」を掲げ、論旨の展開のうえでも一般民衆の利福という「政治の目的」にかんする原則に依拠して、この目的を達するためには一般民衆の政治参加が不可欠であると「政策の決定」についての原則が導き出されていた。たとえば、「政策の終局的決定を人民の意嚮に拠《よ》らしむべしとする主張の理論上の根拠は、恐らく何が人民一般の利福なるかは人民彼自身が最もよく之を判断し得ると云ふことにあるのであらう。政治にして人民一般の利福を目的とする以上、其運用は須《すべか》らく何が所謂人民一般の利福なりやを最もよく知れるものが之に当るを必要とする」(「憲政の本義」前掲書、四三—四四頁)と彼が述べているのは、そのことを物語っていた。

また先の論説「憲政の本義」で吉野は、政治の目的を「人民の利福」としたことについて、「我国建国の精神たる忠君の思想」に背くとする非難があるかもしれないけれども、それは当たらないとする強い姿勢を進んで示していた。そのなかで彼は、「皇室は国家の唯一の宗」であるから皇室のために国家人民の利害が無視されるようなことはありえないこと、仮に両者の利害が対立する場合が生まれたとしても、それは本来、皇室と国民個々人とのあいだの「道徳的関係」に一任すべきことがらであって、一般準則を定めるような制度論にはなじまない問題であるとした。このように彼は、国体論との摩擦を避けるために、最後のぎりぎりの時点では個人の道徳的判断に委ねるという避難口を設けはしたが、原則についての妥協はすることはなかった。彼はこう述べている。「人民が各々其自由の判断を以て己れを空うして人の為に尽すのは、固より民本主義の尤《とが》むるところではない。只此本来道徳的なるべき行為を制度の上にあらはし、以て人民利福の蹂躙に是認の口実を与ふるが如きことは、民本主義の極力反対する所なのである」と。そしてつづけて、「之を要するに、民本主義を基礎とする現代の政治は、『人民の為め』といふことを終局の目的とする。何物の為めにも人民の全体の利福は之を犠牲とするを許さぬ」（同上、前掲書、三九頁）と、ゆるぎない口調で人民の利益幸福のために弁じている。

　このように先の「憲政の本義」論においては、「人民一般の利福」という政治の目的を強調し、それが民本主義の内容のなかでも中核をなす主要な原則であるとする印象を読者に与えていた。ところが吉野は、その論説を発表した後まもなく、みずからその点を誤りとし、修正にすすんで応じる用意のあることを示した。それは、木村久一がデモクラシーについて、「人民の為に人民の行ふ人民の政治」というリンカーンの言葉を紹介しながら、それを手がかりに心理学の視点から、「デモクラシーの一番大切な綱領は、政治学者の見解と反対に『人民の為』と云ふ事ではなく、『人民の行ふ』と云ふ事である」（木村久一「デモクラシーの心理」『新公論』一九一七年五月[17]、太田雅夫編『資料　大正デモクラシー論争史』上巻、四四頁）と批判したときのことである。

　木村はそのなかで、つぎのように述べている。「政治は如何に良く一般人民の利益幸福の為の政治であっても、而してそれが如何に良く永久に保障されて居っても、若しその政治が少数の特権階級が行ふ政治であって、人民の行ふ政治でないなら、その政治は決して善政ではない」(同上)と。木村によれば、人間は、他の生物と同様、みずから「行ふ」(あるいは身体のさまざまな機関を働かせる)ことによってその能力や技量を成長発達させることができる。したがって人民も、たとえその利益幸福を保証されたとしても、治者の手によってなされたのであれば、人としての成長発達は望めず、みずからの満足も得られない。こうした立場から木村は、「人類の解放運動の心理的原因とは、無意識的ではあるが、彼等の肉体的及び精神的能力を発達させせんとする、本能の衝動である」(同上、前掲書、四九頁)とし、人類解放の運動の一環として登場したデモクラシーにおいても、その「一番大切な綱領」は「人民の為」ではなく「人民の行ふ」政治でなければならない、と主張したのである。

いうまでもなくこの木村の議論は、政治の原則として「人民の利益幸福の為」という目的が重視され強調されても、「人民の行ふ政治」でないならば、それは、結局、少数特権階級の支配を正当化する善政主義や仁政主義のイデオロギーに終わってしまうだけで、真に人民を主体とする政治、すなわちデモクラシーに行きつくことはできないという趣旨が根底にあった。そしてそれを心理学の立場から人間の能力発達という問題として、政治の世界においても、「行ふ」という人民自身の主体的政治参加と政治的意思形成が重要かつ不可欠であることを指摘したわけである。木村による吉野の「憲政の本義」論批判は、吉野がこの論説のなかで、人民の利益幸福という政治の目的実現のためには、政治の方法として人民の政治参加が必要とした点を問題としたもので、これでは『人民の行ふ』と云ふ事は『人民の為』と云ふ事を保障する手段」(同上)でしかないことになり、木村のいう「行ふ」ことの重要性が無視されるとして先のような主張を展開したのであった。

吉野の民本主義が、政治の目的と方法を一体のものと見なして論じている以上、木村の理解には吉野の議論をいささか強引に自己の立場に引きよせた偏りがあると言わざるをえなかった。しかし木村の批判を受けた吉野は、「此批難は全然正当である」とこれを全面的に受け入れる姿勢をとった。そして先引の「政治にして人民一般の利福を目的とする以上、其運用は須らく何が所謂人民一般の利福なりやを最もよく知れるものが之に当るを必要とする」とした自己の説明は、「構想の際の粗漏に依つて」誤ったものと釈明したのである[18]。吉野の言葉を紹介すると、「予は固より第一〔政治の目的にかんする主張をさす〕を主たる内容とし、第二〔政治の方法にかんする主張をさす〕を従たる内容とするの考は毛頭無かつた。全然相対立する観念と観て居つたのである。唯構想の際の粗漏に依つて誤つて木村氏の指摘せるが如き説明を試みたのである。此点は全然氏の説に降服し、且つ深く氏の示教を感謝する」（「予の憲政論の批評を読む」一九一六年四月、『吉野作造博士民主主義論集』第一巻、一九四六年、新紀元社、一四四頁）。

このように一九一六年の「憲政の本義」論では、「政権運用の方法」にかんする主張の前提をなすものとして位置づけられていた「政権運用の目的」についての主張は、二年後の「民本主義再論」に至ると、「方法」の原則と切り離され別個の民本主義の内容とされたばかりでなく、「方法」についての民本主義が「絶対的の原則」とされたのに対して、この「目的」についての主張を意味する民本主義は「政治上の原則として決して絶対的の価値を有するものではない」（選集2、一〇一頁）と、「相対的の原則」に引き下げられることになったのである。

ではなぜ政治の目的を意味する民本主義は、絶対的の価値を主張しえない「相対的の原則」でなければならないのか。吉野はその理由を具体的にこのように説明する。「人民の自由を主張する意味の民本主義は、政治上の原則として決して絶対的の価値を有するものではない。他の之と相対照する主義、例へば『国家の名に於て人民の自由を拘束するの主義』と相並んで、初めて其値打を認めらるべき相対的の原則に過ぎない」(「民本主義再論」前掲書、一〇一頁)と。

ここで「人民の自由を主張する主義」と言っているのは、いうまでもなく「人民のため」という政治の目的にかんする民本主義を意味している。この「目的」の内実は、二年前の論説ではもっぱら一般人民の「利益幸福」または「利福」とされていたが、この「民本主義再論」では「人民の自由」におきかえられた。そのうえ政治の目的にかんする民本主義について、先の論説では主として理論的な説明の方法がとられたのに対して、この論説では歴史的方法がとられ、一八世紀末から一九世紀初めにかけての時期と、それ以後(一九世紀半ば以後)とでは、民本主義の歴史的役割もまた変化したという考えが述べられる。すなわち、一九世紀初頭までは、君主や貴族など少数特権階級の利益が政治の目的とされていた従来の考え方を克服する必要から、政治の目的を説く民本主義は、「一般人民の利益幸福」を新しい政治原則として掲げるとともに、特権階級との対抗のなかでその要求を「絶対的の原則」にまで高めるに至った。その結果、この時期の民本主義は、主として旧時代を支配した少数特権者中心の政治原則を否定することに焦点が向けられ、一般人民の解放とか、伝統的な特権の否認とか、福利の普及などの主張が、「個人自由の尊重」という名目のもとに総括されて、それが「憲政の要義」あるいは「民本主義の要求」と見なされるようになったと、吉野は説明する。

このように、一九世紀初頭までの民本主義は個人中心的性格を強くするものであったとみなし、民本主義の主張する政治の目的も、吉野はその内容を「一般人民の利益幸福」という言い方から「個人的自由の尊重」という言い方へと微妙に変えていった。そういう言い方の変化は、政治の目的にかんする民本主義が、本来、無制限なものでなく、限界づけられた「相対的」なものであることを示そうとする彼の考えと関連しているように思われるが、ともあれ彼は、この期の民本主義が、目的としての「個人的自由」を「絶対的の原則」と強調するあまり、人民の少数特権階級に対する「階級的反感」を醸成し、時としては「労働者対資本家の階級戦争を主張する社会主義」などとも結びつく「不純なる民本主義論」に向かう一面をもあらわにすることとなったとも指摘するのである（前掲書、一〇五頁）。

そしてまた吉野は、先の「憲政の本義」論で主張した民本主義について、結局のところ民主主義と違わなくなるとしたさまざまな立場からの吉野批判も、「十九世紀初頭に於ける憲政論」が政治の目的にかんする民本主義を「絶対的の原則」とした、その誤りをそのまま今日に引き継いだことによる誤解からくると考えた。「十九世紀初頭に於ける憲政論の主張したるが如く、之を絶対的の原則なりと考ふるならば、こゝに始めて所謂民本主義は結局に於て遂に民主々義に落ち行かざるを得ないことになる。此種初期の未だ十分に発達せざる憲政思想に囚へられ、所謂個人自由の尊重に附するに絶対的の価値を以てせざる限り、民本主義と民主々義と結局に於て帰一すると考ふる筈はない」（前掲書、一〇一頁）と彼が述べているのは、そのことを物語っている。

政治の目的にかんする一九世紀初頭までの民本主義をこのように批判的に捉えた吉野は、その後、民本主義をとりまく思想的環境の変化にともない、一九世紀後半からは民本主義の歴史的な意味ないし役割も大きく転換するに至ったとした。そして民本主義に変化をもたらした要因として彼は、民本主義にとって強力な対抗思想となる国家主義思想の登場を挙げ、この国家主義の勃興が、まさしく「従来の個人的自由の観念に思想上の一大痛棒を加へた」(前掲書、一〇七頁)と言う。なぜなら、この国家主義の根底に流れる「共同団体の観念」、すなわち「団体を離れて個人の自由も権利もないといふ思想」は、言うまでもなく、これまでの個人中心主義的な民本主義に対して根本的な捉え直しを迫ることとなるからである。

こうして一九世紀も半ばを過ぎると、民本主義はかつてのように「個人的自由の尊重」を主張するとしても、もはやそれ自身を「絶対的の原則」あるいは「政治上唯一の方針」と主張することは許されなくなった。そして現実には、「所謂国家主義の弊害を矯める為めの主義」として、あるいは「国家主義と相並んで国家民衆の円満なる発達を期し得る為めの必要なる一主義」という形で、はじめてその存在意義を認められる政治主義となった。これが吉野の「民本主義再論」で提示された民本主義(すなわち政治の目的についての主張とされた民本主義)にかんする新しい認識であった。彼が、政治の目的にかんする民本主義を、先述のように「相対的の原則」と呼び、「政治上の原則として決して絶対的の価値を有するものではない」としたのは、そのためである。

民本主義の主張する個人の自由も、国家主義が極端化することから生ずる弊害——それは日本の藩閥官僚の支配にしばしば見られたが——を是正し、国家主義と並存して国家と個人との健康な調和をもたらす範囲内のものとして尊重されるとする考えは、先の「憲政の本義」論が公にされた半年あまりのちに発表された「国家中心主義個人中心主義　二思潮の対立・衝突・調和」と題した論説（一九一六年九月）においてもすでに展開されていた。たとえば吉野は、この論説で、国家は国民と呼ばれる特定の個人の集合から成り立つ「有機的団体」であり、国家と個人は「団体」と「分子」として互いに調和し補完し合うなかで、ともに成長発展を遂げるべきものという立場をとった。

ちなみに国家と個人との関係についてのこのような考え方は、もとよりこの期の吉野にはじめて見られたものでなく、たとえば彼の最初の著作『ヘーゲルの法律哲学の基礎』（一九〇五年）いらい基本的には変わることなく受けつがれてきたものであった。論説「国家中心主義個人中心主義　二思潮の対立・衝突・調和」においても、やはりそうした国家についての考え方から、彼は個人中心主義の意義を強調しながら、しかし究極的には国家と個人の調和というあるべきかたちに至ることを目指した。そしてこの「民本主義再論」でもまた同様の観点から、改めて政治の目的にかんする民本主義を捉えなおす試みに取り組んだわけである。吉野はこう述べている。「国家は人民の為めに存在する事は一面に於て疑無き所なるも、国家の中に組織せられたる人民は、個人の機械的集合ではない。組織せられたる全体を離れて又個人の生存も考へられない。故に抽象的に個人的自由の保障を憲政の唯一の目的とするのは、明白に誤りである」（「民本主義再論」前掲書、一一八頁）と。

このように吉野は、大正初年いらい主題としてきた民衆政治論を総括するかたちで「憲政の本義」論を発表し、立憲政治の基本的原理として民本主義を説いたが、政治の目的をめぐる民本主義は、個人的自由と国家の統一発展との両立を新しい思想的課題として、これ以後引きつがれることとなった[19]。

つぎに、第一の目的にかんする民本主義から区別された第二の方法にかんする民本主義、すなわち政策の決定は一般人民の意向によることを原則とする民本主義は、「民本主義再論」ではどのように説かれたのであろうか。すでに述べたように、第一の目的にかんする民本主義と違って、第二の方法にかんする民本主義は「絶対的の原則」とされた。この民本主義は、具体的には政権の運用にあたって民意を尊重すべしとするものであり、人民に即して言えば広く人民に参政権を与えよという主張を指すが、この主張の根拠として吉野はつぎのような点を挙げている。

一つは、民衆が政治の世界においてもはや無視できない勢力にまでなった今日の時勢においては、民意の尊重なくしてはいかなる立場の勢力も、またいかなる政治理念もその目的を有効に実現できないということである。吉野はこう述べている。

今や民衆は政界に於ける一個の積極的勢力である。斯う云ふ時勢に於ては、何《ど》んな立派な経綸でも、思想としては全く無力であつて、民衆の力によつて裏附けらるゝにあらずんば決して政界の実際的勢力となる事は出来ない。国家の運命を指導し左右する精神は、如何なる場合に於ても、少数賢明の人の頭脳から出て来るといふに誤りはないが、そが少数賢人の思想たるに止る間は決して国家を動かすの力とはならない。此等の思想に実際的勢力を与ふるものは、過去に於ては所謂治者の個人的勢力であつたが、今日に於ては寧ろ一般被治者の勢力と謂はなければならぬ（同上、前掲書、一一〇頁）。

もう一つは、参政権を通して、すべての個人が国民として国家の意思決定に参加することは、国民という集団を基礎とする今日の国民国家の下では、各人が国家的責任を分担するという意味で不可欠の条件であるとする点にある。吉野によれば、参政権の要求は本来「天賦人権論」をその理論的根拠とした。しかし一九世紀に国民国家が登場するに至って、天賦人権論は理論的根拠を失い、参政権はここに改めてすべての国民による「国家的責任の個人的分担」という点に新しい正当化の根拠を見出したとする。彼は言う。「参政権を与ふる事によつて責任の観念を促し且つ刺戟すべしといふのが寧ろ正当の議論であらう。況んや時勢の進歩は益々責任の観念を明かにし、少くとも国民は益々国家の運命に就て無関心で居られなくなつて居るに於てをや」(同上、前掲書、一一二頁)と。

このように吉野は、政治における民意の尊重、人民の政治参加の実現という第二の意味の民本主義が、「絶対的の原理」であって何人も疑うことのない「唯一絶対の真理」であるとする理由として、一つは民衆勢力が何事をなすにも無視できないほどの力をもつようになったこと、もう一つは、すべての国民が国家の運命に関心をもち、国家的責任を分担することが求められるようになったことを挙げた。とくに前者は、民衆勢力の台頭という現実を正しく認識し、その政治的意味を的確に評価する点で、現実重視の政治的思考という吉野の特徴を示すと同時に、民衆政治の先導者にふさわしい吉野の面目を伝えるものと言えよう。しかしこの二つは、民意の尊重あるいは民衆の政治参加の必要性を、いずれも「時勢」とか「時勢の進歩」という民衆をとりまく歴史的状況の変化にその根拠を求めるものであり、民衆にとって何が利益幸福であるかは民衆自身がもっともよくこれを知る、したがって民衆自身に判断を委ねるべきであるという、「憲政の本義」論で見られたような自立的な近代個人のあり方を根拠とする原理的な説明は、ここでは姿を消した。

こうして、目的にかんする民本主義と方法にかんする民本主義とが、たがいに別個の主義として切り離されたこと――それは原理的・実証的な説明から歴史的・経験的な説明に転換したことと無関係ではないのだが――ともあいまって、政権運用における「民意の尊重」を、民衆的な目的と無関係に、政権運用の方法それ自体の技術的・効率的な問題として議論の対象とする結果になった。彼の説くところを紹介すると、たとえば「其主義が所謂前段の意味に於ける民本主義〔個人的自由の尊重を目的とする民本主義をさす〕であらうが、或は国家主義であらうが、又或は貴族主義であらうが、何れであれ、必ず民意の徹底的承認を得ざれば、結局十分に行はれ得ない」（同上、前掲書、一〇九頁）とか、「政治の目的は何にあれ、之を有効に達して国家を健全に発達せしむるには、此意味の民本主義に拠らざる可らざることは、今日の定論である」（同上、前掲書、一一二頁）という具合である。

このように、本来の民衆政治においては不可欠である政治の目的と政治の方法との一体不可分の関係が切り離されて、民意の尊重または人民の政治参加という政治の方法についての民本主義のみが絶対化される場合には、「民意」は「人民の利益幸福」という目的価値との必然的な結びつきを欠いた、状況的で実体性に乏しいものとなる恐れを避けることはできない。前引のように、民本主義であれ国家主義であれ貴族主義であれ、その目的達成のためには、現実の問題として「民意」の承認が必要となれば、時の政治権力は民衆を操作し、自己に有利な「民意」の形成に力を尽くすこととなろう。そのことは、ドイツにおけるナチスの政権獲得や日本の総力戦体制下に登場した翼賛選挙・翼賛議会についての歴史的経験が示すところである。

現に大正期においても、「民意」の尊重を制度的に保障するはずの普通選挙論は、かならずしもデモクラシー陣営のみによって主張されたわけではなかった。たとえばこの時期の徳富蘇峰は、彼のいわゆる皇室中心主義を主張し、その立場から普通選挙の導入を説いた。彼は言う。「吾人は皇室中心主義者也。故に普通選挙論者也。我が皇室を、泰山の安きに措《お》き、其の尊栄をして、天壌と与に無垠《こん》ならしむる所以、只だ国民の力に頼りて、支持、奉戴するにあるのみ。而して是れ実に天下と与に、天下の政を為す普通選挙に由りて、然るを得るのみ」(徳富蘇峰「尊皇的普通選挙」一九一九年一二月、蘇峰叢書第三冊『国民と政治』一九二八年、二〇一頁)と。ここでは、皇室中心主義の国民的基礎を固めるうえに有効な制度的方策として、普通選挙制が捉えられている。彼が別のところで、「吾人は普通選挙を、単独なる理論として之を見ず、皇室中心主義を実行する条件として之を見る」(徳富蘇峰「皇室中心主義と普通選挙」一九二四年四月、同上書、一〇七頁)と述べているのは、そのことを示すものであろう。

同様の事例は、上杉慎吉についても見ることができる。上杉は、普通選挙制がまだ社会的にさほど注目されないころから、他に先んじて普通選挙の提唱者であったと、自負の念を語っているほどである。すなわち「予輩は大正六年春普通選挙論の未だしかく実行的とならざりし時に於て、率先して、普通選挙を行ふべきことを提唱せり」(上杉慎吉『政治上の国民総動員』一九二七年、六七頁)と。しかし上杉の普通選挙論もまた、彼の唱道する国家至上主義・国粋主義のために国民を組織的に動員しようとするものでしかなかった。上杉が自己の普通選挙論について、「予輩は寧ろ国粋主義を発揮せんが為めに之を提唱せるなり」(同上)とみずから明言し、また「普通選挙は、政治上の国民総動員にして、国民を挙ぞりて国家の重きを負担し、帝国の光栄を中外に宣揚するの基を定むるものである」(上杉慎吉『普通選挙の精神』一九二五年、前文)と述べているのは、その意図するところが何であったかを明白に示している。

徳富蘇峰や上杉慎吉の以上のような普通選挙論の事例が物語るように、一般民衆の自由や利益という政治の目的から切り離された政権運用の方法としての民本主義——すなわち民衆の政治参加それ自体の絶対化——は、民本主義の空洞化に道をひらく危険性を内包するものであった。こうした吉野の民本主義論のもつ理論としての危うさに対して、社会主義の立場からきびしい批判を加えたのは山川均である。山川は「吉野博士及北教授の民本主義を難ず〈デモクラシーの煩悶〉」(『新日本』一九一八年四月、のち「民本主義の煩悶」と改題して山川『社会主義の立場から』一九一九年に収録)で、吉野の民本主義論が理論的な破綻を繕うため煩悶に煩悶をかさねることとなったその原因は、そもそもどこにあるかといえば、主権の所在をめぐる問題を回避しようとして、実際には区別できない民主主義と民本主義とをそれぞれ別の概念としたところに由来するとした。

つまり山川によれば、吉野の民本主義は、主権の主体はだれかという問題を切りすてて、主権運用の問題に対象を限定したが、その運用の原則を人民による人民のための政治としたところから、政治の最終決定権を人民に求める民主主義との区別がふたたびあいまいになった。そこで今度は民本主義の内容としたこの二つの原則を切り離して、政治の目的とは別に、民意の「尊重」または人民の参政権付与という政治の方法だけを絶対的な原則とするというように、民本主義の内容はつぎつぎに削ぎおとされ、その立場はずるずると後退を繰り返す結果となったと言う。「吉野博士と科学的政治学とによれば、政治の目的に就いての民本主義は最早や絶対の原則でない。唯だ絶対の原則であるものは、『政治の目的を最も有効に達すべき方法』に就いての民本主義である。政治の目的は分らない。この何だか分らない目的を最も有効に達するの方法が即ち真の民本主義であって、斯ような意味に於いての民本主義だけが、政治の絶対的原則であり、『最高唯一の真理』である！」（山川「吉野博士及北教授の民本主義を難ず」太田雅夫編『資料　大正デモクラシー論争史』下巻、一七九頁）と、山川は皮肉をこめて、吉野の説く民本主義の理論的な破綻を批判した。

ここで山川が主張しようとしたことは、デモクラシーとは、本来、人類の原始共同社会いらいのもので、社会の「共同事務」を社会全員のために社会全員によって行う「精神」に由来するものであり、吉野が説いたように、デモクラシーの法律的意味＝民主主義とか政治的意味＝民本主義という具合に概念的に分類したり分別化したりすることを許さない「全一的なデモクラシー」そのものが、まさにデモクラシーの本質なのだという点にあった。

「原始の社会では、デモクラシーは必ずしも政治の主義ではなく、社会生活の主義であった。デモクラシーは生産分配消費の如き経済的の方面に於いても、共同事務を意味した政治的の方面に於いても、生活の有らゆる方面に浸透した精神であった」（同上書、一八四頁）と山川は述べている。そしてこのデモクラシーの精神は、かつて特権階級の専制的支配に対する商工階級の闘争として展開された歴史が物語るように、つねに階級闘争と結びつくことによってはじめて活きた「完たきデモクラシー」の姿を保つ力となることができると主張した。山川はこのような立場から、吉野が「民本主義再論」のなかで民本主義と階級闘争との結びつきを警戒し、社会主義との提携に懸念を示したことに、きびしい批判の言葉を投げかけたのである。

山川とならんで吉野の民本主義論に詳細な批判を加えたのは、北昤吉であった。北は、二・二六事件に連座して刑死した国家社会主義者でユニークな思想家北一輝の弟で、当時、早稲田大学教授であったが、論壇でもまた数々の政論や時論の筆者として活躍していた。北によるこの吉野批判は、「吉野博士の民本主義論を評す」(『中外』一九一八年二月、のち加筆し北の論文集『光は東方より』一九一八年に収録)で行われたが、それは北の主張する理想主義的な国家主義の立場からするものであった。

すなわち北は、「全体は部分の為めに、部分は全体の為めに」という理念に導かれた有機体的な団体国家論をとり、それを「公民国家」と呼んだ。彼も山川と同じように、吉野の民本主義が君主主権との対立を避けるため主権論を排除したこと、政治の目的にかんする民本主義と方法にかんする民本主義とを別個の概念として切り離したこと、また政治の目的について相対的で特定しがたいという立場をとりながら、政治の方法については民意の尊重、人民への参政権の付与を絶対的な真理とした点などを問題とした。これに対して吉野は、北の立論が彼のいわゆる「公民国家」というあるべき国家を実現可能なものと前提する点に、そもそも発想の違いがあるとしたうえで、たとえあるべき国家を脳裏に描くにせよ、そこに至るまでの前提をなす現実の国家の克服すべき問題性を明らかにすることにこそ科学としての政治学の課題があるのではなかろうかと、吉野は北との立場の違いを強調する。たとえば吉野は、国家と個人との関係についても、つぎのように北を批判している。

今日現実の国家生活に於ては所謂個人主義も所謂国家主義も共に其の純なる形に現はれて居ない。少とも純なる形に於てあらはるゝとも限らない。「全部の為め」として求めらるゝものが常に必ず「部分の為め」になると限らない。「部分の為め」として求めらるゝものも亦同様である。……是に於てザインとゾルレンとを調和せしむるの必要が起るのである。而して之が調和の方法如何は、実に予の所謂科学的政治学の非常に頭脳を絞る問題なのである（「予の民本主義論に対する北氏の批評に答ふ」一九一八年四月、『吉野作造博士民主主義論集』第一巻、三〇〇―三〇一頁）。

このように吉野は、北の立論の仕方そのものには同意できなかったが、政治の目的にかんする民本主義と方法にかんする民本主義とを吉野が区別して、それぞれ異なる概念としたことを誤りとした点については、北の批判を受け入れる態度を示した。すなわち北の批判はつぎのようなものである。

博士は奇怪にも政治の目的に関する民本主義の価値は相対であるが、否政治の目的は不明であるが、政治の方針に関する民本主義の価値は絶対的であると主張してゐる。元来手段や方針の価値は目的の価値に依って定るのが普通であるのに、目的の価値は不明であるが、方針の価値は絶対であるとは、例へば、旅行の目的地は不明であるが、我々の現に辿りつゝある途に誤まりがないと主張すると同様余輩には奇怪に響く、実に博士の誤謬は目的と目的遂行の方針とを分離して意義あるが如く考ふる点から来てゐる（北「吉野博士の民本主義論を評す」太田、前掲書、一二四―一二五頁）。

こうした北の批判に対して吉野は、「予が政治の目的論と運用論とを全然相互的関係なきが如く説明したのは大いなる粗漏であって、此点に於ても予は北氏の指摘に感謝の意を表する」（吉野「予の民本主義論に対する北氏の批評に答ふ」前掲書、三〇九頁）と自己批判しこれを受け入れた。それと同時に、政治の目的にかんする民本主義（吉野のいわゆる第一の民本主義）を相対的なものとし、方法にかんする民本主義（吉野のいわゆる第二の民本主義）を絶対的な真理とした点については、先の説明が十分意をつくしたものでなく誤解を招いたことを反省し、その真意をあらためて明らかにすると釈明した。

すなわち吉野によれば、「予が『政治の目的は何であれ、之を有効に達するには是非共之〔方法にかんする民本主義、すなわち民意の尊重、人民への参政権の付与をさす〕に由るの外はない』と云うたのは、必ずしも政治の目的を全然不明とし、只目的遂行の方法丈けが絶対的価値ありと主張する意味ではない。目的は全く不明なのではない」（吉野、同上論説、前掲書、三〇七―三〇八頁）とし、政治の目的については「結局の目的は国家を強くし、国民を安んずるといふ所にある」（同上）と述べている。その上で、第一の民本主義を「相対的」と言ったのは、このように政治の目的が、現実には国家本位主義と個人中心主義という相反する指向の調和という二元的な形をとらざるをえないから、個人的自由という民本主義の目的も国家のその時の状況によって条件づけられる、という意味で相対的と言ったものである。これに対して方法にかんする民本主義の方は、個人的自由を指向する場合であれ、国家の強化を指向する場合であれ、「民意の尊重」はつねに必要とされる方策であるがゆえに「絶対的」の真理と述べたのであると説いた。

予が第一の民本主義を相対的真理なりと云うたのは、之れと国家本位主義とを交互に併用せしむることに依って、器械的ながら政治の施設が初めて合理的標準を誤らざるを得べしとする思想から出づるのであって、第二の民本主義を絶対的真理なりといったのは、前記二主義の何れを行ふに就いても、其の方法としては是非共之に拠らざるを得ずとする思想に出づるものである（前掲書、三〇八頁）。

このような吉野のたびかさなる釈明を通して、彼の真意はかなり明らかになったと思われる。それは、国家主義（国家権力の集中強化）の肥大化も個人主義（個人的自由の尊重）の肥大化もともに好ましくない、その意味で国家主義も個人主義も、他方の肥大化を防ぐために、ともにその価値を否定することはできないということである。先に紹介したように、彼が「民本主義再論」のなかで「我々の今日の団体生活の理想は、之を国家的組織と個人的自由との調和するところに求めなければならない」と述べ、また北の批判に応える文章で、政治について「結局の目的は国家を強くし、国民を安んずるといふ所にある」と説いたのも、その意味である。

つまり吉野の考えを代弁すればこういうことであろう。すなわち、一九世紀初めまでは、民本主義は政治の目的としてひたすら個人的自由の尊重を主張してきた。しかし現代にあっては、個人的自由の主張も国家の安定と強化という国家目的との両立ないし調和を無視することは許されなくなった。つまり個人的自由ももはや唯一絶対の目的価値として主張することはできない。政治の目的にかんする第一の民本主義を「相対的の原則」あるいは「相対的真理」と呼んだのはそういう意味だ。要するに、これが吉野の言わんとするところであった。

吉野が、欧米留学より帰国後の大正初年から、時論として展開してきた民衆政治論の理論化の試みという意味をもった彼の民本主義論は、さまざまな批判をくぐり抜けるなかで一転再転と曲折をかさねる結果となった。そしてその過程で、一度は修正した政治の目的と方法の分離を、結局、相互に深い関係があるものと再修正して元にもどしたが、政治の目的にかんする民本主義の主張は、「憲政の本義」論においては「人民一般の利福」とされたものが、「民本主義再論」では「個人的自由の尊重」になり、その自由も国家の安定強化という国家目的との調和が目指すべき具体的目標とされた。また民本主義が主張する政治の目的と方法とは、相互に密接な関係があると再修正したといっても、その両者の関係は、先の「憲政の本義」論では、人民一般の利益幸福という目的が理論的にはより重要視されたが、「民本主義再論」においては、民意の尊重、人民への参政権付与という「政権運用の方法」にかんする民本主義が、「絶対的の原則」として、政治の目的にかんする民本主義より上位に置かれることとなった。

このような吉野の民本主義論をめぐる混乱は、時論においてこそ透徹した論理を駆使して藩閥官僚勢力の非立憲性を追及しえた吉野も、自己の立場を一つの理論として整理し体系的に提示する作業となると、いささか勝手のちがう戸惑いを感じさせた。そこでは時論に見られたような筆のさえは、残念ながら見出すことがむつかしい。吉野自身も後になって論説「憲政の本義」を顧みながら、「若《も》し私の論文に多少の取るべき所ありとせば、そは其の学的価値に存するに非ず（この点は寧《むし》ろ今日私の大《おおい》に慚愧《ざんき》する所である）巧《たくみ》に時勢に乗ってその要求に応ぜんとした点にあるのだらう」（「民本主義鼓吹時代の回顧」前掲書、七三頁）と、この論説の価値を学問的な面よりはむしろ時論的な面に見ている。

もとよりこの吉野の言葉には、彼の人柄からする謙遜の辞が含まれていることを知らなければならないが、それはともあれ吉野にとって、細かい概念を用いての政治の理論構築は、やはり得意ではなかったようだ。ちょうどこのころ東京帝大の学生として吉野の講義を聴いた蠟山政道は、その講義について感想を記している。彼は、吉野の本来の担当である政治史の講義だけでなく、外遊中の小野塚に代わって行った政治学の講義も聴講する機会をもった。

一九世紀のヨーロッパを中心とする吉野の政治史の講義は、民族主義と民主主義と社会主義という三つの主要な政治の観念を柱にして、「一般史のようにヨーロッパの国民と地域とを基準とせずに、横断的に取扱って、美事にやってのけていた。そして、その総合的観点として『自由』の問題が一本の金線の如く貫いていることが次第に分かってきた」（蠟山「わが師吉野作造先生」社会思想研究会編『わが師を語る』一三六頁）と蠟山は、ユニークな吉野の政治史の講義を聴いたときの感激を振りかえっている。

しかし、政治学の講義について学生たちの評判は芳しからぬものがあったようである。蠟山によれば、「われわれ学生は、先生がどんな政治学の講義をされるか、ということに期待と興味とをもっていた。……しかし、結果から見て先生の政治学の講義は失敗であった。われわれは少なからず失望せざるを得なかった」（同上、前掲書、一四三頁）とのことである。このことについて蠟山は、またつぎのような感想を記している。「政治学を受持たれた吉野先生は、大分その構想に骨を折られたらしい。元来、頭のよい、善きセンスの持主であった先生にも、体系的に知識を整理してゆくために必要な概念的な操作と方法論的思索は不得手でもあり、興味をもっておられなかったらしい」（同上、前掲書、一四二頁）と。

蠟山のようにその後も長く吉野と接した人の眼にも、やはり吉野についてはその理論面の弱さを感じていたらしい。

大正デモクラシーの思想的先導者として華々しい脚光を浴びた吉野にとって、民本主義をめぐるこうした理論的な混乱は、たしかに惜しむべきことであった。しかしそのことによって、吉野の民衆政治論と称したデモクラシー論が日本政治の立憲主義化に向けて果たしてきた実践的役割や意義は、いささかも損なわれるものではなかったし、日本の改革に対する彼の情熱はむしろ一層高められた。そして「デモクラシーのための戦い」と意義づけられた第一次世界大戦の英仏側の勝利によって、デモクラシーの風潮が国際的にもまた高揚したが、こうした世界の動きもまた吉野を少なからず勇気づけた。これら大正後期の吉野の思想と運動の諸相については、章を改めて検討することとしたい。

# 第三章　デモクラシーの戦い

## 一　寺内内閣との対決

民本主義論の提唱とその理論化に吉野が取り組んでいた頃は、台頭する政党勢力を前にして藩閥官僚勢力がその特権的地位を維持しようと虚々実々の駆け引きと競い合いを繰り広げた時期にあたっていた。一九一四（大正三）年四月、山県有朋を中心とする元老たちの推薦で政権の座についた大隈重信は、加藤高明を総裁とする立憲同志会および尾崎行雄らの中正会から成る政党勢力と、大浦兼武（所属は立憲同志会）ら山県・桂系の官僚勢力とを支柱として内閣を組織した。前述のように山県らのねらいは、広く世間の人気を得ていた大隈を利用して、同志会と張り合う政友会を抑え込もうとするところにあった。

大隈内閣は発足の直後、第一次世界大戦の勃発に直面すると、日英同盟を根拠にしてドイツに宣戦を布告し、連合国の一員として大戦への参戦を決定する。そしてただちに、軍隊を派遣して赤道以北のドイツ領南洋諸島と青島との占領を敢行し、また中国に対してはいわゆる二十一ヵ条要求を突きつけるなど、対外進出の政策を積極的に推進した。しかし大隈内閣のこれらの施策と行動は、対内的には外相加藤高明が元老たちの了解をとりつけることなく外交を推し進めたこともあって元老たちとの対立を深め、対外的には日本の強引な勢力拡大策が、中国の憤激を買ったばかりでなく、国際的な不信感をも高める結果となった。

大隈内閣は、かねてから山県が強く希望していた陸軍二個師団増設を実現して山県の意を得ようと計るが、政友会の反対にあい、内閣発足して一年も満たない一九一四年の末に議会を解散し総選挙で政友会と雌雄を決することとなった。翌年三月、大隈は、なお広く世間から得ていた個人的人気をバックに有利な選挙を戦い、圧倒的な勝利をおさめた。そして総選挙後の議会では、多数の力で二個師団増設や海軍の増強などの懸案を実現したものの、議会後には大浦内相の政友会議員の買収工作が発覚して世論の批判をあび、またたびかさなる失政で世上の人気も急速に衰えた。それに加えて元老の支持も弱まり、結局、総辞職へ追い込まれた。

辞職にあたって大隈は、元老たちの意向を無視して後継首班に加藤高明を推し、最後にはこれを直接天皇に上奏したが、山県の容れるところとならず、結局、元老会議で山県の推す寺内正毅が推薦され、一九一六（大正五）年一〇月、寺内内閣の誕生となった。寺内は長州出身の陸軍軍人で、陸相・朝鮮総督などを歴任し、桂亡きあとは長州閥系の有力な首相候補と目されていた。彼は組閣にあたって政党との提携という選択肢を捨て、「挙国一致」の名のもとにあえて超然内閣の道を選んだ。しかし閣員の人選については山県の意向にとらわれず、自己自身の方針を貫いたといわれる(1)。

寺内内閣が政党主義の潮流に抗して超然主義の内閣として登場したことに対しては、世間からもその非立憲的性格をきびしく批判する声があがった。そして吉野ももとよりその例外ではなかった。吉野は、「寺内内閣の出現に対する儼正批判」と題する論説を『中央公論』(一九一六年一一月)に掲げ、「世人今次の政変を見て、大隈内閣よりも寺内々閣が勝るとか、寺内々閣でも善政を布かば可なりとか言ふて、深く超然主義の出現を憂へざるは、予輩の甚だ怪訝に堪へざるところである」(選集3、一六九頁)と、政党政治確立の重要性にかんする世人の認識の低さを嘆いた。

先に述べたように吉野は、前の大隈内閣の誕生にあたって元老の政治的権威の低下を見てとり、同内閣の成立を「最早や超然内閣の存在を許さず、漸次政党内閣制に進まんとする傾向」と意義づけて日本政治の先行きに明るさを感じていた。それだけに吉野は、寺内超然内閣の出現をまさしく「大勢に逆行」するものとこれをきびしく批判したのであった。彼はこうした「逆行」を招いた原因としてつぎの四つの点を挙げている。一つは大隈内閣の失政、二つは政党の無気力、とくに「非政党主義と戦ふの鞏固なる決心」を欠いた政友会の「軟弱なる態度」、その三に政党主義の妨害に全力を傾けた「所謂官僚一派の悪戦苦闘」、その四に「官僚に対する元老の擁護」である。そして寺内内閣誕生の経緯を顧みつつ吉野はこう述べる。「初めより元老の排斥を覚悟して独自の意志を奏問せし大隈侯の決心も、亦常例を破って首相の奏薦と反対の奉答をなした元老の決心も、事の是否善悪は別として、我国最近の歴史に於ては非常空前の大事件である。而して予輩はそれ丈けまた元老に於ける官僚擁護の意思の強烈を想はざるを得ないのである」(同上、前掲書、一六〇―一六一頁)と。しかし大隈内閣の後継首班をめぐるこうした攻防は、明治寡頭政を支えた藩閥官僚勢力の根強さを改めて人びとに印象づけると同時に、その支配にもようやくかげりが見えはじめたことを示すものであった。

ところで寺内内閣が発足してからまもなく、ロシアでは革命が勃発し、一九一七年一一月にはレーニンのひきいるボルシェヴィキが政権を掌握するに至った(一〇月革命)。そしてボルシェヴィキのソヴィエト新政権は、翌年三月、独墺側と単独講和を結んで大戦から離脱することとなる。しかし革命いらい旧ロシア帝国の領内では各地で反ボルシェヴィキ勢力が蜂起するなど混乱がつづいた。そのうえソヴィエト政権の単独講和は、今後、ドイツの勢力がロシアへ拡大し影響力を強める可能性があるとの観測もあって、日本政府は不安を高めた。一方、英仏両国は、ロシアの戦線離脱により独墺側の兵力が西部戦線にむけ増強されることを恐れて、ドイツを牽制しロシア革命に干渉するための軍事行動が、いくつかの地方で企てられたのであった。こうした情勢のなかで日本の政府は、居留民の保護を理由にウラジオストクに軍艦を派遣、その後もイギリスやフランスと接触をとりながら出兵の機会をうかがっていたが、一九一八年七月、アメリカからシベリアのチェコ軍救援のためウラジオストクに共同出兵の提議がなされると、日本政府はこれを受諾、翌八月ついにシベリアへの出兵を宣言するに至った。

出兵にあたって日本政府は、ロシアの領土保全、内政不干渉、および「所期の目的を達成するに於ては政治的又は軍事的に其の主権を侵害することなく速に撤兵すべきこと」を宣言したが、出兵は結局四年の長期にわたり、合計七万二〇〇〇名にのぼる兵力を投入する結果となった。そして一九二二（大正一一）年六月、日本のシベリアにおける領土的野心にかねてから疑念をもっていたアメリカの強い抗議もあって、ようやく撤退が決定された。

吉野は、シベリア出兵が話題となりはじめた当初からこの動きに深い疑問を感じ、政府に対して慎重な判断を促していた。もともと日露戦争後、日本の国内には一部の議論として、ロシアの沿海州あるいはさらに「バイカル湖以東」を手中におさめロシアの脅威を取り除くべきだという主張が唱えられていた。日本の軍部をはじめとする支配層は、ロシア革命の結果、共産主義勢力あるいはドイツ勢力が極東におよぶことを恐れ、その脅威を強調することによって日本の勢力拡大の気運をつくりだそうと考えた。「独逸勢力の東漸」と「帝国の自衛」という言葉が、世間をしきりに行き交うようになったのもそのためである。このような一部の風潮に対して吉野は、「国権の発展と云へば無暗に嬉しがり、国力の膨脹と云へば直ちに熱狂するやうな、無批判無責任の盲目的愛国者は之れまで我国に余り多ふ過ぎた。是等の所謂愛国者のため我帝国は之れまで苦い経験を嘗め過ぎてをる」（「出兵論と現代青年の世界的傾向」一九一八年四月、選集5、二九三頁）と警告することを忘れなかった。

また吉野は、アメリカの呼びかけに応じてチェコ軍救出のためウラジオストクへ派兵する必要については認めたが、それ以上にシベリア内部に深入りすることには反対であった。こうした吉野の慎重論の背景には、他国に対する理由のない軍事力の行使と兵力による干渉は、「日本将来の国際的地位を非常の危地に墜すもの」という国際的正義尊重の意識があった（「浦塩出兵の断行と米国提議の真意」一九一八年八月、前掲書、三六三頁）。

しかし、それとならんでもう一つ忘れてならないことは、つねに「露国民其者と衝突するに至るの不祥事」を避けなければならないという、他国の国民に向けられた彼のまなざしである。ちなみに吉野は過激派による政権獲得を決して歓迎していなかった。当時の彼の過激派に対する態度は、つぎのような彼の言葉にも示されている。「過激派の近く没落せざるべきを思ふけれども、然し又其寿命の永からざるべきを予期して居る。少くとも過激派が勢力を固める事、其の極端なる思想が最後の勝利を占むる事を希望するものではない」（吉野「所謂出兵論に何の合理的根拠ありや」一九一八年四月、前掲書、三一九頁）。このように吉野は、過激派についてはきわめて冷ややかな態度をとった。しかしそれにもかかわらず彼は、「レーニン一派は、露国人民の全然心服する所に非るも、尚国民と同一潮流に掉《さおさ》してゐる点に於て容易に倒るゝものではなからう」（同上）と、その政権が国民的潮流をしっかりと捉えている点に注目し、そのかぎりにおいて容易に倒れるようなことはないという観測をしていた。ここにもまた、つねにその国の人民の動向を注視し、それを判断の座標軸にすえた民本主義者吉野の揺るぎない姿勢があった。

また寺内内閣の時期に起こった注目すべき国内の事件として米騒動がある。一九一八（大正七）年七月、米価の暴騰にたえかねた富山県魚津町の漁民妻女ら数十人が、米の県外への船積み中止を要求して起ちあがったのがそのきっかけであった。騒動はたちまち全国の各地にひろがり、青森・岩手・秋田と沖縄の四県を除く道府県の市町村に波及した。当時は第一次大戦下の好景気のただ中で、船成金・鉄成金などの言葉が流行する時代にあたっていたが、民衆の生活はそれとは裏腹にインフレの進行によって苦しい日々を強いられる状態がつづいていた。ことに米価は前年から上昇をつづけ、一八年に入ってシベリア出兵の動きが伝えられると、大米穀商や地主の投機的な買占めや売り惜しみに拍車がかかり、米価の暴騰は一層民衆の生活を圧迫することとなった。しかしその間、政府はほとんど無策に終始した。こうして生活苦に堪えかねた民衆は、集団を組んで米価の引き下げを要求し、暴動化した群集が米穀商を襲うという騒動に発展したのである。そしてこの民衆の怒りは、群集によるデモ行進や派出所・商店などの襲撃、富豪の邸宅の焼き討ち、また鎮圧のために出動した軍隊との衝突など、さまざまな集団的行動となって全国各地を嵐のように吹き荒れたのであった(2)。

では、この米騒動について吉野はどのような見解をとったのであろうか。まず吉野は、この騒動の原因が米価の暴騰による民衆生活の圧迫にあったことから、民衆自身がこのような行動にでたのは自然のこととして同情と理解を示した。そして「生活の圧迫に反抗して民衆運動の起るのは世界普通の現象である」(吉野「米騒動に対する一考察」一九一八年九月、選集10、四頁)というのが彼の民衆についての認識であった。なぜなら「今日の政治法律が貴族富豪の階級を偏愛し、下層階級の利益と発達の為めに考ふる所比較的に薄い」(同上)という社会主義者たちの非難は、とにかく一般論として否定できない事実だと彼も考えたからである。

このような立場から吉野は、今回の騒動について第一に責任を感ずべきは政治家の側であるとしたが、同時に民衆の側にもまた反省を求めた。それは、今回の民衆運動が「一旦起り出すと動もすれば暴動の形を執り常軌を逸して自他を損ずるを顧みざる」(同上、前掲書、六―七頁)状況に陥った点であり、吉野はこのことを何よりも残念だと考えた。その意味で今後の課題は、民衆がその要求を合理的な方法で社会に訴える道を法的に保障することであり、そのためにはまず為政者がかつての温情主義をすて、民衆がみずからの要求を公に訴える自由と権利とを彼らに与えることであると主張している。そしてそうした機会を与えることによって、民衆は経験をつみ、知識と能力とを身につけて秩序ある集団的行動を行うようになるのであり、そのためのもっとも基本的な方策は一般民衆にまで選挙権を拡大することだと、彼は説くのである(「民衆運動対策」一九一八年一〇月、前掲書、八頁以下参照)。こうした吉野の民衆観は、彼自身が上記の論説でもふれているように、彼がヨーロッパ留学中に各地で見聞したヨーロッパ民衆の規律整然とした集団運動の鮮烈な印象に根ざすものであった。

ところで寺内内閣は米騒動が発生すると、それが各地へ波及することを恐れて、ただちに騒動にかんする新聞記事の差し止めを各地方長官に通達した。そのため各新聞社はその措置に抗議し、内閣弾劾・言論擁護の運動に起ち上がるという状況にあった。なかでもこの年の八月二五日、大阪で開かれた関西新聞記者大会には東京や西日本各社の代表も参加し、内閣弾劾の気勢は大いにあがった。翌日、この大会の模様を報じた『大阪朝日新聞』夕刊の記事は、「『白虹日を貫けり』と昔の人が呟《つぶや》いた不吉の兆」という表現を使って会場にみなぎる緊迫した空気を伝えたが、この語句が当局の目にとまり、やがて大きな事件へと発展することとなる。

『大阪朝日新聞』は、かねてから言論の自由尊重という基本的立場を鮮明にし、寺内内閣出現後はこれと対決する姿勢をとっていた。そのため同新聞は政府によって敵視され、しばしば発売禁止の処分を受ける難にあっていた。「白虹日を貫く」という言葉は、中国の古語で天下に革命が起こる予兆を意味した。政府当局はこの語句を捉え、ただちに夕刊を発禁処分にするとともに、朝憲紊乱を理由に新聞紙法違反とし、大阪朝日新聞社を告発するに至ったのである。この政府や検察による大阪朝日攻撃に右翼も同調した。同年九月、右翼団体の本流である黒竜会のメンバーが大阪朝日の社長村山龍平を大阪中之島公園で襲い、「国賊」と非難して暴行を加えるという事件まで起きた。その後も右翼団体は執拗に朝日新聞の攻撃をつづけ、右翼浪人たちの集まりである浪人会は、東京や関西で「国体擁護」を掲げて同新聞を誹謗するキャンペーンをくりひろげた。

このようにして新聞社としての存続そのものが危うくなる事態に遭遇した大阪朝日は、さすがに動揺を隠すことができず、社長の村山は辞職し、それまで朝日のリベラルな立場を担ってきた編集局長の鳥居素川、社会部長の長谷川如是閑が退社し、編集陣の入れ替えがはかられるに至った。この朝日の方向転換に直面して通信部長丸山幹治・調査部長花田大五郎・論説委員大山郁夫それに客員の櫛田民蔵らが社を去り、河上肇・佐々木惣一らの寄稿者たちも朝日との縁を絶つこととなった。いわゆる「白虹事件」と呼ばれるものがこれである。

政府・検察ならびに民間右翼による大阪朝日を攻撃目標にしたこの言論抑圧事件に対して、吉野は『中央公論』一九一八年一一月号の「時論」欄に「言論自由の社会的圧迫を排す」と題する一文を掲げ、言論の抑圧に抗議している。この吉野の時論で注目される点は、寺内内閣という国家の権力機関による言論圧迫政策を批判するこれまでよく見られた視点を転じて、右翼という民間の暴力的集団による「社会的圧迫」に注目し、これを問題としたところにあった。すなわち彼は、「言論の自由を圧迫するものに国家的なるものと、社会的なるものとの二種類ある」と自由圧迫の二つの形を指摘し、「世人多くは政府を通して来る前種の圧迫のみを観て、動もすれば民間の頑迷なる階級より来る後種のものを看過するのは予輩の常に遺憾とする所であつた」(選集3、二五〇頁)と述べているのがそれである。

周知のように、J・S・ミルの『自由論』(一八五九年)もそこで問題としたのは、かつて主要な関心の対象をなした「政治的支配者たちの専制から自らを守る」という意味の自由ではなくて、「社会的自由」の問題つまり「社会が個人に対して正当に行使しうる権力の性質ならびに限界」をどう考えるべきかという問題であった。そしてこの後者の自由の問題は、これまで一般にはほとんど議論されることがなかったけれども、「まもなく将来の死活的な論点と認識されるだろう」とミルは述べている。事実、ミルの自由論を最初に翻訳紹介した中村正直(敬宇)の『自由之理』(一八七二年)でも、国家や政府と区別された「社会」の観念そのものが理解できなかったこともあって、ミルが提起した「社会的自由」の問題は理解されずに終わった。その後も明治日本にあっては、自由民権運動や黎明期の社会主義に代表されるように、自由の問題は主として政府の専制的支配との対抗関係のなかで論じられるのが常であった。その意味で、吉野のいわゆる自由に対する「社会的圧迫」というこの問題関心は、一九世紀の後半、ミルにより提起された自由についての先端的な議論とようやく結び合う新しい視点を日本の言論史に導き入れたものと言うことができる。

吉野のこの「言論自由の社会的圧迫を排す」の論説は、浪人会をいたく刺激し、その憤りを買うこととなった。浪人会は集会を開いて吉野糾弾の決議を行い、会の代表者は早速面会を求めて吉野の研究室にまでやってきた。授業をひかえていた吉野は翌日会うことを約してとりあえず引き取らせた。翌日の面会について、吉野の日記（一九一八年一一月一六日）はこう記している。「昼浪人会の代表者として田中舎身、佐々木安五郎、伊藤松雄、小川運平の四氏来る　不得要領を極め甚だ平凡にして帰る」（選集14、一六七頁）と。

吉野はその四日後に浪人会との交渉について報告会を開き、百余名が集まったが、招待した浪人会側からはだれも出席がない。やむをえず単独の報告会となり、結局、「不得要領」のこの浪人会との交渉は、後日、公開の立会演説会を開いて決着をつけることとなった。一一月二三日土曜、午後六時より、会場は神田の南明倶楽部であった。当日、吉野が車でかけつけると、定刻前というのにすでに一杯の人だかりで屋外にまで人の山が築かれ、吉野自身なかに入るにも難渋するほどの混雑であった。会場に入りきれぬ約二〇〇〇の学生・労働者の興奮した「デモクラシー万歳！」などの叫びのなかで、演説会は開始された。

浪人会側の弁士四人が交代で演壇に立ち、その一人ひとりに吉野が反論する形で会は進行した。吉野の身を案じて詰めかけた聴衆が見守るなかで彼は、浪人会による大阪朝日糾弾のキャンペーンや村山社長に対する暴行事件をとりあげ、「大阪朝日新聞や村山龍平氏の思想の内容が如何なるものであるかはしばらく論外である。如何なる思想にせよ、暴力を以て圧迫することは絶対に排斥せねばならない。思想に当るに暴力を以てすることは、それ自体に於て、既に暴行者が思想的敗北者たることを裏書きするのである」（菊川忠雄『学生社会運動史』一九四七年、海口書店、四二頁）と、鋭く浪人会の行動を批判し、その反省を迫った。立会演説会は、筋道の立った吉野の弁舌が終始相手側を圧倒するなかで進められたが、最後は両者の立場を相互に認めあう形で終わった。(3) 屋外の群集は会場から出てきた吉野を熱狂的に迎え、吉野は歩行もままならぬほどであった。演説会について当日の彼の日記には、「十分論駁し尽して相手をして完膚なからしめし積りなり　十時過凱旋す　屋外同情者千数百　歩行自由ならず警吏の助により辛うじて電車に飛び乗り帰る　外套と帽子とを失くす」（選集14、一六八頁）と記されている。

## 二　黎明会の結成とデモクラシー論

吉野と浪人会との立会演説会は、自由な言論の意義とその強さについて人びとの認識を改めて呼び覚まし、デモクラシー陣営に自信と勇気とを与えた。第一次大戦後の世界的傾向として高まったデモクラシーの風潮を背景に、日本の革新を志す知識人たちが、その知と力を結集し社会に還元することを目指して思想団体「黎明会」を立ち上げたのは、そうした時代の流れを象徴する事件であった。黎明会は、福田徳三・吉野作造らを中心として一九一八（大正七）年一二月二三日に結成された。この会を計画しその実現にまでこぎつけたのは、大庭景秋（柯公）の力によるところ大であったといわれている。(4) 大庭はロシア通として知られ、大阪朝日の事件をきっかけに東京朝日新聞を退社したのち、新しい雑誌の刊行を計画していた。黎明会の主要な活動は、定期的な講演会の開催にあったが、講演集の刊行についても大庭の斡旋に負うところが大きかった。

ところで黎明会結成の趣旨――吉野の言い方によれば「吾々の思索立論の根拠」――は、創立会を兼ねた第一回例会で承認された「大綱三則」に集約されている。その内容は、「一、日本の国本を学理的に闡明して、世界人文の発達に於ける日本の使命を発揮すること。二、世界の大勢に逆行する危険なる頑迷思想を撲滅すること。三、戦後世界の新趨勢に順応して、国民生活の安固充実を促進すること」(「黎明会記録」『黎明講演集』第四輯、黎明会編『黎明講演集』〈復刻版〉第一巻、三六五頁)である。その第一項は、「国体擁護」や「愛国」を振りかざして独善的・観念的な国家主義を鼓吹する思想動向を排し、世界共通の正義や文明に基礎づけられた新しい日本国家のあり方を追求する姿勢を明らかにしたものであり、第二項は、先の立会演説会で吉野が対決した浪人会の言動に象徴されるような反動的な右翼思想を、ここでは「世界の大勢に逆行する危険なる頑迷思想」と規定し、その一掃を共通目標の一つとしたわけである。

また第三項について注目されるのは、これまでデモクラシー運動のなかで、国民の自由や権利の法的・制度的な確立がしばしば中心的な目的として主張されてきたのに対して、ここでは、「国民生活の安固充実」という表現が物語るように、国民の現実生活の安定や充実を重視する視点を前面に出したことであろう。この点は、黎明会が第一、第二項で大戦後の開かれた思想潮流に逆行する「頑迷」な閉ざされた国家主義との対決姿勢を明らかにしたこととともに、これまで政治的運動を中心としたデモクラ

**表**　労働争議件数

| 年 | 件数 | 参加人員 |
|---|---|---|
| 大正 3 | 50 | 7,904 |
| 4 | 64 | 7,852 |
| 5 | 108 | 8,413 |
| 6 | 398 | 57,309 |
| 7 | 417 | 66,457 |

シー思想に対して、新しく社会的な運動への志向性を示したものとして注目されよう。

黎明会に見られたこのような新しい志向性は、一面においては時代状況の新しい動きを反映したものでもあった。すなわち一九一〇（明治四三）年の大逆事件いらい日本の社会主義運動は、いわゆる厳しい「冬の時代」を迎え、表立った活動を休止せざるをえない状況にあったが、一九一六（大正五）年頃から、ようやく運動復活の機運が動きだした。そのことを大正期の社会主義運動の理論的指導者として影響力をもった山川均はこう表現している。「大正五年ともなると、池の水がいくらかぬるんできて、張りつめていたあつ氷が、ところどころで溶けはじめる感じがした。すくなくとも我々の気ちの上では、運動の復活の機運が動きだしたように思われた」（山川菊栄・向坂逸郎編『山川均自伝』一九六一年、岩波書店、三五七―三五八頁）と。たとえば労働争議をみても、上記の表のように件数・参加人員とも一九一六・一七（大正五・六）年を境にして急激に増大している(5)。

したがって、黎明会の「大綱」から感じとることができたデモクラシー思想の政治的な志向性から社会的な志向性へという動きは、当時誕生した他の思想集団にも共通して見られた傾向であった。先述した大阪朝日の事件で退社した長谷川如是閑は、一九一九年二月、同じく大阪朝日を去った大山郁夫とともに雑誌『我等』を創刊するが、創刊にあたってその経緯とみずからの思想的立場を明らかにした『大阪朝日』から『我等』へ」（『我等』一九一九年二月）という文章にも、つぎのような一節を見出すことができる。

我等自身は、政治上の見地と社会上の見地とは必然に伴ひ行くものであると考へてゐる。政治に於ける民意の尊重は、社会生活に於ける国民各自の生活の向上と互の因果を形作つてゐる。社会的と政治的とを、二つの隔つた軌道を走つてゐる機関車である如く別々の扱ひをすることは、社会主義者若くは政治学者といふやうな専門の境地に閉籠つた人達の動もすれば陥る陥穽である（『長谷川如是閑集』第六巻、一九九〇年、一七頁）。

このように如是閑は、政治的な視点と社会的な視点とを切り離して別個にとり扱う考え方を排し、むしろ社会学的な視点ないし方法を通して政治的支配の本質を論ずる必要を説いた。そして彼自身、この『我等』の刊行を通して活発な言論活動を展開していくこととなるが、彼の「政治上の見地」に対する「社会上の見地」の重視は、『現代国家批判』（一九二一年）および『現代社会批判』（一九二二年）という二つの論説集に見られるような、独自の視点からする国家批判と文明批評とに行きつくのである。

たしかに如是閑も、「民衆の覚醒」にもとづく民衆的勢力の台頭については、一部の特権階級の支配という旧い国家構造を打破する第一歩として、一定の評価を惜しむものではなかった。しかし彼は、吉野とは違って、立憲主義を近代国家の普遍的原理としてそのまま受容する立場とは、はっきりと一線を画した。たとえば彼は、「民衆の政治《デモクラシイ》」を「民衆の意志と感情とによる支配」と理解したが、それは実際には「各自の意志感情を互に理解し合ふやうな小さい組織」でしか実現されえないと考えた。したがって、「今日の立憲政治なるものは、表面上民衆の政治と称へられてゐるが、斯る大規模の国家にそんなことの行はれる筈がないので、実際は、その民衆の意志感情を一度或る専制によって統一せしめて、その統一された意志によつて、所謂多数者の政治を行つてゐるのである。即ち民衆の政治を、一旦少数専制に鋳直して、民衆政治の名で実行してゐる訳である」(長谷川如是閑「国家の商人化と政治否定」『我等』一九二一年一月、『長谷川如是閑集』第五巻、二〇四頁)と、近代国家のデモクラシーや立憲政治に対して、彼はきわめて冷ややかなまなざしを向けていた。

それというのも、如是閑によれば、国家の発生は、人間の社会生活に際して生起する集団間の闘争と、その結果である征服・被征服の関係に由来し、その過程で生まれた強制組織に端を発するものと規定した。そして国家生活の根底にあるこの征服関係は、武力による征服関係から「所有」にもとづく支配関係へと推移した今日にあっても、依然として国家の本質をなすものとして受けつがれている、というのが如是閑の国家についての基本的考え方であった。そしてまたそのような考え方から彼は、近代国家の諸原理が前提とする国民の同質性とか人民一般の利益、公共性、法的正義等々の観念についても、これを実体的な裏づけのない単なるイデオロギー、つまり国家的支配を正当化する虚偽観念として否定する立場をとったのであった。それは、吉野が基本的には国家を自由な個人の有機的結合からなる共同体と考えた立場とは、大きく隔たっていた。立憲政治は、如是閑にとっていわば一種のキレイごとでしかなかった。

ところで、「国民生活の安固充実」を「思索立論の根拠」として加えた黎明会の、社会生活の現実に向けられたまなざしは、たしかに吉野の思想的立場にも微妙な影を落とした。吉野は、黎明会第一回の講演会（一九一九年一月一八日）で「開会の辞」を述べたが、そのなかで彼は、「国民生活の安固充実」という第三項の意味を「日本の今日の社会に健全な思想を生ましむるに根本的に必要な素質」（前掲『黎明講演集』第一巻、七頁）であると説明している。言うまでもなく「健全な思想」とは、いわゆる「危険思想」の対抗語である。ここで吉野が、反動的な先の「頑迷思想」とは別に、「本当の危険思想」として日本での流行を恐れたのは、「日本の今日の社会に一種の欠陥があると云ふ事実」と結びつく形で西洋からもたらされる「外来の思想」を意味していた。言うまでもなく階級闘争的なそれである。それを防ぐためには社会的な不平不満を取り除かなければならない。「国民生活の安固充実」はその意味で不可欠の課題であると吉野は理解したのである。国民という対等で等質な個人からなる集団を国家生活の基礎と見なしていた吉野にとって、両立を許さない階級的利害対立を基本とする思想は、やはり認めがたい「危険」な思想であった。

また「国民生活の安固充実」という問題は、デモクラシーについての吉野の「立論の根拠」にもとり入れられた。すなわち同じ黎明会の第二回講演会（一九一九年二月）で、吉野は「デモクラシーに関する吾人の見解」と題して、彼が先に唱えた民本主義の立場からデモクラシーとは何かを論じているが、ここでも「人民のため」（政治の目的）と「人民による」（政治の方法）という彼の民本主義論の「二大綱領」に沿った形で議論を整理し、これまでの民本主義論で人民のための要求として掲げてきた「一般民衆の利益幸福」あるいは「個人的自由の尊重」に代えて、新しく人民のための「社会的要求」として「国民生活の安固充実」を挙げることとなった。

ただその場合でも吉野は、二つの点をつけ加えることを忘れてはいなかった。一つは、「国民生活の安固充実」というこの社会的要求は、「民は国の本なり」という昔ながらの民本主義の言葉が示すように、近代以前においては為政者の「善政主義」によって実現されることもありえたが、近代立憲主義の下では人民の政治参加——具体的には選挙権の拡張または普通選挙の実現——という「人民による」政治の貫徹を通してはじめて可能となるということである。つまり一般人民の政治参加、民意にもとづく政治は、「国民生活の安固充実」という社会的要求のためにも必要不可欠の手段であり、その意味で一般人民の政治参加という要求は、ここでも状況を越えてつねに必要とされる「絶対的な原則」としての位置づけを与えられた。

もう一つ、一般人民の政治参加は、「国民生活の安固充実」のために必要な前提であっただけでなく、何よりも各々が国民として国家の経営に積極的にかかわり、それぞれの持ち分を担う意味をもつものでなければならなかった。この講演で吉野は国民の政治参加についてこう述べている。「併ながら吾々は国家生活に於て、吾々が国家の経営に与つて行くと云ふ上に於ては積極的に持分を持つて居りますから、其積極的持分を意識的に尽さしめると云ふ点に就ては、国家の為めになるのだと云ふ明確なる意識を以て尽して貰ひたい。……此意識を以て国の運命の決定に向つて積極的に参与すると云ふのが必要であります。さう云ふ点に於て参政権の要求と云ふものを其自身目的として高唱する次第であります」（「デモクラシーに関する吾人の見解」前掲『黎明講演集』第一巻、一九二―一九三頁）と。こうした個人と国家との有機的一体化は、人民の参政権要求を正当化する根拠に「国家的責任の個人的分担」という一九世紀国民国家の理論を援用した吉野の「民本主義再論」の考え方が、ここでもそのまま引き継がれていると見ることができる。

この「国民生活の安固充実」という黎明会の綱領の受けとめ方については、吉野自身も認めているように、吉野と福田徳三の両者は、ともに黎明会の活動を担う中心的な存在であったにもかかわらず、その見解をいささか異にしていた。前述のように吉野は、国民の政治参加――参政権の獲得――を先決とし、第一の要求すなわち国民の経済生活の安固充実については、「総ての国民が政治的に発言が出来る様になるならば、自然其第一の要求は達せられる」（同上、前掲書、一九二頁）とした。これに対して福田は、経済生活の安定と保障が先決であるとし、「吾々の生活の第一着手は経済生活、経済生活が立たなければ他の生活は始まらない。人として有ゆる方法を始めやうと云ふ経済生活に大なる所の妨害があつて吾々の前途を妨げて居る間は真のデモクラシーは起らない」（福田徳三「国本は動かず」一九一九年一月、黎明会第一回講演会での講演、前掲『黎明講演集』第一巻、一〇三頁）と主張した。

両者のこの立場の違いは、政治原理としてのデモクラシーにかんする認識の相違とも関連していた。そもそも福田は、政治というものが果たす社会的役割について多くを期待せず、きわめて限定的に捉えた。彼は述べている。「今日は最早政治万能の時代は過ぎて仕舞つて居ります。政治々々と云つて政治が何よりも重大だ、男子苟も志を立て名誉心を持つて世に立ち、大に為すあるに足ると思へば皆政治に向つたと云ふ時代は十九世紀のことであつて二十世紀のことではない。私は『政治は人文の一切にあらず』と云ふことを繰返して主張して居ります」（前掲書、九〇―九一頁）。彼にとって政治の価値は、他の社会的価値に比べてむしろ相対的に低く位置づけられていたのである。

したがって普通選挙についても、彼はもちろんそれを望ましいものとは思っていたが、しかしそれが実現したからといって、日本の現状では日本の政治や現実がどれほど変わるだろうか、というのが彼の考えであった。「私は普通選挙が行はれました所が大した重きを持たない、選挙権をみんなが持つ、多数の人が選挙権を持つのは冀《ねが》はしいことだが、併ながら今日の日本の政治道徳では選出せられる人が替りまして替り栄《ばえ》の無い人が出はしないか、第一流の人間は議会などへは行かない」(同上)と、普通選挙についてきわめて突き放した冷ややかな見方をしていた。普通選挙制は機が熟すればいずれ実現される。今そのことに多くの時間と労力を注ぐよりは、「本当のデモクラシー」とは何かという、より根本的で、より長期的な問題をわれわれは考えるべきではないかと福田は主張するのであった。

では福田の考える「本当のデモクラシー」とは、どのようなものなのであろうか。まずデモクラシーについて、福田はつぎのように説いている。「我々は生きて行かなくてはならぬ、生存して行かなくてはならぬ、吾々の生存を確立すると云ふ所の必要より真正のデモクラシーを要求する。即ち国に生れて来た者は如何なる無能なる者であつても如何なる低能な者であつても如何なる卑しい者であつても人間として恥かしからぬ生存の出来得るやうになつて居る社会、若くは国と云ふのであります。其方に向つて行く有ゆる運動、有ゆる傾向を名けてデモクラチックと私は名けるのであります」(同上、前掲書、九七頁)。このように福田が「真正のデモクラシー」と考える前提には、社会に生活するすべての人が「人間として恥かしからぬ生存」を制度として保障されるということがあった。彼がかねてより主張する生存権の問題がそれである。

すなわち、「人類の生活はすなわち人類欲望充足の活動の総称なり、いっさいの人事いっさいの社会はみな欲望充足の発現にほかならず」(福田徳三「生存権概論」一九一六年、同『生存権の社会政策』講談社学術文庫、一六一頁)というのが、福田の社会哲学の根本を形づくっていた。そして彼の生存権の理論的根拠もまたそこにあった。彼によれば、人はまず生きなければならない。生きるためには、まず人は労働し、その対価として労働の産物を獲得することにより、はじめて生存という基本的欲望の充足を達成することができる。したがって生存権の観念は、労働権を不可欠の前提とし、労働権は労働の所産をみずから手に入れることができる労働全収権を必要とした。この労働権・労働全収権・生存権の社会的な意味について、福田はこう述べるのである。「これを要するに労働にその産物を十分にかつ正当に認むべしとの主張は、労働全収権の理論を生じ、欲望に十分かつ合理的なる充足を確保すべしとの要求は、生存権の理論を起こせり。しかしてその過渡的産物として、まず国民の各員に労働することを得せしめよとの要求は労働権の理論を生じたるものなり[6]」(同上、前掲書、一六七頁)と。

ところで近代資本主義制度の下における国家はどうであろうか。福田によれば、近代資本主義国家は、上記のような意味での生存権の前提である労働権の保障から出発するものでなく、財産権の保障を基本として成り立つところにその特質があると考えた。そして彼は、まさにその点に近代資本主義国家の克服すべき本質的な問題を見出したのであった。いわゆる近代国家による市民生活の保護ということの実体について、彼はつぎのように指摘する。「国家の保護は、すでに財産の存するところについて財産とその報酬とを目的とするのみ、労働とその産物との関係も欲望とその充足との関係もともに、国家の職分においては没交渉たるものとす。すなわち保護の目的は所詮は財産のみ、財産なき身体の保護安全とは空虚の口実のみ」（同上、前掲書、一六九頁）と。

近代の国家は、すでに財産を手にしている人についてはその所有を権利（所有権の絶対性）として保障するが、まだ財産を所有していない人を含めて、すべての人が生存に必要な生活財を獲得することについては何の保護も保障もしようとしない。また身体の安全にかんしても、他人からの侵害に対して身体の安全をはかることは国家の職分とするが、貧困や飢餓が身体の健康や生存をおびやかすことについては、国家はこれを防ぐための方策を講じようとしない。その意味で彼は、「今日の国家は文化国家、法治国家と云ふが只名前丈けで事実は財産国家、所有国家であります。所有を維持し之を保護するに凡ゆる力を注いで居るのが今日の国家であります」（福田「虚偽のデモクラシーより真正のデモクラシーへ」一九一九年五月四日、大阪毎日新聞社主催講演会での講演、前掲『黎明講演集』第一巻、四九一頁）と断定するのである。

福田が、先に「吾々の生存を確立すると云ふ所の必要より真正のデモクラシーを要求する」と主張したのは、以上のような彼の社会哲学にもとづく近代資本主義国家についての批判から出発したものであった。したがって彼は、近代資本主義と立憲主義の先端を行った英米型のデモクラシーは、彼のいわゆる「財産国家」「所有国家」のデモクラシーであり、「嘘のデモクラシー」にほかならないとしたのである。「英米のデモクラシーは実に嘘のデモクラシーである。之が行はれた所がデモクラシーが本当に行はれたとは言へない。此政治上のデモクラシーは何を主義として居るかといふと実に第三階級の擁護である。即ち嘘のデモクラシーの英米に於ける形は政治的資本的デモクラシーである。資本擁護の権利を第三階級の手に持たして行かうと言ふ所のデモクラシーである」（同上、前掲書、四八七頁）。ここで英米のデモクラシーを「政治上のデモクラシー」とするのは、言うまでもなく人民の政治参加の権利という観念的な問題関心にとどまって、人民の「生存」の欲求を充足するという現実の生活の視点が欠落していることを意味していた。「今日は最早政治万能の時代は過ぎて仕舞つて居ります」とした彼の立場と、それはかさなりあっていた。

吉野の民本主義が近代国家の普遍原理をそのなかに見てとった英米型デモクラシーを、福田は第三階級の資本擁護のための政治システムにすぎないと切って捨てた。それは、一見、社会主義的な立場からするブルジョア・デモクラシー批判を連想させるものがあった。しかし福田は、労働者階級の支配を主張する「ソーシアル・デモクラシー」——彼は一九一八年のドイツ革命が指向したデモクラシーを「社会民主々義」または「ソーシアル・デモクラシー」と呼んだ——を英米型デモクラシーに代わる「真正のデモクラシー」と見なしたわけではなかった。ドイツのソーシアル・デモクラシーは、支配権力の担い手を資本家から労働者へと代えたとはいえ、特定の階級による支配という点では同じであるという理由で、これを英米型デモクラシーと同様に「虚偽のデモクラシー」と見なした。「独逸のは労働者を中心とするソーシアル・デモクラシー、社会民主々義で英米のは其反対に資本階級を中心にする政治的デモクラシーであります。シカシ《ママ》虚偽のデモクラシーたるに至つては二つとも異らないと確信するのであります」（同上、前掲書、四八一頁）と福田は言う。

このように福田が考える「真正のデモクラシー」とは、政治的支配形態としては、資本家階級であれ労働者階級であれ、特定の階級による支配ではなく、「全国民のクラシー」すなわち「唯一人、唯一階級に権力を独占しないで凡ての国民を網羅して之を支配者たらしめる」（同上、前掲書、四八九頁）ものを意味した。それは、前述のように、「吾々の生存を確立すると云ふ所の必要」に根ざし、すべての人が「人間として恥かしからぬ生存の出来得る」社会の実現を目指すものであった。しかし、もともと政治という社会的機能そのものに多くを期待しなかった福田にとって、すべての国民が支配者となる「全国民のクラシー」は、何らかの政治的制度を通して実現されるものとは思わなかった。それはむしろ人間的価値についての考え方、あるいは社会を構成する根本的原理の転換を通してはじめて可能になると彼は考えた。すなわち「生きる」という人間的欲求を原点とし、彼のいわゆる「労働全収権」を前提とした、労働観念の確立がそれである。

福田によれば、社会生活を支える人間の行為は、大別して二つの要因から発するものであるとする。それは、欲望と衝動、つまり「目的を自覚する所の欲望」と「目的を自覚せざる所の衝動」である。そして目的合理性を特徴とする近代社会を、彼はこのように捉える。「今日の世界は衝動生活を成たけ圧抑々々して成たけ欲望生活にし、出来るだけ欲望の生活へ変へやう〳〵として居るのであります」（福田「如何に改造するか（吉野博士に答ふ）」一九一九年三月二一日の講演、前掲『黎明講演集』第一巻、二七六頁）と。しかし彼は、人間の生活が一挙一動すべて自覚的な目的にもとづく合理的な行動に支配されてしまったならば、人生は「誠に杓子定規の味の無いもの」になってしまうだろうと考える。むしろ「人生の本当の発達本当の成長は目的を自覚した所の欲望行動よりも衝動行動から起って来る」(同上、前掲書、二七七頁)と、彼は衝動にもとづく行動こそが人生を実り多い豊かなものにするとして、衝動のもつ重要性を強調するのである。

ここで福田が重視する衝動による行動とは、特定の目的を前提とする自覚的な行動とは異なり、いわばそれ自身が目的であるような行動、したがって人間にとって純粋に内発的な行動を意味した。彼はそこに自由な人間の存在を思い描いていたに違いない。彼が衝動行動に注目し、「人生の本当の発達本当の成長は……衝動行動から起って来る」としたのはそのためである。

ところで経済学の立場から彼は、こうした衝動にもとづく人間の行動を「物を得んとする衝動」と「物を造らんとする衝動」との二つに分けている。しかし、所有権の保護・保障を基本とする「所有国家」の「英米型デモクラシー」を「嘘のデモクラシー」としてその克服を主張した福田が注目するのは、いうまでもなく前者ではなく、後者の「物を造らんとする衝動」であった。それは、生存権とその前提をなす労働権につらなるものであるからである。こうして、「物を得ん」とする「所有」の世界から、「物を造らん」とする「創造」の世界への転換、これが福田の主張する「改造」の本質をなすこととなる。彼は述べている。「私が世界を改造しなければならぬと云ふのは、此根本を変へなければならぬと認めるからである。即ち世界を再び元に返す、否元よりも進んで之をクリエチブ・ウオルドにしなければならぬ創造的世界にする。所有の社会、所有の経済、所有の政治を成たけ縮少〔ママ〕し、創造の社会、創造の経済、創造の政治をウント拡張しなければ、人類の本当の幸福は得られないと確信するのでありま す」(同上、前掲書、二七九頁)と。

具体的には、福田は、労働の社会的なあり方を「所有」の世界から「衝動」の世界へ転換することの必要性を主張する。「所有」の世界、すなわち近代の資本主義社会においては、労働者は賃金を得るために労働を提供し、雇主の下で雇主のために働く。そこでは労働者自身の物を造りたいという衝動も働く余地がなければ、創造の喜びを味わうこともゆるされない。それは本来の労働のあり方を逸脱したものではないかと福田は考える。「昔の労働は非常に苦しいが其結果が現れる、此処に刀が一つ出来る、花瓶が出来る、自分の製作品には自分の魂を籠めたものが出来るから、其悦びが前の苦しみを償つて十分に余がある。……然るに今日の労働が苦痛であるのは労働其事が目的でなくして、其労働は他人の為めにする労働であるからである。殊に労働者自身に一のイニシエーチブ(創意)を許されず、創意は全く雇主のみにあつて、労働者は唯だ服従的に他人の創意したものを執行するに過ぎないから、労働が苦痛となるのであります」(同上、前掲書、二八八―二八九頁)と、こう福田は述べている。

こうして福田は、今日の資本主義の下での労働賃金制度を、人間の経済の歴史で奴隷制度とならぶ最悪の制度とするが、労働をその苦痛から解放して、これを「生活に於ける創造」「人生の楽しみ」という「本当の生命の充実」と結びついた人間的な営為に引き戻すことこそが、正しい意味での「解放」であり「改造」であるとした。福田の考える「真正のデモクラシー」とは、以上のように「所有」の世界から「創造」の世界への転換、資本主義下の賃金制度からの労働者の解放、「楽しい衝動」に支えられた生活の実現を志向するものであった。「世界の改造といふことは此不当な圧迫から我々の創造の衝動を解放する事、所有の専制から人類を解放することから着手しなければならぬと思ふのであります。我々の黎明といふものも所有の暗黒の世界より創造の光明世界に移らんとする趣意である。私は之が真正デモクラシーに赴く所の第一着手であると確信するものであります」（福田「虚偽のデモクラシーより真正のデモクラシーへ」前掲書、四九八頁）という彼の言葉は、そのことを裏づけている。

福田のデモクラシー論は、上述のように、資本主義下の賃金制度によって疎外された労働者の人間性の回復を目指すものであるところに、大きな特徴があった。そしてそのキイ・コンセプトをなすものが、人間の内的な創造的衝動に支えられた労働の再生であった。こうした労働観に足場をすえた資本主義批判は、同じころ長谷川如是閑によっても展開されていた。すなわち如是閑もまた福田と同じく、資本主義経済の特徴を、資本家による利潤の獲得という「個人的所有衝動」にもとづいて社会的に必要な財の生産が営まれているところに見ていたが、このような資本主義制度の下では、労働──あるいはその担い手である労働者──は本来の人間的意義を失うことを余儀なくされると考えた。

如是閑によれば、労働というものは、本来、「社会的に生存する人間の生活そのもの」、あるいは人間の本性に根ざした「生活の衝動」としての意義をもつものであり、生計を維持するためとか、何か他の意識的な目的にもとづいて行われるものではないとされた。「生活の衝動の現はれであるところの労働は、真の人間的労働であればあるほど、それは無意識的発動である」（長谷川如是閑「生活としての労働」『中央公論』一九二一年三月、『長谷川如是閑集』第三巻、一三四頁）と彼が述べているゆえんである。そして労働が、そのような「生活の衝動」に発しているときにはじめて、労働者はみずからの手で物を造る喜びを味わい、「生活の興味」を実感することができる。如是閑は、「質と量とに於て無限的であるところの創造的衝動を着々具体化させて行く人間の動作が労働なのである」（同上、前掲書、一三五頁）として、労働をすぐれて「人格的に特徴づけられた動作」と捉え、したがって「それは芸術的動作と同じ性質のもの」（同上、前掲書、一三五―一三六頁）と理解したのである。

しかし、今日の資本主義社会の下では、人びとの労働はそのような自由で人間的な「生活の衝動」に委ねられることはもはや許されず、資本の所有者のための営利の目的に従属する形でしか認められない。如是閑はこの資本主義という制度の下で進行している人間疎外の実態を見すえながら、つぎのように述べている。「現代の大産業は、多くの労働をして、さういふ衝動の発露であることを、殆んど絶対に拒否してしまつて、すべての労働を機械を主人とした奴隷の仕事にしてしまつたのである」（長谷川如是閑『労働の芸術化』か『芸術の労働化』か」『解放』一九二〇年二月、『長谷川如是閑集』第三巻、三八頁）と。

福田徳三がいわゆる「英米型デモクラシー」を「虚偽のデモクラシー」として排するとき、その主たる根拠に挙げた資本主義制度と労働の問題は、以上のように長谷川如是閑が同じ時期に展開していた現代社会批判――その一環としての労働の人間的意味にかんする問題――ととりあげ方の点でかさなりあうものを示していた。吉野は、福田のデモクラシー論について、「国民の生活を保障するやうなものがデモクラシーの本体であらねばならぬ」という議論と理解し、それは吉野自身のデモクラシー論のなかの社会的要求の側面を重視し強調したものと受けとった（吉野「デモクラシーに関する吾人の見解」前掲書、一九〇―一九一頁)。しかし福田が既存のデモクラシーを「虚偽」としたのは、デモクラシーが資本主義という経済制度を基礎とするかぎり、国民の多数を占める労働者は、創造と悦びとにあふれた人間らしい生活を取り戻すことが望めないと考えたからであり、それは「国民の生活を保障する」といった社会政策的レベルの問題ではそもそもなかった。だから吉野が、国民の生活の「安固充実」のためにも、まず国民の政治参加の拡大、つまり普通選挙制の実現という政治的要求の貫徹が重要とする立場をとったのに対して、福田はそうした「政治」的な改革そのものに多くを期待できなかったのである。

福田にとっての問題は、労働という生活がみずからの創意にもとづいて物を創る人間的な悦びに裏づけられた営為であるような社会を目指すことであった。政治もまたそのような志向性を共有しなければならないのであって、人びとのこうした人間的な悦びと政治が一体化したときにはじめて、それは国民生活のなかでその存在意義を主張することができると彼は考える。「生活の充実、人生の悦びと云ふ事が合体して始めて本当の政治である。唯政治が民本主義だけを標準にしてやると云つても民が一向愉悦しなければ民本主義にはならない」(福田「如何に改造するか」『黎明講演集』第一巻、一九三頁)と、政治の枠を乗り越えることができないデモクラシーに福田はあくまで批判的な姿勢をとりつづけたのである。

## 三 第一次大戦後の知識人の思想動向――「社会改造」論への接近

黎明会の結成に象徴されるように、日本政治のデモクラシー化に関心を抱いていた当時の知識人たちの多くは、何らかのかたちでデモクラシーを「社会改造」との関連で捉え直そうとする傾向を強めつつあった。前節でとりあげた福田徳三や長谷川如是閑にみられた社会生活的な視点の強調もその一つの例であった。あるいはそのほかにも、同様の傾向を示したものとして大山郁夫の場合を挙げることもできよう。

すなわち大正前期の大山は、「政治的機会均等主義」あるいは「参政権行使上の機会均等主義」という主張のかたちをとって、普通選挙制の実現を中心としたデモクラシー論を展開していた。彼のデモクラシー論は、普通選挙制を中核にしながら、国民の直接的な政治参加の否定、すなわち代議制論の主張、および公共的利益を重んずる国家的道徳観念や国民精神の重視、そのための公民教育の徹底などの主張に支えられたもので、基本的には吉野のデモクラシー論＝民本主義論とその本質を同じくするものであった。しかも大山の「政治的機会均等主義」は、吉野の民衆政治論において一貫して説かれた「最良の政治」は「民衆政治を基礎とする貴族政治」という考え方を、同じく前提とする点でも共通していた。たとえば大山は「貴族」の代わりに「偉人」という言葉を使いながら、「近代デモクラシーの下に於ては、一般民衆をして国政の枢機に参与せしむることは、要求する所ではない。只一般民衆の推戴すべき偉人を自ら定むることゝ、斯くして定めた偉人に民衆の已み難き衷心の希望を伝へんがために、政治的機会均等主義を実現若くは維持せんことを要求するものである」（大山「政治的機会均等主義」『新小説』一九一六年三月、『大山郁夫著作集』第一巻、一三〇頁）と述べている。

こうした大正前期の大山の思想的立場が変質に向かうのも、一九一九（大正八）年頃からのことである。すなわち吉野にせよ大山にせよ、デモクラシー論の前提には等質的な国民の存在、言い換えれば国民という共通の意思や利益の担い手の存在が想定されていた。しかしロシア革命・米騒動そして第一次世界大戦の終結という時代状況の推移のなかで、日本の一部の知識人たちのあいだには、目の前の社会経済的状況の変化に注目し、それをみずからの知的営為の対象に組み入れる動きが見られた。こうして大山の場合には、社会生活の実態へ視線が向かいはじめることによって、この国民という観念の背後に横たわる事実の世界＝階級的な利害の対立という現実が、あらたに無視できない問題として浮上することとなる。そしてこれまで統一的な国民の主要な構成者とされていた民衆は、あらたに「労働者」、すなわち資本主義社会の下で生産手段（資本・財産）をもたない生活者として捉えられるに至るのである。

このように第一次世界大戦後に至ると、大山のデモクラシー論も、形式的な政治的機会均等主義としてのそれから、政治・社会・経済・文化の各領域を包括する「社会改造」や、それを支える新しい時代精神——彼のいわゆる「ブルジョア文化」に代わる「民衆文化」——の創造を志向するものへと転換を遂げるようになる。そして同時にその目指すところも、民衆の政治的解放（政治的自由の拡大）にとどまらず、社会・文化そして内面の生活をも含めた全人間的解放へと深められた。彼も、この新しい志向に目覚めたデモクラシー論を、福田徳三と同じく「真正のデモクラシー」と呼び、こう述べている。「真正のデモクラシーは、物質生活上に於ける分配の公正とか、労働時間の減縮とかいったやうな主張を包含して居るものである。けれども、真正のデモクラシーは、経済貨の公正なる分配とか、労働時間の減縮を以て満足するものではない。それは単に、組織せられたる社会の各員の精神生活上の自由発展——若しくは其『創造の衝動』の無碍の活躍のための前提条件たるに過ぎないものとせられて居るのである」（大山「社会改造の根本精神」『我等』一九一九年八月、『大山郁夫著作集』第三巻、一四頁）と。

このような視点から大山は、資本主義の賃金制度の下で働く労働者の問題に目を注ぎ、「多数の労働者の群れがその各自の独立人格を僅かばかりの賃銀に代へることを当然と思惟することを得しめるやうな制度が存続することは、国民生活の上から見て、非常に重大なる問題である」（大山「労働問題の文化的意義」『我等』一九一九年一〇月、前掲書、三五頁）ときびしい批判を投げかけている。そしてそれにつづけて「彼等がそのために自由に『創造の衝動』に応じて行動する機会を奪はれ、従って人間味の核心たる愛、生の喜び、及び建設本能に基く生活を与へられないで、各自一個の機械としてほか生存することが出来ないといふことは、国民生活の最高潮たるべき文化生活の上から見て、等閑に附すべからざる問題でなければならないのである」（同上、前掲書、三五—三六頁）と主張するなど、前述の福田のデモクラシー論に見られた労働者の人間疎外の問題や、「創造の衝動」を重視する労働者の全人間的解放の視点と、多くの共通する特徴が見られた。このことも、自由・平等・国益など近代国家の理念をはぎ取って、その背後に横たわる資本主義制度下の労働者の社会的実態に迫ろうとする当時の知識人の思想動向——大山のいわゆる「内観的傾向」——を示すものとして興味深い。

このような知識人の思想的動向のなかで、吉野はどのような思想的スタンスをとったのだろうか。まず労働者をめぐる問題への社会的な関心の高まりについて、吉野は基本的にはこれを歓迎した。たとえば「最近の感想」(『我等』一九一九年八月)などで彼は、選挙権や責任内閣という「形式的問題」よりも、国民生活にかんする「実質的問題」が注目されるようになったことを、一応喜ぶべき最近の傾向として挙げている。そして彼自身も資本主義制度の不公正について、「今日の資本主義は僅かばかりでも資本を持って居る者には非常に便利であるから、ドン〳〵太って行く。コンナ不平均な話はない。若し斯の不当に高い所と、不当に低い所とを平均しましたならば恐らく総ての人が楽が出来るであらうと思ふのであります。而して之が正しい社会の姿ではありますまいか」(「国際労働会議に就て」一九一九年一〇月、『黎明講演集』〈復刻版〉第二巻、一一三頁)と語っている。

またいわゆる労働問題についても、吉野は福田や大山とその問題意識を共有していた。たとえば吉野はつぎのように述べている。「労働問題は畢竟、如何にせば賃銀労働者に『人』としての生活を保障し得るかの問題である。『人としての生活の保障』は有ゆる意味に於て労働者の権利であり、又社会の責務である。而かも従来之が殆んど全く無視されて居たが故に、労働問題は起った。而して這《こ》の八釜しい問題の起るに就ては、有ゆる意味に於いて資本家階級に責任の存する事も亦争ふ可らざる事実である」(「労働問題の要諦——労資協調主義を嗤ふ」一九一九年七月、『社会改造運動に於ける新人の使命』一九二〇年、一〇三頁、傍点ママ)と。このように吉野は労働問題を解決する必要性およびその社会的意義を認識する点において決して人後に落ちるものではなかった。

ちなみに吉野によれば、一九世紀文明の一大特徴は「霊能ある人格の自由なる活動」にあり、こうした「人格的理想の実現の発達史」が一九世紀の歴史であると考えた。そして各方面にわたる人格的自由の拡張のなかにあって、残念なことに取り残された問題の一つが労働問題にほかならないというのが彼の基本的な認識をなしていた。すなわちこうした「人格的自由の価値」を中心とする「人格主義」「理想主義」の立場から彼は労働問題を捉え、その解決に重要な意義を認めたのであった（「国家生活の一新」一九二〇年一月、選集1、二三二頁）。彼が、第一次大戦後の言論界で注目を集めるようになったこの労働問題というテーマを、改めて積極的に彼の民本主義論のなかに位置づけることを行ったのもそのためである。そしてそれはまた、民衆の政治参加の要求を主要な目標とする民本主義は労働問題解決の妨げになるとする一部の攻撃から、民本主義を防衛するためにも必要と考えたのであった。彼の論説「民本主義者より見たる労働問題」（社会学研究所編『社会及国体研究録』第一回第七―九号、一九一九年九―一一月）[7]によれば、民本主義と労働問題との関係につき吉野はこう述べている。

今日政治上で使ふ民本主義と云ふ時には自ら二つの内容があると言はれて居る。或は二つの方面に要求を限つて居ると言はれて居る。一は純粋の政治上の要求であつて、是は前に述べた責任内閣のことや選挙権拡張のことである。他の一は社会的要求と云ふべきものであつて、即ち国民の生活をどうすると云ふ問題になるのである。所謂労働問題は即ち此方面の項目の中に含まれるものである（同論説『社会及国体研究録』第一回第八号、一一頁）。

ここでは、かつての彼の民本主義論で説かれた「二つの内容」のうち、「絶対的」な原則とされた「政権運用の方法」についての原則は、前者の「純粋の政治上の要求」――具体的には責任内閣や選挙権拡張の問題――に置きかえられ、かつて国家との併存・調和という意味で「相対的」な原則とされた

「個人的自由の尊重」という「政治の目的」は、ここでは「社会的要求」──国民の生活にかんする問題──に置きかえられている。民本主義の一つの柱である「政治の目的」として「社会的要求」が掲げられたことについては、吉野が福田徳三らと黎明会を立ちあげた際、「国民生活の安固充実」という黎明会の趣旨を取り入れて、これを民本主義の「政治の目的」にあたる「社会的要求」であるとしたことが、いま改めて思い起こされる。労働問題との取り組みは、その姿勢を受けついだものであった。

このように吉野は、これまで民本主義論としてもっとも多くとりあげてきた「政治上の要求」すなわち「純然たる政治上の形式に関する問題」のほかに、労働問題を民本主義の「社会的要求」すなわち「国民の生活に関する問題」として積極的に自己の思想的課題のなかに取り入れることを行った。そして吉野によれば、この「国民の生活に関する問題」は、大山の場合と同じく、国民の「精神生活」にかんする方面と「物質的生活」にかんする方面とに大別され、前者は教育の機会均等とか言論・信仰の自由等々の事項を、後者は経済問題を意味するとした。いうまでもなく労働問題は、後者の中心的な問題と位置づけられたわけである。もちろん吉野は、民本主義という思想的立場からしても、国民の「精神生活」のもつ重要性を忘れてはならないとしながら、しかし実際上の問題としては経済問題の解決が先と考えるのが普通であろうとしている。

今日の民本主義者は、少くとも民本主義と云ふことを説く以上は、パンの問題のみが唯一の根本問題ではないと云ふ前提の上に立つから、国民生活の問題を論ずる時には、自ら精神生活の問題をも説くことになる。而して理想上の順序に於ては、精神問題が第一義的であつて、経済問題が第二義的であるが、之に反して実際上の順序としては、経済問題が第一義的であつて精神問題が第二義的である。即ち先づ国民の生活を保障した上で其上に道徳でも政治でも唱へるべきだとするのが普通の説明である（同上、前掲書、一三―一四頁）。

ここでは吉野にはめずらしく、「理想上の順序」と「実際上の順序」とを分けたうえで、実際的には経済問題の解決を優先する考え方に同調している。このことは、当時さかんに論じられるようになった労働問題という実生活の問題を、民本主義としても避けて通ることのできない重要問題とする彼の認識を示すものといえよう。

しかもこの労働問題は、労働者個人の資質や能力などに起因する貧民問題ではなく、資本主義という経済制度から必然的に生み出された社会的な問題であるとするのが、吉野の一貫した立場であった。彼の説明によると、「今日の労働者は、自分の労働を商品として売つて生活するのであるから、其労働の賃銀は需要供給の理義に依つて一定の相場で売買される。さうして其取引関係に於て、資本家は優者であり、労働者は弱者であるから、労働者の賃銀と云ふものは、踏倒され得るドン底まで踏倒されるのである」（同上、前掲書、一七頁）と、資本主義制度の下における労使間の雇用契約が現実にはきわめて不公正なものとならざるをえないことを指摘している。そして社会的な優者である資本家の自由のみを重視して、弱者としての労働者の立場を顧慮しない雇用の不公平なあり方は、労働者だけの問題でなく、「社会に於ける正義の実現」にかかわる問題であり、ひいては「社会全体の一大文化問題」として受け止めるべきだというのが民本主義者としての吉野の立場であった。彼の言葉を借りれば、「今日の労働問題は、正義の実現の要求と云ふ意味に於て、労働者に取つて新らしい問題であると同時に、又民本主義者の最も関心する問題となつたのである」（同上、前掲書、二三―二四頁）というわけである。

以上のように、労働問題発生の社会経済的要因およびその意義についての吉野の認識は、ほとんど社会主義者のそれと変わらなかった。したがって彼は、労働問題の解決方法についても、議会主義を否定して革命主義をとる「過激」な立場を選ぶものでないかぎり、社会主義と民本主義とは両立できると考えていた。そして彼がこの問題の解決方法をめぐっていわゆる過激な社会主義を排したのは、資本家と労働者のあいだの階級対立を、協調不可能な本質的に敵対的なものと考えることを一貫して否定してきた吉野の立場によるものであった。

すなわち吉野は資本家たちが自己の階級的利益の追求のみに走る頑迷と横暴とを指弾する点では、彼の言う過激主義者と変わるところがなかった。それは、たとえば彼自身が、「従来の資本家階級の頑冥《がんめい》なる態度、彼等が殆んど救ふべからざる程度に階級的利益の擁護に齷齪《あくせく》して居つた事実は、我々の過激主義者と共に之を認めない訳には行かない」（「民本主義・社会主義・過激主義」一九一九年六月、選集2、一五三頁）と述べているとおりである。しかしそれにもかかわらず彼は、過激主義者が資本家を永久に分かり合うことのできぬ敵対者とみなし、ただひたすら撲滅すべき存在と捉える突き放した態度には与することができなかった。「従来の資本家が如何に貪欲であつたとは云へ、彼等も我々と同じ人類である。彼等と我等との間には何処かに血脈相通ずる者があつて、説き且つ訓ふれば何時かは解る時があるだらうといふ精神主義の確信を有する者に取つては、何うしても相手方の撲滅といふ過激手段には出で得ない」(同上)というのが彼の真情であった。つまり過激主義者は、その人間観において「人間は全然其物質的境遇の支配を受くるものとする唯物的人生観」(同上)をとり、人間の精神の自立性を認めようとしないところに、民本主義の立場とは根本的に相容れないものがあると吉野は考えたのである。吉野は、このような自己の立場をしばしば人道主義と呼んだ。たとえば彼の「労働運動の人道主義的指導」(『中央公論』一九一九年七月)には、そうした彼の考え方が労働運動のあり方をめぐってよく示されている。

第一次世界大戦後、知識人のあいだに見られた上述のような動向、すなわち選挙権の拡張というような政治制度の改革から、資本主義制度の下における国民生活の現実を覆う社会的不公正の改革へという視線の移動、「政治問題より経済問題へ」あるいは「形式的問題より実質的問題へ」という問題関心の推移は、当時の青年学生たちにも影響を及ぼさずにはおかなかった。吉野も、身近に接する学生たちの動向を見ながら、「最近青年学生の間に潑溂たる生気の勃興しつゝあることは極めて著しき現象である」(吉野「青年学生覚醒の新機運」一九一九年一月、選集10、一二頁)と、その感想を語っている。そしてその新しい現象は、主として先の大戦の影響によるものであること、また「潑溂たる生気の勃興」とは、実際的には彼らのあいだに生まれた「国家社会の制度文物を批評的に観察せんとするの態度」から生まれでたものであり、さらにこうして明らかになった社会的欠陥を改善すべく、すすんで「社会的活動」に乗り出そうという情熱に燃えていることなどを、その内容として挙げている。

吉野が指摘した学生たちのあいだのこの新しい機運は、彼自身の周辺では、彼が指導する学生たちによる学生の思想団体新人会の結成という形で、いち早く実践に移されることになる。新人会は、吉野と浪人会との立会演説会をきっかけとして、その翌月の一九一八（大正七）年一二月、吉野がながく部長をつとめていた東京帝大法科大学（のち法学部に改組）の緑会弁論部の学生らの尽力で誕生した。結成にあたって中心的な役割を果たしたのは、法科に在学中弁論部に所属し、卒業後は吉野の世話で一時労働者団体の友愛会に入ったりした麻生久、学生として弁論部で指導的役割を果たしていた赤松克麿（のちに吉野の次女明子と結婚）および宮崎龍介（中国革命の支援者として知られる滔天宮崎虎蔵の長男）らであり、それに吉野の影響をうけた優秀な法科の学生を彼が集めて普通選挙制度の総合的な研究を分担させ指導していた研究会のメンバーがこれに加わった。新人会自身の言い方では、「東京帝国大学法科学生中自由思想を懐抱せる同志が集って組織したもの」（「新人会記事」『デモクラシイ』一九一九年三月、大原社会問題研究所編『新人会機関誌』一九六九年、一八頁）と説明している。

ところで、新人会は発足の趣旨を「綱領」として公にしている。それは、「一、吾徒は世界の文化的大勢たる人類解放の新機運に協調し之れが促進に努む。一、吾徒は現代日本の正当なる改造運動に従ふ」というものであった。(8) そしてこの会の主張を見ると、第一次大戦後のデモクラシーと「改造」の風潮を背にうけて、それを青年特有の過剰な潔癖さと理想追求の情熱とで増幅させたような気負いがしばしば目立った。機関誌『デモクラシイ』の創刊号（一九一九年三月）に掲げられた「発刊の辞」は、その末尾で「是の黎明期に際して誰が現代日本改造の局に当るべきか」という問いを投げかけ、つぎのように訴えている。

現在国民の指導的地位に立てる特権階級は如何、有識階級は如何、官僚軍閥、政党政治家、資本家、大学教授――彼等に其資格無き事は彼等の過去現在の行状が最も雄弁に立証して居る。彼等は民衆の信頼を博すべく余りに奸佞と俗悪と無理想の履歴を現実に持って居る。我々は既に支配階級に絶望した。然るとき改造の主動者たるべき者は純真なる良心と聡明なる理智と熱烈なる気魄とを有する青年自身でなければならぬ。青年の血液は無垢であり、青年の立場は公平であり、青年の理想は高邁である。天下青年の起つべき日は将に来たではないか。我々は今や新しき文化的使命に対する信仰と感激とを以て、デモクラシーを高唱すべく起つた（前掲『新人会機関誌』四頁）。

やや長い引用をあえて行ったのは、この会に結集した青年たちの憑かれたような反体制的実践への情熱と、彼らの世界をとりまくいささか自己陶酔的な空気を伝えたかったためである。ヘンリー・スミスは、この点につき「新人会は、はっきりした計画のもとにというよりはムードから、イデオロギー的教条からというよりは形を成さない美辞麗句から生まれたものであった」と述べ、また「内容は漠然、言葉は高邁、という傾向は新人会特有のものではなく、当時の知識人、学生団体すべてに共通した特色であった」（H・スミス、松尾尊兊・森史子訳『新人会の研究』一九七八年、東京大学出版会、四七頁）としている。こうして新人会は、発足当初にあっては、人道主義的なデモクラシーを中心に多様な思想によって彩られ、その方向性も明確さを欠いたが、労働問題や労働運動への関心を高めるにつれて、主流はアナルコ・サンジカリズムや「人民の中へ」（ヴナロード）の運動へ接近し、過激化する傾向を強めた。そのことは、機関誌の誌名が一九一九年から一九二二年のあいだに『デモクラシイ』から『先駆』『同胞』

『ナロオド』と変わっていったことからも察せられよう。

上述のように新人会の結成には吉野が直接指導した東京帝大の学生や吉野と近い関係にあった卒業生らが中心的な役割を果たした。また吉野自身も、新人会について「或る意味に於てこれは私の指導して居つた研究会の転進したものである」（『日本学生運動史』一九三二年一二月、選集10、三二六頁）と述べている。そこにいう「研究会」とは、前述の普通選挙についての研究会である。しかし一般に考えられているように、新人会の結成に吉野が積極的に関与し、力を貸したということはなかった。むしろ、例の浪人会事件に刺激されて学生たちが若い血をたぎらせ、大学内に風雲を捲き起こそうとする気配があるのを察した吉野は、「心中多分の壮快を感じたが、例の消極的性分から私は結局対外的運動はまだ速いと考へた」としている。そしてそれにつづけて彼は、新人会結成をめぐる学生との関係についてこのように回顧している。

そこでもう少し勉強しろ勉強しろと絶えずブレーキをかけたのである。蔭で学生は、流石に私を露骨に悪罵はしなかつたらしいが、先生は体が弱いから強い音が出ないんだなどと笑つたさうである。斯くして彼等の間に議は熟し、新人会創立の一切の御膳立をしてから、私には御義理一片の報告をしたに過ぎなかつた。……私は前々の行掛り上学生諸君の斯かる運動に入ることに不賛成なる旨を述べたが、心中では前途を祝福するの情を催ほしたのであつた。世間には新人会は私の勧めに依りて成り少くとも当初は私の指導に依りて盛んになつたと伝はつて居るけれども、事実は全く相違して居る(9)。局外から同情を寄せて多少の便宜をはかつてやつたことはある［が］、運動の本質的な部分には私は何の関係も持たない。加之《しかのみならず》二三年も過ぎて新人会が左傾すると、今度私等までを排撃の槍玉にあげるやうになる。何れにしても新人会は時代に目ざめた学生の自発的の発企になつたもので、教師だの先輩などに相談して出来たものではない（同上、前掲書、三一六―三一七頁）。

ここには、新しい時代の動きに目覚めていく学生たちを頼もしく見つめる吉野のまなざしと、若さにはやる彼らの危うさを気づかう吉野のゆれ動く気持ちが、よく語られている。

## 四　国家観の転回

吉野が、資本主義の下における労働者の問題を民本主義の「社会的要求」と位置づけ、民衆の政治参加の拡大を中心とする政治制度改革の問題から、「国民生活の安固充実」という民衆の実質的な生活問題の解決へとその視野を拡大したことは、吉野の政治理論にも注目すべき変化をもたらした。その変化は、少なくとも一九二〇―二一年（大正九―一〇）頃を境とし、とりわけ社会と国家の関係についての捉え方をめぐって現れた。たとえば、それ以前、若い頃の吉野は、社会と国家との関係について、この両者を区別する考えを否定し、こう述べていた。

吾人の観る所に依れば国家といふも社会といふも全然別個の観念にあらず。吾人の社会的生活には宗教の方面あり経済の方面あり統治の方面あるが故に茲に宗教社会あり経済社会あり政治社会あり。社会の政治的方面は即ち国家の存する所以《ゆえん》なりとす。統治なくしては社会は成り立たざるが故に政治的方面を欠如せる社会は少くとも現時に於ては存在するを得ず。故に社会と国家とは別物に非るのみならず、吾人は国家（即ち社会）を離れて一日も生存すること能はざるものなり（「木下尚江君に答ふ」一九〇五年三月、選集1、八一―八二頁）。

ここでは、社会は、一応、宗教・経済・統治など社会的機能に即して形成される部分社会を包括する全体社会として捉えられている。そして社会生活のなかで統治という権力的支配にかかわる社会が政治社会であり、それを国家と理解する考え方がとられた。しかし、「統治なくしては社会は成り立たざるが故に」という理由から、ここでは「社会と国家とは別物に非ず」とする結論が導きだされるのである。すなわち政治社会としての国家は、宗教社会や経済社会など政治社会以外の機能社会が存立するための前提とされ、これら政治社会以外の非政治的社会は、国家の下ではじめて存立が可能となるものとされている。

これに対して一九二一年一月の『中央公論』に発表された吉野の論説「現代通有の誤れる国家観を正す」を見ると、そこでは、「我々の所謂団体生活の全部は国家生活ではない。所謂社会生活と国家生活とは少くとも概念の上に於て明かに区別されなければならない」（選集1、二六八頁）と、社会と国家とを同一視する考え方が否定され、両者の区別が強調されている。そして国家生活とは、彼によれば「我々の団体生活の中、権力によって統制さるゝ一方面」を指し、この権力によって統制される国家生活のみならず、権力によって統制されないさまざまな団体生活――たとえば宗教・学問・芸術・経済等々にかかわる団体生活をすべて包括した「渾然たる一生活体」を、彼は国家に対して「社会」と呼ぶべきものとしている。だからそもそも「社会」というのは、個々の社会的機能ごとに成立する部分社会を包括した全体社会を指す概念であり、国家は、これに対して、全体社会のなかの一部をなす部分社会――社会生活のうち権力によって統制された部分のみを抽出した社会――にほかならないとした。したがって彼によれば、「社会が主で国家は其一面を抽象したるものに外ならない」(同上)ということになる。一九二一年前後の吉野は、国家と社会について、このように概念的には区別すべきものと考えるに至った。

それでは社会と国家をめぐる捉え方の上記のような転換は、吉野の思想的歩みのなかでどのような意味をもったのであろうか。まず社会と国家を同一視した時期の吉野にあっては、国家はすべての個人および団体に優位した至高の存在と考えられた。そしてその場合、国家とは、吉野によってしばしば「国家精神」とか「国家魂」とか「国家威力」という言葉で表現されたように、団体(有機体)としての国家に属するすべての個人を規律し統制する倫理的規範ないし意思の主体を意味していた。たとえば「国家精神」について彼はつぎのように説明している。「個人の物質上幷に精神上の生活は決して社会国家を離れて存在するものに非ず、即ち各個人は皆社会国家なる団体の一員として常に其団体の意思に統制指導せらるゝものなり。この各個人の内外一切の生活の最高の規範たる団体の意思を国家精神といふ」(「木下尚江君に答ふ」前掲書、八二頁)と。このように国家は、国家を構成する人びとの「内外一切の生活」を規律する「最高の規範」としての意味をもつ団体意思の主体として、吉野により位置づけられていた。

また吉野の最初の著作が『ヘーゲルの法律哲学の基礎』であったことからも分かるように、ヘーゲルは彼の思想形成に少なからぬ影響を与えたが、その『ヘーゲルの法律哲学の基礎』の末尾で彼はヘーゲルの国家観を評し、「彼が国家を以て其自身に固有の目的を有する一種の有機体となせるの一点に至りては、古来の惑を一掃して国家学の前途に一大光明を放つものなり」（選集1、七六頁）と記して賛辞を惜しまなかった。このように吉野にとって国家は、いかなる目的であれその手段となることはありえない、まさにそれ自身の生々発展を目的とする最高の価値としての存在にほかならなかった。

以上のように吉野による国家と社会の同一視は、国家のみがあらゆる社会生活の秩序を担保するという意味で、国家に至高性と絶対性とを与えることとなった。それは当然のこととして、吉野の思想にナショナリズムへの強い傾斜を与えることにもつながった。吉野がときに国家を民族に置きかえ、「吾人の所謂国家といひ又国家魂といふは君主貴族の意思を超越したる一大民族的精神なること以上論明せし所に依りて明なり」（「国家魂とは何ぞや」選集1、八〇頁）とか、「吾人の所謂『国家』とは一国民族の団体の謂《いい》なること従来の言議の上に明白に現れたりと信ず」（「木下尚江君に答ふ」選集1、八一頁）とか、「今は真正の国家観を説いて大に愛国心を鼓吹すべき時に非ずや」（「平民社の国家観」一九〇五年四月、選集1、九一頁）などと述べているのは、そのことを示すものであろう。

ただ念のため付言するならば、国家による規律や統制は、現実には強制力を必要としたから、国家の意思は具体的な形式や制度をともなった権力として発現することになる。いわゆる国家権力がそれである。このように国家は、その目的を実現するため、現実には強制力をともなう「国家的制度《ポリチカルインスツユーシヨン》」と結びついて現れるが、国家の至高性や絶対性は、決して制度や国家権力の至高性や絶対性を意味するものではなく、国家の制度や権力は——主権をも含めて——あくまで国家意思を実現するための強制力にほかならないから、それはつねに国家意思（または吉野のいわゆる「国家威力」）によって指導され方向づけられるものとした。「近代国家に於ける国家威力は単に臣民を統制するの規範たるのみならず又実に主権者をも指導するの活力たるものなり」（「『国家威力』と『主権』の観念に就て」一九〇五年四月、選集1、九五頁）と述べているとおりである。また吉野によれば、近代国家においては、国家意思は国家という団体を構成する多数人民の「共通意思」によって発生維持されるものと考えたから、国家の至高性・絶対性は、決して民意にもとづく政権の運用という立憲主義の原理と矛盾するものでもなかった。

このように、社会と国家を概念的に区別する必要を認めなかった当時の吉野においては、国家についてそれ自身固有の目的をもつ有機体とする捉え方が行われ、国家意思は国家を構成するすべての機関および個人を規律する至高のものと考えられた。

これに対して、社会と国家を概念上区別する必要を説いた一九二〇年頃の吉野はどうであったろうか。この時期の吉野も、人類はもともと団体のなかではじめて生存を維持することができる社会的存在と捉えられていること、および社会の秩序を形成し維持するためには強制組織を必要とすると考えた点では、これまでと同様の見解を引き継いでいた。たとえば「凡て人類は団体生活即ち社会に於て初めて其生存を全うすることは云ふを俟《ま》たない。而して其社会生活を継続的に可能ならしむる所以《ゆえん》のものは強制組織によつて秩序立てられる事にある」（「政治学の革新」一九二〇年一月、選集1、二三七頁）という吉野の言葉はそのことを示している。そしてその強制組織が国家とされたのである。

ただこの時期の吉野は、国家の強制力のみが唯一の社会秩序形成の原理をなすものではないとする考えをとった。彼の言葉を紹介すれば、「我々の現実の生活に於ても我々はいろ〳〵な原理に統制されて、いろ〳〵趣の異つた団体の中に我々の生活を営んで行く。所謂権力のみが、我々の団体生活を可能ならしむる所以の唯一の原理ではない」（「現代通有の誤れる国家観を正す」前掲書、二七一頁）というわけである。つまりここでは、権力＝国家の強制力による統合原理の独占は否定され、社会の統合原理の多元的な存在が強調された。そのことは、統合原理としての国家権力の優位性がくずれるとともに国家の相対化が進み、国家以外の非政治的な団体生活の国家からの自立性が主張されるに至ったことを示すものであった。

これに対して、国家の強制力が唯一の社会統合の原理であったときには、当然の結果として、国家の存続と強化は社会の存立にとって無条件に絶対的な価値をもつものと考えられた。富国強兵を絶対的な価値とするこれまでの国家観は、こうした考え方のうえに形づくられたものにほかならない。吉野はこのような考え方を「権力一元説」と呼び、これまで支配的であった「政治家乃至指導階級の国家観」がまさにそれであるとした(10)。したがって吉野による権力一元説の克服は、維新いらい不動の地位を占めてきたこの富国強兵的国家観からの決別を意味したのである。「富国強兵は最早や国家生活の唯一の理想ではない。強制組織其物を絶対の価値と認めねばならなかつた時代は過ぎた」（「政治学の革新」前掲書、二三九頁）と。このように吉野は、富国強兵を国家的目標とする時代がもはや過去のものになったことを、今やいささかのためらいもなく断言するのであった。

また吉野における社会と国家の概念的区別は、国家による秩序形成能力の独占を排除し、非政治的な団体の国家からの自立性をもたらしたと同時に、国家を他の団体と同列の一部分社会にまで引き下げることとなった。吉野によれば、「我々の全社会生活は各職分によつて各方面を異にする各種の集団生活の全体によつて成し遂げらるゝ。各職分的集団はすべて相集って一つの完全な生活体を為すので、夫れ自身は不完全なものだ。而して国家は我々の生活全般を蔽《おお》ふものではなくして、或一面の職分を抱持するものだから、即ち空間的意義に於て不完全だと観るのである。国家は教会や産業組合やなぞと同じやうに、我々の生活の一面を司《つかさど》るものであつて、此等を全部集めたものが即ち渾然たる全一の生活体である」(「現代通有の誤れる国家観を正す」前掲書、二九七頁)と。

このような吉野の国家についての新しい考え方＝国家の相対化は、当時、欧米で台頭しつつあった政治的多元主義または多元的国家論と呼ばれた政治理論(political pluralism)に影響されたところがあったと考えられる。それは、イギリスのバーカー(E. Barker)、ラスキ(H. J. Laski)、アメリカのマッキーヴァー(R. M. MacIver)らによって主張された政治理論であった。すなわちこの理論は、政治社会としての国家を、教会や労働組合など各種の社会機能を担う他の集団と同様の部分社会と捉え、国家以外の社会集団についても、国家と同様に、たとえば集団意思決定の機構や手続きを定め、構成員を統合するための権威や規則を設けて集団の維持を図るなどの点では、国家と質的な相違はなく程度の違いにすぎないと主張して、国家の相対化と社会生活の自由を説いたもので、日本でもまた新しい考え方として注目を集めるようになっていた[11]。先に紹介した吉野の国家についての捉え方も、そのような新しい潮流の一つの表出とみることができる。

このように吉野による社会と国家の概念的区別は、人民の全体的有機体とされたかつての国家観を、強制組織としての国家に重点を置く考え方へと転換させ、全体社会としての国家から部分社会としての国家へと置きかえさせた。そうした国家についての考え方の変化は、当然のこととして、かつての「其自身に固有の目的を有する」国家、つまり「国家の偉大」を目標とした「富国強兵」型の国家を転じて、「高尚なる文化を建設することが国家生活の新理想」とすること、そのためには「人類の霊能」を信じ、「其無限の発達」を信ずる（「国家生活の一新」前掲書、二三五頁）ことが国家生活においても必要とされた。すなわち強制組織としての国家は、「霊能ある人格の自由なる活動」を可能とするためのものとなったのである。

こうして国家の強制組織は、目的と手段の関係のなかで人格の自由と向き合わされるようになった。その結果、自由のための強制力という、いわば「必要なる悪」として捉えられ、その点では自由主義的な権力観に近づくこととなった。かつて吉野のなかでは否定の対象としてのみとりあげられていたアナーキズムが、肯定的な視線で捉えられるようになったのもそのためである。

すなわちこれまでの吉野にあっても、個人の自由はもちろん尊重すべきものとされた。しかしそれは、基本的には、「今日の国家は個人の堅実なる発達を基礎として夫れ自ら発展するもの」と考えたからであり、したがって「我々の政治上の理想は、国家組織を強盛にすると同時に、又個人の健全なる発達を図るの原則を立するに在り」（前掲「民本主義再論」選集2、一一八頁、傍点引用者）と述べているように、国家組織の強化と両立し調和する形でいかに個人的自由を保障するかが課題とされていた。この原則的立場は、彼の論説「国家中心主義個人中心主義 二思潮の対立・衝突・調和」でも中心のテーマとしてとりあげられていたように、彼の一貫した立場をなしていた。彼が民本主義論において、「個人自由の尊重」という「政治の目的」を内容とする民本主義は、「国家主義と相並んで、政治の目的に関する相対的の原則」にすぎないと主張して、個人的自由の絶対化を認めようとしなかったのもそのためであった。

個人的自由の強調に対する吉野のこうした警戒は、個人的自由の強調が過度になれば、無政府主義に陥るということにあった。「無制限に個人の自由を立つるの非なるは云ふを俟たない。なぜならば、其極遂に無政府主義に陥らざるを得ないからである」（前掲書、一〇八頁）とか、「此思想〔個人の自由を指す〕が極端に走れば、……其落ち行く所は無政府主義である」（前掲書、一一八頁）というように、無政府主義は、当時の吉野にあっては、いわば悪の代名詞として用いられていた。大杉栄が吉野の民本主義を批判するなかで、「吉野先生は個人的自由を徹底的に進めれば無政府主義になるから悪いと云ふ。しかし、先生は無政府主義がなぜ悪いかと云ふ事に就いては一言も云はない。無政府主義は政治学にとっては先天的に罪悪であるからだ」（大杉栄「盲の手引をする盲」『文明批評』一九一八年二月、『資料 デモクラシー論争史』下巻、一三九頁）と異議申し立てをしたのも、それはそれで理由のないことではない。

社会と国家を概念上区別すべきことを主張するようになった吉野は、こうした無政府主義に対する従来の態度を一変させた。政府という国家の強制組織を否定する無政府主義の主張は、社会と国家を区別できないと考える場合には、国家のみならず社会の秩序そのものをも破壊する思想として危険視されることになるが、社会と国家は区別すべきものと考えれば、国家の強制組織は否定されたとしても、それは必ずしも社会秩序の否定を意味するものではない。また国家の強制組織だけが唯一の社会統合の原理とする考え方をとらなければ、国家の強制組織によらない社会の統合を主張する無政府主義は、その主張の現実性はともかく、危険なものと頭から排斥するのはいかがなものかということになる。無政府主義に対する吉野の態度の変化は、いわゆる森戸事件にあたって鮮明な形で映し出された。

森戸事件とは、一九二〇年一月、東京帝国大学経済学部助教授の森戸辰男が経済学部の機関誌ともいうべき同学部紀要『経済学研究』の創刊号に「クロポトキンの社会思想の研究」と題する論文を発表したところ、当局は「朝憲紊乱」の理由で新聞紙法違反として起訴したために、大学の自治・言論の自由を無視するものとして問題化した事件である。時の内閣は米騒動で退陣した寺内内閣の後をついだ政友会の原敬内閣であったが、森戸論文についての措置を検事総長の平沼騏一郎から相談された原は、その日の日記にこう記した。「近来大学教授等非常識にも過激危険の論をなして声名をてらうの風あるは如何にも国家の為めに好ましからざる事に付、厳重の措置を取る事可なりと思ふ」（『原敬日記』大正九年一月九日）と。こうした政府の措置に対しては、新人会など学生たちも反発し、河上肇や長谷川如是閑らも大学自治擁護の論陣を張った。また吉野も佐々木惣一らとともに特別弁護人となって法廷に立ち、森戸のために弁明に力をつくしたのであった。

ところで吉野は、当時、アナーキズムについてどのような立場をとったのだろうか。彼の『国家学会雑誌』(一九二〇年三月)に掲載した論文「東洋に於けるアナーキズム――荘子を読む」によると、彼は、まずアナーキズムの一般的な特徴を「現存するものゝ破壊」と捉える。そしてその「破壊」の動機に目を向けると、アナーキズムに二つの種類があることが分かるという。一つは、「破壊の為に破壊を事とするもの」であり、もう一つは、「新しき物の建設のために破壊を事とするもの」である。彼は前者を「消極的アナーキズム」、また後者を「積極的アナーキズム」と呼ぶ。そして彼はこう論じている。「若しアナーキズムに現実の危険ありとせば、そは主として消極的アナーキズムでなければならない。何となれば之は破壊の為めに破壊を事とし、其仕事の結果や影響について何等の責任を感じないからである。積極的アナーキズムに至っては、其説の根拠に全然誤謬なきを保し難いから之が実際的行動に現れて始めて政治上乃至法律上の問題となり得る事があるが、然らざる限り、純然たる思想問題として現実の危険を云々すべき問題でない」(「東洋に於けるアナーキズム」『公人の常識』二七七頁、傍点ママ)と。こうした思想的態度が、アナーキズムに対する彼の基本的立場を形づくっていた。

それればかりではない。吉野は、「積極的アナーキズム」とくにクロポトキンらの主張するアナーキズムについては、思想としての価値をためらうことなく認める態度をとった。なぜなら、クロポトキンらのアナーキズムは、一切の強制力を排して究極の自由社会の実現を理想として目指すものであり、その前提として、現存する国家的強制組織の否定を主張する立場だからである。吉野は述べている。「予は無政府共産主義には勿論反対であるが、クロポトキンの思想の中には、色々の点に於て多くの共鳴するものを見出して居る一人である」（「クロポトキンの思想の研究」一九二〇年一月、選集1、二四二頁）と。

こうして吉野は、クロポトキンの思想について共鳴する点を、さまざまな角度から検討し指摘している。一つは、彼の思想家としての真摯な姿勢である。たとえば、「仮令《たとい》其根本に於て誤りありとするも、能くも精密に将来の社会状態の姿までを考へたものと感心される程である。何れにしても彼は其当時の社会を――殊に国際関係と労資関係との二方面に於て――周到に批判し、如何に改造すべきやの点までを丁寧に説明して居る点に於て、出色の特色を示して居ると謂ってゐ〻」（同上、前掲書、二四七頁）と、ほとんど手放しの賛辞を与えている。それは、「消極的アナーキズム」については、それが現状に対する反感という非合理的な感情に発していることを問題として斥けたのと好対照をなしていた。

もう一つ、吉野がクロポトキン以後のアナーキズムに共鳴する点は、アナーキズムが権力を本質的に悪とする立場から、強制力によってではなく人間の本性にもとづいて秩序づけられる社会の実現を理想として目指したことであった。吉野は、クロポトキンによる国家の否認について、つぎのように述べている。「彼が国家を否認するとは、人類の特定衆団〔ママ〕生活に於ける強制組織の否認に外ならない。強制組織に依って統括されなくとも、人類は其社会生活を全うすることが出来る、否、統括されない方が却《かえっ》てよく完全に生存の目的を達し得ると主張するのである。此見解には吾々は固より賛成出来ぬけれども、強制組織の効用を過度に誇張する従来の国家観に対しては、慥に頂門の一針として大いに傾聴するの価値ありと信ずる」（「クロポトキンの思想の研究」前掲書、二五〇頁）と。

このように吉野における社会と国家の区別は、アナーキズムの攻撃目標が、国家という強制組織にあるのであって人類の共同生活という社会に向けられているのではないことを正しく理解させ、アナーキズムに対する過剰な恐怖感から自由になることを可能にした。「アナーキズムは一般に政府を破り、国家を否認すると云ふけれども、人類の共同生活を破壊し其秩序を否認するといふのではない。アナーキズムは吾々の共同生活から一切の秩序を取去つて混沌たる状態に陥れるものであると観るならば、そは大いに誣妄《ふぼう》の言である」（「アナーキズムに対する新解釈」一九二〇年二月、選集1、二五九頁）と彼は、アナーキズムのために世人の誤解を解くことにつとめ、その正しい評価を促した。

前述のように吉野も、「強制組織としての、国家其物が絶対の価値」と考えた従来の富国強兵型国家観の克服を一つの重要な課題として追求していた。こうした吉野の課題にとって、アナーキズムが目標とするところは、たしかに側面からの有力な援助としての意味をもっていた。「如何にすれば国家を富強にするを得るやが、旧い政治学の主要問題であったが、之からの政治学の主題は、国家の文化を十分に発達せしむるには、其強制力を如何に運用すべきやに変つて来ねばならぬ。斯う云ふ一大進歩を政治の上に来さしむるに就いて、クロポトキンの思想は実に著大な貢献をして居るのである」（「クロポトキンの思想の研究」前掲書、二五三頁）と、当時における日本の思想状況のなかでクロポトキンの思想のもつ意義を、吉野は高く評価してやまなかったのである。

このように吉野は、思想としてのアナーキズムについては共鳴するところ少なくなかった。しかし、それによって実践と不可分に結びついたアナーキズムの立場そのものについての厳しい批判をいささかもゆるめることはなかった。吉野にとって現実の人間は誤り多き不完全な存在と考えられた。そのため、秩序ある社会生活を維持するには、残念ながら強制力の存在は不可欠であった。したがって、アナーキズムの目標とする強制なき理想的な社会は、文字どおり人類にとっての永遠の理想であって、その理想に向かって各人は人間に具わった「霊能」の無限の発達を信じ、「人格的価値」の十分なる開展をはかる、その精神の緊張と努力の過程が何よりも重要と吉野は考えたのである(12)。

ところがアナーキズムは、そうではなかった。クロポトキンに対する吉野の批判を聞いてみよう。「クロポトキン自身は、彼の無政府主義を遠い将来の理想としては説かなかつた。此処が彼の説を現代の思想界が其儘採らざる重要の点である。彼は無政府主義を遠い将来の理想として説かず、之を今日直に実現すべき目前の問題として説いた。暴力に訴へても実現すべき大事な仕事として説き廻つたのである。此に至つて彼の無政府主義は、明白に危険性を帯びて来る」(同上)とクロポトキンの誤りを指摘している。そして吉野はその理由を人間の本性についてのクロポトキンの楽観的な見方にあるとした。「彼は人間の本性を非常に楽観した。本来放任して置いても、立派に社会生活を完《まつと》うして行くものと信じて居た」(同上)と。吉野も、終始一貫、理想主義的な人間観をとり、人間性の進歩発達については楽観的に考えたけれども、そこは政治学の徒であった。人間の現状の不完全さについては、冷静な見方を捨てることはなかった(13)。

以上のように、一九二〇年前後の吉野に見られた立憲的政治制度論から社会改造への視圏の拡大、それにともなう社会と国家の同一視から両者の概念的区別へという思考方法の変化は、それまで吉野の立場を形づくっていた国家観、すなわち国家はそれ自体を目的とする有機体であるとか、国家は至高の価値と威力をもつ精神――「国家精神」や「国家魂」――の担い手であるとする国家観の転換をもたらした。その結果、国家は強制組織であり、またそれ自体が目的ではなく、逆に社会的目的を達成するための手段と意味づけられるようになった。そして同時に、それはまた明治維新いらいの国民的目標とされてきた富国強兵型の国家像の克服にもつながっていた。社会と国家の区別は、このように国家の捉え方の面では国家の相対化という明確な変化を浮き彫りにしたが、一方、国家から概念上区別された社会＝全体社会は、具体的にどのようなものが想定されていたのだろうか。

吉野は、既述のように、論説「現代通有の誤れる国家観を正す」のなかで、国家は教会や産業組合などと同じような一つの職能団体であって、我々の集団生活の一面を形づくるものに過ぎないとし、我々の集団生活の全体はこれらの職能団体のすべてを集めた「渾然たる全一の生活体」（選集1、二九七頁）であると解した。そして権力により統制された国家生活をも部分として組み込んだこの「渾然たる全一の生活体」を、吉野は「社会」と名づけた。すなわち「我々の団体生活は権力によつて統制さるゝ方面あり、又否《しか》らざる諸《もろ》〳〵の方面あり、抽象的に考へれば、種々の相を呈して独立して居るけれども、具体的に観れば渾然たる一生活体に過ぎない。之を我々は社会と云ふ」（前掲書、二六八頁）と彼は述べている。

この「渾然たる一生活体」と吉野により捉えられた社会という観念は、ときにはまた「国民の共同体」としての性格をもつものともされている。たとえば論説「国家的精神とは何ぞや」（『中央公論』一九二〇年三月）で、これまで日本で国家と社会という二つの言葉をとくに区別せずに用いていたときは、国家という言葉を通俗の用語としては広く「国民の共同生活体」の意味に解して使用することが多くあったが、今日、厳密な学問上の用法としては、「我々の共同生活が命令強制の権力によつて統括されて居る方面」を国家といい、「国民の共同生活体」のような広い意味をあらわすには別の言葉が必要であるとして、「共同団体」もしくは「社会」という言葉をあてている（選集1、二六二頁）。つまりここでは、社会という観念の内実として「国民の共同生活体」が想定されていた。

このようにこれまで国家と社会の二つの概念を区別せずに、国家という語を漫然と、しかもきわめて広い意味に用いることが多かったため、「社会と云ふべき所に国家と云ふ字を無条件に使つて居ること が少からずある」と彼は言う。そしてその例として、森戸事件でも問題になった帝国大学令（一八八六年三月公布）第一条の「帝国大学ハ国家ノ須要ニ応スル学術技芸ヲ教授シ及其蘊奥ヲ攷究スルヲ以テ目的トス」との文言をとりあげ、「国家に須要なる学術技芸など〻云ふ場合は大和民族の団体生活と云ふ意味」に理解すべきであると述べている（「現代通有の誤れる国家観を正す」前掲書、二六九頁）。つまり先に「渾然たる全一の生活体」とされた社会という概念は、ここでは「大和民族の団体生活」（または「日本民族の団体生活」）に置きかえられている。

このように吉野が国家と概念上区別されなければならないと考えた全体社会は、具体的には「国民の共同生活体」として、あるいは「民族が歴史的に作るところの共同生活体」（「言論の自由と国家の干渉」一九二〇年三月、選集3、二九四頁）としてイメージされるものであった。吉野が、社会的生活の基礎として集団としての民族という要素を重視していたことは、晩年の著「現代政治思潮」（『岩波講座　世界思潮』一九二八―二九年）においても知ることができる。そのなかで彼はこう述べている。「民族国家主義旺盛の時代」といわれている一九世紀が、政治を研究する者に提示した注意すべき一つの点は、「同一民族の集団と云ふことが我々の社会的生活を繁栄せしむるに最好適の地盤なるを教へたこと」（選集1、三〇三頁）であると。

社会的生活における基盤としての民族の重視ということとおそらく無関係ではなかろうが、この社会という「生活体」は、また「霊的活物」という言葉でも捉えられていた。「人間は霊的活物である。社会も亦霊能を具備する一個の活物である。人類を以て理想を追うて運命を創造する活物と観る限り、少くとも人間の本能は貪婪《どんらん》殺伐を好むものと見ざる限り、彼を自由に活かしむれば、時に起る所の幾多の弊害を制御して結局大なる理想に向上発展するものである」（「国家生活の一新」前掲書、二三五頁）と。ちなみに「活物」とは、吉野によれば「生命の力が実に一切の矛盾衝突を解決して行くもの」（「国家と教会」一九一九年九月、選集1、一八〇頁）を意味していた。すなわち、不完全な存在としての人間は、社会の共同生活のなかでさまざまな矛盾衝突を生み出すことは避けられないとしても、「霊的活物」としての人類および社会を信じて「すべての個性に自由活躍の機会」を与えるならば、「人格的価値の十分なる開展を計ることが出来る」と、吉野は説く。ここでは社会は、その実現を目指して追求すべき理想の世界――「道義的精神」の支配する自由な場――として位置づけられている。吉野が、「永久に到達することの出来ない遠い遠い先きの理想的目標」としてではあるが、前述のように「強制の必要の無い状態」「一種の無政府的状態」を社会的理想に掲げたのは、社会もまた「霊能を具備する一個の活物」という観念があったからであった。

このように吉野によって想定された社会は、「渾然たる全一の生活体」としての全体社会であると同時に、「国民の共同生活体」あるいは「民族の団体生活」にも置きかえられる性格のものであり、また「道義的精神」が活きてはたらく「霊的活物」としての意味ももつというように、多様な側面を付与されていた。振り返ってみると、かつて国家と社会の区別を認めなかったときの吉野が抱いた国家の観念も、「人民の有機的全体が即ち国家」(「予の憲政論の批評を読む」一九一六年四月、『吉野作造博士民主主義論集』第一巻、一四三頁)とされるとともに、また国家は、主権者をとおして人民を支配統制する権力組織を制度として保持し、同時にその団体意思は、「国家魂」あるいは「国家精神」として「各個人の内外一切の生活の最上の規範」と位置づけられていた。そしてその「国家魂」は、また「一大民族的精神」に置きかえることのできるものでもあった。いま吉野により新たに構成された社会の概念は、系譜的に見ると、「霊的活物」としての社会という側面は、かつての「国家魂」が有していた至高の規範性を受けつぎ、「民族の団体生活」という側面は「一大民族的精神」としての「国家魂」を引きつぐという形で受け渡しが行われている。こうして吉野の思想世界を形づくってきた重要な特色——理想主義・人格主義・ナショナリズムなどは、表出の場を、かつての国家から、新しく析出された社会へと移しかえることによって、その役割を保ちつづけることとなるのである。

## 五　原敬内閣と普通選挙論

一九一八（大正七）年九月、米騒動によって総辞職した寺内内閣にかわって、立憲政友会の総裁である原敬を首相とする内閣が誕生した。原内閣は、陸海の軍部大臣と外務大臣を除くすべての閣僚に政友会員をあてる最初の本格的な政党内閣として注目された。言うまでもなくそれは、山県有朋を頂点とする官僚軍閥勢力といえども、政権の運用については民衆的傾向の高まりに意を用いざるを得ないような、新しい時代状況の展開を知らせるものであった。吉野は、「国民的基礎に立つ内閣」を求める国民の要望がこの内閣の成立をもたらしたとし、原内閣に対し「民衆の勢力に根拠」をおくことと、「官僚軍閥に過当の顧慮を与ふるなからんこと」を強く求めた（「原内閣に対する要望」一九一八年一〇月、選集3、二四一頁以下）。

このような新内閣のとるべき根本的な姿勢に加えて、吉野が当面の具体的問題としてとりあげた施策の一つに普通選挙制実現の問題があった。この問題は、民本主義の絶対的原則をなす民衆の意向にもとづく政治の方法として、吉野がもっとも重視したものの一つであったことは、これまでもさまざまな機会に述べてきたところである。吉野が大正初年いらい主張してきたこの普通選挙の実現に向けての動きは、第一次大戦後、急速に高まった国際的なデモクラシーの風潮を背景として、日本国内でもにわかに活発となった。原内閣成立の翌一九一九年三月には、普通選挙の即時断行を訴える大規模なデモンストレーションが、東京で参加者約一万人を集めて行われたのも、そうした時代風潮の一つの表れであった。

日本で普通選挙論が社会的な運動として登場するのは、それよりさかのぼること二二年前の一八九七(明治三〇)年、中村太八郎や木下尚江らが松本で普通選挙同盟会を結成したことにはじまる。同盟会はその後東京にも進出し、同様の組織が設立されて、以後、両者は相提携しつつ普通選挙実現のために演説会や請願書の提出などの運動を展開した。とくに社会主義協会や労働組合期成会など当時の社会主義運動や労働運動を担った組織のリーダーたち――とりわけ片山潜や高野房太郎ら――と密接な関係をもつようになってからは、運動も活発さを増し、一九〇二年二月には、否決されたとはいえ、ともかく最初の普通選挙法案が有志議員によって衆議院に上程されるまでに至った。そしてその後、一九一〇(明治四三)年二月には、政友会をはじめ政党各派の有志議員の手で再び普選法案が提出され、翌月、賛成多数で衆議院を通過したのであった。しかし法案を回付された貴族院では、そもそも普通選挙制度は日本の国体に適応しないものとして、門前払いに近い形で葬り去られ、法案は日の目を見ることなく終わった。

このように、普通選挙制の実現という結果を手にするまでには至らなかったが、法案の衆議院通過にまでこぎつけたことは、普通選挙同盟会を中心とした十数年にわたる運動の成果と言ってよい。しかし、普選法案の衆議院通過に意を強くした同盟会が運動の強化と拡大に乗り出そうとしたとき、同盟会は政府の圧力により解散を余儀なくされ、同時に普選運動も政府により社会主義運動の一環をなすものとみなされて、きびしい監視の下におかれることとなった。こうして普通選挙制実現のための運動は、その後大正初期にはいっても再建への努力がつづけられたが、政府側の弾圧によって果たせず、第一次大戦後のデモクラシー高揚の時期まで待たねばならなかったのである[14]。

既述のように、吉野が普通選挙制の採用を主張するようになるのは、留学から帰国後の大正初年のことである。その時代的な背景には、民衆的勢力の政治的舞台への登場という新しい状況の進行があり、そうした状況を前にして、一般民衆の政治参加と民意の尊重を制度化することなしには、もはや如何なる政権の運用も不可能であるという時代認識があった。そしてこの民衆の政治参加を現実のものとする制度的形態として選挙権の拡大＝普通選挙制の採用が説かれたのであった。それでは、吉野が、普通選挙制度の意義や役割について、どのように考えていたか。その点にかんしては、これまで彼の初期の立憲政治論（主民主義）、大正初期の民衆政治論そして民本主義論と吉野の思想の展開をたどるなかで、その都度ふれてきた。今それらを振り返りながら、普通選挙をめぐる彼の考え方を整理すると、その特徴としてはつぎのような点を挙げることができるかと思う。

第一は、個と全体とをめぐる問題である。すなわち吉野の考える民衆の政治参加は、原理的には一般民衆の利益幸福あるいは自由を目的とするものであったが、他方で、人間は社会的動物であり、個人は集団的生活を離れては生存しえないとする考え方を吉野は一貫して持っていたから、民衆の政治参加も個々人の利益幸福や自由を追求すると同時に、また社会あるいは国家全体の利益と調和し両立するものであることが期待された。その前提には、個と全体とは相対立する関係にはなく、互いに支え合う有機的な関係にあるという彼の基本的な考え方があった。したがって国家も個人の機械的集合ではなく一個の有機体であり、「人民の有機的全体が即ち国家」(「予の憲政論の批評を読む」『吉野作造博士民主主義論集』第一巻、一四三頁)としたのも、そうした彼の考え方を示していた。こうして吉野は、一般民衆の参政権を主張し、それを正当化するにあたっても、参政権は個人にとって固有の権利=「天賦人権」とする考えを排し、むしろ国家構成員としての国民による「国家的責任の個人的分担」(「民本主義再論」選集2、一一二頁)という意味づけが強調された。

第二は、有権者としての民衆による議員選挙の意味についてである。吉野は、議員の選挙にあたって、その基準を候補者の政策よりは人格をより重視する立場をとった。候補者の選択について、「余の考では、政治的経綸は先づどうでもよい。夫れよりも大切なるは、其人の心事の誠実なるや否やと云ふ点に存する。一言にして云へば、政見よりも人格を見ねばならぬ」(「議員選挙の道徳的意義」一九一五年三月、『現代の政治』一〇八―一〇九頁、傍点ママ)というのが、終始、彼の強調するところであった。もちろん彼も、立憲政治のあり方として候補者の政策を重視するのが本筋であることは理解していた。しかし政治家の腐敗や無節操という日本政界の現実を目の当たりにして、その浄化が先と考えたことも、その理由の一つであった。

しかしそれだけではなかった。「人格本位」の選挙という吉野の主張は、じつは普通選挙制の実施を尚早とする保守的勢力の側からの反対論に対抗するうえに、きわめて有効な論拠を提供するものであった。すなわち普選尚早論の理由として挙げられるのは、つねに人民の政治的知見や判断能力がまだ必要な水準に達していないという点であった。こうした尚早論に対して、吉野の「人格本位」の選挙という主張は、投票にあたって民衆に求められるものが、政治についての特別な知識や専門的な判断力ではなく、候補者のなかで「何れが最もよく大事を托するに足るの人物なりやを間違なく判断し得る」だけの、いわば「普通の常識」（同上）を備えているならば、それで十分であることを明らかにする意味を持ったからである。

第三は、吉野がデモクラシーあるいは立憲政治を論ずるにあたって、多数の一般民衆とは別に、少数の知的あるいは精神的指導者の存在の重要性をとくに強調したことである。「最良の政治と云ふものは、民衆政治を基礎とする貴族政治である」（前掲「民衆的示威運動を論ず」一九一四年四月、選集3、三三頁）という言葉は、そうした彼のデモクラシー観を示している。ここにいう「貴族」とは、政策を立案し、法律を制定し、政権を運用する少数の権力エリート＝職業的政治家を意味したが、デモクラシーとは、これら政治家がすすんで民衆と接触し、民意に耳を傾けながら政権の実際的な運用にあたり、他方一般民衆は、政治の実際的運用者であるエリートの指導を受けつつ彼らが国民の代表としてふさわしいか否かを監視し評価し判定する、そうした政治のシステムを指すものと考えた。

その意味で一般民衆は、つねに職業的政治家のパワーゲームの外に立ち、政党政派から独立した位置を保って、生々しい現実政治の世界を外から監督する役割に徹すべきことが説かれた。このようにして、一般民衆は自らが選んだ国民の代表者を監督し、国民の代表者によって構成された議会は政府を監督する。見方をかえれば、政府は議会の信任を前提条件として議会の意思を尊重し、議会の議員は一般民衆からの信頼を前提条件として民意を重視する。これが本来のデモクラシーあるいは立憲政治のあるべき姿であるとし、普通選挙の実現はそのために不可欠の要件であると主張したのであった。

これまで論じてきた吉野の普通選挙制についての基本的な考えは、ほぼ以上のように要約することができよう。そして大正後期、原内閣成立後における吉野の普通選挙論についても、上述の考え方は基本的には受けつがれたとみることができる。そこで以下では大正後期の政治状況との関連で注目される吉野の普通選挙をめぐる論点について、若干の問題を補足的に述べることとしたい。

第一は、普通選挙制つまり一般民衆への選挙権付与を正当とする理論的根拠についてである。この点にかんして吉野は、前述のように、参政権＝政治的自由権を個人にとって固有の権利とする「天賦人権」的な考え方を排し、国家構成員としての国民による「国家的責任の分担」という意味づけをその根拠とした。この考え方は、大正後期の吉野においてもそのまま引きつがれたが、同時にもう一歩踏み込んで、参政権は「国民の身分に伴ふ当然固有の権利なり」（「普通選挙主張の理論的根拠に関する一考察」一九二〇年一一・一二月、選集2、一六五頁）とする原理的な考え方がそこでは見られた。参政権を「国民の身分に伴ふ当然固有の権利」とするこの考え方は、「普通選挙は所謂選挙権拡張の一種ではない」（同上、前掲書、一五九頁）と彼が述べているように、普通選挙論と選挙権拡張論との質的な——あるいは原理的な——違いを重視するもので、普通選挙論を選挙権拡張論のいわば究極の形態として両者を同一線上に置き、その差異を量的なものとする考え方を否定する意味をもっていた[15]。

この論文が発表された一九二〇（大正九）年は、まさに普通選挙論と選挙権拡張論とが政治的に激しくぶつかり合い、しのぎを削る最中にあった。すなわち大戦後にふたたび登場した普通選挙を求める民衆運動はようやく拡大の兆しを見せはじめ、その成り行きは既成の政治勢力にとって無関心ではいられない問題となりつつあった。このような情勢のなかで、ともかくも原敬内閣は、一九一九年三月、衆議院議員選挙法の改正を行い、小選挙区制の採用と選挙権の拡張（選挙権の納税条件をこれまでの直接国税一〇円以上を三円以上に引き下げる）を実現した（同年五月公布）。小選挙区制の採用は、かねてから原が主張していたものだが、狙いとするところは地方の名望家を中心とした伝来の秩序を保ちつつ、それを背景とした政友会の勢力基盤を強化することにあった。また選挙権の拡張も、市部よりは郡部の有権者数の著しい増加につながり、とりわけ保守的な小地主層を新しく有権者に組み入れることを意味するもので、これまた政友会の党勢拡大に有利に働くものと考えられた。改正法案が衆議院を通過した日の日記に、原はつぎのように記している。「衆議院に於て選挙法を議し六十一票の多数を以て通過したり、貴族院に於て阻害せざる限りは是れも多年の問題を解決し得べしと思ふ、兎に角過半数を有せざる我党の現況に於て成功なりとす」（『原敬日記』大正八年三月八日）と。このように原は、みずからの手腕のたしかな手応えに満足の思いをもらしていた。

原内閣によるこの選挙法改正は、しだいに高まりをみせる普選運動をこのまま放置すればどのような事態にまで進むか予測も困難な現段階で、政府が機先を制して選挙権の拡張に踏み切り、政友会の基盤を強化するとともに、普通選挙問題についての今後の主導権をみずから保持する狙いがあったものと見られる。原が恐れたとおり、普通選挙を求める運動は、一九二〇年に入ると全国的に波及し一層の高揚を示しはじめた。この運動の盛り上がりを背景に、二月には野党の憲政会と国民党および無所属等の一部議員からなる院内普選実行会によって普通選挙法案（選挙法改正案）が衆議院に上程されるに至った。原のひきいる政友会は、これを否決するに十分の議席を衆議院で持っていたが、原はあえて解散の道を選んだ。その理由は、今これを否決すれば、衆議院議員の任期切れを迎える一年後にはかえって普通選挙を求める世論は一層高まり、政友会にとって状況はより悪化するであろうこと、したがって、むしろいま解散を断行し、前年みずからの手で改正した選挙法のもとで総選挙を行うことにより政友会の議席を増加し、政友会が主導権を保持したなかで、状況によっては選挙権の更なる拡張なり普通選挙なりの道を選ぶことが望ましいと考えたからであった（『原敬日記』大正九年二月二〇日）。

このようにこの時期は、選挙権拡張論と普通選挙論とはきびしい対抗関係にあり、選挙権拡張論は押し寄せる普選論の大波を防ぐ「防波堤」の役割を担っていた[16]。原内閣は、一方で元老山県との正面衝突を避けながら政友会の党勢拡大を目指し、そのための国民的支持基盤の構築を心がけつつ、他方では世論の先行と過激化を抑えるという、いわば二正面作戦を強いられていた。これを原自身の目線で表現すれば、「現内閣は大変遷の時に遭遇し居り、過激思想の者よりは圧迫を叫ばれ守旧者よりは手ぬるしと責めらる境遇に在るも、此狂瀾怒濤を乗切るに非ざれば国家を安泰の地に置く事能はず、是れ吾々の努力しつゝある所なり」（『原敬日記』大正九年二月一九日）ということになる。選挙権拡張はまさにこのような原の置かれた微妙な政治的立場と密接に関連していた。

したがって原は、普通選挙論に対して、これを真っ向から否定する態度は慎重に避けた。原が、選挙権拡張論と普通選挙論とは質的に異なる立場ではなく、普通選挙論もまた選挙拡張論の一種であって、その違いは程度の問題にすぎないとしたのは、そうした彼の政治的スタンスが生んだ論理構成であった。彼の言い分はつぎのようになる。「普通選挙と称するも提案区々なり、而して要するに此問題は選挙権拡張に過ぎず、選挙権拡張は政府の執り来れる方針にして異議なき所なれども、只如何なる程度に止むべきやの問題に過ぎず」(『原敬日記』大正九年二月一一日)。

たしかに当時は普通選挙論と言っても、まず男子にかぎるという性別の制限があったし、それは時代の制約としてしばらくおくとしても、憲政会の提案した普通選挙法案に至っては選挙権を「独立の生計」を営む者に限定するというものであったから、原がその点を衝いて、一口に普通選挙と言っても現実には内容もさまざまであるように、普通選挙論も結局のところ選挙権拡張論にすぎないとしたのは、理屈としてはそれなりの理由があった。

しかし原がそのような理屈を根拠に、前年改正の選挙法を一度も実施しないのに野党がまた選挙法の改正案を出してきたのは道理に合わぬなどと主張して、普通選挙法案の審議中に衆議院の解散を断行し、法案を葬り去ってしまったことを、吉野は認めるわけにはいかなかった。前述のように吉野が、あえて一歩踏み込んで参政権を「国民の身分に伴ふ当然固有の権利」と意義づけ、「普通選挙は所謂選挙権拡張の一種ではない」と断じて、普通選挙論と選挙権拡張論とは、選挙権制限の程度をめぐる量的な違いではなく、選挙権そのものについての原則を異にする質的相違の問題としたのもそのためであった。

吉野が「本当の普通選挙論者」の主張について、「彼等の専ら念とする所は、有権者の数の増加に非ずして、実は『選挙権は国民の身分に伴ふ固有の権利なり』との原則の確立にある」とし、「此点に於て、今春原総理大臣が吾々も選挙権の拡張には心を砕いて居るというて普通選挙論者に抗弁されたのは、菽麦《しゅくばく》〔豆と麦の意〕を混同した議論であった」と切って捨てたのも、吉野の普通選挙論に対する思い入れの深さを物語るものであった。そして吉野は、また返す刀で憲政会のいわゆる普選法案のいい加減さを痛烈に批判し、「又『戸主に限る』とか『独立の生計を営む者に限る』とかの議論も一部の政客の間にあつた様だが、斯る制限を立することの利害得失は別論として、普通選挙の立場から論ずれば之等は皆羊頭を掲げて狗肉を売るの類に外ならないのである」（「普通選挙主張の理論的根拠に関する一考察」選集2、一五九―一六〇頁）ときびしく指摘している。このように普通選挙論と選挙権拡張論の区別という、一見、観念的な議論に吉野がこだわったのは、原内閣の選挙権拡張論の欺瞞性を指弾し、また憲政会などの普通選挙論の不徹底性を叱正するという、きわめて現実的な政治的意味がそこに込められていたことを知るのである。

つぎに大正後期の吉野の普通選挙論でつけ加えておきたい第二の点は、議員選挙における「人格本位」についてである。前述のように吉野は、選挙にあたって有権者は候補者の所属政党や政策よりも、その人柄が信頼するに足りるか否かを第一に考える人格重視の立場を主張した。それは議会政治の腐敗や議員の無節操を正すことを先決と考えたことによると同時に、一般の有権者にまず求めるものは、専門的な政治的知見や能力よりはむしろ候補者の人物を見分ける普通の道徳的判断力や社会的常識であることを明らかにすることによって、一般民衆の政治的能力を口実に普通選挙に反対する尚早論に対抗する意味をもっていた。このこともすでに述べたところである。

このような議員選挙の意味づけ方は、大正後期の吉野においても変わるところがなかったが、それだけでなく彼の道徳主義的な選挙観は、ある面ではより積極性を加える傾向が見られた。それは、有権者による候補者選択の基準が人格という道徳主義的なそれであったのに加えて、有権者自身の道徳的向上の場として議員選挙が捉えられ、その自覚が有権者にも求められた点である。たとえば選挙の意義について彼はこう述べている。「選挙とは将来に期待せらるべき自己の発達せる態度を他の人格に求むることである。他人の人格の内容にヨリよき己れを見出すことである。選挙権が人格の自由といふことに根拠して文化開発の上に一の重大な役目をつとむる所以は、主としてこの為である」（「社会評論雑談」一九二二年八月、選集12、二三二頁）と。

もちろん選挙についてのこのような捉え方は、吉野がつねに強調してやまない政治の望ましい形態、すなわち「精神的アリストクラシーと一般民衆との実着［ママ］的融和統合」（「普通選挙主張の理論的根拠に関する一考察」選集2、一六七頁）という考えを前提としている。選挙を通じて民衆が「ヨリよき己れを見出す」その「人格」の担い手が、まさに政治的・精神的な指導者としての専門政治家にほかならない。だから議員候補者についても、「民衆に代つて政治参与の任務を托さるゝ人に期待する所は、啻《ただ》に民衆現有の要求を最もよく代弁発表するばかりでなく、他の一面には民衆を指導し彼等に更によりよき何ものを望むべきかを教へ得る能力を有することである」（「選挙理論の二三」一九二三年五月、選集2、一七七―一七八頁）と、民衆的要求の代弁者であるだけでなく、民衆に何を望むべきかを教えうる指導者としての資質能力の持ち主であることが求められた。

したがって国民による代表者の選出とか、有権者の信任を問うというような場合の、議会制における「代表」や「信任」の意味についても、吉野はつぎのように述べる。「代表と云ふ事を自分の意思を他人をして行はしむることゝ考へるから間違ふのだ。或人を代表者として信任すると云ふ事は其人の意思を取つて以て自分の意思とする事だ。優良なる他人の意思の中に自分の当にあるべき本当の意思を発見することだ。斯う考へなければ代表と云ふ事の意味がつまらないものになる」（「現代通有の誤れる国家観を正す」一九二二年一月、選集1、二九八頁）と。このように民衆による代表者の選出という議員選挙のもつ倫理的意義、したがって代議制のもつ精神的意味を、吉野はとくに大正後期になると強調するようになった。それについてはいろいろな事情が考えられよう。

たとえば普通選挙制が実現すれば、議会開設いらい三十余年つづいた有権者の資格制限が撤廃され、一般民衆からなる膨大な有権者群がいわゆる「教養と財産」とは無関係に登場する。いうまでもなく、あらゆる意味での政治教育の重要性がますます増大するであろうことは衆目の一致するところであった。そういう状況のなかで吉野は、民衆が議員選挙に参加し、一票を投ずることとそのことが、民衆にとって人格の面でも、知識の面でも、またとない「向上」の機会であると考えた。しかも第一次大戦後は、ギルド社会主義やサンジカリズムなど、代議政治の代表機能に対して不信を投げかけ、議会に代わる新しい民衆利益の代表機関を提唱する動きも顕著になっていた。

吉野は述べている。「僕は人の性能は無限に発達するものなるを信ずる。今日の無知は必しも明日の無知ではない。故に我々は現在の無知に失望することなく、将来の聡明に期待する所なければならない」（「社会評論雑談」選集12、二三二頁）。そして彼は、こうした立場から選挙権の担い手としての役割を期待される民衆について、「民衆は現在の無知を自覚して指導を聡明なる先覚者に托さなければならぬ。所謂代議制否認論は、民衆が自ら其現状に於て聡明謬《あやま》る所なしと僭称するに異らない」（前掲書、二三一―二三二頁）と主張するのであった。このように吉野は、日本政治の明るい未来を普通選挙制の実現にかけるところが大きければ大きいだけ、民衆自身の人格的な向上についての自覚と努力に期待するところも大きくなったということであろう。

このころ彼はまた、しばしば議会政治にかんして、生活者としての一般民衆と実際政治を担う専門政治家との関係を、病人と医者との関係になぞらえて説明している。

昔の専制政治は民衆と没交渉に民衆の利福を進めんとした所に抜く可《べか》らざる誤があつた。民衆の要求は到底之を聴かなければならない。立憲政治はこの真理に立脚する。併し乍《なが》ら民衆の要求は何に依て満足せられ得るかも亦《また》民衆自身が最も能く知つて居るかといへば、之は大なる疑問である。痛苦を訴ふる本人が其の何病たるを知らざるが如く、要求の対象の本体は案外にも本人に分つて居ないことは普通ではないか。其処《そこ》で病人が医者に聴くが如く民衆は先覚者にきく。此処《ここ》に代議政治の理論的根拠がある（前掲書、二三二頁、また「現代政治思潮」一九二八―二九年、選集1、三五〇―三五一頁、参照）。

この比喩は、「聡明なる先覚者」の指導を重視する吉野の議会政治論の構造を平易に理解させることに成功している。ことに候補者の政治的経綸よりは人物を重く見る彼の人格主義的な選挙観は、民衆の政治的能力という厄介な問題を回避しなければならない事情があっただけに、民本主義の政治原則――

つまり政治の目的を「一般民衆の利福」とし、政治の方法を「一般民衆の意向」によるとした原則と、理論的整合性をはかる面でむつかしい問題が残った。これまでの説明をみても、一般民衆は「形式的関係に於ては何処までも政権活動の基礎、政界の支配者」でなければならないが、「内面に於て実に精神的指導者を要する。即ち賢明なる少数の識見能力の示教を仰がねばならぬ」(「憲政の本義」選集2、五二頁)とか、「政治的民本主義は精神的英雄主義と渾然相融和するところに憲政の花は見事に咲き誇る」(同上)というような言い方に終始していた。

立憲政治についての吉野のこのようなこれまでの説き方に対して、この病人と医者の比喩は、立憲政治における民衆と専門政治家との政治的役割関係をイメージとしてはかなり巧みに描き出していると言えよう。民衆は(病人がそうであるように)生活上の「痛苦」を訴える。政治家はそれを受けとめて、(医者が診断し治療を行うごとく)その解決策を政策にまとめて提示し実行する。それが現実に生活上の「痛苦」の解消に結びついたか否かを民衆は(病人が治療による症状の回復具合を医者に伝えるように)政治へフィードバックし、選挙などの審判に反映させる。このような政治のダイナミックスは、吉野があるべき立憲政治として脳裏に描いたイメージに近かったはずである。

しかしそうした政治家と民衆とが描き出す政治的動態のイメージは、吉野の晩年には、ある程度彼の視圏に組み入れられるようになるが、それでも彼の民本主義的政治論のなかでそれが理論化され整合的な位置づけを与えられることは最後までなかった。ここでは(あるいは他のところでも)明らかに、吉野がこの比喩によって理解させたいとしているのは、むしろ民衆に内在する政治的能力の限界という側面にあった。したがって民衆は政治の世界の「主動者」ではないし、また「主動者」になるべきでもないという点、すなわち現実政治から距離を置いた民衆の文字どおりの受動的・消極的な姿勢が、そこでは前面に押し出されることになる。そのことは、逆に言えば、民衆と政治家との関係は本質的に人格的な向上進歩をめぐっての関係であり、民衆的監督の政治的役割もまた第一義的には道徳的・人格的な立場からする代表者の選択、すなわち政治家あるいは政党をして民衆の支持を得るべく「善を競はしむる」ことにあるとする吉野の基本的な立場を物語るものであった。

ところで吉野が立憲政治を人格主義的視点から論ずる倫理的立場につよく傾斜していったことは、大正という時代の知的状況とも無関係ではなかっただろう。たとえば当時、人格主義の提唱で注目を集めたのは阿部次郎であったが、彼がリップス（T. Lipps）の倫理学を基礎として「人格主義」を説いたのは、一九二〇（大正九）年の春、満鉄読書会で行った講演筆記『人格主義の思潮』においてであった。しかしこの書は印刷されたものの非売品であったため、広く人の目にふれることはなかった。彼の「人格主義」が注目されるようになったのは、その翌年『中央公論』に掲載された論文「人生批評の原理としての人格主義的見地」（一九二一年一月）、および同論文をはじめとして人格主義について彼が各誌に発表したものを主内容とした著書『人格主義』の刊行（一九二二年六月）によってであった。

阿部は、「人格主義とは何であるか」との設問に対して、人格主義の意味を実際生活に即して定義し、「それは少なくとも人間の生活に関する限り、人格の成長と発展とをもつて至上の価値となし、この第一義の価値との聯関において、他のあらゆる価値の意義と等級とを定めて行かうとするものである」

（「人生批評の原理としての人格主義的見地」『阿部次郎全集』第六巻、一九六一年、角川書店、四八頁）と説明している。「人格の成長と発展」を最高の価値とするこの考え方は、吉野が選挙という民衆による代表者選出の行為を「他人の人格の内容にヨリよき己れを見出すこと」とした視点と基本的に共通するものがあることは、容易に理解できよう。事実、吉野も普通選挙制の理論的根拠について「所謂個人的人格主義の基礎に立つ」（「選挙理論の二三」選集2、一七四頁）ものと述べていた。

阿部の人格主義は、上述のように人間生活上のあらゆる行為や制度や組織の価値を「人格の成長と発展」という尺度にてらして考察し測定しようという主義であった。したがってそこでは、財貨の獲得という経済的利益や欲望の充足それ自体を価値あるものとする物質主義的・享楽主義的な人生態度が否定されると同時に、国家の富強や膨張を自己目的化する国家至上主義、彼のいわゆる「国利民幅を最上の理想とする意味の国家主義」もまた否定さるべきものとみなされた。「国利民幅をして、真正に国家を偉大にする力とならしめるためには、福利を制御してこれを奉仕せしむる福利以上の原理――換言すれば国家の道徳的偉大を求める理想がなければならない。この理想に代るものとして国利民幅を理想とするとき、この意味の国家主義は却って国家の禍である」（「国家主義の解剖」一九二〇年九月、口述筆記、『人格主義』所収、前掲書、一三七―一三八頁、傍点ママ）と阿部は述べている。このようにこれまでの富国強兵的価値を絶対化する国家観と明確に決別した点でも、阿部の人格主義は吉野とその立場を共有するものをもっていたと言うことができる。吉野が阿部の著書『人格主義』をとりあげて、「近頃稀に見る勝れた作物」と称賛し、「少くとも僕自身に取つては非常に大きな影響を与へた本」（「理想主義の立場の鼓吹——阿部次郎君の『人格主義』を読みて」一九二二年九月、選集12、二三三—二三四頁）としたのも理由のないことではない。

吉野の「人格」重視の立場を支えた当時の時代思潮としては、阿部に代表される人格主義とならんで、いわゆる文化主義があった。文化主義の言葉でその思想を最初に公にしたのは、当時東京帝国大学の教授で哲学者の桑木厳翼と言われている。[17] 一九一八年一一月、『時事新報』に寄稿した「再び戦後の思想界に就いて」がそれで、そこでは大戦で敗れたドイツの軍国主義を批判的にとりあげるなかで、「国家の目的が武力的征服でないとする上は、此に軍国主義と併立して非軍国主義が存在し得る訳である。名づけて人道主義と言ってもよい。私は寧ろ之を文化主義と言ひたい」（桑木厳翼『文化主義と社会問題』一九二〇年所収、七二頁）と述べている。

桑木は、この「再び戦後の思想界に就いて」では、上記のように軍国主義との対比で「文化主義」の名を挙げているにとどまったが、同じく『文化主義と社会問題』に収められている「文化主義」（同書によれば大正八年五月、「丁酉倫理会公開講演の速記を訂正したるもの」と記されている）では、体系的とはいえないが、やや詳細にその内容が示されている。それによれば、まず「文化」とは「自然」と対立する概念であり、自然が価値とは無関係であるのに対して、文化は価値関係的な概念であるとされる。そして文化が関係づけられている価値とは「人格価値」であり、その意味で文化主義は人格主義と密接に結びついたものということができる。すなわち文化とは、この人格価値を根本の要素とした人間のあらゆる分野にわたる自由[18]な能力の無限の発達を意味するものと桑木は説明している。彼の説くところによると、

「文化は人の能力の自由なる発達と云ふ事に帰すると思ふ。即ち人は人格を持つて居るものであるが、其人格ある人としての総ての能力を自由に発展せしめることである。即ち単に道徳とか或は学術とか云ふ狭められたものでない、有ゆる人間の活動力が自由に発達して其行先きに何所といふ定めなく発展して行く所の事柄である」としている。そして文化主義とは、「此文化を以て生活の中心とする思想」のことにほかならないと言うのである（『文化主義と社会問題』一七八－一七九頁）。

桑木とならんで、当時、文化主義を唱道した代表的な思想家の一人に左右田喜一郎がいた。左右田は福田徳三に学び、東京高商（のちの東京商科大学、現在の一橋大学）の教授として経済哲学の確立に貢献した。左右田は黎明会の創設いらいの会員として同会を支え、その第一回講演会では吉野や福田らとならんで演壇に立った。そのとき彼の掲げた演題が「文化主義の論理」であった。左右田は、みずから文化主義という命名を思いつき、ここではじめてこの言葉を用いて、自分の考えを語った。

左右田によれば、文化主義とはつぎのような考え方を指していた。すなわちAの主義とBの主義――たとえば民主主義と官僚主義――の是非が問題となるとき、相手の主義が自分の主義と違うからと言ってそれを排するのでは、根拠のない感情論と異ならない。両者の是非を定めるためには、第三の普遍妥当的な内容をもつ主義を前提とし、それに準拠して価値判断を行うことが必要である。そのような価値判断の基準となりうる諸主義を、一定の観点から極限にまで純化した結果得られる先験的《アプリオリ》な規範や当為やイデーが文化価値であり、今日のさまざまな主義は、この価値尺度によってその是非が判定されると彼は主張する。こうして左右田は、「今此の如き論理上の普遍妥当性を具有する文化価値の内容的実現を希図する謂はば形而上学的努力を呼んで茲に『文化主義』と言はふと思ふ」（「文化主義の論理」左右田喜一郎『文化価値と極限概念』一九二二年、五一頁）と述べている。

　では文化とはなにか。左右田によれば、それは上述のような普遍的価値（文化価値）の実現を目標とする、人びとの多様な努力の過程を、包括的に指すものとされる。つまり文化価値の実現を目標とする人びとの努力は、現実には限られた個別領域に即して進められる。芸術・学問・宗教・道徳・法律・経済・技術等々と呼ばれるものは、そのような個別的領域における努力の所産すなわち「文化財」にほかならない。これらの「文化財」は、それぞれが「或一定の規範実現に対して相互に補完的に且協働的に各々固有の使命を有するもの」という意味から「此等の文化財の総体を呼んで吾等は之を文化と称するのである」（同上書、五二頁）と述べている。

　ところで左右田もまた、文化と密接に結びついたものに人格という概念があるとする。左右田によると、この人格という概念は、唯一この文化価値の実現過程にかかわることに固有の意義と価値とを見出しうるものとされている。だから「人格なきの文化価値はなく、文化価値なきの人格はあり得ない」と彼がいうように、彼にとって文化価値と人格、文化主義と人格主義とは一体的なものであった。「吾等は文化の帰趨に朝せんとして文化価値の実現を努むる人格として活きんとするのである。各限られたる範囲に於ける文化所産の創造にたづさわる事を透《［ママ］》して個人人格の絶対的主張に普遍妥当性を与へんとするに於て吾等人生の意義は尽く。文化主義とは是である。人格主義とは是である」（同上書、五五頁）と左右田は語っている。

左右田のこの「文化主義の論理」については、桑木も「私が考へて居ることは大体に於て其と同じやうな事」（桑木、前掲書、一六九頁）と述べているように、このころ広く知識人のあいだでとりあげられた文化主義とは、ほぼ以上のような考え方と言ってよかろう。また文化主義と人格主義も、前者が人類の追求すべき目標となる普遍的価値＝文化価値に注目したのに対して、後者は文化の発展に向けて努力すべき個々人について問われる価値＝人格価値に目線をあわせたものというように、それぞれ力点の置き方を異にするとはいえ、実質的には同一の思想を表示したものと言って誤りないであろう。

大正後期の吉野の政治論にも、またこのような文化主義の投影とみられる痕跡が散見される。たとえば、選挙権を「人格の自由」に基礎づけられた「文化開発」のための一つの重要な役割を果たすものと意味づけた（「社会評論雑談」選集12、二三二頁）のもその例と言うことができる[19]。また国家観についても、国家はそれ自体が目的ではなく、「より高い目的の手段であらねばならぬ」（「政治学の革新」選集1、二三八頁）と説いたが、この「より高い目的」とはすなわち「高尚なる文化」あるいはその前提である「人間の能力を自由に開展さすること」を意味した。そして国家生活の目指すべき理想像についても彼はこう述べるのである。「我々は過去に於て富国強兵の理想の為めに如何に多くの文化的能力を犠牲にしたかを反省するの必要がある。従来は之も致し方もなかつた。併し之からは遠慮する所なく、我々の能力を全体として自由に活躍さすることが必要である。我々のあらゆる能力の自由なる回転によつて、茲に高尚なる文化を建設することが国家生活の新理想でなければならない」（「国家生活の一新」前掲書、二三五頁）と。

以上のように吉野の選挙論にみられた人格重視の立場や文化国家的考え方も、当時の思想界において注目されていた人格主義・文化主義の思潮と対応する一面をもっていた点は間違いなかろう。しかし言うまでもないことだが、吉野の普通選挙制採用の主張は、前述のとおり、国民固有の権利である選挙権をすべての民衆に与えて、民衆の政治参加を名実ともに実現すること、そしてそれを通して人民自身の人格発達という理想を目指すことなどの原理的な問題だけでなく、同時にまた、きわめて実際的な側面ももっていた。

その代表的な例は、既存の政治家が選挙の際の有力な足場としてきた「地盤」の解消という、普通選挙制採用の及ぼす波及効果であった。選挙権の拡張が地盤の解消につながるとする主張は、大正初期の民衆政治論いらいの彼のいわば持論であった。一九一五（大正四）年一月の『新人』に掲載された吉野の論説「現下の政局と憲政の将来」でも、選挙権の拡張による新しい有権者の登場が、地盤に依拠するこれまでの選挙の見直しを余儀なくされるだろうとし、つぎのように語っている。「従来の政党は従来の選挙権の範囲を基礎とし、且つ地盤として立つてをる。新に拡張されたる選挙権の範囲は則ち彼等の来つて新に開拓する事を待つてをる範囲である。而して其新範囲は、今や容易に従来の如き生温るい方法では動かすことは出来ないだらうと思ふ」（『現代の政治』九六頁）と。そしてこれら新しい有権者を取りこむためには、候補者は新たな政治課題を提示して積極的に新有権者に訴え、彼らの理解と支持とを得る努力が必要となろうと、選挙権の拡張が既成の地盤の解体に向けてのきっかけとなるはずと考え、期待をしていた。

もし普通選挙が実現すれば、有権者の数はおおよそ四倍ほどに脹れあがると見込まれる。吉野が、第一次大戦後の普通選挙実現の気運が高まるなかで、普通選挙の実際的効用として既成政党を支えた地盤の改革を強調したのは当然のことと言うべきであろう。彼はこのように述べている。「地盤政策を破る最良の手段は、……普選の実行などが捷径《しょうけい》だと思ふ。十人の基礎の上に地盤を作つてゐたのが、選挙民を増して三十人四十人とすれば、従来の地盤は全く用を為さぬに至るからである。普選は之を主張するに他にも幾多の根拠があるのだが、実際問題としては、我国などでは、此見地からも大に之を主張するの必要があると思ふ」(「現代政界内面観」一九二二年六月、選集4、二九頁)と。そして彼は、既成の政党政治家たちが普選の実現に内心あまり乗り気でないのも、普通選挙にともなって予想されるこうした実際的問題がその理由ではなかろうかと言っている。

既成政党の「地盤政策」は、民衆を政治の監督者とし政治の最終的判定者とすることを目指した吉野の立憲政治論にとって、その不可欠の前提である民衆の自由な意思と人格の独立を奪うものであった。また地盤の培養は、人民が議会の行動を監視するのとは逆に、議会の構成員として選出される候補者が、有権者である人民の意思を情実によって掌握し操縦することを可能とするものであり、それは憲政の構造そのものを有名無実化することを意味した。少なくとも吉野にとって地盤とはそういうものであった。彼は普選の断行による既成政党の地盤の一掃を、「政界に於て革命的効果を有するもの」(「政界革新論」一九二二年五月、前掲書、二二頁)とまで言っているが、そうした言い方にも、地盤の上にあぐらをかく既成政党の無気力に挑戦する彼の思い入れの深さを感じとることができよう。

ともあれ原内閣の下においては、普通選挙論は、結局、制限選挙の枠を乗りこえることができず、その枠内での選挙権拡張に封じこめられてしまった。そしてその実現は、一九二五年三月の第一次加藤高明内閣による普通選挙法成立まで待たなければならなかったのである。一方、野党の普通選挙法案に反対して議会解散を断行した原の政略は予想どおりの成果をおさめ、原内閣の下での総選挙は政友会が議席の過半数を獲得するという圧倒的勝利に終わった。

先述のように吉野は、原内閣成立にあたり「民衆の勢力に基礎」をおくようにと要望したが、その期待はみごとに裏切られた。解散から総選挙、そして絶対多数を擁する原内閣の下での臨時議会とつづく一連の政局の動きのなかで吉野の目に映じた政治家原敬は、何よりも「政略」を第一とする政治家、「没理想の臨機応変主義の天才」(「臨時議会を顧みて」一九二〇年八月、岡義武編『吉野作造評論集』一七〇頁)というイメージであった。吉野は「国民の一人として政友会と原内閣と並びに原首相その人をも信頼する能わざることを断言するを憚らない」(「原首相の訓示を読む」一九二〇年四月、同上書、一六一頁)と、原への不信感をあらわにしているほどである。

吉野も指摘するように原の政治的手腕は、選挙権の拡張という形で国民の要求を部分的にとり入れ、他方では普通選挙制に断固反対することによって元老ら保守勢力に安心感をあたえるという、新旧両勢力の均衡をたえず計りながら巧みに自己の権力的地位を維持するところに発揮された。原のこうした権力政治家としてのリアリズムは、今なお元老を中心とする官僚勢力が政局を左右する力を保っている現状において、政治的混乱を避けつつ着実に前進しようとするためには、過渡的な形として残念ながらそれなりの存在理由をもつものとせざるを得まい、というのが吉野の判断であった。こうして吉野は、政党勢力の健全な成長に期待を寄せるとともに、藩閥官僚勢力の制度的な牙城となっていた貴族院・枢密院あるいは統帥権などの改革へとその課題を広げることとなるのである。

# 第四章　新しい国際秩序に向けて

## 一　中国革命への視線

### 中国保全論と二十一ヵ条要求

吉野作造の名は、一般に、民本主義の提唱者、大正デモクラシー運動の思想的指導者として広く知られている。しかし、彼が専門家と自認し、みずから得意の分野としたのは、むしろ中国革命史であった。彼自身も、中国問題については「私自身の相当に得意とする支那論」と自負し、他方、憲政論などの議論については、むしろ「私自身の密かに自から最も不得意とする政治学上の議論」と述べているほどである（「評論家としての自分並佐々政一先生のこと」一九一八年一―三月、選集12、八頁）。

このように吉野が力をそそいだ中国論は、どのような思想的特質をもち、また当時の日中関係のなかでどのような意味をもったのだろうか。これらの問題をさぐるために、まず近代日本の中国認識についてその一般的特徴を簡単に整理することから始めたい。

二〇世紀の日本の中国観に基本的な方向づけを与えたのは、日清戦争での日本の勝利であった。日清戦争による日本の勝利は、維新後の日本が中国に対して抱いていた軍事的な脅威の観念からも、そしてまた伝統的な文化的大国としての中国に対する潜在的な畏敬の念からも、日本を解き放つこととなった。周知のように維新後の日本は、国家的独立の達成という政治的必要からいち早く受け入れた西洋文明を新しいグローバルな価値尺度とする認識の下で、伝統的な儒教的価値観に固執しつづける中国（清朝）を新時代の文明に背をむける「固陋の国」と決めつけてきた。しかしその一方で、日本と中国は朝鮮半島の主導権をめぐってきびしく対立し、日本にとって中国は長く軍事的脅威でありつづけた。「固陋の国」と中国に浴びせた蔑視の言葉は、一面において、この軍事的脅威の観念の裏返し的意味をももっていた。それだけに、「文明と野蛮の戦い」と日本により意義づけられた日清戦争が日本の勝利のうちに終わった後は、堰を切ったように中国に対する蔑視の観念が広く人びとのあいだに流行するようになる。

この点については晩年の吉野も、中国問題をふりかえりながらこう述べている。「之を要するに我々の先輩はその始め我々の目前の急務に関係のないアカの他人として支那を敬遠した、否、時には新文明の敵なる旧弊陋習の保菌者として軽侮することもあつた。それでも久しい間国際的に対立する一強国としては十分にその威力を認めて居つたのに、日清戦後に至つては夫《そ》れをすら許さざらんとする。精神的にも物質的にも支那は駄目だと決めて無遠慮な侵略的態度に出づることもあつた」（『対支問題』一九三〇年一二月、選集7、二八八頁）と。吉野は、このような日本の中国蔑視の観念を「不快な伝統的支那観」と記しているが、この種の中国認識がまさに近代日本の「伝統」として深くそして広く根づくに至ったのは、日清戦争後のことと彼も考えたのである。

日清戦争後から定着しはじめるこうした中国認識は、それまでの中国蔑視の態度が西洋近代文明をかたくなに拒む中国の「固陋」さにその主たる理由を求めていたのに対して、今度は、中国という民族が本来的に統一国家を形成する政治的能力に欠けるという点に主たる根拠を見出していたことが特徴的であった。当時の識者の中国観を見ても、たとえば尾崎行雄は中国人における国家観念の欠如についてこのように述べている。「支那人は国を愛するといふ心は殆んど有りませぬ。何故愛国心がないかといふと、支那には国といふものがないのである。国がないのであるから国といふ思想がない。国といふ名詞、国といふ言葉がない。然らばこれを愛する心のあらう訳がない」（尾崎行雄「清国衰亡論」一九〇一年一一月、『尾崎咢堂全集』第4巻、六九八頁）と。そして愛国心のみならず「戦闘力」と「政治的能力」もまた欠けているとし、国を維持するこの「鼎の足が三本とも無い」中国の前途を危惧した。

また浮田和民も、中国の現状を評して「眼中未だ自国の所在を見ざるもの」とし、「三千余年の久しき、二十六朝の異姓に事へたる結果、支那人民は人種の観念を存するのみにして、国民の意識を失するに至りしなり」（浮田和民「国民の国家、国民の政府」一八九七年一〇月、同『倫理的帝国主義』一九〇九年、一六八頁）と、その国家意識の欠落を指摘している。こうした国家観念の欠如や国家意識の欠落は、中国の長い歴史の歩みのなかで、漢民族がみずからの支配体制を保持するよりは、むしろより多く異民族の支配に甘んじたことを根拠に論じられたが、それはただちに「漢人種が国家組織の能力に乏しき点」(山路愛山「日漢文明異同論」一九〇七年六月、『山路愛山選集』第3巻、一九二八年、四九〇頁)を裏づけるものへと展開してゆくこととなる。そしてこの中国認識は、のちに「満蒙独立」論を唱えた石原莞爾が、「支那人ハ個人トシテハ優秀ナル点ノ多クヲ有スルモ近代国家ヲ造ル能力ニ於テ欠ク所アリ」(石原莞爾「満蒙問題ノ行方」一九三一年一二月、稲葉正夫他編『太平洋戦争への道』別巻・資料篇、一九六三年、朝日新聞社、一六〇頁)と述べているように、かいらい国家「満洲国」建設の策動を正当化する根拠にまで利用される形で、日本の対中国政策の基底として生きつづけるのである。

ところで中国人民における国家意識の欠如という問題は、それが日本の中国蔑視観の主要な根拠とされたということとは別に、日清戦争後、清朝中国の統治体制の近代化を追求するにあたって、その問題が、中国の先駆者にとっても、また日本の識者にとっても、乗りこえなければならない大きな課題とされたことは事実であった。周知のように、清末改革派のリーダー梁啓超も「新民説」(一九〇二—〇六年)を発表し、そのなかで中国を「国家」たらしめるために、「その身を独り善くする」伝統的な私徳の観念に対して新しく「公徳」の重要性を主張し、「一身に対して国家あるを知る」自覚的な国民の形成、および公共性に裏打ちされた国家意識の涵養を訴えていた(1)。

こうした中国における「国家」の問題は、日清戦争後、ヨーロッパ列強による中国進出と利権の設定が勢いを増し、まさに中国「分割」の危機が現実性を加えてきたことを背景としていた。したがって日本でも、ヨーロッパ帝国主義の進出から日本をふくめ東アジアを守るという問題関心のもとで、中国における近代的な統一国家の形成を期待する議論がかわされることとなったのである。たとえば陸羯南のつぎのような発言は、中国における「国家」の問題が、当時、東アジアの自立的な秩序形成にとって中心的な位置を占めるものと考えられていたことを端的に語るものであろう。彼は述べている。「東亜問題は其の外包の頗る広漠にして其の内容の頗る複雑なるに拘らず、之を究竟すれば、唯だ清国の未だ今世紀に対して『国』たるを得ざることは其の原因たりといふべし。苟も清国にして克く『国』たるを得るに至らば、東亜問題の大部分は自ら消退せん」（「支那内治の革新を促がすべきの議」一八九八年五月、『陸羯南全集』第6巻、七四頁）と。

いわゆる中国「保全」論は、このような主張の延長線上に登場し、その後日本の対中国政策の基本的な枠組みとしての役割を果たすこととなる。しかしこの中国「保全」論は、中国における近代的統一国家の形成という大義名分については一応共通するものがあっても、その政治的意図にかんしては、欧米列強の中国進出に抵抗する反帝国主義的な性格を濃くするものから、中国を強化することによってロシアの勢力進出の防波堤にしようと目論むもの、あるいは中国分割が不可避の情勢になれば日本も何らかの形で中国に利権や勢力を扶植する用意を怠るべきでないと意図するものなど、さまざまな政治的立場や指向性を雑然と内に含んだものであった。

吉野の一九一六年以前の中国論も、このように多義的で雑然とした中国「保全」論のある方向性を受けついでいたという意味で、その枠内にあったとみることができる。一九一五年のいわゆる対中国二十一ヵ条要求の問題に際して、吉野は中国政策にかんしつぎのように述べている。

根本の政策は支那の保全を図り、支那の健全なる自主独立の発達を援《たす》くるにあるのだけれども、尚他の一方に於ては、各国の競争に促されて、勢力範囲拡張の競争の仲間に這入るといふ実際上の必要が吾々に迫つて居るといふことも認めねばならぬ。況《いわん》や支那の将来は果して吾々の期待するが如く、自主独立の国家として健全なる発達を為し得るや否や、明白でない。少くとも明白でないといふ議論があるとすれば、他日万一の場合に備ふるといふ必要もある。此点から云つても、列国と競争して、支那に帝国の勢力、帝国の利権を立てるといふことは、決して無用不急の事業ではない（『日支交渉論』一九一五年、選集8、一五〇頁）。

ここでも、中国「保全」の政策の下で、中国の「健全なる自主独立の発達」を援助するという目的と、日本自身も列強と肩をならべて「勢力範囲拡張の競争」に参加する機会を確保するという「実際上の必要」とが、二つながら同時に追求すべき目標と認められていた。

ところで、この対中国二十一ヵ条要求は、一九一五年一月、大隈内閣が中国の大総統袁世凱に提出したもので、ほとんど中国を日本の従属国に等しい地位に置くほどの、膨大で多岐にわたる日本の利権の設定と勢力の浸透を中国に認めさせようとする内容のものであった。すなわち大隈内閣は、一九一四年に第一次世界大戦が勃発すると、日英同盟を理由に対ドイツ参戦に踏みきり、中国山東半島に出兵してドイツの膠州湾租借地や山東鉄道などを占領した。そしてそれと同時に、この際日本は中国に対して強力な地位を築くべきだとする空気が支配層のなかにも台頭し、政府は第一号から第五号までの二一ヵ条におよぶ要求を中国に突きつけるに至ったわけである。

その要求は、（1）山東省にかんするドイツ権益については日本にその処分を委ねること、（2）中国東北部のいわゆる南満洲および東部蒙古における日本の既存の権益、たとえば旅順・大連の租借や南満洲鉄道などの期限の延長、日本国民の土地利用、居住・往来の自由、商工業その他の業務活動などの承認等々、その地域における日本の特殊的利益ないし優越的地位を認めること、（3）漢冶萍公司の製鉄関係事業を将来日中合弁とすること、（4）中国沿岸の港湾および島嶼を他国に譲渡または貸与しないこと、などを主要な内容としていた。またそのほかにも勧告条項（第五号）として、中国政府に政治・財政・軍事の顧問として日本人を招聘するとか、警察の改革や兵器の供給・製造に日本人を関与させるとか、いくつかの地域の鉄道敷設権を日本に与える等々のことが含まれていたのであった。

二十一ヵ条要求に接して憤激を抑えることのできなかった中国当局は、国際世論に訴えるとともに国内にも呼びかけて抵抗をはかったが、ヨーロッパ諸大国は、戦況が重大な局面にあったため積極的に動こうとはしなかった。こうしたなかで大隈内閣は、一九一五年五月、行き詰まった交渉を打開するため、山県ら元老から異議がでた第五号を最終的には取り下げたうえで、最後通牒という強硬手段に訴えて中国にその受諾を迫った。最後通牒をうけた中国はやむなく受諾に踏みきったが、このような日本の態度は、さらに中国民衆の憤激を買い、日本に対する中国の民族的反感を一層根深いものとする結果につながった。そして中国では、この要求を受け入れた五月二五日を国辱記念日と定め、日本に対する屈辱の想いをながく国民の心に刻みつけることとなるのである。

前にもふれたように、当時の吉野は、この二十一ヵ条要求を「大体に於て最少限度の要求であり、日本の生存のためには必要欠くべからざるもの」(『日支交渉論』選集8、一五二頁)として、これを支持した。そしてこのような吉野の判断は、中国および中国をめぐる国際情勢にかんするつぎのような認識に支えられていた。すなわち吉野にとっての理想は、中国が独立の強国に成長し、ヨーロッパ列強の東アジアへの進出に対する防波堤的な役割を果たす存在となることであった。それは日本の安全にとっても好都合であるばかりでなく、ほどほどに強力な隣国の存在は、日本の政治家にとっても国民にとっても適当な緊張感を生み精神的な弛緩を防ぐ意味でも好結果をもたらすものと考えた。

吉野によれば、現在の中国に見られる盛んな排日思想は、たしかに日本の側にも責められるべき点がないとは言えない。それは「日本人の支那人に対する態度が悪いからである。日本人は常に支那人を自分よりも幾分劣等の人種なるかの如き取扱ひをして居る」(同上、前掲書、一三六頁)とし、日本人は「成金的の根性が強く、鼻息ばかり荒くして、大国民の襟度を以て彼等に接することを解せぬから、そこで遂には不識々々《しらずしらず》彼等の間に排日の感情を促催挑発する結果になるのは是非も無い」(同上、前掲書、一五九頁)と、その原因の一つが日本の中国蔑視の態度にあると述べている。

しかし中国側にもまた問題があると吉野は考える。今なお国力の弱い中国は、国家を維持するために他国に頼らざるをえない。同じく外国に頼るならばアメリカやイギリスやロシアのような富強の大国のほうがよいという例の事大主義から、日本に接近することを嫌い、排日に走ることになるとしている(同上、前掲書、一三七頁)。したがって中国の国力が強化され、みずから国家を維持するようになれば、中国の事大主義も後退し、逆に両国の提携も実現可能となるというのが吉野の考えであった。彼はつぎのように述べている。

我々日本人は、一方に於ては教育の力、或は其他色々の方法で、国民の支那人に対する観念を段々と改めて行くを要し、他方に於ては、支那が段々強大になつて速《すみやか》に事大主義を棄つる時節の到来するやうに促進すべきである。支那が自ら立つことの出来る国になれば、彼は恐らく事大思想を棄て、真剣に自分の将来、東洋に於ける支那の運命といふやうなことを考へ、又審《つまびら》かに利害の関係を打算した上で、対等の態度で日本に提携を求めるといふことになるだらう（同上、前掲書、一三八頁）。

これが、日中関係の改善について吉野が脳裏に描く理想のシナリオであった。しかし当然のことながら、中国の国力強化と自立が容易に達成できるような状況は、現実の問題として望むべくもない。理想はさておき、中国の将来について吉野が現実的に考えた見通しは、つぎのようなものであった。まず中国の将来について、「予は絶望なりとは無論思はないが、さりとて又極めて近き将来に於て非常に強くなるといふ風にも思はない。支那は絶へず進歩はして居るけれども、其進歩の速度たるや非常に緩慢である。速度が非常に緩慢であるが為、今日まで実は段々と各外国の勢力の侵入し来るのを防ぐ事が出来なかつた。故に若し此勢で進むと、後日支那が十分に発展しやうといふ時に、顧みて各国の勢力を見ると、余りに其根柢が深くして、最早完全なる自主独立の国となることが出来ないといふやうな境遇に陥りはしまいか」（同上、前掲書、一三九頁）。こうした中国の将来にかんする危惧が、当時における吉野の中国論についての基本的な認識枠組みを形づくっていたと見ることができる。

こうして吉野は、将来、中国が自主独立の強国に成長することを期待しながらも、現にヨーロッパ列強によって国内に勢力を扶植され、分割の危機にさらされているこの現状に対しては、「応急の策を講ずるの必要」に迫られているとの思いを強くしていた。彼が、大隈内閣による対中国二十一ヵ条要求を「大体に於て我国の最少限度の要求を言現はしたもの」であり、ヨーロッパ列強とともに「勢力範囲拡張の競争の仲間に這入るといふ実際上の必要」から出た日本の時宜を得た行動と理解し支持したのも、そのためであった。

### 第三革命以後の中国認識

しかし吉野のこの中国認識と中国に対する姿勢は、その一年後には次第に転換を遂げることとなる。そのきっかけを与えた背景の一つは、中国における第三革命（一九一五年一二月―一六年六月）の勃発であった。すなわち、一九一一年の辛亥革命以後、新しく成立した中華民国の大総統に就任した袁世凱は、日本および列強の財政的支援をうけて実権を掌握する。しかしその後、みずから皇帝に推戴されると帝制の復活を画策するが、雲南の護国軍の蜂起をきっかけに反袁の動きが拡大し、ついに袁世凱は失脚、失意のうちに一九一六年六月この世を去るに至る、この一連の政権変動の過程が第三革命と呼ばれた。

この第三革命を吉野は、袁世凱を中心とする「官僚軍閥の徒」からなる現状維持派と、辛亥革命いらい成長をつづける青年革命派＝民党との対立と捉え、この両勢力対立の構図は、今後も中国の政界を支配するものと考えた。現に袁世凱亡き後、政治的主導権を掌握したのは、やはり北方軍閥のリーダーである段祺瑞（いわゆる北方政府）であった。しかし、そのような状況の中でも吉野は、中国の新旧勢力対立の構図が帰結する方向にかんして、「支那の将来は結局民党の天下になるであろう」(「最近支那政界の二大勢力」一九一七年六・七月、『支那革命小史』一九一七年、附録、六二頁)との見解を抱いていた。

この見解は、袁世凱失脚以前から吉野のいわば確信をなしていた。たとえば「対支外交根本策の決定に関する日本政客の昏迷」(『中央公論』一九一六年三月、のち改題して『第三革命後の支那』第三章に収録)でも彼は、「支那の将来の永遠の中心的勢力となるものは、今日袁世凱の一派に非ずして恐らくは現に祖国の改革を唱へて居るところの幾百の青年であると見るべきではあるまいか」(『第三革命後の支那』一九二一年、第三章、九一頁)と述べている。それは今日、中国の中心的勢力に位置するように見える袁世凱が、じつは「今や殆んど支那幾億の人心を失ふて居る」(前掲書、九〇―九一頁)と、吉野は見抜いていたからである。しかしこれら革命派の青年たちが、「結局に於て支那の主人公となるべきことは道理上疑なし」(前掲書、九三頁)としながらも、彼らが現実に中国の中心的勢力になる日については、この時点では何とも判断できなかった。

中国の支配が、旧態依然たる官僚軍閥勢力の手を離れて民衆的勢力に支えられた新しい指導者の手に移る事態について、当時の吉野が現実味をもって思い描くことができなかったのは、外国の支援を受けた中国の官僚軍閥勢力による根強い支配という現実の重みもさることながら、新しい中国を担うべき青年革命派の勢力にも今ひとつ託するに足るだけの能力を認めることができなかったからであった。吉野は同派について「其破壊的方面に於ては相当の力ありとしても、其建設的方面に至つては案外に弱きこと」をその欠点となし、「彼等は其旧制打破の運動に成功した後、果して如何にして新国家を組織し之を経営すべきやの問題に至れば、概して殆んど深く慮るところがない」(前掲書、九四頁)と指摘している。こうした青年革命派の実態についての認識も、官僚軍閥の根強い支配がなお続くであろうと考える背景をなしたと思われる。

しかし、革命派にかんする吉野の期待は第三革命後に至るとより大きくふくらみ、その評価も格段と高まることとなる。現代中国の正しい理解の必要を論じた「支那革命運動に就いて」(『東方時論』一九一六年一一月)にもその方向ははっきりと表れている。たとえばこの論説のなかで吉野は、中国の革命運動につき、かつて清朝末期の孫逸仙や黄興らの時代とは異なり、現在は組織も規模も大きくなったため、たしかに一部には匪賊まがいの無法な行動も見られたが、「世人の往々説くが如き秩序無き乱民の暴動」と考えるのは誤りで、「国民の間に萌《きざ》しつゝある自強自奮の休《や》むに休まれぬ精神の勃発」(「支那の革命運動に就いて」選集8、二四七頁)と判断すべき側面が確実に成長していると指摘した。そして運動の根底にあるものは「何処までも弊政を改革して新支那の建設を見んとするの鬱勃たる民族的要求なり」(同上、前掲書、二五七頁)と、その運動がナショナリズム運動としての性格をもつものとしている。

また、その革命思想の担い手が多く若い青年たちであることをとやかく言う風潮に対しては、日本の明治維新を例に挙げ、「総ての改革は常に青年の為す所ではないか」と戒めつつ、つぎのように述べている。「革命運動の当初より今日に至るまでの来歴を見る時は、我々は今更ながら革命家の不屈不撓《ふとう》の精神に富み、従つて彼等の運動に非常の進歩あり、而して此の進歩を促す所の根本の思想が一個の潑剌たる生命として発展して熄《や》まざるに敬服せざるを得ないのである」(同上、前掲書、二五五―二五六頁)と。

ここには、新しく登場した青年革命派の運動に対する吉野の深い敬意とその将来についての確信が余すところなく語られている。

第三革命後の吉野の中国認識について注目される点は、上述のような青年革命派に対する期待と評価の高まりとならんで、もう一つ中国政策についての見解をめぐる問題があった。それは、これまでの日本の対中国政策が、もっぱら「国防的見地」に立脚し、その視点にとらわれていたことを批判し、これまで中国政策において閑却されてきた経済問題および文化問題が基本的にはより重要であることを強調するに至った点である。すなわちこれまでの日本の対中国政策は、いわゆる満蒙問題——つまり日清・日露戦争により日本が手に入れた中国東北部の諸権益を将来にわたって排他的に確保することは、日本の生存と安全にとって不可欠の条件であり、その意味でそれは日本の「特殊利益」として国際的に尊重されるべきだとする主張——に集約されていた。そのことからも理解されるように、対中国政策は主としてロシアの脅威から日本の安全を守るという国防の視点によって推進されてきた、と吉野は特色づけるのである。吉野によれば、この国防的見地からする日本の対中国政策は、一九一七年一一月、日米両国が中国の独立と機会均等・門戸開放の尊重を相互に約束すると同時に、満蒙における日本の権益を「特殊利益」として米国が承認することを約束した日米協定（いわゆる石井・ランシング協定）の成立によって、日本の目指していた懸案の解決はここに成功し、「殆んど完成の域に達した」（「我国の東方経営に関する三大問題」一九一八年一月、選集8、二九四頁）と見たのである。

しかし、吉野によれば、このような従来までの日本の対中国政策は、見逃すことのできない問題を残す結果となった。彼の言葉を紹介すれば、「我国従来の対支経営が専ら国防的見地に囚《とら》はれて居ったことの弊害は、一つは国防上最も必要であった満蒙以外の方面をば余りに顧みなかったことである。もう一つは、其の当然の結果として、他の方面には他の外国の横行跋扈を逞《たくま》しうするを得しめ、各国の競うて其の専属的勢力範囲を作らんとするに放任し、言はゞ経済的分割の勢を導いたことである」(同上、前掲書、三〇一頁)と。こうした国防本位の中国政策に対する吉野の批判は、基本的には、資源に乏しい日本にとって死活的に重要なのは資源供給国および貿易相手国としての中国であり、中国との経済的提携の強化という経済的視点こそが、国防的なそれ以上に重視されなければならないという主張に発していた。

とくに国防本位の政策においては、満蒙というような中国の特定地域に対する勢力の扶植や利権の確保に関心が注がれ、ともすれば中国全体との関係が視界の外に置かれる結果となり、中国国民の広範な反日の風潮を招くという事態にもつながることとなる。これに対して経済的視点を重視する政策では、地域の違いや官民の区別を超えた中国全体を視野におさめた対中国関係についての配慮が不可欠であり、日本の経済的自立のためにも日中両国の安定した良好な関係が必要とされる。彼はつぎのように述べている。

支那と経済的に結ばねばならぬといふことになれば、これが為めに先づ第一に必要なのは支那の全体と結ぶといふことである。満洲だけを手に入れるとか、或は山東省だけを手に入れるといふが如く、部分的に支那と結んでは何にもならない。……然るに従来我が国は、此等の点に就て果して明瞭なる了解を有《も》つて居つたか、果して之が為めに十分に攻究する所があつたか、といふに予輩は不幸にして之に否定的の答弁を下さなければならない（同上、前掲書、三〇〇頁）。

このように吉野が、第三革命後に、従来の国防的見地にとらわれた中国政策を批判し、経済的見地に立つ政策の重要性を強調するに至ったことは、袁世凱あるは段祺瑞といった一部の軍閥官僚勢力と結んで中国における日本の権益を拡大しようとする従来の手法に対して、青年革命派の台頭に見られるような新しい中国の民衆的勢力との提携を通して両国の関係改善をはかろうとする志向が強まったことを示すものであった。

こうした吉野の第三革命後の中国政策観の変化は、決してドラスティックなものとは言えなかった。確かに大隈内閣の二十一ヵ条要求についても、「前内閣の対支政策は結局に於て大いなる失敗であった」（「現内閣の所謂対支政策の刷新」一九一七年二月、選集8、二五九頁）と、ここでは二年前とは違って批判的な立場を表明してはいる。しかし論説「我が対満蒙政策と鄭家屯事件の解決」（『東方時論』一九一七年三月）では、二十一ヵ条要求にかんし「その要求の内容に至つては大体に於て賛同は惜まざる所」とし、「たゞ其の交渉の方法に至つては、全然予の賛同し能《あた》はざる所である。何れにしても侵略的態度は断じて取るべき方法ではない。何処までも根本的親善関係を基礎として、其の厚誼に訴へて彼の快き譲与を得るを以て我が国の方針とせねばならぬと信ずるものである。従来我が国の態度は、事毎《ことごと》に余りに侵略的であつた」（選集8、二七〇頁）と、もっぱら「交渉の方法」、とりわけ日本側の「態度」が「侵略的」であったことを問題にし、批判の対象にしている。

およそ相手国の主権をまったく顧みないような内容の要求事項を提示しておきながら、「其の厚誼に訴へて彼の快き譲与を得る」ようなことが、果たして「方針」として成り立つものであろうか。吉野は、また「支那が怒り外国が疑つたといつて、求むべきものを撤回するの必要は無い。たゞ之を求むるが為めに我々の取る所の態度、又其の際に我々の持つべき心持を変へればそれで可《よ》い」(「我が対満蒙政策と鄭家屯事件の解決」前掲書、二七〇―二七二頁)と述べているが、ここには彼のあまりにも「御人好し」な性格と「心構え」重視の悪しき一面がでていると言わざるをえまい。

二十一ヵ条要求の内容を肯定したうえで、交渉の際の侵略的態度を問題とするという第三革命直後の吉野に見られた中国認識転換の不徹底さは、国防本位の中国政策から経済重視の政策への転換についても同様であった。たとえば彼の論説「日支親善論」(『東方時論』一九一六年九月)は、これまでの中国論においてしばしば見られた「同文同種」論とか「白禍」論などを根拠に日中の提携を説く傾向に対して、「支那大陸の上に日本の勢力が段々に拡張発展して行く」現実――それを吉野は「侵略的」と受け取られても仕方がないものと考えたのであるが――そうした現実があるかぎり、「抽象的の空論を根拠とする提携論」では両国の民心を継続的に結びつけることはできないと批判し、むしろなすべきことがあるとするならば、それは「両国の経済関係を一層開拓して経済的利益の一致する範囲と程度とを拡張することであらねばならぬ」(選集8、二二五―二二六頁)と主張している。こうした彼の主張は、日本の中国大陸への「発展」についても、「我日本の大陸発展と云ふことは、本来経済的に社会的に発展すれば足るので、決して政治的に発展すると云ふ必要はない」(前掲書、二〇九頁)という考えに根ざしたものであり、そのかぎりにおいて吉野の議論は、前述の「国防的見地」から「経済的見地」へという志向を示すものであった。

しかし中国が国内諸勢力の根強い対立によって統一国家の建設を妨げられ、諸外国の勢力進出を許した結果、分割の危機に直面し苦悩している中国の現実とかさね合わせてみるとき、日本のこれまでの「大陸発展」に向けられた彼の批判の眼は、揺るがざるをえないのであった。彼は、「要するに支那に於ける諸外国の発展が、本来経済的・社会的性質のものに止つて宜しいのを、遂に一歩を進めて政治的性質をも取るやうにならしめたのは、畢竟《ひっきょう》支那が弱いからである」（前掲書、二一〇頁）と述べ、日本が中国に対して経済的・社会的発展という形にとどまらず、政治的発展の形をとらざるをえなかったのも、また中国の脆弱性と列強の進出という現実を踏まえた上でのことであるとした。こうして吉野は、「唯支那が強くなりさへすれば、日本の大陸発展の形式が変つて、而してそれが最早日支両国疎隔の原因ではなくなると考ふるものである」（前掲書、二一一頁）と、すべての原因を中国の国家としての弱さに還元させることとなった。そして、結局は、中国が強国となって自立しうる状況に至ればともかく、それにはほど遠い今の中国の状態では、日中両国の親善関係をそこなう「直接原因」となっている「我国の大陸発展」についても、吉野みずからこれを「侵略的」と認めながら、「日本の立場として残念ながら此の方針は絶対に中止する訳にはいかない」（前掲書、二〇九頁）と、これを肯定する態度を崩そうとしないのであった。

このように第三革命後も一年余りの間は、吉野の中国認識にもまだ新旧二つの見方が交錯している様子が見てとれた。旧い見方を支えていたのは、中国は今なお国家としては弱体であり、西洋列強に依存する「事大主義」を脱することができず、したがって列強の進出を許して「分割」の危機を内包しているという中国認識であり、そのような現状の下では日本の政治的な「大陸発展」もまたやむを得ないと、これを正当化する論理であった。そしてそれは、前述のように、かつて吉野をして大隈内閣の二十一ヵ条要求を「大体に於て最少限度の要求であり、日本の生存のためには必要欠くべからざるもの」と肯定し受け入れさせた認識を、そのまま引き継いだ考え方であった。この見方は、また中国国内には青年革命派を中心とする新しい勢力が台頭しつつあることを認めながら、古い官僚軍閥勢力が今なお外国と提携しその援助を受けながら主導的地位を維持している現実を無視できないとする考えとも結びついていた。

他方、新しい見方とは、従来の日本の「国防的見地」に立った中国政策がもたらした「政治的」な「大陸発展」は、直接、特定地域に日本の勢力を浸透させることを目指した点で「侵略的」性格を内包し、そのため広範な中国国民の反撥を引き起こすなど日中両国の安定した提携関係の障害となっているという認識を出発点としていた。したがって中国政策においてもこれまでの「国防的見地」を転じて「経済的見地」を中心とし、広く中国全土を視野に入れた民衆レベルの提携を志向することとなる。ここでは、軍閥官僚勢力に代わって新しい青年革命派の勢力がやがて民衆的な支持の下で統一された中国国家の形成を担うことになるであろう、との期待と確信がその重要な柱となっていた。

中国をめぐる吉野のこのような新旧二つの考え方の交錯は、一九一八年一月の「我国の東方経営に関する三大問題」に至ると、古い考え方からのかなりはっきりとした決別が見られる。ここでは前述のように満蒙を中心とした中国進出政策が批判の対象とされ、国防から経済への視点の転換が説かれている。そしてこれまでの国防的見地に立つ政策は、詰まるところ「帝国主義的」とならざるをえず、「所謂帝国主義は、自国の国家組織を其の儘自国以外に拡張することであつて、其の結果自ら侵略主義を伴ふのは已むを得なかつた」と、きわめて明確に断じている。さらにこれにつづけて彼はつぎのように説くのである。

其の侵略が精神的であらうが経済的であらうが、それは必ずしも問ふ所ではない。只だ自国の国家組織其のものを、其儘他民族の在住する地域に強制拡張することであるが故に、他民族の自由・利益を尊重するが如きは、其の深く考ふる所でない。国防的見地よりする所の国運の発展は、常に此の如くなるを普通とするの例で、是れ亦一種の国権の発展には相違ないが、併し文化拡充の立場から観れば、排他的・閉鎖的の嫌あること固より論を俟たない。此を以て精神的に他民族の心を獲《え》ることは亦到底望み難い（「我国の東方経営に関する三大問題」前掲書、三〇七頁）。

このようにここでは、従来の日本の中国政策について転換の必要が説かれると同時に、強まりつつある中国国民の反日的風潮を日本側の問題として反省し検討する姿勢が明確に示されるに至った。この点もまた注目すべきことである。たとえば前述の国防的見地に立つ日本の中国政策を「帝国主義」あるいは「侵略主義」と批判するにあたっても、「国権の発展」という視点のみにとらわれて「他民族の自由・利益を尊重する」という視点が欠けていることを指摘しているが、そうした冷静な他者感覚の必要を説いているのもその例であろう。

同様の例として、吉野は、また日本の満蒙政策にかんする主張の含む矛盾について、つぎのように述べている。「日本が満蒙以外の地に於て他国の勢力範囲の設定に抗議すれば、然らば満蒙は如何と反撃せらるゝ恐がある。而も日本が満蒙に於ける其特殊利益を強く主張せんとすれば、他国も亦之に倣《なら》つてそれ〴〵の地域に於ける特殊利益を主張せんとする。此が従来の苦しき立場であつた。何故なれば、日本は他の諸国に向つては、文字通りに支那の領土と其の独立とを尊重し、門戸開放・機会均〔等〕主義を守るべしと要求しつゝ、満蒙に於ては特殊の理由に依つて自ら多少我儘をするの必要を主張せねばならなかつたからであつた」(「我国の東方政策に関する三大問題」前掲書、三〇二―三〇三頁)と。ここでは、「中国保全」論と満蒙における特殊利益の設定という日清戦争以後の日本の対中国政策に内在する基本的な矛盾が平明な論理を通して指摘されているとともに、日本の特殊利益の主張は他国の特殊利益の設定を否定する立場を日本から奪うこととなるという自明の道理をあらためて認識させることによって、日本の対中国政策の独善的な片寄りに反省を求めている。

こうした吉野の言説を通して注目されるのは、日本自身を世界の視点からあらためて対象化する吉野の姿勢であり、彼の思想の一つの特色である普遍主義的な思考方法が、中国政策のあり方を追求するなかで、きわめて健康に機能している点である。ここに示された吉野の醒めた思考態度は、日中両国の感情的な反目が高まりつつあった時期だけに、一層注目に値するものと言わねばならない。

このように一九一八年一月の論説「我国の東方経営に関する三大問題」においては、従来の日本の中国政策について、相手国の立場を無視した日本の自国中心的な視点がきびしく指摘され、「帝国主義」「侵略主義」と受け取られても致し方ない側面をもっていたとして、政策転換の必要が説かれた。こうした吉野の主張からも理解されるように、この時期に至ると彼はこれまでの日本の中国政策に対して自覚的に距離をおいた視点を選択することとなるのであった。

ところでこのような中国認識の変化を吉野に促した要因は何か。それについては、何よりも彼の中国革命に対する新しい関心と認識とを挙げることができよう。そのきっかけとなった一つは、吉野が留学していた際、キリスト教青年会万国大会の中国代表として頭角を現していた王正廷についての関心であった。

吉野によれば、中国研究に本腰をいれるようになったのは一九一四（大正三）年のこととされている。彼の話に、「其の大正三年支那を真面目に研究するといふに至つた原因は何であるかといふと、革命党の人を知つたのが原因であります。又革命党の人と交際した原因は何かといふと、今巴里に往つて居る評判の王正廷の名に憧れたからであります」（「支那問題に就いて」一九一九年四月三〇日講演、『黎明講演集』〈復刻版〉第一巻、三五七頁）とある。つまり留学中の吉野は、評判を聞いた王正廷についてその人柄を知る人に尋ねたところ、うわさに違わぬ立派な人物に違いないとの確信を抱くに至ったという。彼は、隣国にそのような立派な人物がいることを心強く思い、何とか会いたいものと考えていたが、そのまま帰国の時を迎える。そして帰国後まもなく、吉野はこの王正廷が今は革命党に加わって大いに活躍していることを耳にし、はじめて中国の革命運動に眼を開かされたというのである。

このように吉野が、王正廷の存在をきっかけにして中国の革命運動に関心をそそられるようになったのは一九一四年のことであった。しかし、この革命運動への関心が新しい中国認識に行きつく過程で大きな力となったのは、その約二年後、宮崎滔天・北一輝ら在野の中国革命史論にふれる機会をもったことであった。まず宮崎滔天『三十三年の夢』との出会いについて、その事情を吉野はつぎのように記している。

私の支那研究は、実は第三革命の前後から始まる。細かい事は略するが、この革命勃発して数週の後、当時ひそかに南支の運動に同情を寄せて居った頭山満翁寺尾亨先生の一派は、今次革命の精神の広く我国朝野に知られざるを慨し、之を明にする為めの用として簡単なる支那革命史の編纂を思ひ立たれ、その事を実は私に託されたのであつた。その頃すでに少しく眼を支那の事に向けて居た私は喜んで之を引受けた。そして最近の材料の供給者として寺尾先生は私に戴天仇君殷汝耕君等を紹介して来たのであるが、支那革命初期の歴史を知るに最もいゝ参考書として、『三十三年の夢』の名を聞かされたのは、実にこの両君からであった（「『三十三年の夢』解題」一九二六年七月、『講学余談』一九二七年、一五五頁）。

『三十三年の夢』は、中国革命の援助に尽力した宮崎寅蔵（滔天）の自叙伝として一九〇二（明治三五）年にその初版が刊行された。刊行と同時に本書は多くの読者を獲得し、発売後四ヵ月で八版を数えたと言われているが、そのころ法科大学の学生で、その後も中国の革命にはほとんど興味をもたなかった吉野は、迂闊にもこの書物の存在すら知らずに過ごしてしまった。今回、ようやく本書を手に入れ、一読、著者の志の純真さ、叙述の巧みさ、そして日中関係史をめぐる記録としてこの書物がもつ価値に吉野は強く打たれた。著者滔天および本書について彼はこう語っている。「就中支那の革命に対する終始一貫の純精の同情に至つては、その心境の公明正大なる、その犠牲的精神の熱烈なる、共に吾人をして遂に崇敬の情に堪へざらしむる。私はこゝに隠す所なく告白する。私は本書に由て啻に支那革命の初期の史実を識つたばかりでなく、又実に支那革命の真精神を味ふを得たことを」（同上、前掲書、一五四頁）と。

この書物で滔天は、孫文と横浜ではじめて対面したときの印象と、孫文の後援者として中国革命に投ずるに至った経緯を語っている。すなわち孫文は初対面の滔天に共和主義の神髄を説き、「支那四億万の蒼生を救ひ、亜東黄種の屈辱を雪ぎ、宇内の人道を恢復し擁護するの道、唯我国の革命を成就するにあり」（『三十三年之夢』『宮崎滔天全集』第一巻、一九七一年、平凡社、一一九頁）と、中国革命の精神を熱情こめて語ったとのことである。滔天は、孫文の語る「思想の高尚」と「識見の卓抜」さに魅せられ、たちまち心を許す間柄となったという。中国革命の何が日本の青年を引きつけるに至ったのか、その思想的背景を知りたいと思っていた吉野は、おそらくこうした『三十三年の夢』の内容に強く心を惹かれたのであろう。そして本書を通して吉野は、この革命が中国民衆に対する深い愛情と人道主義の普遍的理想に発したものであり、その純粋で公明正大な真情がまた青年たちの心を動かしたに違いないと、「支那革命の真精神」に眼を開かされる思いを味わったのであった。

この宮崎滔天の『三十三年の夢』とならんで、当時の吉野の新しい中国認識の形成に影響を与えたと思われるものに、北一輝の『支那革命外史』があった。この書物が公刊されたのは一九二一（大正一〇）

年のことだが、北はその稿本の執筆を一九一五年一一月に開始し、中国における革命勢力成長の経緯から清朝の打倒と袁世凱の大総統就任に至る過程を論じた第一章「緒言」から第八章「南京政府崩壊の経過」までの部分を、とりあえず同年の一二月に印刷配布した。それは進行中の中国革命についての自己の意見を一刻も早く「時の権力執行の地位に在る人々」に示したいという北の思いからであった。その一冊が吉野のもとにも送られてきたのである。吉野はこう述べている。「北君は……第三革命の始つて間もなく長文の意見書を発表したが、其一本の寄送に与《あずか》つた私は、反対どころか同君の見識の高邁なるに敬服して態々《わざわざ》同君を青山の隠宅に往訪して謹んで敬意を表したのである。尤も北君の意見書の後半には全然承服し難い点はある。けれども其前半の支那革命党の意気を論ずるの数章に至つては、恐らく此種類の物の中北君の書を以て白眉《はくび》とすべきであらう」（「評論家としての自分並佐々政一先生のこと」選集12、七—八頁）と。

吉野がこの文中で賛辞を惜しまなかった本書の前半の「支那革命党の意気を論ずるの数章」と言っているのが、具体的に何を意味するかは、もとよりさだかでない。ただ北が前半の部分で強調している点は、中国革命につき「支那の革命は民主共和の空論より起りたるものにあらずして、割亡を救はんとする国民的自衛の本能的発奮なり」（『北一輝著作集』第二巻、一九五九年、みすず書房、一二頁）として、その本質を民族主義革命＝「愛国的革命」と捉えるべきだとしていること（第二章）、もう一つは、中国革命に「愛国的革命」という理想＝「革命哲学」を植えつけるのに大きな力となったのは、じつに明治維新を成功させ国家的独立を実現させた「国家民族主義」という日本の国民精神であり、それを中国の青年たちが日本留学を通して学びとったことにあるとした点（第三章）にあった。おそらく吉野が注目したのも、これらの点にあったと思われる。ただこうした北の主張は、孫文を中国革命の象徴的リーダーと考え、孫文の共和主義を中国革命の源流と位置づける一般的傾向についての批判のうえに成り立っていた。このような北の孫文批判は、中国革命の本質を「愛国的革命」と捉えた場合でも、国際的な理解と援助を重視した孫文の共和主義＝「民主的理想」よりはむしろ、「外人の容喙を潔しとせず外国の援助の如きは万不得止場合と雖も国権を毀損せざる限りに於て受くべしとの熱情」（同上書、一一九頁）に支えられて革命を「愛国運動」として指導した宋教仁の立場にこそ、この革命の真の姿が表現されているとした点（第五章）にも如実に示されていた。北の孫文批判は、その第五章以下の後半部分においても引き続き展開された。吉野が「後半には全然承服し難い点はある」としたのも、一つは孫文の共和主義の根底に流れる普遍主義・理想主義に対する北のきびしい批判的立場にあったと察せられる。

しかしともあれ、第三革命を通して官僚軍閥勢力に対抗する新しい勢力として注目された青年革命党の運動は、中国民衆の愛国主義に根ざした民族主義的な本質をもつものであることを、吉野は北のこの書物によって認識を新たにされたものと思われる。吉野は「支那の革命運動に就いて」と題した論説（『東方時論』一九一六年一一月）で、中国革命についての日本の見方を転換する必要を主張し、こう述べている。「従来革命運動に対して加へられたる各種の説明批評は、何れも誤解にして其の本体に触れて居ない。予は其根本の思想を以て何処までも弊政を改革して新支那の建設を見んとするの鬱勃たる民族的要求なり〔と〕するものである」（選集8、二五七頁）と。ここでは、中国革命の本質を新国家の建設という「民族的要求」に根ざす運動と規定する立場が明確に打ち出されていることが注目される。そしてその一年余り後の論説では、吉野は自立的な統一国家の建設に力を傾ける中国国民の姿を「民族の愛国心」の問題として捉え、日本自身の姿勢を問題としてつぎのように説いている。「我々日本人は、多年割拠的生活を営んだ結果として、特に忠君愛国の念に富む。これ程忠君愛国の念に富みながら他民族の愛国心に同情の無きこと我が日本民族の如きは、また世界に於て甚だ其例に乏しい」（「我国の東方経営に関する三大問題」前掲書、三〇八頁）と。こうして彼は、もし日本の側に中国人の「愛国心」について「多少の同情」があったならば、日本の「国権伸張の方法」ももう少し変わった色合いをとったはずと述懐するのであった。

このように吉野は、滔天の『三十三年の夢』を通して、中国革命の根底に流れる民衆への愛情と人道主義的理想という純粋で普遍的な精神に眼を開かされ、北一輝の『支那革命外史』の稿本を手にすることによって、この革命にあの「生命の活力」を提供しているものが、「民族の愛国心」という中国国民のナショナリズムであることをあらためて思い知らされたのであった。こうした吉野の新しい中国認識は、日本政府の中国政策が袁世凱・段祺瑞といった時の権力者＝実権者を援助することによって、日本の勢力進出と中国の国家的統一の促進とを二つながら追求するという方式を一貫してとったのに対して、むしろ「対手国の民間の輿論を開拓するといふことが、実に其成功不成功を判断すべき最大最高の標準でなければならない」（「対支外交政策に就て」一九一八年六月、選集8、三三八頁）という外交姿勢こそが中国政策において不可欠という主張を、彼に選択させることとなった。もちろん対中国政策について強調された吉野のこのような外交姿勢は、第一次大戦後に広く唱えられることとなった国際政治におけるデモクラシーの風潮に影響された面がまったくなかったとは言えないであろう。しかしそれが、ただ単にマクロの思想状況の流れに歩調をあわせるといった性格のものにとどまらないことは、これまで見てきた吉野自身の内面的な思想空間の動きからも十分理解できると思われる。

### 山東問題と五四運動をめぐって

ともあれ吉野は、こうして中国政策にかんしても「今日の外交は国民外交なり」と断言する基本姿勢に行きついていた。「一体今日の外交は、もはや政府と政府との交渉のみに依《よ》りて円満なる効果を挙げ得べき時代ではない。固より交渉の局に当るものは政府であるが、其の締結する処の協定が、完全に所期の効果を挙げ得ると否とは如何しても国民の諒解を背景としな〔け〕ればならない。是れ即ち、今日の外交は国民外交なりと云ひ、又民心の開拓を急務とすと云ふ所以である」（「軍事協定は日支両国に何ものを与ふるか」一九一八年六月、選集8、三一九頁）。これは、ロシアやドイツの勢力が北東アジアへ進出するのに備えて、日中両国政府が秘密の軍事協定を締結したことに対して批判する文脈で述べた一節であるが、その後の吉野の中国外交論を形づくる基本哲学となったと言ってもよい。

第一次大戦後、日中両国間の主要な外交問題として注目を集めたのは、いわゆる山東問題であった。周知のようにこの問題は、大戦に際して日本が軍事占領した中国山東地方のドイツ諸権益の還付をめぐる日中間の対立から生まれた。日本は、二十一ヵ条要求における中国側の「合意」を根拠に、山東返還にあたってもできるかぎり大幅な同地域の旧ドイツ権益の継承を条件として主張したのに対して、中国は無条件の返還を求めて譲らなかったからである。しかし一九一九年一月から開かれたパリ講和会議では、中国の主張はいれられず、中国政府は国内各地の抗日運動のたかまりを背景に講和条約の調印を拒否する事態にまで至った。この山東問題は、結局、その解決をワシントン会議（一九二一年一一月―二二年二月）にまで持ちこすこととなり、結局、日本の大幅な譲歩によって二二年二月条約の調印をみるに至った。

しかし、解決に至るまでの過程で、山東権益の獲得に固執した日本側の態度は、中国国民の民族感情に火をそそぐこととなり、各地に反日民族運動が起こった。このような状況のなかでも、吉野の「国民外交」の信念は少しの揺るぎも見せないばかりか、むしろより確固としたものとなった。一九一九年三月、朝鮮で民族の独立を求める運動が各地に拡大し（三一運動）、中国では反日のあらしが吹き荒れる事態を前にして、吉野は、黎明講演会の演壇から、いま日本にとって大切なのは「先ず自分を反省すること」だと呼びかけた。そして彼はこう述べている。

支那を動かすにはあの国民を攫まへねばならず、又朝鮮を動かすには朝鮮国民を相手とすべきであるのに、支那を動かさうとして段祺瑞一人を攫まへれば宜いとし、朝鮮を動かすには誰某を動かせば宜いといふ風に、常に個人を対手とするのみである。是が常に対支外交等に於て非常な労力と非常な努力と非常な苦心をして居るにも拘らず、思ふ通りの成功を収め得ない所以であると思ふ（「先ず自己を反省せよ（開会の辞）」一九一九年三月二二日講演、『黎明講演集』〈復刻版〉第一巻、二〇二頁）。

この講演のなかで吉野は、一握りの有力者を動かせば天下を動かすことができると考えるのは「旧式の歴史解釈」であり、その点で従来の日本政府の態度には「根本的に誤があった」と説いている。その二ヵ月後、中国では山東還付問題をめぐって北京大学を中心とする学生たちが中国当局の軟弱な態度と日本の帝国主義的な対中国政策に抗議して立ち上がる事件が起こった。中国革命史のうえでも画期的な抗日救国運動とされる一九一九年の五四運動である。吉野はこの運動のもつ意義を高く評価し、いちはやく日本の論壇を通してその支持を広く読者に訴えた。

吉野がこの運動を高く評価したのは、つぎのような考えからであった。その一つは、日本の多くの新聞論調[2]に見られるような「一二の陰謀家の煽動」に起因するものではなく、「国民の自発的な運動」という性格をもつと考えたことである（「北京学生団の行動を漫罵する勿れ」一九一九年六月、選集9、二四〇頁、「支那の排日的騒擾と根本的解決策」一九一九年七月、前掲書、二四六頁など）。吉野は、二、三年前より北京大学では蔡元培総長の下で伝統的な孔孟思想の批判や言文一致運動など思想や文学の革新を目指す「文学革命」が進行しつつあったことに注目していた。そしてこの北京大学の新しい思想文化運動は、また「支那民衆全体が国を挙げて開明の目標に進まんとする端緒を開いたもの」（「北京大学学生騒擾事件に就て」一九一九年六月、前掲書、二四一頁）という意味づけをしていた。このたびの学生の抗議運動もそうした国民的な運動の一環として登場したとの見方を吉野はとったのである。

もう一つは彼らが主張する「排日」の意味についてであった。これまでの排日運動がいわば排日のための排日運動であって、自覚された明確な根拠もない「全然感情的の運動」の域を出なかったのに対して、今回の運動は、同じ排日運動でも確固とした信念に支えられ、国内の政治体制の変革をも同時に志向する新しいナショナリズムとしての性格をもっていた点で注目に値すると吉野は考えた。決起した学生たちが、親日派の代表格と目された曹汝霖《そうじょりん》と章宗祥《しょうそうしょう》とを襲撃の対象にする行動にでたことにも示されているように、彼らの排日運動は、帝国主義的な中国政策を推進する日本の軍閥官僚支配に抵抗する一方、この日本の軍閥官僚勢力と手を結ぶ中国国内の軍閥官僚勢力の支配に対して、同じく強い抗議の姿勢を示したところにその特徴があった。

このように吉野は、中国の五四運動の本質を、日本の軍閥官僚勢力が推し進める帝国主義的な中国政策に抵抗する民族主義運動であると同時に、軍閥官僚の日本と提携して自己の地位と利益の保持をはかる国内の軍閥官僚支配を打倒して新しい中国を建設しようとする民衆的なデモクラシー運動にほかならないとした。すなわち吉野は、この運動の性格をつぎのように要約し、「排日」にもかかわらず彼らとの提携が可能であることを明らかにしている。

〔一〕彼等の主たる目的は結局に於て官僚軍閥の撲滅に在る事。
〔二〕彼等の排日の原因は、日本を以て彼等の官僚政府を援助するものと為すに在るが故に、支那官僚の援助に、責任なき［日本の］国民は、彼等の罵倒を甘受する理由なき事。
〔三〕若し彼等にして、日本に帝国主義の日本と、平和主義の日本とあるを知らば、彼等は必ずや喜んで後者と提携するを辞せざるべき事。
（「日支国民的親善確立の曙光――両国青年の理解と提携の新運動」一九一九年八月、選集9、二五八頁）

このような考えから、今回の中国での学生運動は、一部に暴動にわたる部分があったことは容認しがたいとしても、軍閥官僚政府に反対するデモクラシー運動としての性格をもっていた点で、基本的には日本のデモクラシー運動と同じ目標を目指すものとみなし、相互の交流と提携とを追求することは、真の日中親善実現のため必要との思いを吉野は強く抱いていたのである。そして具体的な行動の話は、早くもこの年六月、黎明会講演会の折に持ち上がった。それは、中国側との意思疎通をはかり、親善関係を確立する手始めとして、まず北京から教授一名、学生二、三名を東京に招き懇談をしてみようという計画であった。そこで黎明会の有志代表として吉野が北京大学の教授である李大釗《りたいしょう》にその旨の手紙を書き、手紙に添えて彼は「北京学生の騒擾に関し日本国民を警告する意味で発表した一二の論文」[3]を送った（同上、前掲書、二六一頁）。すなわち官僚軍閥の「帝国主義の日本」のほかに、それに反対する国民たちから成る「平和主義の日本」があることを訴えたわけである。

言うまでもなく李大釗は、かつて吉野が一九〇七年に天津の北洋法政学堂で教壇に立ったとき吉野の講義を聴いた学生であった。その後、彼は日本に留学し早稲田大学で学んだが、吉野とのその後の関係についてはさだかでない[4]。ただ五四運動がおこる数ヵ月前、李は陳独秀とともに創刊（一九一八年一二月）にあたった『毎週評論』を吉野に寄贈し、吉野はそれに応えて黎明会の活動を紹介するとともに『黎明講演集』を送ることを約するなどの交歓があった模様である[5]。教授・学生レベルでの日中交流の計画が、ほかならぬ黎明会を舞台に提議され、黎明会の名で実現のための試みが行われるに至ったのも、そのような背景があったからであろう。

吉野の李大釗宛の手紙とその論文は、中国でただちに翻訳されて新聞に掲載あるいは報道された。そのこともあって、吉野の呼びかけは中国の学生たちの間でも大きな反響をよんだ。両国の学生交流計画は、まず日本からは一九一九年暮から翌年春にかけて東京帝大の学生二名が上海に渡り、同地で開かれた学生連合大会に出席して一場の演説を行い、中国からは二〇年五月に北京大学の学生・卒業生五名が来日し、東京・京都など各地で学生や知識人たちと意見を交換し親善を深めた。

吉野が目指した日本の帝国主義的な対中国政策の転換と新しい日中提携の実現という理想は、ともあれこのような民間レベルの人的交流という形をとって実行に移された。それは、一握りの権力者を媒介とするのではなく、相手国の国民の心を直接つかまえる「国民外交」という、彼の外交哲学のささやかではあるが一つの確かな実践であった。またそれは、「政策の決定が一般民衆の意嚮に拠る」という彼の民本主義の政治原則にも沿うものであったことはいうまでもない。

## 二　国際的正義の実現を目指して

五四運動への対応をめぐって、国際政治についての吉野の注目すべき考え方がいくつか見られたように思う。前項でふれた相手国の国民の心を直接つかまえる「国民外交」という考え方もその一つだが、それと並んでまた、国家の個別的な目先の利益よりは国家を超えた普遍的な正義や人道を重視する価値態度を挙げることができる。彼は国際社会の将来像についてこう述べている。

従来の国際関係は詰り帝国主義、強い者勝ち、弱い者は強い者の餌食になるのでありましたけれども、其関係を今度は整へて之を押へて、さうして国と国との間には自由平等の関係で行くから、軍艦が多いからと云ふて余計な発言権を与へない、人口が多いからと云ふて必しも余計に発言権を与へない、皆四民平等の原則を国際間に応用して相和し相信じて極く新しい国際関係を立てなければならぬと云ふことに、是からの世界は段々と改造されて行くものと思ふのでありますくふのでありますくふのでありますくふのでありますく(「帝国主義より国際民主主義へ」一九一九年七月、選集6、六九頁)。

吉野は、国内社会においてすべての個人の自由と平等を基本原理とするデモクラシーが広く受け入れられるようになったのと同じように、国際社会においても国と国との関係は、事実上の国力の強弱にかかわらず、同じく自由平等の原則によって規律されなければならないと考えたのである。彼はそれを国際民主主義と呼んだが、デモクラシーを近代国家の普遍的な原理と考えた吉野にとって、それはいわば自然の方向であった。もとより、デモクラシーの原則を国際社会に拡大し適用する時代が、まさに訪れたことを彼に確信させたのは、国際情勢そのものの環境の変化を吉野が感じとったからにほかならない。そのきっかけとなったのは、第一次大戦への米国の参戦（一九一七年四月）であった。

彼は米国の参戦について、「米国の参戦は人類幸福の根本なる崇高なる原則の為めである。近代に於て政治上や経済上の争ひを外にして、純然たる主義又は理想の為めに国運を賭して戦争したのはたゞ米国あるのみである」(「国際聯盟は可能なり」一九一九年一月、選集6、一二頁)とし、この「正義公道の自覚」に発する参戦という米国の行動は、戦争の歴史に「新紀元を劃したもの」とその意義を高く評価してやまなかった。すなわちこの米国の国家行動を通して吉野は、今まさに従来の国際政治観——国益を追求する強国間の権力政治によって国際秩序は形づくられ維持されるとした勢力均衡の観念——は後退し、個別国家の利害に代わって普遍的な「正義公道」の原理が支配する新しい国際社会の誕生という時代を迎えつつあることを実感したのであった。

吉野によって注目されたこの新しい国際社会のイメージは、個々の国家の主権的意思や利害に代わって、正義や人道という国家を超えた普遍的理念が国際社会の秩序原理となるという意味で、個別主義《パティキュラリズム》から普遍主義《ユニヴァーサリズム》への転換ということができる。すなわち従来の国際秩序観にあっては、国家が国家主権の下で自国国民の生命・財産あるいは安全・幸福を維持し、国家の繁栄をはかることが、個々の国家にとっての正義であり、そのような正義価値にもとづく国家行動が国際秩序形成の前提とされた。したがってそこでは、強国の「正義」がたえず国際的な正義に置きかえられることになるから、現実には弱肉強食的な国際秩序が支配し、バランス・オブ・パワーや軍備拡張による「恐怖の均衡」がわずかに平和を保つための条件とされる。これに対して、国家を超えた普遍的理念ないし規範としての正義や人道が国際社会の秩序原理となるということは、何が正義であるかをめぐる個別国家の判断、それを支える国家の主権的意思が、もはやかつてのような絶対性を主張することが許されないことを意味していた。

たとえば日本は、朝鮮の植民地化や満蒙における特殊権益の獲得を、国家の安全や民族の生存にとって不可欠であるという理由で国際社会に向けてもその必要性を主張しつづけたが、これはあくまで日本という個別国家にとっての「正義」にすぎないことは言うまでもない。この正義を貫徹しようとするならば、おそらく最終的には力に頼るほかあるまい。これに対して、内政不干渉や民族自決の原則はすべての国家によって尊重され遵守されなければならないというルールが国際的に受け入れられた場合には、それはまさに個々の国家を超えた普遍的な国際正義であり、植民地支配や他国領域における権益の排他的な取得は国際正義の名のもとで非難され否定されることとなる。前述のように、日本がヨーロッパ列強の中国への帝国主義的進出を中国の自立と中国国民の権利・自由の尊重という立場から批判するためには、当然、日本自身の満蒙支配についての反省がなければならぬと吉野が主張したのは、これまでの個別国家の正義という視点から、個別国家を超えた普遍的国際正義の視点へと重点の移動が彼のなかで行われていたことを意味していた。

こうした国際的な普遍主義の視点からする個別国家の相対化は、言うまでもなく吉野の国内的なデモクラシー論において、国家を強制組織と捉え直し、強制力によって秩序づけられた政治社会は、我々の生活社会全体のなかにおける限られた一側面＝部分社会にすぎないとした、前述の国家と社会の概念的区別に向かった過程と対応するものであった。このような国家と社会の捉え方は、前述のように彼の「現代通有の誤れる国家観を正す」(『中央公論』一九二二年一月)のなかで集中的に論じられたが、この論説で吉野は、経済・宗教・学術・文化等々の政治社会以外の社会もまたそれぞれ独自の部分社会として、強制組織によらない自律的で非政治的な秩序を形づくるものであることを明らかにした。

別言すれば、秩序形成の能力は、強制組織である国家にのみ帰属するものでなく、非政治的社会もまた自発的な規範意識、たとえば各人の公共心や道徳などを通して社会的秩序を形成していることを説いたのである。この時期以降、アナーキズムが永遠の彼方の課題としてではあれ、社会形態の理想として設定されるに至ったのも、彼の秩序観のこうした変化を物語る証しといえよう。

この考え方は、視点を国際社会に移せば、従来の主権国家による秩序形成能力の排他的な独占に対して、新たに国家を超えた普遍的正義や道徳にも国際社会の秩序形成力を認めようとする立場にそのまま結びつくものと見ることができる。そしてこの普遍的正義や道徳の担い手となるべく期待されたのが各国家を横断する民衆的輿論であった(6)。吉野が国際民主主義と呼んだゆえんである。このように第一次大戦後、吉野において国家は、対内的にも対外的にも、かつての自己目的的で絶対的な存在から相対化された存在へと捉え直しが行われたのである。

国際政治における吉野の普遍主義的志向は、当時の具体的な国際政治論のなかで、つぎのような形をとって表れている。その一つは、山東問題の解決にあたっても日中間のこれまでの条約や協定など当事国間の形式的な取りきめや合意にこだわることなく、むしろ広く人びとの納得をえられる国際的な正義や良識や人道を重視すべきであるという立場をとったことである。たとえば吉野は、山東問題に関連して、国家間の問題処理をめぐる考え方も大戦後の今日では大きく変わったとしてこう言っている。

山東問題について支那が文句を云ふ、すると我国はまた之も条約で已《すで》に定まつたではないかと云ふ。其外かくかくではこれこれの不便があると愬《うつた》へて来ると、不便があらうが条約で極《き》めたことだから致し方が無いと云ふのが、問題解決の従来の遣り方であつた。ところが昨今は条約の定めが何《ど》うであらうがそんな事には頓着なく、直ちに事物直接の関係に立入つて其便不便を見る。条約で何んなに堅く約束したことでも、それが実際に不便であり不都合なことであればどん〳〵之を改良して行かうと云ふのが昨今に通有の思想である。最後の権威は事柄其自身の正不正である（「石井・ランシング協約と太平洋会議」一九二一年八月、選集6、一九九頁）。

ここでは、法規上の文言を金科玉条とする、これまでの日本外交の官僚的思考を排して、「事柄其自身の正不正」という人類的視点に立った正義価値を重視する道徳主義的で普遍主義的な思考方法が、新しい時代思潮に対応するものとして主張されていることに注目すれば十分である。それはまた、彼のデモクラシー論における官僚支配の排撃と通底していたことはいうまでもない。

もう一つは個別国家間の問題もできるだけ国際的な連携のなかで処理しようとする大戦後の新しい方向を支持し、日本の対外政治を努めてその潮流に導こうとしたことである。一例を挙げれば、米・英・日・仏四国による対中国借款団の結成をめぐる吉野の態度にそれを見ることができる。この四国借款団結成の計画は、一九一八年七月、米国の提案によるもので、それが主要な狙いとしたのは、寺内内閣の段祺瑞援助政策とそれに対応して行われた「西原借款」（一九一七―一八年）に見られたような、排他的な対中国投資活動をてことする日本の中国支配の意図を封ずることにあった。

既述のように吉野も、日本の政府が中国民衆の動向に背をむけて特定の軍閥官僚勢力と手を結び、これを援助することによって中国の統一を促す政策を推進するなかで、このような政策は真に中国を自立へ導く方法ではないとの立場をとっていた。中国が必要とする外国借款は、本来ならば、その条件や提供国の選定など中国自身の自由な判断に委ねられるべき性格のものであるが、現実の問題としてそれは

――寺内内閣の援段政策の例が示すように――特定の国家の帝国主義的進出に道をひらく恐れがある以上、結局は、関係諸国の合意にもとづいた国際的な借款団の形をとることがもっとも公正で、かつ中国の健全な発展にも資する途であるというのが吉野の見解であった。

こうした考えから吉野は、「隣邦の健全なる発達の為めに新借款団の成立を歓迎」するとし、日本の利権拡張が必要ならば、それはあくまで世界の新潮流に沿いつつ国際的にオープンな形で追求すべきものとした（「対支借款団加入の是非」一九一九年八月、選集6、七七頁）。それ故にまた、原内閣が借款団への日本の加入にあたって満蒙を借款団の一般投資範囲から除外することを条件とした点を捉えて、吉野は、「是れ疑もなく一には支那の輿論の大勢に逆行し、又一には我国一部の侵略主義者を悦ばすに過ぎざるものと云はざるを得ない」（「満蒙除外論を排す」一九一九年九月、選集6、八〇頁）ときびしくこれを批判する立場をとった。このように吉野は、ともすれば国家の個別的利権の設定と結びつきやすい個々の国家による借款供与という形を避け、関係諸国の共同による借款団という国際的連帯を重視する形を支持することによって、日本の帝国主義的進出に歯止めをかけるとともに、日本の中国政策を欧米諸国と協調的な方向へ導くことを心がけたのであった。

ところで前述のように、第一次大戦――とくに米国の参戦――を契機に、国際社会は国家の個別的利害を超えた国際正義という普遍的な価値ないし人類的理念が次第に影響力をもつ方向に進みつゝあるという確信を、吉野は強めていった。「我々は殊に最近内外政治に於ける正義の権威著しく鮮明を加へつゝあることを思はざるを得ない。此時に方《あた》つて国家経営の方針を世界の大勢に順応せしむるを躊躇《ちゆうちよ》するが如きは、実に国を謬《あやま》るの甚だしきものである」(「世界の大主潮と其順応策及び対応策」一九一九年一月、選集6、一六一―一七頁)と彼は述べている。山東問題など日中間の懸案についても、できるかぎり国際輿論を配慮し、関係諸国の協調を重視するなかで解決すべきとの態度を吉野がとったのも、上記のような世界思潮の新傾向についての確信に支えられてのことであった。そして事実、中国問題の解決は、ワシントン会議の討議と、アメリカ・イギリス両国の積極的な働きかけのなかで、中国にかんする九国条約などを通して実現されるに至ったわけである。

国際社会は、平和と正義と人道という理念に導かれた「道徳的権威」の支配する、新しい秩序に向かって歩みはじめたという吉野のこの確信は、ウィルソン(Woodrow Wilson)米国大統領の「世界平和一四ヵ条」の提唱および国際平和の維持と各分野における国際協力の促進を目的とした国際連盟の成立(一九二〇年一月)によって、より確かなものとなった。吉野自身、「国際聯盟の成立は或意味に於て国際関係の根本的改造である。国際関係は聯盟の成立を第一歩として之から漸を追うて根本的に改造せられんとして居る」とし、その「改造の根本動機は道義的支配の要求」(「国家生活の一新」選集1、二三三頁)であると説いている。

「道徳的権威」の支配する新しい国際秩序の到来を期待する立場から国際連盟の成立を歓迎した吉野は、同様の観点からアメリカによるワシントン会議の呼びかけについても、その開催の意義を積極的に主張した。国際会議を国家の個別的利害の調節をめぐって勝ち負けを争う場と見なす時代はもはや過去のものとなった、というのが吉野の考えである。「今日の新しい時勢に於いては、世界の民衆はかかる浅薄な仕事を国際会議に期待して居ない。之に参列する政治家は何んな考で出て来るか知らないが、少くとも民衆は世界の平和幸福を実質的に進める為めの議論と協定とを期待して居る」(「国際会議に於ける形式上の成功と道徳的の成功」一九二一年九月、選集6、二〇八頁)と。今日の国際会議の成否は、「世界の民衆の道徳的支持を受くる事」(同上)ができるか否かにかかっているというのが、吉野の考え方であった。

ワシントン会議の主要な議題となった軍備縮小問題に対しても、吉野は同様の立場から支持した。その根底には、国家の富強それ自体を絶対的な価値とし自己目的とする観念を誤りとし、その克服を目指す吉野の新しい国家像があったことは言うまでもない。「今日の我国の軍備は誰が見たって不釣合に厖大である。政府の予算を見るがいゝ。有らゆる文化的設備を犠牲に供して軍備の充実に全力を傾倒して居るではないか」(「軍備縮小の徹底的主張」一九二一年一〇月、選集6、二〇九頁)と日本の現状を指弾する彼の言葉が物語るように、その背景にはまた、国家を超えた人類の至高の価値としての文化価値、すなわち個人の内的能力の自由な発達＝「霊能ある人格の自由な活動」を理想とする彼の文化主義・人格主義の哲学がその確信を支えるものとしてあった。こうして吉野は、自国の防衛を名とする軍備の増強は、人間の文化生活の発達を阻害する要因となるのみならず、必然的に「軍備拡張の競争といふ不祥の形勢」を国際社会に招き寄せ、世界の平和と国民の生活に対する脅威をますます増大させることになるとして、「軍備制限の国際的協定の必要なる所以《ゆえん》」を説くのである。

以上のように吉野の場合、第一次大戦後になると、強制組織を本質とする国家の主権的権威に代わって、国家を超えた「道徳的権威」――それは国際正義、人道、「道義的原則」、「世界の平和幸福」、「世界の民衆の道徳的支持」など時に応じてさまざまな言葉で語られた――が国際社会の新しい秩序原理として強調された。それは、同時期の彼の国内政治論における富国強兵型国家観の克服、そして文化主義・人格主義的価値観の強調(7)と響きあいながら、普遍的理念の高みから個別国家の利害にもとづく権力行動を枠づけ、国家理性の絶対性に歯止めをかけようとする彼の願いを物語るものであった。

しかしこうした吉野の普遍主義的な思考態度は、第一次大戦後にはじめて生まれたものではなかった。たとえば前述のように、彼が最初に『中央公論』に寄稿した米国の日本人移民排斥問題を論じた「学術上より見たる日米問題」(一九一四年一月)でも、吉野は、アメリカにおける排日問題の根本的原因を、アメリカ側の誤解や偏見よりはむしろ、これまでの日本の公教育がひたすら国家に忠誠な国民の創出に終始した、内向きで偏狭なものであった点に求め、日本国民も「世界の一員としての資格」を身につける必要を強調した。ここでは「世界の一員」として国境をこえて広く受け入れられる人間であることが、善良な国民であると同時に、あるいはまさに善良な国民の前提として、日本の民衆に求められていた。こうした人間像は、普遍的な規範や価値に支えられた国際秩序のイメージを前提とすることなしには、そもそも考えられないものであろう。

事実、国際社会の現実は権力政治の横行する世界としながらも、その未来像を普遍的道徳の支配する社会とする考え方は、大正初期の吉野にも見られた。それは、たぶん彼のキリスト教徒としての信仰と密接に結びついていたものであろう。彼は論説「国際競争場裡に於ける最後の勝利」(『新人』一九一四年一二月）のなかでつぎのように述べている。「私の考へでは理想的の状態に於ては国際間の事も必ず個人間と同じく道徳によりて支配さるべきものと思ふ。又さう云ふ理想的の時代が将来来るに違ひないと思ふ。唯だ今日の如く国際関係の混沌を極め、各自の競争激烈に行はるゝ時代には已を得ず道徳が公々然無視せらるゝを観るのである。夫れでも歴史的に世界の大勢を観察すれば国際相互の関係が、個人と同様に道徳律に支配さるゝ方向に向ひつゝあるは掩ふべからざる事実であると考へる」（選集5、八四頁）と。

当時の吉野は、道徳的規範が有効な力を持ちうるような国際社会の実現を確信しながら、しかし軍事的膨張主義や帝国主義が渦巻く国際政治の現実を目の前にしては、さすがに国際社会の将来の「理想」としてそれを説く外なかった。そして現実問題としては――対中国二十一ヵ条要求を支持したことに象徴されるように――国力の拡大と強化の必要を認めざるをえなかったというのが実状であった。

この吉野の国際社会の未来に寄せた理想は、第一次大戦後、新しい世界の潮流となった理想主義的な国際協調主義の高まりのなかで、にわかに現実性をもつものとして吉野を勇気づけた。今や国際的正義や人道が「道徳的権威」をもって支配する国際社会の新しい段階に立ち至ったとする吉野の大戦後の普遍主義的国際秩序観は、こうして日の当たる場所に引き出されたわけである。「今や時勢は一変した。人事社会のすべての関係は之より道義的精神の完全なる支配を受けんとして居る」（「国家生活の一新」選集1、一二三六頁）と彼は、大戦後に熱っぽく語った。そして国内政治の面では富国強兵的国家理想からの転換を主張し、国際政治の面では国家の個別的利害を超えた国際的正義の普遍的支配を説くこととなったのである。

## 三　朝鮮統治の問題

中国で五四運動が登場した二ヵ月前の三月一日、日本統治下の朝鮮では京城（現ソウル）で独立を求める運動が起こり、それにつづいて各地でも運動が吹き荒れるという事態に日本は直面した。いわゆる万歳事件または三一独立運動と呼ばれるものがそれである。この問題を前にして吉野は、同じく国際的な正義と民主主義の立場から日本に対外的良心の発揮を促し、ただひたすら日本の国家・国民の利益幸福を説くばかりで朝鮮人の利益幸福については考えようともしない日本の統治の実態に痛切な反省を迫った。そしてこの万歳事件にかんして吉野は、「殊に朝鮮の問題の如きは、国民が之を鋭敏なる道徳判断の鏡に照らすに非ずんば到底解決の緒に就くものでは無い。畢竟あのやうな大事件も我国民が従来対外問題に対する良心の判断を誤つたから起つた問題ではないか」（「対外的良心の発揮」一九一九年四月、選集9、五八頁）と日本の側の責任を問題とした。

そもそも吉野が朝鮮の問題に関心をもつようになったのは、青年時代にさかのぼる。彼は、東京帝大に在学中から私淑していた本郷教会の海老名弾正が熱心に朝鮮でのキリスト教伝道活動に従事していた折、吉野もその会計事務を受けもっていた。その関係でたまたま李殷徳という一人の朝鮮人と知り合いとなり、その人柄に魅せられるとともに朝鮮のことについて種々話を聞く機会にめぐまれた。その結果、吉野は「朝鮮のことは我々青年の今後大に研究すべき問題」と考え、やがて友人と相談のうえ一九〇五年には海老名弾正や島田三郎らの協力をえて朝鮮問題研究会を発足させるほどの熱の入れようであった。しかし吉野は、地道な研究よりも社会的な実際運動に深入りしてゆく自分自身に危うさを感じ、まもなくこの研究会からは手を引くこととなる。しかし、先の朝鮮の友人李殷徳については「朝鮮問題に関し最初に私の眼を開いて呉れた恩人」として心に刻み、後々まで深い敬意を忘れることはなかった(8)（「青年学生の実際運動」一九二六年一二月、『日本無産政党論』一九二九年、三二七―三三二頁、なお同書「著者はしがき」には李の友人たちの回想が紹介されている）。

こうして朝鮮の問題に眼を開かされた吉野は、その後、中国滞在およびヨーロッパ留学をへて帰国（一九一三年七月）してから、東京帝国大学学生基督教青年会（東大ＹＭＣＡ）を通して朝鮮人留学生と接触をもつようになり、彼ら留学生から日本の朝鮮統治についての見解を聞くなどして朝鮮問題との関わりを保ちつづけた。そうした関わりのなかで得た朝鮮統治の実態にかんする彼の感懐なのであろう、『新人』（一九一四年一二月）の論説で彼は、「私の基督信徒としての信仰から云へば、白人が有色人種を劣等視するのが間違つて居るのと同様に、日本人が朝鮮、台湾の人々を継子扱ひするは大に間違ってをる、宜しく真の兄弟として隔てなくしなければならぬ」（「国際競争場裡に於ける最後の勝利」選集5、九〇頁）と記し、また「我々は支那朝鮮に対し、我国の利益のみを唯一の標準として利己的政策のみを取つては行かぬと思ふ」（同上）とも述べている。そしてその二年後、一九一六（大正五）年には、三月から四月にかけて韓国および満洲の視察旅行を行うことになるが、それも朝鮮人留学生たちの斡旋によるもので、現地の朝鮮人識者に会って忌憚のない意見を聞いてみようとの趣旨からでた企てであった。吉野が『中央公論』(一九一六年六月)に発表した論説「満韓を視察して」は、その視察にもとづく彼の見解をまとめたもので、これが朝鮮問題を主題とする吉野の最初の論説となった。

朝鮮問題研究会当時の吉野の朝鮮問題をめぐる見解については、それを知る直接の資料も乏しくさだかでないが、おそらくその後の日本政府の朝鮮統治政策と、基本的にはさほど隔たりのないものであろうと考えられている。すなわち朝鮮民族としての自主性を極力抑制しようとする政府の官治主義と同化主義の方向を是認する立場である。しかし韓国視察後の上記論説においては、日本政府のこのような朝鮮統治政策について批判的な態度を明確に表明する立場に行きついていることが注目される。この論説の冒頭で吉野は、朝鮮総督府の支配を通して目につくことは「日本国家の威力」が伸張している点であり、お上の威光の絶大なことは「封建時代の官民の関係」を思い起こさせるほどである、とその第一印象を語っている(「満韓を視察して」選集9、四—五頁)。そこから感じとれるのは、日本の朝鮮統治の実態に向けられた吉野のきびしい視線以外の何ものでもない。

この「満韓を視察して」では、個々の事例を挙げてきわめて具体的に朝鮮統治のゆがんだ姿を指摘している。たとえば道路の建設は、日本による開発政策の実績としてしばしば強調される点であるが、吉野は、その進め方が地域住民の意向や生活上の都合などを考慮しない強権的なものであり、住民の利便よりはいたずらに外形的な実績を競う地方官の功名争いの様相すら感じられることを問題としている。そのほか官吏の待遇に見られる露骨な朝鮮人差別、朝鮮全土に張りめぐらされた憲兵制度にもとづく徹底した公安維持、とりわけ朝鮮人の言論に対する自由の拘束などの事実を挙げ、朝鮮の人びとが一般的に日本の統治に不平不満や不快感を抱くのも、決して理由がないことではないとしている。

こうした現地の実態に対して吉野は、まず在留日本人の朝鮮認識を問題とし、つぎのように述べている。「無論朝鮮人は所謂亡国の民である。表向は彼等の希望によつて我国に併合したのであるけれども、事実上は日本から併呑されたのである。従つて日本人が何かにつけて一段朝鮮人の上に居るといふことは事実已むを得ない。然しながら日本人が一段上に居るといふことは、朝鮮人を軽蔑してもいゝ、圧迫してもいゝといふことではない。此点に於て在留日本人の大多数の考は、殆んど例外なく、其当を失して居りはしないか」（同上、前掲書、七頁）と。

ここで注目されるのは、第一に、韓国併合なるものは条約上のたてまえはともあれ、実質的には日本による「併呑」すなわち植民地化であるという事実を冷静に見てとっていることである。それは、三年後の三一独立運動の勃発に際して、「朝鮮全土に亙つて排日思想の瀰漫して居る事は疑ひもなき事実」とした彼が、「併合の事実其物」について深く考えるべき点はないかと日本の政府ならびに識者に問いかけたこと（「対外的良心の発揮」選集9、五八頁）とも関連していると思われる。こうした「韓国併合」そのものへの執拗な問いかけは、法的な形式やたてまえにとらわれることなく、――いわんや美しく装われた言葉に惑わされることも決してなく――実際のあり方を重視し、実態に即して考えようとする吉野の思考態度がここでも健全に息づいていることを知るのである。

また第二には、現地で朝鮮人と直接接する日本人が、強者のおごりから高圧的な態度に出ることを当然のこととして意に介さない、人間としての道徳感覚の麻痺をまず問題としている点である。吉野は、朝鮮人について「亡国の民」という言葉で語ることによって、みずからの国家を失った民族の悲哀に対する理解を間接的な形で表現していた。それは吉野の人間性の表れでもあったが、吉野の旅行した先々でそうした人間的感覚が在留日本人の大多数について見出せなかったことを彼は何よりも悲しんだ。朝鮮問題の解決にあたって日本人の「対外的良心」の喚起を訴えたのもそのためである。

　この視察旅行から吉野が得た基本的な認識は、結局のところ異民族の同化は客観的に見てきわめて困難な問題であり、それは欧米諸国による植民地支配の歴史が教えるところでもあるということであった。問題は同化を政策に掲げる日本の政治家にその認識があるか否かである。彼はそのことをつぎのように述べている。

> 朝鮮人開発の根本方針の十分に貫徹されない一つの原因は、我が日本の政治家の間に「朝鮮人は果して全然我国に同化して日本人となり切って了ふことの可能《でき》るものかどうか」といふ問題がハッキリ解決されて居ないことにあると思ふ。同化といふ事は従来各国の殖民政策の終局の理想であった。然しながら相当に発達した独立固有の文明を有する民族に対して、同化は果して可能なりやといふ事は、少くとも最近に至り政治学上の一大疑問となった。殊に民族的観念の横溢を極むる現代に於て、異民族の同化混淆は、よし可能であるとしてもそは非常に困難な事業である（「満韓を視察して」前掲書、二八頁、傍点ママ）。

　こうしたことを考えると、同化政策がその効果をあげるためには、政策を進める側によほどの条件が整っていなければならない。「高尚なる品格」と「優等なる才能」を吉野はまず必要不可欠なものとして挙げる。まして異民族に接した経験も浅く、ともすれば他の民族を劣等視するような狭量な民族が、短日月の間に他の民族を同化するなどということは、ほとんど言うべくして行うべからざることだとする。そして吉野は言う。「予は勿論、朝鮮民族が同化して全然日本民族と一になると言ふ事を必ずしも丸で不可能なりと軽々に断定する者ではないが、今の日本人の状態では余程困難であると云ふことだけは之を認めざるを得ない」(同上)と。同化政策についてこのように率直に言い切ることが、当時の状況のもとでいかに勇気ある発言であったかは、言うまでもないところであろう。

論説「満韓を視察して」で示されたこのような吉野の見解は、その後の彼の朝鮮統治批判の基本的方向を形づくった。彼は、朝鮮の人びとの「円満なる物質的並びに精神的の進歩開発を計る」(同上、前掲書、二八頁)というのが、日本政府の朝鮮統治の根本方針とするところなのだろうが、そもそも政府の進める同化政策が実際問題としてきわめて困難と考えたから、むしろ目標としては朝鮮に自治を与える方向しかないというのが、その立場であった。そうした主張は——おそらく当局との摩擦をさける配慮からであろう(9)、彼自身は「只一片の抽象的の議論」としているが——、少なくとも純理論的には、「異民族統治の理想は其民族としての独立を尊重し、其独立の完成によりて結局は政治的の自治を与ふるを方針とするに在り」(同上、前掲書、一五頁)という考え方が彼の根底にあったところからする結論であった。三一独立運動の勃発に際して、彼が朝鮮に「或種の自治を認むる方針」の採用を訴え、それについては「彼我双方隔意なき協議の上に之を決定する」(「朝鮮暴動善後策」一九一九年四月、選集9、五三頁)という方法を提唱したのもその表れであろう。

このように吉野は、最終的には朝鮮に自治を与えることを目標としながら、折にふれて日本政府の統治につきその改善を訴えた。その具体的な内容は、黎明会での講演「朝鮮統治の改革に関する最少限度の要求」(『黎明講演集』第六輯、一九一九年八月、選集9所収)に盛り込まれている。

その第一は、朝鮮人に対する差別的待遇の撤廃であり、とくに教育の機会、官吏の登用や待遇などを中心に、具体的な事例を挙げながら差別の実態を批判している。朝鮮人に対する差別の問題は、先にもふれたように彼が朝鮮統治に目を向けるようになった当初からとりあげていたところであった。大戦後のパリ講和会議にあたってアメリカにおける日本移民の排斥を人種差別として問題化する動きが日本で高まったときも、「吾々は昨今の人種的差別撤廃運動者に向つて朝鮮統治策の理否に注目を怠らざらんことを希望せざるを得ない。今日我国の法制が朝鮮人に与ふるに著しき差別的待遇を以てせる事は隠れもない事実である」(「人種的差別撤廃運動者に与ふ」一九一九年三月、選集6、二九頁)と吉野は、まず日本自身による朝鮮人差別の問題に目を注ぐよう訴えることを忘れなかった。

第二は、武人政治の廃止である。すなわち現実の朝鮮統治にあたって文官の多くは「飾物」にすぎず、実際の統治にはほとんど力を持たない。そして「朝鮮の統治は、殆ど凡て憲兵たる警務総監を通して軍人系統がやつて居るのであります。爾ういふ政治を維持するがためには、総督が軍人でなければいけない」(選集9、八八頁)と、現行制度で朝鮮総督が軍人と定められている理由を吉野は説き明かして見せる。この軍人政治は、文官とのあいだに「ダブル・ガヴアーメント(二重政治)」を生み、また権威主義的な官僚支配の弊害を増幅させているとする。そもそも軍人の世界は、立憲政治下にある日本でも国民の手の届かない領域である。つまり朝鮮の武人政治は「国民の輿論、国民の監督とは全然没交渉に行はれて居る」ことを物語っている。果たしてこういう制度が許されてよいのか、「国民の一人として文句を言ひたい」と吉野は訴えるのである（前掲書、九〇—九一頁）。

第三は、現在の同化政策の放棄である。同化主義についての吉野の批判的見解はすでに述べたところであるが、ここでは朝鮮民族のアイデンティティー重視の姿勢はさらに一層強くなっている。たとえば「朝鮮統治の根本方針としては、此の日本民族と朝鮮民族との東洋の平和に対する共同の使命或は日本と朝鮮とが充分に融合した上で、其上に一の大目的を定めて、其大なる目的の為に、日本民族は日本民族として、朝鮮民族は朝鮮民族として、各々其特徴に従って貢献するの途を講ずるに在ると思ふ」（前掲書、九七頁）と述べている。このように、朝鮮民族の独自性と自立性が強調され、それを前提としたうえでの「協同」が根本とされる。だから同化政策についても、「若しも日本と朝鮮とが、将来に於て根本的に融和するの途が有りとすれば、そは今の同化政策を棄てた時でなければならない」（前掲書、九八頁）と、明確にそれとの決別が要求されている。

第四は、言論の自由の保障である。言論についての統制は朝鮮人に対してばかりでなく、日本人の朝鮮問題にかんする報道・論評等に対してもきびしく実施されていることが、ここでは指摘され批判されている。日本の国民が朝鮮問題について無知で無関心であるのも、そして朝鮮統治のさまざまな不正や弊害が一向に改善されないのも、一つには必要な情報が日本の国民にも、また朝鮮統治の責任者にも届かないことによると吉野は指摘する。その意味で言論の自由の尊重は、公正な朝鮮統治を回復するうえで根源的な問題であることを彼は力説するのであった。

黎明会の講演で吉野が述べた「朝鮮統治の改革に関する最少限の要求」とは、以上のような内容であり、そこには異民族の自主性の尊重、民族間の平等、民意にもとづく政治など、彼のいわゆる国際民主主義の普遍的な原則が生きて働いていた。彼は講演の最後に、「或る意味から言ふと、朝鮮問題は人道問題であります。或る意味に於ては、日本国民が大陸発展の能力有りや否やといふ事の、試験問題でもあると思ふ。吾々は此問題にどうか落第したくない」（前掲書、一〇四頁）と述べたが、朝鮮統治をめぐる根本の問題は究極的には「人道」という国境を超えた普遍的理念ないし道徳的感覚の問題であるとし、日本国民がそれについての自覚と反省をいかに示すかにかかっているとした。こうした彼の主張の端々にもまた、国際的な正義と人道の支配する新しい国際秩序に向けての彼の熱い思いが感じられる。

# 第五章　政党内閣期の内政と外交

## 一　貴族院改革論

原敬内閣の登場は、これまで明治憲法の下で寡頭政治を支えてきた藩閥官僚勢力に対して、政党勢力がようやく政権担当可能な勢力として無視できない存在にまで成長したことを思わせるものであった。このことは、帝国議会における貴族院と衆議院との政治的な力関係にも、当然のことながら大きな変動を生みださずにはおかなかった。

周知のように貴族院制度は、明治国家が立憲制を導入するにあたり、自由民権運動を受けつぐ「民党」勢力の衆議院への大量進出が当然予想されるなかで、それに対抗する牽制機関として、華族ら特権階級を基盤に構想されたものであった(1)。事実、貴族院は、その後山県系官僚出身者を中心とする保守勢力の牙城として、政党勢力の伸張を抑制するうえに力を貸してきた。そのことは、郡制廃止法案（第一次西園寺内閣）や普通選挙法案などの審議にあたって、貴族院が法案通過に立ちはだかる高い壁として存在した過去の事例が何よりもよく物語っていると言えよう。

しかし大正中期以降、デモクラシーの高揚とともに民衆的勢力が台頭すると、それとの対応を契機に、政党勢力と貴族院という従来の対立の構図にも流動化の傾向が見られるようになる。ことに原内閣は、民衆的勢力に対する不信感から、むしろ貴族院勢力を利用することによって政権基盤の強化を図ろうと考えた。いわゆる両院縦断政策がそれである。こうして原内閣は貴族院の中心勢力であった研究会との提携を進め、一九二〇年五月の総選挙で勝利をおさめた後には、研究会の大木遠吉を新たに法相として入閣させた。また貴族院の側でも、山県系勢力が衰退に向かうなかで、研究会を中心に原内閣との提携によって政治的存在感の回復を図ろうとする動きがみられた[2]。こうした原の両院縦断政策は、貴族院とりわけ研究会の幹部たちに改めて政権参画への野心をかき立てることとなった。

一方、原内閣はどうかと言えば、積極政策の名のもとに治水・港湾・河川・鉄道・道路などの公共事業に力を注いだ結果、利権をめぐる政治的腐敗事件が至るところで続発するという始末で、原があらゆる手段を用いて党勢の拡大に努めれば努めるほど、それは政党政治に対する国民の幻滅と不信感の増大という形ではね返ってきた。こうして、衆議院に絶対多数を擁した原敬率いる政友会内閣のおごりと腐敗は、時あたかも政権への接近をうかがっていた官僚勢力に巻き返しのための絶好の機会を与えることにもつながった。

一九二一（大正一〇）年一一月、首相原敬は政友会の近畿大会に出席のため西下の途上、東京駅で刺殺されて非業の死を遂げた。またその三ヵ月後には、元老の山県有朋が八〇余年の生涯を閉じた。原の突然の死に直面した政友会は、高橋是清を首相にすえて政権の維持に努めたが、閣内の対立が解消せず、内部から崩壊するに至った（一九二二年六月）。高橋内閣の総辞職後、組閣の大命を受けたのは、ワシントン会議の主席全権として政治的力量を発揮した海軍大将加藤友三郎であった。政友会は、反対党の憲政会に政権が移ることを恐れて加藤首班を支持し、閣外協力の立場をとった。そこで加藤は、貴族院の研究会と交友倶楽部から閣僚を起用し、内閣を組織することとなったが、結局、政友会は、反対党に政権をゆずる政党政治の原則よりは、貴族院の勢力と結んで自党の勢力を維持する道を選んだわけである。

このようにして加藤（友）内閣の後は第二次山本権兵衛内閣・清浦奎吾内閣と、いずれも政党に基盤をもたない超然内閣（あるいはいわゆる「中間内閣」）がつづくこととなる。その間、政友会および憲政会は、それぞれ「憲政の常道」を名として自党に政権が与えられることを期待し主張もしたが、原内閣の下での政党政治の実態が国民に与えた既成政党への幻滅と不信感を払拭することはできず、国民的支持を得るには至らなかった。

ところで加藤（友）内閣の成立にあたって、吉野はこれを「自然の成行《なりゆき》」と評した。その意味するところは、政党というものが本来「民衆の良心を反映すべきもの」とするならば、「我国には今日のところ本当に政党と認むべきものは一つもない」（「最近政変批判」一九二二年七月、選集4、四〇頁）と考えたからである。たしかに「憲政の常道」を形式的に解釈すれば、政友会内閣の倒壊後には憲政会が政権を担当するのが筋であろう。しかし「国民の良心」に基礎づけられていないという点では、憲政会も何ひとつ政友会と異なるところがなく、その意味では憲政会が内閣を組織したとしても、実質的には「超然内閣」と言って差し支えない。加藤（友）内閣の成立は「憲政の常道」からすれば「変態」にちがいないが、このような内閣の登場が「自然の成行」と受けとられるほど現在の日本の政治そのものが「変態」なのだというのが吉野の見解であった。

とくに一九二四年一月に成立した清浦内閣は、閣僚の人選もすべて研究会に一任する有様で、陸海軍と外務の三大臣をのぞく全閣僚を貴族院所属の議員にあてる、文字どおりの「貴族院内閣」であった。政党勢力のふがいなさもさることながら、貴族院とくに研究会のあくことを知らぬ政権追求の姿は、さすがに人びとの関心を集め、貴族院のあり方につき識者の議論を呼ぶ結果となったのである。吉野が貴族院の改革を提唱するのも、このような状況を背景としてのことであった。ここで彼がとりあげたのは、当時、話題となっていた貴族院の「政党化」という問題であった。

貴族院の政党化とは、吉野によれば、一つには、これまでもっぱら藩閥官僚勢力のかいらいとして政党勢力の成長を抑える役割を果たしてきた貴族院が、大正期に入り政党内閣が登場すると、こんどは政党勢力と接近あるいは提携をはかる動きが貴族院内部で表面化するに至った現象を意味し、もう一つは、そうした動きとも関連して、貴族院の会派ないし勢力が、衆議院の特定政党に対して影響力を強めるために、貴族院内の同志を集め組織を整え、政治力の強化を図ろうとする傾向を意味した。貴族院の政党化とはそのような一連の動きを指すものと理解されていた。

このような政党化の動きは、貴族院のなかでも主として華族の伯子男爵互選議員および勅選議員とそれらの中心会派である研究会について目立つ現象であった。そして吉野は、貴族院の政党化のなかでも、第二の意味での政党化は、よかれ悪しかれ議員活動の活発化にともなって生まれる避けがたい現象というべき面もあるところから、とりわけ問題にすべきことではないとし(3)、主として第一の意味での政党化についてとりあげた。とくに吉野が憂慮したのは、貴族院が衆議院の各党にとっても無視しがたいほどに力をつけてくるにつれて顕著となった質の低下、すなわち「社会的若しくは道徳的権威」の下落であった。それは、貴族院の在来の諸団体も、衆議院との対抗上政党化の必要にせまられ、そのため既成政党と同様に利権を手段として勢力拡大に走るに至ったところから生じたものと吉野は説いている。

吉野の貴族院改革論は、こうした現状認識のうえに立つものであった。では彼の改革論の骨子はどのようなものであったろうか。貴族院改革をめぐる大正末期の吉野の発言を概観すると、彼は、一方では、「民意の暢達《ちょうたつ》といふことが必要と叫ばれる時代」の要求として、貴族院を国民の代表機関である衆議院の「牽制機関」とする昔ながらの考えがもはや時代錯誤的であることはいうまでもないとした(「貴族院政党化の可否」前掲書、一一四―一一五頁)が、しかし他方では、上院無用論にまで徹底するならばともかく、両院制を認める以上は両院対等とすべきであって、「法律上の制度として上院を永久に下院に屈従せしむるは決して上院設置の本来の精神ではない」(「貴族院改正問題」一九二四年九月、選集4、八六頁)と主張した。もちろんそれは「法律上の制度」についての議論であって、政治上の運用にあたって「原則として上院は下院の決定を格別に尊重すべし」という政治的慣例が生まれることは差し支えないが、ともかく制度上対等のたてまえは崩すべきでないという立場をとった。その理由として吉野は、「万一の場合に下院に対抗して国民に反省を促すの機会を与へ以て国家の針路を万一の邪路より救ひ出さしめんといふ趣旨」(同上、前掲書、八六―八七頁)を挙げている。おそらくこうした吉野の主張の根底には、彼の政治観の基本をなしていた「最良の政治と云ふものは、民衆政治を基礎とする貴族政治である」という、あの人格主義的な政治的理想主義があったと見ても誤りなかろう。

上院についてのこのような考え方を基底にもちながら、彼の貴族院改革の論議は、大正末期から昭和初期にかけて展開された。そして上述のような貴族院の質の低下という問題に対する改善策としては、まず議員選出の方法をはじめとするさまざまな議院組織の改正が考えられる。しかし現実問題としてそれらは実現不可能なところから、彼が「理想論」として主張したのは、現在の多額納税議員に代えて職能代表制にもとづく民選議員を加える方向であった。その場合、彼によれば、「農工商を通じ夫々雇主側と被傭者側とから代表者を挙げるとか、教育、宗教、船員、殖民地等を代表する者を採る」ことなどが「合理的」な改革案として説かれている(「貴族院改正問題」前掲書、八九―九〇頁)。

職能代表制という考え方は、とくに第一次大戦後欧米において、地域を選挙区とする従来の選挙制度に代わる新しい時代の構想として注目されたものであった。それは、工業化の進展にともなって社会的機能の分化が進み、多様な社会的機能を担う組織や職能集団が「噴出」するという社会状況を背景としていた。こうした新しい状況の進行は、自由平等で自律的な個人により構成された社会という古典的な近代市民社会のイメージに代わって、多様な集団が個人と社会とを結びつける媒介的存在として注目されるようになったことを意味した。普遍的な理性の担い手としての個人を出発点とした一元的な社会観に代わって、多様な機能と利害の担い手である集団の存在を無視できない要素と考える多元的な社会観の登場と言いかえてもよかろう。職能代表主義が政治的多元主義＝多元的国家論と「思想上親戚関係を有する」（小野塚喜平次「職能代表と国会の組織」『国家学会雑誌』一九二五年一月、同『現代政治の諸研究』一九二六年、五六九頁）と言われるのも、この両者がともにこのような新しい社会状況と社会観を背景として登場したからである。

したがって職能代表主義は、一九世紀いらいの国民国家が想定した、等質的な国民の政治参加による普遍的な国民の意思と利益の表出という構図が、工業化の進展にともなう社会的利害関係の多元化とともに、その現実的な基礎を弱めつつあるという時代認識を前提としていた。議会選挙について、従来の地域選挙区の制度を全廃することはあまりにも極端な考えであるとしても、従来の地域選挙区制を補完する意味で、職能代表制を併用すること、そしてそのような立場から日本では貴族院の改革に職能代表制を導入するという意見には、小野塚喜平次もまた賛成であったが、その理由として彼はつぎのように述べている。「同一地域住民相互間の共通利益及感情は、前時代に比すれば漸次に薄弱に赴き来り、職能的連鎖と之に伴ふ団結とが次第に濃厚に赴くは顕著なる事実なり。此事実に基きて上院を構成するは該院の生命を長からしめ且其活力を旺盛ならしむる所以なり」（小野塚「職能代表と国会の組織」前掲書、五七二頁）と。

職能代表制が注目を集めるようになった背景には、このように「集団の噴出」（E・バーカー）にもとづく社会的利害関係の多元化があった。それでは小野塚と同様に職能代表制の導入による貴族院の改革を構想した吉野の場合、職能代表主義の前提をなしていた社会的利害の分化という認識を受け入れることができたのであろうか。先にも指摘したように、吉野は、国家と社会とを概念的に区別し、政治社会としての国家を教会や産業組合と同じような職能団体の一つとする多元的な国家観念を受け入れた。しかしその際にも、これら多様な職能団体によって営まれる社会＝全体社会については、「渾然たる一生活体」という言葉で理解し、現実にはこれを「国民の共同生活体」または「民族の団体生活」と置きかえて捉えていた。つまり吉野においては、一元論から多元論への視点の推移も、集団的意思や利害の分化という新しい問題関心が、全体社会の共同性や統一性というこれまでの確信を上回るようなことはなかった。

このことは、吉野が貴族院の改革を論ずるなかで、職能代表制をとりあげた際も同様であった。それは、議会主義における「代表」の意義を、基本的には利益（あるいは利害をめぐる意思）の政治的表出よりは、むしろ「優れたより良い人格」の発見に求めていた吉野の問題関心からすれば当然のことであったのかもしれない。たとえば吉野は「現行選挙制度の補修としての職能代表主義」（『中央公論』一九二八年一〇月）あるいは『近代政治の根本問題』（一九二九年一二月）で、現行の選挙区選挙を補完するものとして職能代表選挙制がもつ意義を論じているが、そのなかでとくに大都市の議員選挙について職能代表制を導入することの必要性を指摘している。その趣旨は、都市では地域的な人間関係が希薄であるため誰を代表者として選ぶべきかの判断は難しいが、職能代表制を採用すれば職能団体の内部では人間関係も密であるから「十二分の確信を以て相当の人物を挙げ得る」(「現行選挙制度の補修としての職能代表主義」『現代憲政の運用』一九三〇年、三〇七頁) というものであった。

　ここでは、工業化の進行にもとづく利害関係の多様化の問題よりは、都市化の進展にともなう人間関係の変化に焦点があてられ、従来の地縁主義に比べて職能主義の方が候補者の「人物」の見きわめが容易である点に職能代表制のメリットが求められていた。そのことは、「麻布にゐるとか麴町にゐるとかいふ地縁関係によらず、特殊な職業に基くそれぞれの団体によつて、その間から代表者を選ぶことになれば、現在よりも一層確信を以つて人格者を選出することにならう」(『近代政治の根本問題』選集2、二七六頁) という吉野の言葉によっても理解することができる。このように、職能代表制についても彼の関心は、多元化した集団的利益をいかに政治的意思にまとめあげるかという問題よりは、依然として「人物本位」の選挙をいかにして実現するかという点に向けられていたことを知るのである。

　さて貴族院制度の改革は、普通選挙の実現とともに日本の立憲主義の確立を期待する当時の人たちにとって主要な課題とされていた。したがっていわゆる護憲三派を基礎とした第一次加藤高明内閣(一九二四年六月成立) は、貴族院制度改正にかんする衆議院の決議を背景に貴族院調査委員会を内閣に設置し、院外では普選・貴族院改革断行国民大会を開催して世論を喚起するなどしたが、結局、貴族院側の抵抗を排除できず、わずかに有爵議員の減員など形ばかりの改正 (一九二五年五月、貴族院令改正公布) にとどまった。

　このような状況のもとで吉野は、貴族院に対しせめて上院にふさわしい良識と理性の府としての機能を発揮するよう期待したのであった。たとえば一九二八（昭和三）年五月、当時の首相田中義一は、辞表を提出した閣僚を留任させるため天皇の優諚を用いたとされる事件（いわゆる「優諚問題」）が論議を呼んだ際、貴族院は、その翌年二月、田中首相の行為を「軽率不謹慎ノ甚シキモノ」としてその責任を問う決議を多数で可決したことがあった。吉野はこの貴族院の行動につき、一つは、閣内の矛盾を天皇の権威をかりて取りつくろおうとした政府の理非をわきまえぬ策動に対して「政府牽制の機能」を発揮したものとして、もう一つは、議員各人があらかじめ一定の意見にしばられることなく、自由な討議を通して最良の結論を発見するという審議の機能を発揮した点で、「久し振りで貴族院らしい行動に出でたもの」とこれを高く評価した（「最近の政界に於ける上下両院の功罪」一九二九年四月、『現代政局の展望』一九三〇年、一〇五―一一一頁）。

ことに後者の点にかんしては、衆議院に進出した政党勢力がその組織を強化するにつれて、衆議院の審議は党議に拘束されて議員個人の自由な討議と判断が期待できない状況がつくりだされていただけに、「政党政派に腐れ縁を有たぬ議員」の多い貴族院にあっては、自由な討議を通してすぐれた結論を発見するという、本来の議会の姿を取りもどしてほしいと吉野は考えた。(4)「そこに始めて貴族院の面目はいと鮮かに立つではないかと私は考へる。我々国民は下院に於ける政党間の論難駁撃に基いて大に考へはする、同時にまた政党の掛引に捉へられざる識者の批判にも接したいと願ふのだ」（「第五十六議会雑感」一九二九年四月、前掲書、一二七頁）と彼は述べている。それは、民衆政治と貴族政治の融合を求めつづけた吉野のあるべき上院像についての表白と言ってよいだろう。

## 二　男子普通選挙制と無産政党

一九二四（大正一三）年五月、清浦内閣の打倒と政党内閣の確立を目指して結束した憲政会・政友会・革新倶楽部のいわゆる護憲三派は、総選挙に大勝し、翌月には憲政会総裁加藤高明を首相とする護憲三派内閣を誕生させた。加藤高明内閣は翌一九二五年三月に治安維持法とならんで普通選挙法の成立を果たし、選挙権は二五歳以上（被選挙権は三〇歳以上）の男子に限定されるなどの不十分さを残すものではあったが、ともかく普通選挙制の実現にこぎつけた。そのとき吉野は、肋膜炎を悪化させて一月から六月まで入院生活を余儀なくされ、病床にあった。

それより先、吉野は、東京帝大教授の辞任を申し出て、一九二四年の二月、正式に辞職が決定し、同月、あらたに朝日新聞編集顧問兼論説委員として同社に入社することとなった。彼は、早速その月に入社の披露をかねて時局問題についての演説会を大阪・京都・神戸で開催したが、このとき神戸で行った「現代政局の史的背景」と題した演説、および『大阪朝日新聞』（同年三月二八日—四月三日）に掲載した論説「枢府と内閣」が検察当局により問題とされる事態が起こった。結局、釈明書を提出するなどして起訴は免れたが、このため朝日は退社せざるをえない結果となった。彼の入院はその半年後のことである。

普通選挙制の実現は、これまでの叙述が示すとおり、吉野にとってもっとも力を注いできた課題の一つであった。それは、民衆の信頼に支えられた議会政治の達成、あるいは政党政治の道徳化に至るもっとも現実的な方法と考えていたからである。しかし一方、ここに至るまでのあいだに既成政党に対する吉野のつもる不信の念は、ほとんど極限に達していたかのようであった。とりわけ党勢拡大のためには手段を選ばない政党の現状には許しがたい思いを吉野はつのらせていた。一般民衆は政党から距離を保って良心的な監督者としての立場に徹すべきことを持論としていた彼は、「若し夫れ政党の幹部が都鄙の良民を駆りて自党に入らしむるが如きは、群羊を欺いて豺狼《さいろう》の餌《えじき》たらしむるに等しく、自ら侮り人を謬《あやま》る之より甚しきはない。況んや之を欺き導くに各種の利権を以てするに於てをや。此点に於て僕は今日の政党に向って骨髄に徹する底の怨恨を懐くものである」(「新政党に対する吾人の態度」一九二二年九月、選集4、五五頁)と激しい言葉を投げかけて政党への不信を表現したのであった。

ただ加藤高明内閣の誕生は、日本政治の将来に一筋の光明を見る思いを吉野に抱かせた。すなわち大正期に入り、何らかの形で政党が内閣に影響力を及ぼすようになってから、選挙に際しては政権の側に立った政党がつねに野党に対し優位を勝ちとり、党勢を拡大することをくりかえしてきた。「我国今日の大通弊の一つは、政権を掌握することに依て政党は始めて党勢を張り得るといふことである」(「自由主義提唱の弁」一九二六年八月、選集4、一六三頁、傍点ママ)と吉野が慨嘆するゆえんである。

議会の多数は正しい民意によってでなく、まさに権力の操作によって作られてきた、というのが吉野の日本政治についての現実認識であった。しかし護憲三派によって組織された加藤内閣成立の場合はそれとは違った。一九二四年一月、清浦内閣支持の立場を明らかにして政友会を脱党した山本達雄・床次竹二郎らは脱党組を糾合して政友本党を組織し議会の第一党となったが、清浦内閣下の総選挙では憲政会に敗れ、護憲三派が大勝をおさめる結果となったのである。吉野の言葉によれば、「政府側の陰陽両面よりする干渉圧迫ありしに拘《かかわ》らず、民衆の独立の判断が能《よ》く護憲三派を表面に出した」（「新内閣に対する期待」一九二四年七月、選集4、八四頁）というわけである。それは、まさに政府の側に立ってこそ選挙で多数を得ることができるという「我国今日の大通弊」に異議申し立てを行ったことを意味し、第二次護憲運動と呼ばれるごとく、大正デモクラシーの運動の一つの成果を示すものとされた。

吉野は、護憲三派という形で加藤内閣の下に結集した政党勢力が、今後も民衆の信頼を基礎に枢密院・貴族院・軍閥などの守旧勢力の干渉を排除し、自立的な政治勢力として成長していくことを期待してやまなかった。しかしその期待もむなしく、加藤内閣は約一年にして政友会と憲政会との対立が表面化して連立を解消し、憲政会単独の第二次加藤内閣に引き継がれることとなるが、その後もこの両党は、ときには枢密院なども巻き込んで、政権をめぐる対立と抗争を繰り返すこととなる。こうした既成政党の旧態依然とした姿に吉野は、日本の政界の革新を新しい民衆政党の誕生に託そうとの思いを強くするに至るのである。そして当時は、まさに普通選挙制の実施をひかえて、新たに選挙権を手にする無産者階層に対象をしぼったいわゆる無産政党の結成が計画されようとしているときでもあった。

無産政党結成の動きは、一九二五年八月、日本農民組合の呼びかけによる第一回無産政党組織準備協議会の開催によって口火が切られた。しかし同会は当初から左右両派の対立で混乱し、同年一二月に結成された農民労働党は即日禁止の憂き目に合うなど、無産政党運動は内外両面から厳しい前途を思い知らされることとなる。では吉野は、この無産政党について、どのような姿勢で臨んだのか。

彼は無産政党について、二つの考え方を挙げている。その一つは、彼が自由主義的政党観と呼ぶもので、彼自身の考え方を指し、もう一つは階級主義的政党観と呼ぶものである。前者は、吉野の言葉を借りれば、「無産政党は無産階級の利益を伸張擁護しその意思希望を表明する政治的機関」(「我が国無産政党の辿るべき途」一九二七年一月、選集2、一九二頁)とするものである。それは、基本的には、無産階級に属する一般民衆の代表者と目された専門の政治家たちによって構成される組織――いわゆる「大衆政党」に対する「議員政党」――と考えられた。

つまりここでは、政策の形成やその社会的実現という仕事は専門の知識と能力を必要とするものであるから、そうした役割はエリートである専門の政治家に委ね、一般民衆はそれに直接関係すべきではない。むしろ一般民衆はこれら専門的政治家の集団である政党からは超然として距離をおき、自由独立の立場から政党の監督者としての役割に徹すべきである。それによってはじめて政治は民衆の信頼に基礎づけられるに至る、という吉野の民衆政治論いらいの貴族主義的民本主義が、そのまま無産政党のあり方にも適用されることになる。吉野が自由主義的政党観と呼んだのは、ほかならぬそれであった。

これに対して階級主義的政党観と呼ばれたものは、「無産政党は無産大衆そのものの政治行動の組織である」(同上)という考え方のうえに立つものである。そこでは「無産大衆」自身が政党の構成員となり、政治行動の主体として「主動的勢力」を形づくるべきものとされた。吉野によれば「政治行動に於ける階級主義といふのは、無産大衆それ自身に直に政権の主動的地位に立てとの主張を意味する」

(前掲書、一九三―一九四頁)というわけである。自由主義的政党観と呼ばれた前者が、いわゆる「議員政党」としての本質をもっていたのに対して、これはしばしば「大衆政党」と性格づけられるものに相当する。

また無産政党を提唱する動機に即した吉野の説明によれば、前者すなわち自由主義的政党観は、普通選挙制実現による新有権者を「在来の政弊に染ましたくない何とかして政界今後の向上発展に貢献せしめたい」との動機にもとづくものであった。つまり既成政党の情実や利権提供にもとづく地盤政策によって組織され操られた在来の有権者像から脱皮し、政治の自由な監督者としての本来の役割を発揮するようにさせたいとの願いから新政党結成を志す立場がそれである。これに対して階級主義的政党観は、新しく有権者となった無産大衆について「権利の獲得と共に無産階級をして真にその当然の地位たる主動的勢力を占めさせようとの考」(前掲書、一九二頁)から新政党の結成を提唱する立場としている。吉野の無産政党に対する思想的スタンスは、このような階級主義的政党観との対比で集約された自由主義的政党観という形を通して、ほぼその特質を理解することができよう。

普通選挙制の実施に備えて無産政党は、一九二六年の末までにはその主要なものが陣容を整えるに至った。無産政党のなかでも右派と言われた社会民衆党(委員長安部磯雄)、中間派とされた日本労農党(書記長三輪寿壮)、左派の政党として再組織された労働農民党(委員長大山郁夫)などがその代表的なものであった。しかし吉野の主張する自由主義的政党観は、現実の無産政党結成にあたって政党のあり方を実際に方向づけるほどの力を発揮することはなかった。無産政党と呼ばれた多くの政党は、それぞれ労働組合を政治勢力として結集し組織する形をとったからである。吉野は、社会民衆党の誕生にあたって「産婆役」として力を尽くしたが、「恐らく私がその成立に多少の尽力をした社会民衆党の諸君と雖も、私の説をその儘採用するには躊躇さるるだらうかと思ふ。之を懸念したればこそ、私は党の成立に斡旋して而も直に手をひいてしまったのだ」(「麻生君の批評に答ふ――政治及び政党に関する私の見解を明にす」『中央公論』一九二七年五月、『日本無産政党論』〈改題・収録〉一四二頁)と述べているように、彼自身も自説につき当時の無産政党関係者に賛同を期待するのは困難であった状況を認めている。(5)

いうまでもなく吉野と無産政党関係者とのあいだの溝は、「政党は政治家の仕事である。一般民衆は本来之に直接の関係を有すべきものではない」という、政党と一般民衆との関係についての吉野の捉え方をめぐる見解の対立にあった。たしかに、政友会や憲政会、あるいはその後身である立憲民政党に代表される既成政党のように、名望家政党としての性格をもつ場合ならばともかく、それと対決する無産階級の運動――とくに労働組合運動――に主導される形で登場した無産政党の場合、吉野のような主張が抵抗感を持って受けとめられるのは理解できないことではない。

前述のように吉野によれば、階級主義的政党観にあっては「無産大衆」自身が政治行動の「主動的地位」に立つことを重視し強調するのに対して、自由主義的な政党観にあっては大衆は「受動的地位」を守るべきものとされたが、しかし吉野は無産政党において大衆がつねに「受動的地位」に甘んじるべきものとは考えなかった。彼が言うには、政党には二つの果たすべき仕事がある。一つは「政権の獲得」であり、もう一つは「政策の社会的実現」であるとする。吉野が「政治家の仕事」とする「政治」は、後者の政策形成とその社会的実現を指していた。「抑も政治的価値の創造には深き専門的智識を要し又その手際よき実現には格別の練達を必要とする」(前掲書、一四五頁)と彼が指摘するゆえんである。しかし前者の「政権の獲得」については、「政治を『政権の獲得』のみと観るとき、之はたしかに民衆自身の仕事に相違ない。所謂近代政治は政権争奪の鍵を個人又は少数者の団体から奪って之を一般民衆に渡した点に最も顕著なる特色をもつものである」(前掲書、一四四頁)と、それが「民衆自身の仕事」――その主要な形態は普通選挙制の下での一般民衆の投票行動であろう――であることを指摘している。民衆運動を背景に登場した大正デモクラシーの思想家吉野としては当然のことと言えよう。

では吉野が、無産政党による「政権の獲得」については、少なくとも理論的には、「民衆の仕事」としてその主体的な関わりを認めながら、実際的な問題になると無産政党の政治運動に対する一般民衆の直接的な参加を排したのは何故なのか。その点については二つの理由を挙げることができる。

その一つは、いわゆる「無産階級の政治闘争論」を主張する立場に対する彼の根深い不信感である。吉野によればこの立場は、無産階級による政権の奪取に最高の価値をおくものであり、そのためのもっとも有効な手段として結束した大衆の力による階級闘争の必要を説くものとされる。しかしこうした「無産大衆本位」の階級闘争主義を唱えるリーダーたちは、結局、大衆を扇動し大衆の力を利用して専制的な権力の地位をみずからが手に入れようと意図するものにほかならないと彼は考える。吉野はこう述べている。

彼等は叫ぶ、大衆自ら起てと。起て有産階級より支配権を奪還せよと。斯う云ふのが無産階級の政治闘争論でありその議論に基いて無産政党が作らるるのなら、成る程無産政党は立派な階級的政党であり、又さうであらねばならぬことも明白だ。併し傍から観れば、是亦好餌を以て大衆を誘ふ少数策士の煽動的仕事に外ならぬ。現に今日見る所の所謂階級的政党論の如き、かのナポレオンの平民主義と何の択ぶ所もないではないか（「我が国無産政党の辿るべき途」選集2、一九九頁）。

大衆本位の名の下で無産政党に結集された大衆は、結局、少数の政党リーダーの専制的権力に同一化されることを、吉野は危惧した。「今日無産大衆本位を説き階級主義の立場を強調するものを見るに、その主張に熱心なもの程最も専制的であり且つ最も非妥協的であるは疑もなき事実である」（同上）と彼は憤懣をもらす。彼が例として挙げた「ナポレオンの平民主義」すなわち人民投票的独裁（plebiscitary dictatorship）が示すように、民主主義という言葉には、統治の主体としての人民と、統治の客体としての人民という相反する二つのいずれの側にとっても言語象徴として用いられうるような、「両刃の剣」的性質が内包されている。カール・シュミットが「民主主義的論理」の特質として「同一性」の論理を挙げ、統治者と被治者、支配者と被支配者、国家的権威の主体と客体、人民と議会におけるその代表者等々、さまざまなレベルにおける同一性に民主主義の主張は依拠していると説いているが、それもやはり現実には相対立する存在の「同一化」という民主主義の根本に内在する問題性を指摘したものであった（Carl Schmitt, *Die Geistesgeschichtliche Lage des Heutigen Parlamentarismus*, 1923, カール・シュミット、稲葉素之訳『現代議会主義の精神史的地位』一九七二年、みすず書房、三五―三八頁）。

いうまでもなく吉野も、民衆政治・民本主義・国際民主主義などさまざまな形を通してデモクラシー論を展開するにあたって、この同一性の論理を援用し、それに依拠した。たとえば民衆とその代表者である専門政治家との同一性、自由な個人と政治社会としての国家との同一性、個別国家の存在と国際正義との同一性等々がそれである。彼は労働運動についても、「労働運動は理想に於て人類の為の運動であって、実際に於ては労働階級の運動である」と、労働階級と人類全体との同一性にもとづいてこれを意義づけている。しかし同時に彼は、「自分の利益を譲る所なく主張する事に由て、人類全体の利福を増進せんとする底の仕事の、如何に困難にして又如何に動《やや》もすれば邪路に陥り易きかは、多言を要せずして明であらう。夫れ丈け此の運動は第三者の忌憚《きたん》なき批判を必要とするものである」（「我国に於ける唯物論者の三傾向」一九二三年三月、選集10、一一八頁）とつけ加えることを忘れなかった。

つまり吉野は、運動に携わる者の心すべきこととして、労働階級の自己主張が「人類全体の利福」と同一化されることによる独善や自己欺瞞などの「邪路」に陥る危険を指摘し、それについての絶えざる自覚、そしてその危険を防ぐための自己自身に対する謙虚さ、他者の異論や批判に対する寛容さなどの必要を説いたのである。前述のように、階級主義の立場に立つ者がこの同一性の論理に依拠することに吉野が強い危惧を抱き、きびしくこれを拒んだのは、民主主義の同一性そのものの問題というよりは、むしろ階級主義をとる当時の人びとに見られた非妥協的で非寛容な態度について、不信感を募らせていたことによるものといえよう。

つぎに吉野が「政権の獲得」は「民衆の仕事」としながら、政党運動を専門の政治家にかぎり、民衆の直接的な参加を排したもう一つの理由は、「政権の獲得」よりは「政策の社会的実現」を政党本来の任務として重視したことによる。階級闘争を強調した無産政党運動ではブルジョア階級からの政権奪取を力説し、ほとんどそれを自己目的化する傾向すら見られた。吉野が「政権の獲得」はあくまで手段であり、「政策の社会的実現」を目指すためのものであることを改めて強調したのは、このような階級闘争中心の傾向に対する批判としての意味をもつものであった。「政治は政権を握ることを以て尽くるのではない。更に進んで社会民衆の利福の為に（一）政策を按じ（二）之を実行し（三）而して相当の効果を実地に挙げしめねばならぬ」（「麻生君の批判に答ふ」前掲書、一四三頁）としたのもそのためである。

しかも吉野によれば、無産政党の場合、政党の政権獲得のためには無産大衆の結束した力を必要とするにしても、無産大衆はつねに政党の外にあって無産政党を監視し刺戟する存在でありつづけなければならない。そうではなく、もし無産大衆が直接政党に参加し、その支持団体として政党組織に組み込まれるようなことになるならば、それはあの既成政党の地盤政策によって政党の操るところとなり果てた民衆たちと、同じ誤りをふたたび繰り返す結果となるにちがいない、というのが吉野の見解であり確信であった。

いわんや政権獲得の段階を過ぎて、政党本来の任務である「政策の社会的実現」という段階に進めば、そこは吉野のいわゆる「政治的価値の創造」の世界であり、専門的な知識と練達した能力とをそなえた専門政治家の活躍にまたねばならない。そこでは、民衆は政党に直接関与することなく、政治の「監督者」という本来の受動的で消極的な役割を果たすことが求められる。だから吉野はこのような言い方すらしている。「民衆一般が無産政党と直接の関係がないからとてブルジョア政党の籠絡する所となる可らざるは云ふまでもないが、無産階級だから必ず無産政党に投票すると固定するのは却て無産政党を堕落せしむる所以である。故なくブルジョア政党に籠絡せられざるの聡明を維持しつゝ場合に依ては之と結ぶこともあるべき位の自由の態度を失はず以て絶へず無産政党を緊張せしむることが必要である」（「無産政党問題に対する吾人の態度」一九二五年一〇月、選集10、一六六―一六七頁）と。

ところで一九二八（昭和三）年二月、最初の男子普通選挙となる第一六回総選挙に臨む時点での主要な無産政党は、社会民衆党など四政党を数えた。政友会・憲政会など既存の名望家政党と対決するためには、少なくともすべての無産階級の力の結集が必要であり、このような無産政党の分立は好ましいことではない。吉野も創設の準備期においては、「無産政党は全国的に統一されたものが唯一ッであって欲しい」（「無産政党問題追記」一九二五年一〇月、選集10、一六八頁）と言っている。しかし実際には、無産政党の準備段階から主導権をめぐって左右両派は対立抗争に明け暮れ、結局、四政党の分立という形のままスタート台に立つこととなった。

もちろんその間、統一政党の実現への訴え（いわゆる単一無産政党論）は、繰り返し行われたが、実を結ぶことはなかった。吉野はこうした対立抗争を避けるために政党の結成を急ぐべきでないと主張していたのだが、現に対立が表面化するに至ったこの段階になると、彼はむしろ単一無産政党論には反対の立場を明確に示すようになった。具体的には、対立は社会民衆党を支持した右派と目された総同盟（日本労働総同盟、一九二一年一〇月結成）側と日本共産党の影響を受けた左翼系の評議会（日本労働組合評議会、一九二五年五月結成）側との反目という形をとっていた。吉野によれば、両者の対立は、単に政治的意見の対立というよりは、「根本的に相容れざる二個の人生観」の対立に根ざすものであり、「この相違なり対立なりは思想の上にも現はるれば行動の上にも現はれ、果ては感情の阻隔にもなつて来る」(「単一無産政党の前途」一九二五年一二月、選集10、一八〇頁)と嘆いている。

吉野も、資本主義の下で労働者が生活の圧迫に苦しみ、自由を抑圧されている状況に対しては、社会正義の観点から許しがたい思いをつのらせていた。したがって労働者解放のための運動には、彼も人道主義の立場から共鳴し、これを支持する立場をとった。「予の人道主義は資本主義其物に絶対的反対を表すると同時に、労働階級の解放乃至独立の主張には絶対的賛同の意を表するに躊躇しない」(「労働運動に対する予の態度」一九一九年一一月、選集10、五五―五六頁)という言葉はその表れであろう。こうした彼の立場は、既述の通り、第一次大戦後の「社会改造」の新しい動向とともに鮮明となり、その後も一貫していたと言うことができる。一九二二年、過激社会主義取締法案が貴族院に提出された際も、彼はこれを「無類の悪法」ときびしく批判し、無政府主義・共産主義などを「危険思想」として威圧の対象と考える当局者の考えを「大なる誤り」としたのは当然のことであった(「過激社会運動取締法案を難ず」一九二二年四月、選集10、八七頁以下)。

しかし吉野は、第一次大戦後にふたたび息を吹き返した日本の社会主義運動が、多様な組織の大同団結を目指して日本社会主義同盟を結成(一九二〇年)した際にも、「我々と根本的に人生の観方を異にして居る人」たちと社会改造の大事業をともにすることはできないという立場から、統一組織を組むことに反対した(「日本社会主義者同盟」一九二〇年九月、選集10、五八頁以下)。それは、労働運動の世界では昨日まで指導者として尊敬と信頼を受けていた人も、「一旦何かの拍子に誤解を受けて人望を失すると、裏切り者の如く罵倒さるゝ」有様を身近に見聞していたからであった。「団体運動成功の一大原因は結束である。堅い結束の本当の基礎は人格的信任でなければならない」（「我国労働運動の一大欠陥」一九二一年七月、選集10、六五頁）というのが、人格主義の立場を持した吉野の確信をなしていた。「人格的信任」とはやや堅苦しいが、具体的には、多少の主義主張の違いにはこだわらず、大局に着眼して「適当に相譲り相許すの雅量」、あるいは「公正互譲の精神」（「共同戦線論を評す」一九二五年一一月、選集10、一七四頁）に支えられた人間関係ということになろう。

吉野のつぎのような言葉は、その人格重視の労働運動についての考え方を伝えて興味深い。「蓋し利害の打算や又は単純な主義などは、時により場合に応じ変り得るものである。可変の目標に拠つて永久の結束を維持せんとするは、木に縁《よ》つて魚を求むるの類ひと云はざるを得ない。変らざるは唯人格のみである。此不変の人格に着眼するといふ訓練が附いて居ないから、軽々しく信頼もすれば又軽々しく離反もする」（「我国労働運動の一大欠陥」前掲書、六五頁）と。あるいは「時勢は動く。人間は活き物だ。主義主張の変るは免れない。夫よりも変らざる人格其ものに信認の基礎を置かうではないか」（「現今労働運動に対する私の立場」一九二二年四月、選集10、一〇〇頁）と。ここには、人間の主義主張は状況とともに変わりうる相対的なものであるが、人格は状況を超えて変わらざる絶対的なものとする吉野の人格主義を通して、現実主義と理想主義とが表裏の関係で一体化した彼の思想のスタンスが浮き彫りにされているのを見てとれる。

吉野のこのような人格主義は、必ずしも原理主義や教条主義にしばしば見られるような厳格主義・排他主義に陥ることを意味するものではなかった。それは人間性そのものに対する無限の信頼という彼の理想主義あるいは楽観主義に裏打ちされていたからである。彼は言う。「僕は人の性能は無限に発達するものなるを信ずる。今日の無知は必しも明日の無知ではない。故に我々は現在の無知に失望することなく、将来の聡明に期待する所なければならない」（「社会評論雑談」一九二二年八月、選集12、二三一頁）と。それは終始一貫、彼の不変の確信であった。だから彼は資本主義そのものに対しては厳しい批判の立場をとったが、資本家に対してはたえず人として接することを忘れなかった。「資本主義其物に対する反感と資本家に対する反感とを混同するは、坊主を憎んで袈裟を捨てるの類」と言って、資本家については こう述べている。「予輩の人道主義的信念は資本家と雖も人としては労働者と同じ魂を有つて居るものと見るから、結局に於て説いて訓《おし》ふべからずとは思はない」（「労働運動に対する予の態度」選集10、五五頁）と。資本家を敵としてただひたすら憎悪し排斥する対象とはしなかったのも、そのゆえである。

このように吉野は「人格的信任」という「不変」の基準（と彼が考えるもの）にしたがって、現在の状況では単一無産政党は不可能と判断し、左派を切り離した複数政党への道を選んだ。しかし既成の政治勢力との対決という闘争において、無産階級の勢力の結集が当面の——とくにその初期的段階では——急務である点は、もとより彼も認めるところであった。「労働運動の現状に於て共同戦線は必要かといふに、私は之を必要とする時代はまだ去らないと考へて居る。資本家の政界に於ける勢力、官界に於ける頑迷思想の横行などを思ひ廻《めぐら》すと、共同戦線の必要はまだあると信ずるのである」（「共同戦線論を評す」一九二五年一一月、前掲書、一七三―一七四頁）と彼は述べる。

しかし「人格的信任」を欠いたままで同一組織に入るべきではないとの立場から分離の道を自覚的に選んだのならば、今度は達成すべき共通の目的を限定し、それを相互に確認したうえで共同戦線を組むという現実的な対応は十分可能なはずである、というのが吉野の主張であった。「一緒になれぬ当然の理由ありて堂々と分れたものが、時々の必要に応じて、また堂々と提携協働することが何故出来ぬだらう。私共の考では、所謂共同戦線は、目的の範囲をさへ限定するなら、両派の協議に基いて立派に且つ有効に張て行けるものと思ふのである」（「単一無産政党の前途」一九二五年一二月、前掲書、一八五頁）。こうして吉野は、無産勢力左派の評議会派の主張する単一無産政党という形をとった共同戦線構想を、「国家の為めなら挙国一致すべきだとする専制政治家に有り勝の共同謬想」（前掲書、一八三頁）と同じ種類の発想だときびしく批判し反対の立場を貫くのであった。吉野の限定的な共同戦線論は、具体的状況に即して理想主義と現実主義とを巧みに使い分ける、彼の思考の柔軟さを示す一つの例と言えよう。

さて、吉野にとって待望久しかった男子普通選挙法の下での最初の衆議院議員選挙は、一九二八年二月二〇日に行われた。無産政党側では、社会民衆党・労働農民党・日本労農党・日本農民党そのほか諸派が、それぞれ候補者を立てて選挙を戦った。その結果、当選者は、社会民衆党四名、労働農民党二名、日本労農党一名、諸派一名の合計八名であった。他方、既成政党の側は、政友会二一七名、民政党二一六名、その他二五名で、政友会の田中義一内閣のもとでの選挙であったにもかかわらず、政友会は民政党とほぼ拮抗する形にとどまった。

こうした最初の普通選挙の結果について、吉野はどのように受けとめたか。その一つは、政権政党である政友会が野党である民政党と似たりよったりの当選者しか出せなかったことについて、「政府のあれだけの大干渉にも拘らず選挙の結果は見事にその期待を裏切った」とし、これは「国民の政治的自覚の一進歩」を裏づけるものと見てよいとしたことである（「現代政局の展望」一九二九年二月、選集4、二四八頁）。もちろんこれは、既述のように、大正初期いらい政権担当あるいはそれに協力した政党が選挙ではかならず勝利し議席数を拡大したという、わが国政界最大の「通弊」と吉野が考えたものを念頭においたうえでのことであり、それに比べれば国民の良心的判断にもとづく投票行動の進歩向上を物語るものと吉野は見たのである。これは、何事も前向きに捉えようとする吉野の楽天的な考え方の表れと言ってよいかもしれない。

もう一つは、それにもかかわらず、民衆はまだ真に政治の監督者としての役割を果たすに必要な、自覚を持つところまで成長するに至っていないということである。これまで吉野は、普通選挙制の実現による膨大な新有権者群の登場は、既成政党の強固な地盤を解体させ、政界のあり方に対して「革命的効果」をもたらすに違いないと大きな期待をよせてきた。しかしこの期待は、普通選挙制が実現した後の現実のなかで次第に後退を余儀なくされた。衆議院選挙の前年、区会議員や県会議員の選挙がいくつかの地域で行われたが、その結果は無産政党の「驚くべき無力を暴露」するものとして吉野に衝撃を与えた。今日の状況は政財界の特権階級に対する社会的反感も強く、他方、無産階級の自覚的活動の広がりについての一般社会の理解は深まりつつあると思われたのに、無産政党が各地で無惨な敗北を喫したのは何故か。吉野はその原因の一つとして「今日の日本の民衆が頗る宣伝に誘惑され易いこと」を挙げている。この時期に評判になった円本の流行も宣伝に弱い民衆の弱点に乗じた事例と彼は指摘しているが、新有権者となった民衆も巨額の選挙資金を有する既成政党の宣伝にのせられたに違いないと見なしたのである。それは結局、無産階級に対する無産政党の教育活動なるものが、じつは「教育ではなくして矢張り一種の宣伝」に過ぎなかったことを示すもので、「民衆の良心を開導」する点において欠けるところがあったためと指摘している（「無産政党の無力」一九二七年九月、選集10、二三〇頁）。

この「民衆開導」の必要ということは、普通選挙制での最初の総選挙後においても、やはり吉野が痛感した根本の問題であった。総選挙の翌年に発表した論説「現代政局の展望」のなかでも、吉野は「如何にしてこの民衆の自覚を喚起し促進すべきや」という問題を提示し、それを妨げている要因の一つとして、民衆開導の任に当たるべき民衆運動家が、あまりに民衆におもねり過ぎている点を挙げている。すなわち「今日の民衆運動家は徒《いたず》らに民衆に阿《おも》ねり、如何にも民衆が政界の実権運用に於ても万能であるかの如くに説く。斯く説くことに由て彼等の心を籠絡せんことに腐心する……」（「現代政局の展望」選集4、二七一頁）と。そして、一般民衆は政権の運用に対しては「消極的牽制力」としての役割にとどまるものであって、「積極的主動力」としての能力を持っていないし持つべきでもないという彼の持論を、民衆運動家が理解しようとしない点にその誤りは起因すると主張している。

ところで前述のとおり最初の普通選挙は、無産政党が八議席を占めるにとどまり、政友会は選挙後の多数派工作もあって第一党の地位を確保するという結果を残して終わった。この総選挙後の政友会の優位に対して吉野は、「その形式的優勢が何となく底力を欠き道義的根柢の以て人を服するに足るものなきも亦明白なる事実である」（同上、前掲書、二五一頁）と断じた。それは、政友会が総選挙において「多数を獲べく凡ゆる不正不義を公行して憚《はばか》らなかつた」こと、さらに選挙後には「議員の節操を買収するの醜手段」を用いて他党の議員を勧誘する多数派工作に奔走した結果であり、その「多数」は形はどうであれ、実体において「国民的基礎」を欠いたものと考えたからであった。

その後吉野は、これまで普通選挙の効用の一つとして有権者の激増で選挙に金が使えなくなり、それに代わって言論と人格が武器となるから政界腐敗の問題も一掃されるであろうと説いてきたが、政界の現状を見ると「深く我が不明を愧《は》ぢる」と告白している。そして「そは制度を改めただけで実現せられ得る事柄ではなかつたのだ。今日となつては選挙界から金が姿を消せばその跡に直ちに人格と言論とが登場するとの見解をも取消す必要を認めて居るが、普選制になつて金の跋扈《ばっこ》が減つたかと詰問されると一言もない」（「選挙と金と政党」一九三二年六月、選集4、三五三頁）と反省の言葉をつらねるのであった(6)。こうした既成政党の実体は、吉野によれば、「容易に国民的基礎に立ち難き情実」として、明治いらいの政党の成立発達の過程で体質化したものと考えられる。それだけにこの「情実の徹底的拋棄」を既成政党自身の努力に求めることは、実際問題として困難であろうとした。そして結局、議会政治の民衆化・道徳化は、基本的には「選挙民の道徳的覚醒」の問題であり、そのためにも無産政党の今後の成長と発達に期待するほかはないというのが行きつく結論であった。

しかしそうだからと言って、その時が至るまで、議会の運営を既成政党のなすがままに委ねることはもとより許されない。当面の議会運営にあたって無産政党は、現に衆議院でキャスティング・ヴォートをにぎることのできる微妙な地位にあり、それを最大限に利用すべきことを吉野は説く。そこには、みずからの政治へのスタンスを「現実主義的立場」と称した吉野の真面目が如実に示されていた[7]。たしかに、二八年二月の第一回普通選挙後の第五五議会では、議席数は政友会二二一、民政党二一四、無産党議員団八、その他の諸派・無所属二一という分布であった。政友・民政の二大政党を軸にして議会の動向が定められる以上、状況によっては無産党議員の動向によって重要法案の成否が分かれ、政局が左右されるケースも皆無とは言いがたいわけである。

すなわち当面する日本の議会政治への対応策として吉野は、まず「議会では兎に角我々国民の現実の利害が取扱はれるのだ。勝手な熱は外で吹くことにし、此処でだけは与へられた問題に付き徹頭徹尾真面目に討議して貰ひたいものだ」(「無産党議員に対する国民の期待」一九二八年四月、選集10、二三七頁)と、政治にとり組む無産党議員の基本的な心構えを説き、その上で国民の利福を少しでも増進する立場から既成政党に対する「牽制監督」の役割を果たすよう求める。無産政党の現有勢力では、政策の形成実現という「政治の主動者」としての本来の役割を果たすことは無理である。それならば一般民衆に課せられた「政治の監督者」としての役割を、民衆に代って議会という舞台で果たしてもらいたいということであろう。そしてそのことによって既成政党も、無産党議員を味方につけるため、いささかなりとも「善を競ふ」という道徳的政治姿勢に向かうことになる。こう考えると、無産党議員団がキャスティング・ヴォートをにぎり、それを活用するということは、軽視できない意味をもつと吉野は思ったのである。無産党議員に向かって彼はこう呼びかけている。「常に自主独特の立場を保持し、二大政党の抗争に対しては全然是々非々主義を以て一貫することである。斯くする時既成政党は無産政党の歓心を買はんが為め嫌でも応でも善事を競はずには居られなくなる。折角のカスチング・ヴォートも此処まで善用されなくては真に宝の持ち腐れではないか」(同上、前掲書、二三八頁)と。そして「道義的根柢」を欠いた田中義一政友会内閣の打倒のために、民政党がもし内閣不信任案を提出するような場合には、その通過にむけて無産党議員も民政党に合流助勢することが「最も聡明なる態度」だと彼は主張するのであった(「無産党の対議会策」一九二八年五月、選集10、二四五頁)。

## 三　枢密院改革論

加藤高明を首班とする護憲三派内閣以後、日本の政界は立憲政友会と憲政会(のち立憲民政党)の二大政党が政権を競い合う政党政治の時代を迎えた。しかし民衆の世論が政権の帰趨を定める要素として重きをなすという、政党政治本来の姿をそこに見ることは困難であった。前述のように、そもそも世論表出の方法としての選挙が、民衆の意思を正しく表示する機能を果たしていたか否かという問題もあるが、それを別にしても、民衆的な代表機関とは異質な貴族院および枢密院という機関が特権的勢力の牙城として、なお影響力をもっていたからである。貴族院についてはすでにとりあげたが、枢密院にかんしても、野党が政権政党を攻撃するにあたって枢密院と手をむすび、政権を揺すぶる場面が一度ならずみられた。とくに一九二七（昭和二）年五月、憲政会の若槻内閣が関東大震災後の金融不安で苦境に立った台湾銀行を救済する緊急勅令案を枢密院に諮ったところ、枢密院はこれを否決し、結局、内閣は総辞職を余儀なくされた。この事件は、枢密院の背後にこれと呼応する政友会の存在があったとはいえ、枢密院の動向が政権の交代を招いたという点で見逃すことのできない問題であった。

この事態を捉えて吉野は、ただちに「枢密院と内閣」と題する論説（『中央公論』一九二七年六月）を公にして、枢密院のあるべき姿と枢府・内閣のあるべき関係について論じた。この論説は、三年前の一九二四（大正一三）年の三月から四月にかけて『大阪朝日新聞』に連載した「枢府と内閣」と議論の内容においては同趣旨のものである。このときは清浦内閣の火災保険貸付勅令案が枢密院の反対により撤回せざるをえない事態になったことが背景にあった。そしてこの「枢府と内閣」は、二月の彼の講演「現代政局の史的背景」とともに検察当局により問題視され、取り調べを受ける原因となった論説である。検察側がおもに問題としたのは、「現代政局の史的背景」のなかで、彼が明治維新当時の政府の苦境を語った際に、「明治政府の当路者は、金にも困り兵力にも困り、窮余の結果悲鳴を揚げるに到った。その際陛下の出されたのが五箇条の御誓文である」（朝日新聞社発行『時局問題批判』一九二四年三月、二四六頁）と述べた点であった。しかし吉野自身は、検察が問題としているという話を最初に耳にしたとき、むしろ「枢府と内閣」のほうが危ないと感じていたようにも推測される（日記、一九二四年六月一日、選集14、三五四頁）。

こうした経緯があるだけに、ふたたび枢密院の問題をとりあげるにあたっては、かなりの勇気が必要とされたのではなかろうか。たとえば、今回の論説「枢密院と内閣」を三年前の論説と比べてみると、導入部にあたる四分の一を除く四分の三はほとんど同じ叙述内容になっているが、天皇統治にかんする部分だけは当たり障りの少ない表現に置きかえられている。こうしたところを見ると、さすがに今度は誤解を招かぬよう表現には慎重に配慮したことが察せられる(8)。

ところで吉野が、枢密院のあるべき姿についてどのように考えていたかを、論説「枢密院と内閣」に即して整理してみよう。彼が言わんとするところは、つぎの三点に要約できる。

第一は、枢密院がそもそも設置された理由についてである。吉野によれば、帝国憲法では国務大臣は（国務大臣としての総理大臣をもふくめて）それぞれ個別に政務の執行につき天皇を補弼することになっている。したがって「各大臣の上に立って最後の大方針を決定する地位に在るものは、制度上君主の外にはない」こととなる。そのため天皇がこの「最後の大方針を決定する」にあたっては、国務大臣とは別にこれを輔弼する機関が必要となり、そうした最高の輔弼機関として設けられたのが枢密院であった。すなわち枢密院の設置は、文字どおりの天皇親政を前提とし、国務大臣が総理大臣の下に内閣という合議体を構成し連帯して天皇輔弼の責任を負うのではなく、それぞれ個別に輔弼責任を負うという制度的たてまえに対応して構想されたものであったとするのである(9)。

第二は、枢密院と内閣との関係についてである。吉野によれば、上述のような枢密院の設置理由からも分かるように、枢密院と内閣はそれぞれ別個の目的をもった天皇輔弼の役割を担うもので、枢府の動向が内閣に影響を与えるようなことは、理論上両者の間に起こりえないはずのものであった。しかしその後、日本の憲法政治は天皇親政の原則をたてまえとしては維持しながらも、実際政治のうえでは議会に基礎づけられた内閣が天皇統治の補弼責任を全面的に担う方向へと進み、立憲君主制的な政治形態へ接近することとなった。このように、時代状況の推移とともに憲法運用の実態にも変化が生まれた結果、文字どおりの天皇親政を前提とした枢密院の機能も変質を遂げた。吉野によれば「枢密院の君主最高の顧問府たるは今や殆んど空名に属し、実は政府に対する一牽制機関となつて了《しま》つた」(「枢密院と内閣」選集4、二一一頁)。その結果、重要な国務につき諮問に応ずる形で、枢府は内閣に直接政治的な影響力を行使する慣行が形づくられたとする。そしてついに、若槻内閣に至っては枢密院の反対によって総辞職するという最悪の事態にまでなったのであった。「今日の枢密院は無用の長物である。時として有害でさへもあり得る。強て之を存したいとなら、元老優遇の意味に於てのみ、露骨に云へば老朽勳臣の晩年を窮せしめざる意味に於てのみ、僅《わずか》に之を維持するに止むべきである」(同上、前掲書、二一三頁)と吉野は苦々しげに述べている。

第三は、枢密院の今後はいかにあるべきかということである。吉野の考えは、詰まるところ「枢密院の言議をして決して政変の動因たらしめてはならぬ」(同上、前掲書、二一四—二一五頁)という一点につきると言えよう。吉野は、枢密院が本来の役割を失い最高の補弼機関としては空名と化したのみならず、あたかも政府に対する「牽制機関」のような存在に変質した現状では、これを廃止することがもっとも望ましいとした。

しかしそうとは言っても、実際問題としては手続きの面でも容易でないし、無理に廃止しなくても、衆議院が公正な選挙によって「真実に民衆全般の良心を後援として立つに至る」ならば、その「道義的権威は実に偉大なるものとなる」（同上、前掲書、二一四頁）のであるから、枢密院が政府の「監督機関」的存在として生きつづけても差し支えないと考えた。要は、枢密院の言動が政変の動因になるというような事態を許さないことであり、「政府は議会以外に於て政治的責任を負ふべきものでない」という原則を不動のものとして確立することであるとなした。そしてこの原則さえ守られるならば、枢密院の発言をとくに制限する必要もなく、むしろ「［枢密顧問官の地位にいる］練達才識の士をして自由に施政の得失を批評せしめ、之を以て議会の政府監督に大に参考たらしめん」（同上、前掲書、二一五頁）とまで述べて、彼の日本政治の夢をふくらますのであった(10)。

こうして吉野は、若槻首相が枢密院の反対に直面してただちに辞職したのは「余りに軽卒であり聊《いささ》か無責任の嫌があつた」と強い遺憾の意を示した。そして本来ならば「若槻首相は枢密院の異議に拘らず之を陛下に奏上してその裁可を請ふべきであつた。陛下が之を許し給はねば勿論総辞職をするの外はないが、否《しか》らざる限り、その必要と認むる施置に突進していゝ」（同上、前掲書、二一七頁）とした。しかしその場合は、枢密院の異議を排して断行するのであるから、政府はその政治的責任を明らかにするため、できる限り早くこれを議会にはかる必要がある、というのが吉野の見解であった。要するに枢密院と内閣との間で意見の対立があった場合、法律上はともかく政治上は、人民の意思を代表する議会がその最終的判定者であるべきだと彼は主張したのである。ここでも吉野の民本主義の原理は、いささかの揺るぎもなく貫かれていた。

今回の若槻内閣総辞職は、枢密院と内閣とのあり方にかんして「頗る芳《かん》ばしからぬ前例」を残したと吉野は考えた。そして今後も予想される枢密院の無責任な政治的介入に思いをめぐらして暗い気持ちになった。この吉野の懸念は、その翌年さらに強められることとなる。翌一九二八年六月、政友会の田中義一内閣は、議会閉会後に治安維持法改正のための緊急勅令案を枢密院に諮り、その同意を得て成立させたのである。この改正案は、国体の変革を目的とする結社にあって主導的な立場にある者に対して死刑をふくむ厳罰を科すなど、強権的性格を一層強めるものであった。吉野は『中央公論』（一九二八年八月）の巻頭言に「枢密院と政府」を、また「社会時評」欄に「枢密院改革問題」を執筆して、たびかさなる枢密院の政治介入をきびしく批判している。そしてそのなかで彼は、「顧問官中進んで閣僚の二三と連絡して政府の志を遂げしむべく頻りに策動したものあり」（「枢密院改革問題」『現代憲政の運用』一九三頁）と報じられていることからも察せられるように、今回の緊急勅令については政府と枢密顧問の一部が背後で連携して動いたのではないかと考え、政党内閣らしからぬ田中内閣のふがいなさに憤りをもらすと同時に、枢密院を圧倒する強力な政府を作るよう国民の一層の奮起を促すのであった。

## 四　満蒙問題と対中外交

加藤高明内閣の対外政治をリードしたのは、外相に就任した幣原喜重郎であった。幣原外交の名で呼ばれる彼の立場は、ワシントン会議後の国際協調主義の流れを受けつぎ、満蒙問題の処理にあたっても中国や欧米諸国との協調を心がけながら日本の既得権益の維持増進を図ろうとするものであった。中国では依然として各地の軍閥が割拠し対立を繰り返す状況がつづいていたが、幣原外相は内政不干渉の方針を堅持した。しかし一九二五（大正一四）年に入ると、政友会では総裁の高橋是清が退いて田中義一が新しく総裁に就任（四月）し、革新俱楽部は政友会と合同するなど護憲三派の提携はくずれ、七月には閣内の対立が表面化して、憲政会単独の第二次加藤内閣が発足することとなる。

幣原外相によって担われた憲政会の協調的な内政不干渉主義の中国政策に対して、政友会が内政干渉政策を積極的に主張するようになるのは、一九二五年から二六年にかけてのことである。すなわち一九二五年の末、中国で軍閥間の内戦が激化し、日本の軍部が支援する奉天派軍閥張作霖は、奉天軍の有力将軍郭松齢にも反旗をひるがえされて四面楚歌の苦しい立場に追い込まれる。政友会の対中国政策の転換は、こうした事態を見て政友会の幹部がこのままでは満洲における日本の特殊的地位を危うくするとの認識にかられたことに一つの大きな理由があったとされている(11)。

ここ数年間の日中関係は、二十一ヵ条要求への反撥に端を発した中国の排日運動もワシントン会議後は沈静化の方向に向かい、軍部を中心とする当時の日本の関心は主として満蒙における特殊利益の確保ないし強化に向けられていた。しかしその満蒙問題にかんしても、当時の加藤友三郎内閣は英米との協調を重視し、いわゆる東三省を支配する張作霖の背後には日本の援助があるという、英米人の間にひろく定着していた観念をこの際何とか払拭したいと腐心していた。

しかしこうした政府の方針にもかかわらず、日本の軍部のなかでは、張作霖を援助することによって日本の満蒙における特殊的地位を確保しようとする意図が根強く生きつづけていた。一九二二年六月、日本政府はシベリア派遣軍の撤退を声明するが、ウラジオで押収した武器の一部が日本軍の手によって張作霖の側にも流されたのではないかとの疑惑が問題化したのも、そうした背景のゆえであった。吉野の論説「武器問題に依て惹起せられたる我が東亜対策の疑問――敢て軍閥の人々に問ふ」(『中央公論』一九二二年一一月)は、この問題をとりあげて、軍部の愚かな策謀とその独断専行をきびしく批判したものである。

この論説で吉野は、日本の軍部が目論んでいるところは、まず「張作霖《ちょうさくりん》を極力援助し、啻に彼を満蒙の主人公たらしむのみならず、遠く北京一帯にまで其勢力を張らしむる事」、そしてシベリアでは反革命派の「保守的反動的勢力」を援助して満蒙と連結させ、「東亜の天地に日本と特殊な関係に立ち又従つて特に日本に好意を有する勢力の樹立を図る事」にあるとした。そして吉野は、彼らのこのような計画を「実に荒唐無稽無益有害の甚しきもの」(選集9、三〇五―三〇六頁)と断じたが、張作霖援助と満蒙権益の拡大に向けての策動は、その後も関東軍や満鉄などを通して追求された。先述の政友会による積極的な中国介入政策への転換は、満蒙問題をめぐるこのような背景の下で進められたのである。

政友会に中国政策転換を促した郭松齢事件――郭の張作霖に対する反抗がもたらした満洲の動乱――は、窮地に立った張作霖を支援するため日本は躊躇することなく出兵すべきだとする主張を勢いづけた。そして田中義一の率いる政友会はその先頭に立ったのであった。こうした情勢を吉野はつぎのように指摘している。「張作霖軍が段々郭松齢《かくしょうれい》軍に圧迫せらるゝに伴れて、我国に積極的対策を講ずべしとの説が起つて居る。最先に此説を唱へたものに流石は軍閥出身の田中政友会総裁あり、貴族院の一角にも之に応ずるものがボツ〳〵見へる《ママ》。之は一部の実業家に動かされたものだなどと誣うる者もあるやうだが必しもさうではあるまい。枢密院辺にも政府の態度に不安を懐くものありと云ふから、老先輩の中には今なほ帝国主義的国力発展の甘夢に耽つて昨今の形勢を黙過す可らずと慷慨する者が多いのであらう」(「満洲動乱対策」一九二六年一月、選集9、三二三頁)と。ここには、出兵論の動きを冷静に観察しながら日本の帝国主義的な中国進出に対決しようと構える吉野の姿勢をうかがうことができる。

吉野によれば、日本の満蒙における特殊利益といわれるものには、条約にもとづくもののほか「張作霖の明示又は黙認に依て現に我国に許されて居るもの」が含まれているとしている。出兵論者が、その理由として、張作霖の没落が現実のものとなるならば、わが国官民の満蒙における利権は致命的な打撃を受けると主張すること自体、まさにそれを裏づけているものだと吉野は説く。その意味で、日本の特殊利益なるものの「道徳的根拠如何」を、まず日本はみずからに向かって問うべきだとするのが吉野の立場であった。したがって彼は、出兵論者が出兵を正当防衛にもとづく行動と主張するために、「郭軍の侵入は即ち帝国臣民の危害を意味する」とか、「郭軍の勝利は満洲の赤化を意味する」などと、ことさらに危機意識を煽るような言動にはしるのに対しても、「かういふ意味の出兵は到底内政干渉たるの譏を免れないと思ふ」(前掲書、三二八―三二九頁)と、出兵論の正当性に根本的な疑問を投げかけている。

また現実の問題として、張を軍事的に援助しても、すでに「天下の人心」は張作霖から離れ、逆に郭松齢側には「青年有識の士」でこれに投ずるものが多いといわれていることから見ても、張に勝利の見込みは乏しいというのがこの時点での吉野の観測――結果的にこの観測は外れて郭軍は敗北したが――であった。このような観点から吉野は、そもそも軍事的な支援を通して中国における日本の特殊利益を擁護し、さらには中国の安定的な秩序形成を促そうとする、これまでの日本の発想そのものをこの機会に転換すべきではないかという思いを強くしていた。彼は、古い利権に固執することによって、かえって将来の新しい大きな利益を失うことになりはせぬかと憂慮し、日本は「全対支政策に一大転回を為すべき機運」（前掲書、三二九頁）に直面していることを、今こそ冷静に考えるべきだと訴えている。

このように武力的介入を中心とした当時の対中国政策への吉野の批判は、もちろん基本的には、「帝国主義的国力発展の甘夢」と彼が指摘するように、帝国主義を国際的な正義人道に反すると見なす彼の道徳的立場にもとづくものであろう。しかし同時に、それは吉野なりの中国をめぐる国家構想に支えられていた面もあったように思われる。たとえばその一年余り前、彼は「支那の将来」と題する論説（『婦人公論』一九二四年一一月）を公にしている。そのなかで彼は、まず、国家についての日本人と中国人との考え方の相違をとりあげ、中国の人民は日本の国民と違って「その生活を発展して行くに、単純な自力の外、毫も国家の力といふやうなものに頼らない」（「支那の将来」選集9、三二四頁）という特徴的な生活スタイルを持つことを強調して、こう述べている。

> 良かれ悪しかれ、国家といふものが支那人の生活に対しては、我々日本人のそれに於ける如く、一向重きをなしてゐないとすれば、支那人に向つて国家的統一の促成を責めるのは無理だ。少くとも、国家的統一の完成が支那民族の利福の先決問題だなどゝ注〔忠〕告するのは、尤も滑稽な本末転倒だ（同上、前掲書、

三二五頁)。

既述のように、中国国民は統一国家形成の能力に欠けているというのが、日清戦争以降の日本の中国認識の特質をなし、そのような認識が中国蔑視観を生むと同時に、また中国に対する内政干渉政策を進める一つの有力な根拠ともされてきた。そうした状況のなかで吉野は、中国民族という他者のもつ異質性を静かに見きわめ、ともすれば日本の国民が陥りがちな性急で自己中心的な他者イメージの独り歩きする危うさを戒めているのである。そのうえで彼は、中国人はたしかに国家についての関心は低いが、しかし自己の利益に直接関係があるとわかると、驚くほど巧妙に強固な自治的団体をつくりあげるとしている。その意味で中国人は「その自治的能力に於いて恐らく世界第一の天才だと言ふことも出来よう」(同上、前掲書、三二七頁)と高い評価さえ与えるのである。

たしかに国家的精神の未成熟や国家への関心の弱さゆえに、中国はいまだに中央集権的な統一国家の実現を見ず、混迷と苦難のなかにある。しかし第一次大戦後の新思潮——国際平和と国際的な平等主義・協調主義の潮流——に新しい国際社会実現への期待をふくらませていた吉野は、新しい国際社会に対応した新しい国家形態の可能性についても思いを馳せていた。「私の考へるところでは、今日迄の世界は、強固なる国家的統一を有たない民族にとつて、誠に住み難い世の中であつたが、これからの世界はさうではない。今日我々の考へてゐるやうな武力的統一に結束してなくとも結構住んで行けるのではないか」(同上、前掲書、三二九頁)と。

このように大戦後の世界の理想主義的な風潮に勇気づけられながら、吉野は、国家的結束には不得手だが個人的な自治能力にはすぐれた中国の人民にふさわしい国家のあり方を、既成の観念にとらわれることなく模索しつづけた。「武力統一は仮令成功しても支那では決して永続するものではない」と考えた彼は、「現に支那民族の間には既に統一と見るべき別種の萌芽がきざして居る」(同上、前掲書、三二〇頁)ことに注目する。彼が着目したのは、最近における中国の自治体の発達であった。それも、商工業者のあいだの自治的組合の発達はすでに長い歴史をもっているが、この数年の国内の武力対立と争乱の結果、狭い共同の地域を基礎とした地方的な自治行政体の発生が各地にみられた点である。

中国のこの内発的な新しい動きに、さらに中国の青年たちによるロシアのソビエト制度への関心の高まりが加わることとなる。吉野によれば、青年たちのソビエト制の研究が意図するものは、「中央の権力を地方に及ぼすことによつて統一を図るに絶望した彼等にとつて、地方の小さい独立体を基礎として、これを集めて段々と大きく堅《かたま》つて行かうとする露西亜の新しい試みに、自己の執るべき新しい方針と更らに幾度の教訓を学ばんとするのであらう」(同上)と、これを意味づけている。

こうして吉野は、各地にみられる小さな自治行政体の発達と、ソビエト制度から学んだ組織という、二つのものの結合の方向に、「支那が本当の堅い統一を見るべき端緒」が開かれるに違いないとの思いを強くした。「支那に到底統一を見る能ずんば即ち止む。苟くも他日強固なる統一を見るの日ありとすれば、夫は必ずや地方的小自治行政体を基礎とする露西亜流の段階的聯邦制度に依つてゞなければならない」(前掲書、三二二頁)と彼は確信にみちて語っている。同様の構想は、彼の論説「実力割拠か法統尊重か」(『中央公論』一九二六年二月)のなかでも再度述べられている。そこでは、中国の一部政治家にみられる事実、すなわち「中央集権的統一に諦めをつけ、ソヴィエット式に小さい所からまとめると云ふ新しい組織に着眼する」動きを紹介したのち、「自治的訓練に富む支那人に取つて、寧ろ此のやり方が最も適当なのかも知れぬ。支那の政治の近年の失敗は、寧ろ彼等の素質に適せざる中央統一に頼り過ぎたからではなからうか」(『古い政治の新しい観方』一九二七年、二六七—二六八頁)と、一元的な集権国家による上からの統一という従来型の発想の切り替えを説いている。

中国の統一が可能であるとすれば、それは「地方的小自治行政体を基礎とする露西亜流の段階的聯邦制度」の形成という緩やかで漸次的な形になるとする吉野の将来構想は、現に中国において進行している武力的統一の試みこそ、逆に「支那の本当の統一の発展に対して最も大なる障碍をなすもの」(「支那の将来」選集9、三二一頁)という逆転の発想と結びあっていた。したがって張作霖援助を軸に推進されている日本の中国内政介入政策が吉野の立場と根本的に相容れないものであったのは、けだし当然のことであろう。「一方を人為的に後援して、武力的統一をやらしてみようなどゝ考ふるのは、本当に支那を統一せしむる所以の道ではない」(前掲書、三二二頁)と彼は言っている。彼が日本の当局者に武力的な中国政策の転換を求めた背景には、このような中国の統一についての彼の新しいヴィジョンがあったことも留意すべきことであろう。

しかし吉野の観測と期待をよそに、中国統一をめぐる中国軍閥間の抗争はその後さらに激化し、他方、日本側の中国政策は、若槻内閣に代わって田中義一内閣(外相は田中の兼任)が登場(一九二七年四月)すると、「自主外交」という名の下での積極的な中国への内政干渉が強引に進められた。すなわち中国では、武漢、南京両国民政府軍による華北への進攻（いわゆる「北伐」）により、戦火が山東地方におよぶ状況になると、一九二七年五月、同地方の日本の居留民保護を理由に田中首相は、関東軍の派遣という軍事力による介入を断行したのであった。いわゆる山東出兵（第一次）である。

その後、武漢政府と南京政府との関係悪化などによって一時頓挫していた北伐が、大同団結をとげた国民党を背景に国民革命軍総司令に就任した蔣介石の下で再開されると、田中内閣はこれを阻止するため、翌年四月、ふたたび山東出兵（第二次）を行った。出兵の理由は、前回と同じく山東地方の居留民保護を主たる目的とするものであったが、同時に、北京に政権を設立していた張作霖の奉天軍の撤退を援護する、あるいは戦火が東三省におよぶのを防ぐなどの方法を通して、満蒙における日本の権益を何とか確保しようということにあった。日本の軍事介入は当然のこととして日中両国の全面的な軍事衝突に発展するかもしれない危険性をはらんでいた。現に済南では日本軍と国民政府軍との衝突が起き、両軍および居留民に死傷者が生じる事件（済南事件）も発生している。このような中国情勢の急展開と日中関係の緊迫に直面して、吉野はこの事態をどのように捉えていたのか。

まず出兵についてである。田中内閣は出兵を正当化する根拠として居留民の保護を掲げていた。しかし居留民の保護という理由は、まったく独立国家としての中国の立場を無視した日本の独善的な理屈に過ぎないと吉野は考えた。彼は問題を投げかける。もし仮に日本で争乱が起こった場合に、中国や米国は当然の権利として在留自国民の保護を理由に日本に出兵することができるであろうかと。そして「居留民保護を名とする我国今日の対支出兵の理論的根拠を疑はぬものは、同様の理由で前記仮定の場合に於ける支那や米国の出兵をも拒むことは出来まい」(「支那出兵に就て」一九二七年七月、『現代憲政の運用』四二四頁)、そんなことはありえないことだとするならば、日本の今回の出兵がいかに国際的に通用しがたい不条理なものであるかが理解されるはずだと説くのであった。

自他の立場を自在に置きかえることによって自国の行動が妥当性をもちうるか否かを検証するというこの思考方法は、吉野のいわゆる国際社会の規範である国家的平等という普遍的な道徳性を確認する作業としての意味をもっていたが、そこには彼のもつ知的思考の健全さが具体的な事例を通して示されているように思われる。この彼の知的な健全さは、また国家と国家のあいだの守るべきマナーについての健全な理解を可能にした。彼は「居留民保護」について、つぎのように述べている。「「居留民という資格で」よその国に居て、而もその国の市民が血みどろになつて国運改新の悪戦苦闘を続けて居る真中に踏み留つて、己れの軀には一指をも触れさせまいとするのは余りに虫のよ過ぎる要求ではあるまいか。生命財産が惜くば速に一時引き揚げたがよい」（「対支出兵問題」一九二七年八月、選集9、三四四頁）と。ここにもわれわれは、吉野の国境を超えた普遍的な人間感覚の表現を見てとることができる。

つぎに、田中内閣による出兵の直接のきっかけとなった中国国民革命軍の北伐について、吉野はどのような見方をしていたのだろうか。まず奉天派の軍閥張作霖については、かねてからその没落を必然と考えていたが、国民政府軍の北上によっていよいよ窮地に陥った彼を救ったのは、まぎれもなく日本の軍事介入であった。「謂はば彼は日本の出兵に依て九死に一生を得たやうなもの」（「政友会内閣の対満蒙政策」一九二七年九月、『現代憲政の運用』四三三頁）と吉野は評したが、日本の出兵が、張作霖の要請によるものではなく、日本自身のいわば独断的な意思にもとづく行動であっただけに、国民政府の国家統一に対する日本の妨害という客観的な事実は、今後の日中関係に悪影響を及ぼすであろうと吉野は憂慮するのであった。しかも当の張作霖自身、日本側の思惑とは別に、満蒙の特殊利益の安定的確保を目指す日本の意図、とくに関東軍首脳の「満蒙を別天地」たらしめようとの計画に対しては、その受け入れを頑なに拒む姿勢を変えようとしなかった。そして結局、北京からの早期撤退を余儀なくされた張作霖は、奉天（現在の瀋陽）への帰路、関東軍の謀略によって奉天到着の直前に爆殺されることとなる（一九二八年六月、いわゆる「満洲某重大事件」）。

他方、北伐により中国の統一を目指した国民党勢力に対する吉野の期待は強かった。共産党の強い影響下にあった武漢の国民政府と、国民党の蔣介石をリーダーとする南京の国民政府とが対立していたころ、吉野は、「吾人の観る所を卒直に云はしむるなら、支那の中心勢力は、また中心勢力たるべきものは、巨人孫文先生の遺〔衣〕鉢をつぎ三民主義の綱領を厳守する国民党の外にはないと確信する」（「日支両国大衆の精神的聯繫」一九二七年五月、選集9、三三九頁、傍点ママ）と述べて、国民党に対する彼の期待と信頼を明らかにしている。

民族・民権・民生の三主義を柱とする三民主義は、もともとは満人支配の清朝体制打倒のための綱領であったが、その後の革命運動の展開のなかで、三民主義の綱領を社会組織の変革に最重要課題を求める左派的立場と、より長期的な国家の理想を追求すべきとする右派的立場とに分化して今日に至った、とするのが吉野の見解であった。そして孫文自身は後者の理想主義の立場をとり、国民党は孫文亡き後もその精神を現在に受けついでいる一派と吉野は考えたわけである。「孫文は支那革命運動に於ては当初より確乎たる理想主義者であったのだ。茲に孫文の偉い所がある」(「三民主義の解」一九二六年一二月、『現代憲政の運用』四八一頁)と吉野は評したが、彼が孫文に深い尊敬の念を抱くに至ったのも、「左傾的革命主義」がつねに「社会の表面的組織」の変革を目的としたのに対して、孫文はより根本的な「魂の問題」(前掲書、四八三頁)を追求しつづけたとし、その点にまさに孫文の偉大さがあると考えたからであった。

吉野は、このような孫文の精神を忠実に継承し、三〇年におよぶ中国革命の歴史の真の担い手となったのが、まさに今日の国民党であるとした。それゆえ、一九二八年六月、国民政府軍の北上によって張作霖の北京落ちという事態に接すると、彼は多年にわたる軍閥割拠の時代が終わり、ようやく国民党による中国国家「統一大業完成の端緒」が開けたものとして、その歴史的な意義を高く評価した。「今や彼等は始めて多年の苦心が酬へられ、北京の攻略に由て支那本土を完全にその管掌の中に収め得たのである。こゝまで来るにどれだけの貴い多くの犠牲が払はれたか。真に七顚八起の苦みを嘗め尽した跡を思ふとき、彼等の作つた這の大勢は最早支那に於て抑へ難きものなるを思はざるを得ぬ」(「支那の形勢」一九二八年七月、選集9、三五五頁)と吉野は語っているが、その言葉からも彼の深い思いを読みとることができよう。

## 五　統帥権の独立をめぐって

北京を撤退した張作霖は、前述のように奉天直前で爆死し、その子張学良が後継者となって東三省の治安維持にあたることとなる。しかし張学良は、結局、東三省に青天白日旗の掲揚（いわゆる「易幟」）を認めて国民政府との妥協に踏みきり、国民政府の統一支配がともあれ達成された。このようにして一九二九（昭和四）年六月には、田中内閣も国民政府を中国政府として正式に承認するに至ったのである。しかし田中内閣は山東出兵をめぐって野党の民政党や世論のきびしい批判にさらされ、さらに張作霖爆殺事件の責任者（関東軍参謀河本大作大佐ら）の処分もお座なりに済ますなど、真相の解明に対し消極的な姿勢に終始したため天皇の不興を買い、同年七月、総辞職に追い込まれた。

後継の首班には民政党総裁の浜口雄幸が指名され、浜口内閣は対中外交の刷新、軍縮の促進、財政の整理、金解禁の断行などの政綱を掲げて、当面する難局の打開を目指すこととなった。しかし、内閣発足から半年後の一九三〇年一月にはロンドン海軍軍縮会議が開かれ、浜口内閣は早くも厄介な問題に引きずり込まれることとなる。ロンドンの軍縮会議は、先のワシントン会議における主力艦を対象とした軍縮をひきついで補助艦を主たる議題とし、日本の全権（主席・若槻礼次郎ほか、財部彪海軍大臣ら）は総トン数において対米英比率六九・七五％で合意し、天皇の裁可を経て条約に調印した。ところが野党の政友会は、この条約調印は統帥権の独立を犯すものと攻撃しその責任を追及したため、いわゆる統帥権干犯問題として激しい国内の議論を巻き起こす事態へと発展することとなったのである。

軍縮条約がこのように政治問題化するに至った背景には、この年二月の総選挙で民政党に敗れた野党の政友会が、この問題を倒閣運動に利用するため天皇大権の干犯というイデオロギー的な色彩の強いとりあげ方をしてキャンペーンを展開したという事情があった。それと並んで海軍部内には先のワシントン会議の軍縮条約に強い不満をもつ勢力――その中心人物の一人が加藤寛治海軍軍令部長であった――が存在し、それが今回の軍縮調印を契機に表面化したということ、さらには田中前内閣の満蒙政策が国家主義的風潮を助長し、軍部勢力に台頭の機会を与える結果となったことなどが挙げられよう。

今回、政友会や海軍軍令部が浜口内閣による軍縮条約の締結を問題としたのは、海軍の兵力量の決定は天皇の統帥大権にかかわる事項であり、したがってそれは海軍大臣（ひいては内閣）および海軍軍令部長の「協同輔翼事項ニシテ、一方的ニコレラヲ裁決処理シ得ルモノニアラズ」とする点にあった[12]。こうして軍令部は、統帥権の干犯を理由に条約の批准を阻み、内閣を窮地に追い込もうと考えたのである。

この問題が表面化すると、吉野は早々に中央公論社から寄稿を求められている。当時、彼は発熱がつづき体調が思わしくなかったが、たっての要請に応じて筆をとることとなった。『中央公論』誌上の「統帥権問題を中心として」（巻頭言、一九三〇年六月）、「統帥権問題の正体」（同上）および「統帥権の独立と帷幄上奏」（同年七月）の三篇がそれである。そのときの心境を日記にこう記している。「予乃ち之を学術的に論評せしの陳勝呉広たり　病後でなければ疾くに一言すべきところ中央公論の需に強られて引受けたのも之が為めに外ならず」（日記、一九三〇年五月四日、選集15、一九〇頁）と。みずからを陳勝・

呉広（秦末の農民反乱の指導者、敗北はしたが秦の滅亡のさきがけとなった）になぞらえることによって、吉野は統帥権問題を批判的にとりあげた先駆者としての自負を表したものであろう。事実、彼は、軍部が統帥権の独立や帷幄上奏を口実にして外交問題に介入する傾向を強めたシベリア出兵前後から、機会を捉えては統帥権問題を論じていた。

たとえば論説「軍閥の外交容嘴を難ず」（『中央公論』一九一八年五月）や「二重政府より二重日本へ」（『中央公論』一九二二年三月）では、いずれも日本の対外政策にみられる政府と軍閥との「二重外交」を問題とする観点から、議会に何ら責任を負わず、民間世論の手のおよばない軍部が政府と無関係に外交に口を出すことに、「帝国外交混乱の一つの原因」を見出し、それを支えたのがじつに統帥権の独立であり、帷幄上奏の制度であったとしている。

その翌年の二月、彼は「所謂帷幄上奏に就て」と題し、帷幄上奏の制度を包括的に、また彼のいわゆる「学術的に論評」した長文の論説を『東京朝日新聞』に連載した。この論説は、ワシントン会議を契機に軍縮への関心が高まるなかで、異例にも衆議院で帷幄上奏と統帥権が批判の対象としてとりあげられたこともあって執筆された。ここで吉野が力説したことは、立憲政治のもとで「君民一体」が言われる以上、君主の活動はすべて議会を通して、間接的ではあれ一般人民の前に開示される仕組みになっていなければならないとする点であり、そのためには「政府各大臣の輔弼に由らざる国君の活動なるものがあってはならない」（「所謂帷幄上奏に就て」『吉野作造博士民主主義論集』第三巻、一九四七年、新紀元社、〈「帷幄上奏論」と改題・所収〉、七頁）という立憲政治の基本を確認することから出発していた。そしてその根本の趣旨を前提とするかぎり、軍部の主張する統帥権の政府からの独立、それと一体化した帷幄上奏の制度は見直さなければならないことを、関係法令およびこれまでの運用の実態に依拠しながら明らかにする点に吉野の意図があった。

いわゆる統帥権とは、明治憲法の第一一条に「天皇ハ陸海軍ヲ統帥ス」とあり、また第一二条には「天皇ハ陸海軍ノ編制及常備兵額ヲ定ム」とあるが、そのうち前者すなわち第一一条のいわゆる軍令権に基礎づけられたもので、国務大臣の輔弼を必要としないとされている。統帥権の独立と呼ばれるのはそのためである。これに対して第一二条は、いわゆる軍政権の大部分を指すものであって前者から区別され、一般国務と同じく国務大臣の補弼を必要とする、との解釈が伊藤博文『憲法義解』をはじめ美濃部達吉の『憲法講話』(一九一二年、八六―八七頁)など憲法論としては広く受け入れられていた。

しかし吉野は、憲法論としても上杉慎吉のように憲法第一一条と第一二条とはともに統帥権の内容をなすから国務大臣の輔弼の範囲外とする解釈が現に存在し、またこれまでの実状を見ても第一二条の軍政権については内閣も関与できない実態がつづいてきたことを考慮すると、統帥権問題を憲法論としてとりあげ、違憲として追及することは効果的でないし、また現実的でもないという立場をとった。つまり違憲論のレベルでは、問題は、統帥機関としての陸軍参謀本部・海軍軍令部と、国務大臣としての陸海軍大臣とのあいだの、いわば軍部内の権限をめぐる衝突――たとえば兵力量の問題は制度的に陸海軍大臣の輔弼の範囲内であるか否かの議論――に帰着され、結局は軍部内部の対立と調整の問題に終わってしまう、というのが吉野の考えであった。吉野によれば、真に問題とすべきは、内閣と軍部がともに独立に――「輔弼」のかたちで――国権を発動し国務を執行することができるという現行の制度的な仕組み、「所謂『二重政府』なる日本独特の政治的疾患」(「所謂帷幄上奏に就て」前掲書、五頁)をいかに除去するかという点に向けられなければならないとした。

このような軍部の内閣からの独立性(統帥権の独立)を法的に支えている制度的な仕組みとして、吉野はつぎの三つの制度に注目している。すなわち軍首脳に許されている帷幄上奏の制度、陸海軍大臣の武官専任制、そして軍令の制定である。第一の帷幄上奏は、内閣官制によって決められている。すなわちその第七条では、軍機軍令に関係する事項は、天皇によって内閣に下付されたもののほかは閣議にかけることを必要とせず、陸海軍大臣の専決事項とされ、内閣総理大臣に対してはただ報告のみを求めているにすぎない(13)。したがって問題になるとすれば内閣が管掌できない「軍機軍令」の範囲は何かという点だけであって、帷幄上奏による軍機軍令の制定そのものを否定することは内閣官制の改正による以外に方法はないわけである。

第二の陸海軍大臣武官制は、各国務大臣が個別に天皇に対する補弼の責任を負い、内閣の連帯責任制をとらないという憲法上の規定とあいまって、内閣を組織しその統一的な運用を確保するうえに大きな障害となった制度である。なぜならその制度の下では、周知のように、陸海軍大臣を軍部内から迎えなければならない以上、内閣首班を指名された者も組閣にあたり、軍部の意向を考慮することなしには軍部大臣を選任できず、また内閣成立後も内閣と軍部とのあいだに対立が生じた場合、軍部大臣は軍の立場を帷幄上奏によって直接天皇に訴え、あるいは単独に辞表を提出することにより内閣を瓦解に導くことが可能となるからであった。吉野はこの点を評して、「内閣に於ける陸海軍大臣の地位は、恰度弱小国に於ける外国顧問の如きものであって、総理大臣は事毎に其の制肘〔ママ〕を受くることになる」(同上、前掲書、三二―三三頁)と述べている。このように軍部大臣武官制は、文民統制からまったく自由な軍部勢力を国家機構のなかに抱えこむ制度として機能していたのである。

第三の軍令は、陸海軍の統帥にかんする規定で勅令の一種とされている。しかし一般の勅令は、法制局で審査し閣議をへて内閣総理大臣が上奏裁可を得るという手続きをとるから、総理大臣の副書が必要となるが、軍令は法制局の審査も内閣の議も経る必要がなく、陸軍大臣または海軍大臣が直接上奏して裁可を得ることができる(「軍令ニ関スル件」第二条)[14]。これは、まさに統帥権の独立の法令化であり、統帥事項の範囲如何によって国権の二元的な構造はますます顕著となる仕組みと言われてもしかたがない。

このように吉野は、帷幄上奏や統帥権の独立を支えているさまざまな国家的制度を明らかにすることによって、日本の国家機構そのものに内在する「二重政府」の病巣をえぐり出した。「政府の補弼以外に、別個の国権発動の源泉を認むることになるから、所謂二重政府の非難も起るのである。而して斯う云ふことが、実に制度上公然許されて居るのだから堪らない。我々は多年之を改めたいと考へて居た。帷幄上奏の非難は畢竟斯かる変態的制度をやめ、一切の国務を政府の補弼範囲に包容し、以て国権の統一的活動を期せんとの要求に外ならぬのである」(同上、前掲書、九頁)と、彼はこの問題のもつ意味を語っている。そしてこの「二重政府」の弊害を克服するための処方箋として、帷幄上奏を支えた上述の諸制度の改正を指摘し、なかでも陸海軍大臣武官制の廃止はもっとも緊急を要する課題であるとしたのである（同上、前掲書、五九頁）。

今回、浜口内閣によるロンドン軍縮条約の調印をめぐって交わされた統帥権干犯についての議論も、主に上述の関係法令——憲法第一一条・一二条、内閣官制第七条および軍令——を根拠として争われた。この問題をとりあげた吉野の論説「統帥権問題の正体」およびその続編ともいうべき「統帥権の独立と帷幄上奏」は、前回と同様、その多くの部分を軍部の主張する統帥権の独立と帷幄上奏にかんする現行法規の説明に割いている。その点については、前回と比べてとくに目あたらしいものを見出すことはできない。ことに後者の論説は、前の「統帥権の正体」という論説が「締切まで十分の日数なく其上病後の事とて思ふ存分筆を運ばすことも出来なかった」（「統帥権の正体」付記）という事情から、統帥権の独立についての法的問題点を改めて詳細に論述したものであるだけに、内容的には一九二二年の論説「所謂帷幄上奏に就て」と重なる部分が多くを占めていた。

前回と比べて今回の吉野の議論でむしろ目をひく点は、統帥権問題の解決にむけての彼の姿勢であり、彼が提示する具体的方策にあった。とくに今回の統帥権干犯問題については、美濃部達吉も吉野と同様に、近代立憲政治の原則をふまえていくつかの論説を発表し、精緻な法解釈論を通して軍部批判を展開した。たとえば今回、海軍軍令部側は海軍軍令部条例（大正三年軍令七号）で軍令部長は「国防用兵ニ関スル事務ヲ参画シ親裁ノ後之ヲ海軍大臣ニ移ス」との規定を根拠に、「国防用兵」についての補弼機関であることを主張したが、美濃部はこれに対してつぎのように反論している。「海軍軍令部条例が勅令ではなく軍令をもつて定められて居ることから見ても、軍令部が国家の機関ではなく、大元帥の機関であり、専ら軍隊の内部において補弼の任に当るものであることが明瞭である。もし国家の機関であれば必ず国法としての効力を具ふる法令によって定められねばならぬ」（美濃部「海軍条約の成立と帷幄上奏」一九三〇年四月、同『議会政治の検討』一九三四年、一〇一頁）と。

このように美濃部は、軍令部（陸軍については参謀本部）について「国家の機関ではなく、大元帥の機関」としたが、それはそもそも「『帷幄』とは軍の大元帥としての至尊を意味する語」（同上）という認識にもとづいていた。したがって帷幄上奏についても、それは国家元首としての天皇ではなく軍の大元帥としての天皇に対する上奏であり、それが裁可されたとしても、ただ軍の意思が決定されたにすぎず、国家の意思が決定されたことを意味するものではないとした。そして「これを国家の意思として如何なる限度にまで採用すべきかはなほ内治、外交、財政、経済その他政治上の観察点から考慮せられねばならぬもので、しかしてこれを考察することは専ら内閣の職責に属する」（美濃部「海軍条約の成立と統帥権の限界」一九三〇年五月、前掲書、一一二頁）と、国家の意思の決定はあくまで内閣の責任においてなされるものと論じたのである。

この美濃部の議論、すなわち軍の意思決定についての軍令部あるいは参謀本部の補弼と、国家の意思決定についての内閣の補弼とは、同じく補弼といっても、その効力・意味・重さにおいて、同等に論ずることのできない質的な違いがあるとした点は、当時、軍令部が軍の編制や兵額にかんしては内閣と軍令部長との「協同輔翼事項」であって内閣が一方的に裁決処理しうるものではないと強く主張していただけに、その主張の根拠を奪い軍部に致命的な打撃を与える議論であった。吉野も美濃部のこの論文をとりあげて、「所謂軍部補弼の効力を政府の補弼と同列に置くの謬りを痛論されて居るが、政府干与の外に立つべき統帥権は本来如何にあるべきかの理論的攻明としては大に傾聴すべき卓見」と高く評価し、「博士の論文は帷幄と国家との関係を説くこと頗る詳密にして我々を啓発する事多大なるもの」(「統帥権問題の正体」)と賛辞を惜しまなかったのも理解できる。

しかし吉野は、美濃部が明晰な法理論を駆使して一刀両断的に軍部批判を展開したあとだけに、むしろこの明快な理論を実行に移すためにはどのような方策をとるべきかという、政治的な現実論に即したアプローチの必要をあえて強調する姿勢をとった。「軍務施行の今日の実際に即して考ふるときは、統帥権の作用を以て全く国家意思の決定に関係なしと断ずるは早過ぎるやうである。私の立論の基礎はつねに政治の実際に即して漸次的改革を策する態度にある……」(同上)という彼の言葉は、そうした自己の立場を述べたものであろう。

もとより吉野も近代立憲政治の精神にてらして「二重政府」的構造の克服を急務とし、政治的責任の所在を政府に一元化すべきものと考えていた。その意味で、「政府の輔弼は性質上本来自由無碍《むげ》のものであって、「軍部の輔翼が政府輔弼の条件をなすべきでない」(「統帥権の独立と帷幄上奏」選集4、三五二頁)という原則を、いささかもあいまいにすることはなかった。そしてまたそのような立場から、この問題の根本的解決のためには、軍部大臣文官任用制の採用と帷幄上奏制および軍令の廃止が必要と主張しつづけた点も変わらなかった(前掲書、三五〇頁)。しかし足下を見れば、軍部が現行法規を盾にとって統帥権の独立を主張し文民統制を拒んできたという現実、しかもそれが長年の政治的慣行として積みかさねられてきたという厳しい日本の現実が、目の前に重く横たわっていることもまた確かな事実であった。

吉野が美濃部の精密で「啓発」的な法理論に大いに力づけられながらも、「一度思ひを転じて斯の理論を如何にして実際施政の上に活かしむべきやに想到すると、前途茫洋として為すべき術を知らぬのである」(「統帥権問題の正体」)としたのは、おそらく彼の正直な想いであったろう。要は世論の支えを背景とした政府と軍部との力と力のぶつかり合いが、結局この問題解決の行方をきめるにちがいないと吉野は腹を決めていた。「この問題を政治的に解決すると云ふことは要するに死力を尽して軍閥と闘ふことを意味する」(同上)と迷わず言い切ったのも、彼のそうした気持ちの表れと見ることができる。

## 六　憲政の岐路に立って

浜口内閣は、結局、海軍の兵力補充については財政その他の事情を考慮のうえ最善をつくすと約して軍令部の反対を乗り切り、枢密院の承認もとりつけることに成功して、一九三〇年一一月、何とかロンドン条約の批准にまで行きつくことができた。しかしその直後、浜口首相は右翼の青年佐郷屋留雄により東京駅で狙撃されて重傷を負い、病状悪化により翌年四月に総辞職、若槻礼次郎が民政党総裁に就任し後継首班として内閣を組織した。一方、軍部はというと、陸軍が満蒙問題の解決を主張して国内改造を唱えるなど、積極的に動き出す気運が高まりつつあった。そして一九三一年九月一八日、関東軍参謀らは奉天郊外柳条湖の満鉄線路を爆破し、これを口実に満洲の中国軍に対する関東軍の一斉攻撃が開始されるに至る。いわゆる満洲事変の勃発であり、その後一五年にわたる戦争へと日本は突き進むこととなるのである。

事変の勃発から二ヵ月ほど後に、吉野は中央公論社から「民族と階級」と題して論文の寄稿を頼まれている。一旦は健康上の理由から断るが、たっての依頼で執筆したのが、『中央公論』一九三二年一月号に掲載された論説「民族と階級と戦争」であった（日記、一九三一年一一月二八日、一二月一一日、選集15、三三七頁、三四〇頁）。中央公論側のねらいは、執筆依頼の時期やテーマおよび「是非公正の立場にある先生の寄稿が欲しい」という社内の意向などから察すると、無産政党の最近の動向について吉野の意見を求めることにあったのではないかと考えられる。すなわち無産政党の内部では、満洲事変いらい路線をめぐっての対立が激しくなり、社会民衆党書記長の赤松克麿などに代表される右派の国民社会主義的な方向と、階級闘争的運動方針を堅持しようとする左派とに分裂する動きが新たに表面化しはじめていた。無産運動におけるこの民族主義と階級主義の問題を「公正な立場」で吉野に論じてもらいたいというのが、編集側のねらいではなかったかと推測される。

しかし吉野の論説「民族と階級と戦争」は、後段で満洲事変に対する無産政党の反応というかたちで無産運動における「国民社会主義」の台頭、国民社会党結成の動きがとりあげられているが、全体の半分以上のスペースは日本の満洲経営と今回の軍事行動が内包する問題にあてられ、満洲事変に対する吉野の見解を明らかにすることに力がそそがれていた。彼がこの論説の準備に苦心した様子は、その日記を通してもうかがえるが、発表された論説は痛々しいほどに至るところ当局の検閲で削除された伏字に蔽われ、時代状況の厳しさを物語っている。そのような時代の空気を察したのであろうか、満洲事変についての吉野の批判は間接的なかたちに終始した婉曲な論旨の展開が目立つ。

満蒙における日本の特殊利益についての吉野の考えは、これまでも折にふれて語られていた。そこでの吉野の基本的な考え方を要約すれば、つぎのようになろう。まず中国に対する特殊的地位や特殊利益が設定された背景には、中国が「一独立国としての形式を完備しなかつたと云ふ事情」（「無産政党に代りて支那南方政府代表者に告ぐ」一九二七年四月、選集9、三三七頁）があったこと、そのため日本としても「彼国の内紛容易に安定せざりしの結果として自衛上種々の特権を要求せねばならなかつた」（「支那の形勢」一九二八年七月、選集9、三五五頁）と、特殊利益の設定にはそれなりの背景があったとの認識を示していた。その意味で過去に諸外国が中国に対して獲得した特殊地位にかんしても、「特殊地位の原因を一概に諸外国の侵略主義に帰する説には、無条件に与《くみ》し難い」（「無産政党に代りて支那南方政府代表者に告ぐ」選集9、三三七頁）と、頭からこれを否定する態度はとらなかった。しかしその後、中国の国家統一事業も完成間近にせまり状況も一変した今日、既得権を理由にこれを手放さぬとするのは、両国の将来の親善関係を築くうえにもとるべき態度ではない、というのが吉野の考えであった。

とくに日本を含め各国の対中国の関係においては、これまで中国の自主権をいちじるしく傷つけるものがあったことは事実である。しかもその多くは「有産階級の利益」にかかわるものであるから、「我々無産階級は、単純な理論としては、満蒙に於てすらも決して引続き特殊地位を主張せんとする考はない」(同上)と吉野は述べている。要するに吉野の基本的な考え方は、満蒙における日本の既得権益についてはその発生原因の如何にかかわらず一旦これを中国に返還し、もし日本が生存上または国防上必要とするものがあれば、あらためて中国との円満な交渉を通して合意をうる手順をふむべきだということにあった。彼が、「要するに、支那と日本との将来の関係は在来の約定に基いて決めらるべきものでなく、主としては一旦白紙の状態に還りて別に新に両国の利害を省量し、純然たる理義の指示に遵《したが》つて決めらるべきであると云ふに帰する」(「支那の形勢」選集9、三五六頁)と述べているのがそれである。

ここで日中両国のあたらしい関係を規律すべき「理義」とは、具体的には、吉野が強調する「共存共栄」の原則(「無産政党に代りて支那南方政府代表者に告ぐ」選集9、三三七頁)という点に集約されるであろうが、そのためにも、まず日本側の問題として「一切の侵略方策を棄て完全に隣邦の自主権を尊重すべき」ことをみずからに課する真摯な姿勢が不可欠の前提とされる。純理的にはこのような前提のうえに立って、たとえば日本の既得権益の処理が、将来、問題となるような場合、吉野がみずからの希望として述べていることは、「支那に於ける我々既占の特殊地位の中、一部階級の私慾を充たすに過ぎざるものはどうでもいゝが、我国民衆一般の生活に直接の関係を有するものに付ては、その発生原因の如何に拘らず、之を合理的に整正するに際し特に穏当な顧慮を加へられんこと」(同上)をという民衆生活への配慮であった。

吉野にとって満蒙問題の「解決」とは、このようなデザインのもとで描かれていた。しかし一方、満洲事変は、満蒙問題について「解決ノ唯一方策ハ之ヲ我領土トナスニアリ」(石原中佐手記「満蒙問題私見」一九三一年五月、角田順他編『太平洋戦争への道』別巻・資料編、九九頁)という方針こそが「正義」と信じて疑わない関東軍参謀たちのシナリオにもとづいて実行に移されたものであった。これに対して当時の若槻第二次内閣は、今回の軍事行動が自衛的なものであり必要最小限のものであることを内外に明らかにすることによって外からの批判を何とか避けようと努めた。事態の悪化を憂慮した国際連盟理事会の平和的解決を求める通告に対しても、政府は、「事変発生当初ヨリ我軍隊ハ其ノ行動ヲ居留民ノ安全、鉄道ノ保護及軍隊自体ノ安固ニ限局シ居リ又政府トシテモ終始事態ノ悪化拡大ヲ防ク方針ヲ固ク持シ……」(「満洲の事態に関する国際聯盟理事会通牒及回答」一九三一年九月、外務省『日本外交年表竝主要文書』下、一九六六年、原書房、一八一頁)と回答して軍事行動が自衛的で限定的であることを強調したのは、その例である。

しかし政府の意思と関東軍のそれとのずれは否定すべくもなかった。今回の事態に対する政府の説明と実際に展開しつつある軍事行動との乖離は、誰の目にも明らかであった。満洲事変に対する吉野の批判「民族と階級と戦争」は、政府が主張する自衛権の発動というたてまえと、拡大をつづける実際の軍事行動との間のこの違いを衝くかたちで、この事変のもつ帝国主義的侵略という本質を明らかにしようと試みたものであった。

彼は述べている。自衛権の発動によって許容される軍事行動は、自国の重大な利益が不当に侵害された危急の事態に限られるのであって、その目的も侵害された利益の回復が中心でなければならない。したがって軍事行動の目的として、諸権益の新たなる確認とか、陸軍省当局が公言するような満蒙における親日的政権の樹立までも含めることは、自衛権の発動として許されるかどうか問題である。そしてそれにつづけて、自衛権の発動も「こゝまで行くと実は××××〔侵略行動〕[15]になるのだ」（「民族と階級と戦争」選集9、三六〇頁）と彼は警告するのである。

さらにまた吉野は、この論説で、今回の事変を自衛権の発動と主張する場合の背景にある日本の考え方、すなわち満洲は日本の生存にとって特殊緊密な関係にある「特殊地域」であるという考え方を、問題としてとりあげている。たしかに民族生存の必要を論拠として出兵を是認し軍事行動を支持する風潮は、国民のあいだにも広がりつつあった。「表向き政府や軍部やは今なほ満洲に於ける軍事行動を自衛権で説明しようとして居るけれども、一般国民の方は知らず〳〵の間に日本民族の生存上の絶対必要と云ふことに目標を置換えて居る」（前掲書、三六一頁）と彼は指摘している。こうして吉野は、「我々は自家の生存の為に満洲に権益を設定してわるいのか。之が今我々の直面せる緊急問題である」（前掲書、三六三頁）と問いかけることによって、民族の生存を保持するための帝国主義的進出は是か非かというぎりぎりの問題を、彼はあえてここで提示することを選んだのである。

民族生存の必要にもとづく帝国主義的進出をめぐって、吉野が「理論としてこれは傾聴に値する」とするのは、土地や資源に恵まれぬ国家が国際社会において「土地及び資源に対する平等の獲得を要求するは正当の権利である」（前掲書、三六三―三六四頁）とする議論であった。すなわち彼は「日本の如く土地も狭く資源に恵まれず其上人口の極めて夥多なる民族は、這の権利を許されずしてどうして活きて行けるか。満蒙の如き西伯利の如き将《は》た濠洲の如き人口に比して過分に広大な地積と資源とを擁して而も門戸解〔開〕放に肯じない態度には、少くとも徳義上の根拠がない。故に一片の理論としては、土地及び資源の国際的均分を原則とし之に基いて占有の過不及を整理せんとする考は正しいと思ふ」（前掲書、三六四頁）と説いている。

しかし「一片の理論としては」と彼が留保をつけているように、理屈はともあれ実際にこれを実現するとなると国際的に容認される具体案の発見は、不可能に近いことを彼はよく理解していた。もし将来、土地や資源の国際的不均衡が実際に是正される方法が可能になるとすれば、それは「強力な国際組織」の成立とその統制の下で実行される場合であろうというのが吉野の希望でありまた予測であった。したがってそれが今すぐ望むべくもない現在、むしろ吉野が強調したいことは、民族生存の必要に基礎づけられた帝国主義的進出が、たとえ理論上一応の合理性があったとしても、この「理論」を根拠に軍事行動という強行手段に訴えることは、国際社会の批判を免れない無謀な選択であるという点にあった。そしてこれが、満洲事変という今回の日本の行動を吉野がどうしても受け入れがたい理由であった。

それにしても吉野にとって不可解なことは、満洲事変にかんする「自由無遠慮な批判」が国内にもっとあっても当然なのに、それがないことであった。とくに彼が遺憾かつ意外としたのは二つの点であった。「一つは不思議な程諸新聞の論調が一律に出兵謳歌に傾いて居ることであり、他は無産党側から一向予期したやうな自由豁達の批判を聞かぬこと」（前掲書、三六五頁）である。「社会の木鐸」をもってみずから任じていた新聞のこれまでの主義主張を思い起こすとき、現在の新聞論調が今回の軍事行動を無条件に賛美するその変わり身の速さに、吉野は信じがたい様子であった。「新聞に教へられ其の指導に従順し来りし我々は、今度の問題で飛んでもない遠い処に置去りを喰はされた感がする」(前掲書、三六六頁）という彼の言葉は、言論のもつ指導的役割を信じて、長年、論壇に親しみ、論壇で発言をつづけてきた吉野が、その論壇から遠く離れて立つ自分を見出した寂しさを語っている[17]。

無産政党についても同様であった。吉野がかつて病軀を押して応援に奔走し、その統一と成長のために心を砕いた無産政党は、いまや分裂の状態にあった。しかもその混乱のなかから台頭しつつあるのは、「国民社会主義」という民族主義的な新しい方向性であった。吉野はこの思想状況の変化を、「満洲問題で民族的必要は遂に階級闘争論を押し退けてしまった」(前掲書、三六八頁）と評している。赤松克麿の提唱する「国民社会主義」という思想的な立場については、さまざまな評価がありうるだろうと吉野は一応考えたが、しかし彼が危険を感じたのは、この運動に「現役軍人と結托する」(日記、一九三二年三月一三日、選集15、三六九頁）という親軍部的な方向を見てとったからであった。

このように満洲問題の軍事的解決を支持するというかたちで、新聞ジャーナリズムや無産政党において表面化した民族主義的・軍国主義的な傾向は、既成政党の分野でも同様な兆しのあることを吉野は感じていた。若槻内閣の後をうけて一九三一年末に登場した政友会の犬養毅内閣が、翌年二月の総選挙で絶対多数を獲得しながら、「数の上では空前の優勢を誇る政友会が、近き将来に於ける政変を憂慮し、政界一部の陰謀を前にして戦々兢々《きょうきょう》たる有様だといふではないか」(「選挙と金と政党」一九三二年六月、選集4、三五九頁）と吉野も述べるように、二大政党による政権担当という形だけの政党内閣制すら、もはや保持することが困難なほどに、政党不信と政党政治の無力化が進行し、それを背景に非立憲的勢力がふたたび進出の機をうかがっているとの認識を、吉野自身もまたもつに至った。

こうして超然内閣の再現がうわさされるなかで、彼は「流石に今日は明治大正の時代とは違って、まるで政党に基礎を有《も》たなくては立って行けまい」との判断から、政党の無力化が進んだとしても、「既成政党に若干の分解作用を起して国粋新党の出現を見るのではあるまいか」とか、「同じく国粋主義的傾向に立つ既成政党系と無産系とが如何に結んで超然内閣の走狗となり羽翼となるか」（前掲書、三六〇頁）等々の推測をめぐらして、来るべき日本の政界図を思い描いていた。しかしいずれにせよ吉野が感じとった時代転換の基本的方向は、このような国粋主義への傾斜であった。しかも現実の動きは予想以上に速かった。おそらく吉野が前述の論説を脱稿した直後であろう。五月一五日、犬養首相は軍部内閣樹立のクーデターを計画した海軍青年将校の凶弾に倒れ、内閣は総辞職するに至った。五・一五事件である。

事件後、首相に推薦されたのは海軍大将の斎藤実であった。斎藤は政友会・民政党から若干名の閣僚を迎えて内閣を組織したが、いうまでもなく政党内閣の時代はここに一〇年を待たずに幕を閉じたわけである。では吉野はこの事態をどのように捉えていたのだろうか。彼は、五・一五事件後の政界について「中心点が無くなつた」と評したが、衆議院に三〇〇を超す絶対多数の議席を持った政友会が何の抵抗も示すことなく政権の座から追われた事実を目の前にして暗い予感にとらわれていた。「いづれにしても今日、政党は単に下院に多数を得たといふ事だけでは政界の中心に坐するを許されずといふ新形勢を展開しつゝあることは争ふべくもない」（「政界の回顧と展望」一九三二年一二月、選集4、三六一頁）と。問題は、これ以後日本の政治はどのように展開するかである。吉野は今後の政治の方向を左右する要因として、政友会・軍部・民衆の三者がそれぞれどのような行動を選択するであろうかという点に思いをこらすのであった。まず政友会であるが、政友会が議会に絶対多数を占める現在、議会政治そのものを否定するファッショ的な形態にでも移行しないかぎり「政界の一主動勢力」たる地位を失わないはずであると吉野は見る。しかし国民の眼に映った政友会の姿は、およそその期待から遠くかけ離れたものであった。

吉野によれば、今回、政友会は内閣の存続を軍部の力によって非道にも阻まれたわけだが、国民のあいだからは一向に同情の声が聞こえない。それどころか「国民の多数は何といふことなしに政友会の没落を痛快に感じたやうである。そは正体の判らぬ対抗勢力の行動に同情した結果と観ることは出来ない、矢張政友会の多年にわたる専恣横暴の反映であらう」（同上、前掲書、三六四頁）と、政友会に対して国民の多数はむしろ冷ややかな目線でこれを見つめている状態だとしている。しかも当の政友会は、背を向けた民心を自陣に引き寄せようとする試みなど何一つ計画実行する気配もないと、吉野は厳しい批判を投げかけている。また国民一般の気持ちについて、吉野はこのようにも解説している。「明らさまに云へば、世間は政党内閣主義の再興による所謂憲政常道の復帰を欣《よろこ》び迎へんとして居るらしい、たゞその役をつとむる登場者の政友会なるにがつかりして、今急に現在の変態的政情に引き退がつて貰はうとも熱中しないのである」（「議会から見た政局の波瀾」一九三三年一月、選集4、三七三頁）と。

このように政友会が、現に国民の信頼や支持を得がたい状況にあり、しかも自ら軍部と対決して「これを押し切る元気と能力とは不幸にして持合せてゐないやうだ」(前掲書、三七二頁)ということであるとするならば、今日の「変態的政情」を作り出した軍部勢力が政局の主導的役割を当分のあいだ持ちつづけていくこととなるであろうという見方に落ち着くのは自然の成り行きであった。吉野は「政界の回顧と展望」では、当局の目をはばかって軍部を「或種勢力」と記しているのだが、そこでも「或種勢力の政界進出の事実は今後相当に永くつゞくべく、又その興味も決して年と共に減退するやうのことはなからうと思はれる」(前掲書、三六四—三六五頁)と、軍部主導の政治が長期にわたるであろうことを予測している。

したがって問題は、この軍部主導の政治がどのような形態をとるかであった。吉野はもっとも可能性の高いかたちとして、政友会との妥協のうえに立った超然内閣を挙げている。もちろん軍部のなかには政党政治排撃論が根強く存在したが、その実行にはさまざまな混乱も予想されるところから、おそらく政党との妥協融和の途をさぐることになろうというのが吉野の観測であった。それというのも、軍部と政友会とのあいだには本質的な利害の乖離《かいり》がないと吉野は見ており、また何より政友会という政党について、「政友会は節操面目に拘泥せず妥協提携に依り権力に近接して以て大を成すに慣れた政党である」(「議会から見た政局の波瀾」選集4、三七九頁)という吉野の言葉が物語るように、権力に弱い政友会に対する根深い不信感が彼にはあったからである。おそらく政友会は、権力に抗して憲政の常道をまもるよりは、権力との癒着を通して自己の保身を選ぶであろうと見た。

いうまでもなく、軍部が政党との妥協提携によって新しい超然主義に道を開くのか、それとも政党政治の排撃を貫いてファッショ的な方向に進むのか、はたまた政党勢力が奮起して軍部の干渉をしりぞけ政党内閣主義への復帰を実現するか、この時点で考えられる三つの道のいずれを進むかについては、民意の動向もまた無視することは許されない。しかし民衆の現状について吉野の見るところは大きく揺れていたかのようである。政友会に対する民衆の強い不信感については先にふれたが、現実の民衆についてもまた吉野はこのようにも言っている。「国民大衆は決して既成政党を積極的に支持せんとするものではないけれども、全体として歯痒《はがゆ》い程政治に冷淡で、従来の例でも明かなるが如く常にブローカーに左右されて居る有様だ」（同上、前掲書、三七七頁）、あるいは「民衆はまだ遺憾ながらた易《やす》く政党者流の欺瞞的煽動に乗り易い」（同上、前掲書、三七五頁）と。こうした民衆観は、普通選挙制実施後における民衆の投票行動に政界浄化への期待をかけていた吉野が、期待とは裏腹に旧態依然とした民衆の実態に接した、その失望感をそのまま投影したものと見ることができる。

しかし、吉野は民衆にまったく絶望していたわけではない。民衆のなかにある潜在的な力、隠れた英知を信ずる気持ちをみずから否定することはできなかった。「国民の意向などいふものは極めて漠然としたもののやうで、また案外に見へざる大きな牽制力でもある」（「政界の回顧と展望」前掲書、三六九頁）と、民意の力に彼は最後の望みを託すのである。いずれにせよ、斎藤内閣の退陣後、日本はどのような進路を選ぶのか、「近き政変を機として我が日本は東に行くか西に行くかの岐《わか》れ目に立たされる」（同上）と、岐路に立つ日本の厳しい現状を吉野は深い憂慮の念とともに直視するのであった。こうしてその三ヵ月後、彼は、生涯をかけて主張しつづけた「憲政の本義」と、全身全霊をそそいだデモクラシーへの挑戦が、まさに危機に直面しようとするとき、五五年にわたる波乱の人生を静かに閉じた。一九三三（昭和八）年三月一八日のことである。

# 終章　デモクラシー論をめぐって

吉野作造の思想についての考察を終えるにあたって、これまでの叙述を振り返りながらその思想空間の輪郭を概観し、彼のデモクラシー論の特質と問題点を考えてみたい。まず吉野の思想は、理想主義と現実主義という二つの思考軸の交差する空間に定位し展開していたと考えることができるかと思う。前者、理想主義の思考軸によって位置づけられるものとしては、何よりも彼が情熱をこめて説いた人間性についての信頼、たとえば「吾人は人類を信ずる。適当の機会に置けば其性能の限りなく発展してやまざることを信ずる」（「無用の干渉」一九二四年五月、『公人の常識』三二一—三三頁）という彼の信念などはそれであろう。この信念は、根底において彼のキリスト教信仰に支えられるものであったが、彼の生涯を通じて変わることのなかった言論の自由、思想の自由、良心の自由など人間の内的領域の自由を擁護するための多彩な主張を可能にした。それは、米騒動についての報道をめぐる大阪朝日事件（白虹事件）、森戸事件、治安維持法批判などに代表されるが、そこではたとえ思想的立場を異にする場合でも、内面的自由に対する権力の介入についてきびしく対決する姿勢をつらぬいたのであった。

また彼の理想主義的立場は、維新いらい朝野を問わず日本を支配してきた富国強兵的価値観を排して、個人の人格の進歩向上、あるいは文化的価値の創造を究極の価値尺度とする人格主義・文化主義の哲学として彼の思想の一つの特質を形づくった。それは、国家の自己目的化と国家への無条件的服従を当然のこととして求めるそれまでの国民道徳観念の転換を意味する点で注目すべきものがあった。

理想主義への指向は、第一次大戦後、国際政治の分野でとくに顕著に現れていた。大戦後の国際協調の風潮が高まりつつあるなかで、吉野は、従来のような強国間の権力均衡によって保たれる国際秩序の時代は去り、いまや世界は、国の大小強弱にかかわらず普遍的な「正義公道」が一律に支配する新しい国際社会の誕生にむけて進みつつあると、確信にみちて語っている。彼のいわゆる国際民主主義の主張がそれであった。強制力に支えられた秩序に代わって道徳にもとづく秩序の形成を指向する吉野のこの理想主義的な考えは、国際社会のみならず国内社会の未来像にかんしても、「我々の社会的理想は、一種の無政府的状態である」（「国家と教会」一九一九年九月、選集1、一八一頁）と述べているように、「強制の必要の無い状態」すなわち人間の内発的な規範意識にのみ支えられた完全に自由な社会的秩序の実現を、人類にとってもっとも進歩した理想的段階とする吉野の考え方を生みだしていた。もとよりそれは、「我々の無限に、努力して獲得し得べき境地」であり、現実には「永久に到達することの出来ない遠い〳〵先きの理想的目標」（同上）とも述べられているように、いわば人類にとっての無限の努力目標として措定されていたものであった。

ところで他方、現実主義的思考にかかわるものとしては、何よりもその師小野塚から受けついだ実証的な政治学が挙げられよう。国家についての法的・形式的な組織を主要な考察の対象とする政治学に代えて、国家の現実の動態を社会的な視点から考察する方法を目指した小野塚の政治学は、そのまま吉野の現実政治を捉える視座を形づくった。「私の立論の基礎はつねに政治の実際に即して漸次的改革を策する態度にある」(「統帥権問題の正体」一九三〇年六月)という彼の言葉はそれを示している。主権の法的主体の問題を避けて、もっぱら主権の実際的運用を問題とした吉野の民本主義に代表される立憲政治論は、まさしく「政治の実際」に即した彼の現実主義的発想の所産であった。

「政治の実際」を重視する吉野の姿勢は、立憲政治論にかぎらず、内外の重要な政治問題をとりあげるにあたってもまた見られた。第三革命後の中国革命運動が、いまだ波乱と曲折の状況にあるなかで、吉野は、早くから青年革命派の民党勢力の成長に注目し、「支那の将来は結局民党の天下になるであろう」(「最近支那政界の二大勢力」一九一七年六・七月、『支那革命小史』附録、六二頁)との見通しを立てていた。そしてその後も吉野は、満蒙の特殊利益の擁護を目指す日本政府ないし軍部が中国の北方軍閥の援助に狂奔するのに対して、一貫して警告と批判の立場を保ちつづけたが、それも中国における権力状況の推移や民意の動向などについてのきめ細かい現状認識が支えになっていた。

その点について吉野はつぎのように述べている。「私の支那論の材料は、今日支那全部に亘《わた》って活動して居る人々からの直接の報道、若《も》しくは之れを直接に見聞した人の直接の報告に基くもので、この点に於ては私以上に確実にして広汎《こうはん》なる材料を得てをるものは、今のところ日本に余り多くないと確信して居る」（「評論家としての自分並佐々政一先生のこと」一九一八年一―三月、選集12、六―七頁）と。そして吉野が、その中国論について「私の断定と支那の時々刻々に変動する形勢の推移とが、如何によく適合してをるか」（同上）と自負したのも、中国の現状把握のためのそうした情報収集の努力があったからこそであった。

このような吉野における理想主義的な視座と現実主義的な視座とは、つねに表裏一体となって彼の思考空間を形づくっていた。彼の理想主義は、現実の批判や変革を試みるにあたっての方向性をあたえ、現実主義が単なる現状追随に終わることなく、むしろつねに彼が緊張関係をもって現実と対峙する姿勢を持続的に保つことに役立ったと言ってもよいであろう。そのことによって彼の理想主義自体もまた、現実から切り離された観念の世界の閉じた営為に終わることから免れえたのであった。

ところで吉野のデモクラシー論もまた、この理想主義と現実主義という二つの思考軸を通して形成されていた。そしてそのデモクラシー論としての特質も矛盾も、多くはこの理想主義と現実主義という二つの思考軸のあいだの理論的な関連性と整序性とをめぐって表出したのである。彼のデモクラシー論を代表する民本主義が、主権の法的主体の問題を避けて、主権の実際的運用の問題をもっぱらとりあげた点に、彼の現実主義的思考の特徴が示されていたことは先にふれたが、しかし言うまでもなく彼のデモクラシー論は、同時に理想主義的思考によって形づくられている側面も少なくなかった。「民主主義は人類の霊能の無限の発達を前提とする」（「現代政治上の一重要原則」一九二八年一二月、「民主主義は何故わるいか」と改題、『日本無産政党論』に収録、同書、二五九頁）と語るように、彼の民主主義の前提には理想主義的な人間観が存在していた。そしてその点で彼は、みずからを唯物論者から区別した。

彼のいわゆる「善を競う」民主主義もまたそうである。民主主義の精神について吉野はつぎのように述べている。「自ら政権を争はんとする者をして民衆一般の良心の地盤の上に善を営むことを競争させるのである。斯くて始めて誰が挙げられるかの評価の基準が全然我々の道義的意識と一致すると云へる。即ち腕力や瞞着やが始めて正義に取て代られるわけである。是が即ち民主主義の精神である」（同上）と。このように政権をめぐる政治的抗争を、正義をめぐる倫理的競争としばしばかさね合わせて捉えるところにまた吉野のデモクラシー論の特徴があった。そこで、これらの問題もふくめ、つぎに吉野のデモクラシー論に内在する理論的な問題点について若干の検討を加えてみたい。

まず吉野における民本主義の形成を可能にした現実主義的思考は、とりもなおさず法的思考から区別された政治的思考を意味した。それは、具体的には主権の政治的運用の問題を、法的主権の所在の問題から切り離してデモクラシーを論ずるという独自の理論構成を吉野にとらせることとなった。こうした理論構成は、天皇親政の名のもとにつづけられてきた藩閥官僚勢力による天皇主権の運用――つまり明治寡頭政と呼ばれている藩閥官僚支配――の虚偽にみちた実態を明らかにすると同時に、明治憲法のもとで政党政治への途を切りひらくための有効な理論を提示することに成功した。その意味では、思想的にも実践的にもそれは大きな意義をもったと言わなければならない。

しかし吉野の民本主義＝デモクラシー論は、それが現実主義的な思考の所産であるがゆえに、また理論的には難しい問題を内部にかかえこむこととなった。その一つは、民本主義と主権の問題である。周知のように民本主義は西洋のデモクラシーという言葉の翻訳語であったが、同じデモクラシーの訳語である民主主義は主権在民を意味する語として、民本主義と区別すべきものとした。そして民本主義は、主権在民を意味する民主主義とは違って、近代国家に共通する立憲政治の根本精神を意味し、その根本原則は、一つは政治の目的は民衆一般の利福にあるとする原則、もう一つは政策の決定は民衆一般の意嚮によるとの原則、この二つであると主張した。

しかしそうであるとするならば、吉野の主張する民本主義は、主権の所在についての議論を対象から外したけれども、人民のためという政治の目的と、人民によるという政治の方法とを根本原則とするのであるから、実質的には主権在民――すなわち吉野が民本主義と区別した「民主主義」――の政治原理とほとんど区別しがたいものになりはしないかという疑念が起こるのは十分予想されるところであった。事実、デモクラシーを支持する側からも、反対する側からも、そうした批判が寄せられる結果となった。

民本主義に寄せられた当時のこうした批判は、法的思考と政治的思考を区別することによって閥族支配の正当性を理論的にくつがえすと同時に、天皇主権との原則的衝突を避けながら近代立憲主義への道筋を切り開こうとする、その吉野の苦心についての無理解を示すものであった。しかし主権の法的主体とその政治的運用とを切り離すという吉野のデモクラシー論は、たしかに理論的な整合性という観点からすれば無理があったことは否めないところであった。たとえば政治的な概念としてのデモクラシーを構成する二つの要素、すなわち主権の所在と主権の運用を抽出して、それを民主主義と民本主義と名づけた場合、この両者のあいだには意味の違いだけでなく、デモクラシーという一つのまとまりをもった概念の要素としての意味連関が相互になければならないはずではないか、という問題がある。

後年、その点をとりあげたのは蠟山政道であった。彼は、民主主義と民本主義とを学問的用語として使う以上、両者のあいだに「内面的連関」が存在しなければならないとし、「若しデモクラシーの思想がその内面的連関を可能ならしむる嚮導概念であるとするならば、それによる政治学的概念の規定又は構成の労をとらなくてはならない。政治学の対象問題として、『主権の所在』と無関係にその『運用』を問うことは許されぬ」(同『日本における近代政治学の発達』一九四九年、実業之日本社、一〇四頁)と指摘している。

吉野のデモクラシー論=民本主義に見られたこのような理論的不備は、理論の整合性よりはむしろ実際的な結果を重視する彼の政治的な現実主義にとって、さほど大きな問題ではなかったのかもしれない。「政治に在ては理論の当否よりも主として効果の得失が顧慮せらるる」(「我が国無産政党の辿るべき途」一九二七年一月、選集2、二二三頁)という彼の言葉を思い起こせば、一層その感がふかい。しかし主権の所在と運用とを区別することについて、そもそも吉野はどれほど理論的に突きつめて考える必要性を認めていただろうか、という問題が他方では浮かんでくる。というのは、デモクラシーをめぐる概念の問題とは別に、明治憲法についても、天皇主権を前提とする明治憲法と議会中心の立憲主義とは、本来矛盾すべきものでないとする考えを、彼は述べているからである。彼によれば、明治憲法の制定に中心的な役割を果たした伊藤博文は、当時、天皇親政の皇室中心主義を憲法の基本精神と考えたが、明治憲法そのものの内容を検討すれば、どこにも議会中心主義を排除するような箇条はないと吉野は理解した。

しかも吉野は晩年にこう述べている。「憲法制定に関する主権者本来の意思は、議会中心主義と対立反撥する意味での皇室中心主義に拠《よ》るつもりでなかつたのであらう。果して然らば議会中心主義は伊藤公の素志とは相容れぬが、本来我が憲法その物と相背くものではないのである」(「憲法と憲政の矛盾」一九二九年一二月、選集4、三一八頁)と。

このように吉野においては、明治憲法の定める天皇主権主義と議会中心的立憲主義とは本来的に両立可能なのだと捉えられていた。それは、西洋のデモクラシー概念から主権在民論を切り離したデモクラシー論も成り立つとした民本主義論の提唱と、まさに発想のうえで共通するものがあったということができよう。つまり吉野の民本主義論は、西洋のデモクラシー論にその基礎を求めたためにデモクラシー論としての理論的整合性を追及されたが、吉野にあっては、上述のような認識に支えられた明治憲法論が示しているように、法的主権とその政治的運用は、理論的にはどうであれ、本来切りはなすことができるという確信にも近い考えをもっていたのではなかろうか。このことは、吉野のデモクラシー論の思想構造にも影響を及ぼさずにはおかなかった。

すなわち吉野によれば、主権者である天皇は政治的に無答責の地位にあるから、主権の運用はつねに何者かの「輔翼」を必要とする。そのことは、逆にいえば主権者である天皇はみずからの政治的意思を公にしないという天皇神話(1)に依拠するものでもあった。こうして吉野のデモクラシー論は、天皇主権についてのそのような認識を前提として、その「輔翼」をどのような形で行うのが適切かという文脈にそって構想されていった。たとえば彼はこう述べている。「議会中心主義の確立は大政親裁の君主の権能を拘束するが故に非なりとする議論がある。この議論を徹底すれば、君主は絶対に御相談相手を有《も》つべきでないと云ふ結論に到達せざるを得ない。……〔しかし天皇統治について、〕国務の複雑を極むる今日、何人《なんぴと》を挙げて君主の御相談相手たらしむべきかの一つの制度として組織立てらるることは最早絶対の必要である。故に議会中心主義の排斥は、他に之に代るべき君主輔翼の機関を予想せずしては全く意義を為さぬのである」と。こうして「君主裁政の輔翼に関し議会主義（即ち民衆主義）と対立するものは官僚主義である」（前掲書、三二一―三二三頁）と言うように、吉野の議会主義は「君主裁政の輔翼」のあり方をめぐり、官僚主義との対抗関係のなかで形成されたという側面を特質としてもつこととなるわけである。

その意味で吉野の主張したデモクラシーは、いわば「輔翼」型のデモクラシーであった。このデモクラシーは、丸山眞男のいう「重臣リベラリズム」、すなわち戦前における日本の知識人たちによって信奉されたいわゆる自由主義と基本的にかさなり合うもののように思われる。丸山は「重臣リベラリズム」の思想的特質について二つの点を挙げている。一つは、そこでの立憲主義の主張は、天皇に政治的責任が及ばないようにするのが最大の動機の一つになっているということ、もう一つは、個人の自由や人権の保障の原則が歴史主義的に理解され、原理的な基礎づけがないということである。「重臣リベラリズムは、自由とか人権の原則に立ってはいない。立憲主義的配慮というのは、天皇に責任が及ばないようにするための配慮なのです」（松沢弘陽・植手通有編『丸山眞男回顧談』上巻、岩波書店、二〇〇六年、二〇二頁）と丸山は言う。

吉野のデモクラシー論は、この「天皇に責任が及ばないようにするための配慮」という動機についてだけでなく、自由や人権の観念を歴史的に捉えて原理的に基礎づける考え方をとらない点でも「重臣リベラリズム」と共通するものをもっていた。すなわち吉野は、天賦人権論については一貫して否定的な立場を示した(2)。彼は述べている。「天賦人権といふ思想は、人文発達史上の特殊の意味は姑く措き、今日の学問からいへば、夫れ自身文字通りに受入れられぬことである。蓋し我々は決して生れながらにして独立自由ではない。独立自由は将来に於て達成す可き吾人人類の理想的目標ではある。少くとも、我々は修養努力に由り独立自由の人格者たるの可能性を有すと考ふる事は出来る。けれども、生れながらにして然りといふ事を出発点として議論を進むる事は出来ない」(『普通選挙論』一九一九年、一七頁)と。

吉野の民本主義論に内包されたこの「輔翼デモクラシー」的な性格は、政治の目的として当初に掲げられた「一般民衆の利福」が、彼のデモクラシー論のなかで必ずしも明確な説明と位置づけを与えられずに終わった点にも示されていた。この政治の目的としての「一般民衆の利福」は、「民本主義再論」では「個人的自由の尊重」に、また黎明会運動のなかでは「国民生活の安固充実」に、というようにそれぞれニュアンスを異にする表現に置きかえられもしたが、民本主義をめぐる論争で吉野自身が明らかにしたように、「結局の目的は国家を強くし、国民を安んずるといふ所にある」と彼が述べるような二元的な立場、つまり国家主義と個人主義という相対立するものの調和を目指すという点にあった。彼は、政党政治については二大政党制を理想としたが、これも国家主義寄りの政党と個人主義寄りの政党とが、相対立し相交代して政権を担当することがもっとも望ましいという考え方に立つものであった（「民本主義再論」選集2、一二二頁参照）。

このように吉野が民本主義で政治の目的として提示した「一般民衆の利福」ないし「個人的自由の尊重」は、国家の安全や強化というような国家の要請と表裏の関係に置かれることによって限界づけられ相対化されていた。彼が普通選挙の理論的根拠を説くにあたって、政治的自由権を個人にとって固有の権利とする考えを天賦人権的として排し、むしろ国家構成員としての国民による「国家的責任の分担」にあるとする意義づけを用いたのも、その例であろう。こうした考えは、主権の所在と切りはなしてその運用を問題にする発想と無関係とは思えない。

また、吉野のデモクラシー論における「人民のため」という目的は、彼に特徴的な人格主義あるいは道徳主義的な人間観、つまり理想主義的思考軸と結びつくことによって一層不透明なものとなった。すなわち彼は、すべての人間は無限の進歩向上を可能性として有するものという理想主義的な信念から、政治もまたこの人間の進歩向上に資すべきものと意義づけた。吉野は政治を定義して、「我々人類の社会的生活が客観的支配の関係に依つて統制せらるる現象」（「現代政治思潮」選集1、三〇〇頁）としたが、その客観的支配（＝政治）の人間的な意義は、この人類の絶えざる進歩向上を可能にする社会的機能にあると考え、つぎのように説いている。「本当の己れ、換言すれば真実の自我は、古き己れを制し之をそのより良き姿に一致せしむる所に開展するものと謂ふべきである。而して之を可能ならしむるものが客観的支配だとすれば、それが吾人の生活に儼乎たる規範として臨むのは、要するに真なるもの正なるものの支配を意味し、人類の実生活を陶治《とうや》してその本質的なるものに向上せしむることを意味する」（前掲書、三二三頁、傍点ママ）と。

このように吉野は、政治を客観的支配――つまり客観的な規範＝法制度にもとづく強制的支配としながらも、その社会的な存在理由を、社会の人びとが「古き己れを制し之をそのより良き姿に一致せしむる」という、人格的向上のための強制であり支配である点に求めたのである。本論でもふれたように、彼が、議員選挙にあたっては候補者の政見よりは人格を重視する「人格本位」の立場を強調し、また選挙における代表者選出の意味については、「他人の人格の内容にヨリよき己れを見出すこと」（「社会評論雑談」）と説いているように、それを有権者の道徳的な向上への機会と捉えたのも、上述のような政治の人格主義的な見方と密接に関連していたと思われる。

たしかにこうした道徳主義的あるいは人格主義的政治観は、金権支配や汚職など根深い腐敗体質を脱することができない日本政治の現況にあって、いわゆる「政界浄化」というきわめて切実な時代の要請に応ずる意味をもった。しかし他方、デモクラシーの問題として見た場合、そこでは吉野が政治の目的とした「一般民衆の利福」という視点がいささか影のうすいものになっているという印象を免れることはできまい。また、政治の方法として説かれた「一般民衆の意嚮」にもとづく政権運用、具体的には選挙を通じての「監督者」あるいは判定者としての民衆の役割も、「一般民衆の利福」という視点に立つよりは、圧倒的に政治の倫理化に向けてのそれであった。それは、選挙における前述のような「人格本位」の立場からも理解できよう。

そこでつぎに、このような吉野の道徳主義的政治観との関連で、そのデモクラシー論における民衆の位置づけについて考えてみたい。まず民衆は、上述のように、基本的には政治の「監督者」としての位置を与えられていた。それも実際には、道徳的な監督者としてであったが、そのためにも民衆自身の道徳的自覚や人格的向上への意欲が求められ、また民衆を対象とする政治教育の必要が説かれた。そしてそれらの点を含めて民衆の役割は、上述のとおり圧倒的に政治の倫理化に向けてのものであった。そのことは、吉野の場合、民衆に与えられた政治の「監督者」という役割が、専門政治家に与えられた政治の「主動者」という役割から明確に区別されたものであったこととも関係していた。

すなわち吉野のいう「監督者」とは、実際政治の動態に積極的に関与することなく、政治に対してはつねに「消極的牽制力」としての立場を保つべきものとされた。「所謂一般民衆の立場に於ては本来政権の運用に対し単に消極的牽制力たるにとゞまるものである、積極的主動力としての立場は民衆自身の能くし得る所ではない」(「現代政局の展望」一九二九年二月、選集4、二七二頁)。これが、民衆の果たすべき政治的役割にかんして、吉野が終始一貫主張してやまない考え方であった。

このように吉野は、その民本主義論で、民意にもとづく政権運用という政治の方法を「絶対的」な原則とまで強調し、事実、普通選挙制の実現には並々ならぬ力をそそいだが、民衆の政治参加の実際的なあり方については、終始、消極的で受動的であるべきことが説かれた。こうした民衆的政治参加の消極的・受動的性格と道徳重視への傾斜を考えるとき、「地方自治は民主政治の最良の学校、その成功の最良の保証人なり」(ジェームス・ブライス、松山武訳『近代民主政治』岩波文庫、第一巻、一六〇頁)と言われるような、デモクラシーの基礎となる自治的市民の育成という課題、すなわち身近な公共的な問題にかんして市民一人ひとりが積極的に関与し、その的確な処理について経験を積むことが、民主政治の担い手に必要な能力の開発に役立つという、その意味での「自治」的な民衆像の形成を、吉野のデモクラシー論は果たして受けとめることができるだろうかという疑念も一方では生まれる。

「主動者」としての専門政治家と「監督者」としての一般民衆という対比は、いうまでもなく「最良の政治と云ふものは、民衆政治を基礎とする貴族政治である」という彼の目指した政治像と対応するものであった。これは、デモクラシーの一般論からすれば、デモクラシーにおけるリーダーシップの必要性という現代的な問題と重なり合うものであろうし、政治理論の問題としては、アリストテレスが「国制」を論ずるなかで、民主制を是認する条件として、貴族制との混合をとりあげていらい、「知識という貴族政の徳とデモクラシーの権力ないし意見との混合こそが最善の国家を実現可能にする」(Bernard Crick, *Democracy: A Very Short Introduction*, バーナード・クリック、添谷育志・金田耕一訳『デモクラシー』二〇〇四年、岩波書店、四〇頁)という視点は、デモクラシーを論ずる際の共通認識となっていると言ってよかろう。

したがって「最良の政治と云ふものは、民衆政治を基礎とする貴族政治である」という吉野のデモクラシー観は、それ自体、特別なものとは言えない。問題は、民衆政治と貴族政治との「混合」のあり方であろう。吉野が「貴族政治」というときの「貴族」——他に「賢者」「天才」などの語も用いた——は、前述のように、政治の「主動者」としての専門的あるいは職業的政治家に相当するものだが、そこで想定されている役割ないし能力には二つの側面があった。一つは、民衆の需要に応えうる政策の形成とその実現――吉野のいわゆる「政治的価値の創造」――に必要な専門的知識・経験・能力の担い手という側面、いわば政治的エリートである。そしてもう一つは、民衆の「精神的指導者」にふさわしい「人格」、民衆にとって「将来に期待せらるべき自己」あるいは「ヨリよき己れ」と受けとめられるような優れた人格の担い手という側面、いわば人格的エリートである。つまりこの二つを合わせもつことが、実際政治に直接参画する限られた政治家に求められた。

他方、一般民衆もまた「監督者」として、当然これら政治家の二つの側面に対して向きあうこととなる。第一の政治的エリートとしての側面にかんして、民衆の監督は果たして可能かという設問は、普通選挙制とも関連するため、吉野が苦心した問題の一つであった。この点について吉野が、民衆に多くを期待しなかったことは、選挙での代表者選出の基準を「政見」より「人物」に置いたことからも理解できよう。既述のように、彼が考えた民衆の監督は多くが政治的「主動者」の道徳的人格性にかんする第二の側面に対応してとりあげられた。

しかし吉野も、第一の側面、政治的エリートとしての専門政治家に対する民衆の監督をまったく考慮の外に置いていたわけではもちろんない。たとえば「大正政界の新傾向」(『中央公論』一九一五年七月)では、「或政治問題が具体的に起つた時に、政界の識者に色々意見を自由に吐かしめて、而して民衆をして其可とするものを択ばしむるといふところに民衆の政治上の意義が存するのである。各種の意見が自由に吐かるれば、大局に於て最も健全なる意見が大多数の採納を得るといふ事は、大体に於て誤りがない」（選集3、一三二—一三三頁）と述べている。また晩年の「現代政局の展望」でも、一般民衆の受動的な「監督者」としての役割を主張するなかで、「民衆は直接には政治の積極的建設に関らずとするも各種の施設に依て痛痒を感ずるものは彼等なるが故に、受働的に結果の適否を判断し得る者は彼等を措いて外にない」（選集4、二八二頁）と吉野は指摘している。ここで指摘されている民衆の役割は、たしかに受動的ではあるが、まさに「監督者」としての民衆にしてはじめて果たしうる重要な政治的役割そのものと言うことができよう。

しかし、このような具体的施策の「結果」にもとづく政治的判定者としての民衆の役割については、吉野の思想空間のなかで必ずしも明確な位置づけが行われているようには思えない。たしかに「主動者」としての専門政治家と「監督者」としての一般民衆との関係について、吉野が好んで用いた医者と患者の比喩は、まさしく具体的施策の責任者である専門政治家とその政治的判定者としての民衆との関係を巧みにイメージ化することに成功している。しかしその場合でも吉野は、主として、専門的な診断と治療は医者の仕事であり一般の患者には不可能という側面——つまり政策形成とその実行は専門政治家の仕事であって民衆には不可能という民衆の政治的能力のもつ限界——を説明することに力点を置いてこの比喩を用いることが多かった。そのため、症状を医者に訴え、治療後の症状の有無によって治療の是非を評価する患者の側の積極的な役割は主要な文脈からはずされることとなったが、それはとりもなおさず生活上の苦痛や問題の解決を政治家に訴え、施策の結果についての判定を政治家にフィードバックする民衆の主体的な役割が、吉野の問題関心のなかで十分捉えきれていないことを物語るものであろう。

ただ吉野も晩年になると、「監督者」としての民衆の役割を政治的に意義づける試みが若干見られるようになる。たとえば「現代政治思潮」(『岩波講座　世界思潮』第一二冊、一九二九年四月)では、先の医者と患者の例についても、「痛みをとめるは医者の職分だが、医者も患者に質《ただ》さずしては何を癒さねばならぬのか頓《とん》と手の下しやうがあるまい」(選集1、三五〇—三五一頁)と患者側の訴えのもつ大切さが語られ、議会の代表者と民衆との関係についてもつぎのように説かれている。「所謂代表者は民衆の中より出づるを要し、更に又民衆の生活に及ぼす効果如何に依つて彼れの行動の正否が判ぜられなければならぬ。即ち民衆的監督の必要なる所以。而して之れあるに由つて代表者の叡智は益々洗錬され、最もよく民衆の利害を代表するに適するものとなる」(前掲書、三五一頁)と。ここではむしろ民衆こそが、その生活要求を「代表者」=専門政治家に訴えることによって正しい施策の実現を促し、代表者の政治家としての成長を支えるという、民主政治の原点ともいうべき民衆の重要な位置と役割とが語られている。

吉野が、こうした民衆的監督の政治的役割や意義を理解しながらも、そのデモクラシー論のなかに十分位置づけることができなかったのは何故であろうか。つぎに、そのことに関連すると思われる問題点を一、二指摘しておきたい。一つは、政治の目的として「一般民衆の利福」を掲げながら、生活利益の担い手として民衆を捉える視点は、吉野のなかで必ずしも高い関心の対象にならなかったということである。彼において、利益はしばしば「利権」と結びつけて考えられ、経済的利益の社会的配分をめぐって生まれる「階級」の観念には、彼は警戒的な姿勢を多くとった。そしてそれ以上に、おそらく吉野の理想主義すなわち人格主義的な人間観・価値観が、人間の自己保存の欲求とか個人の生存権などに根ざした個人中心的な功利的価値を、人間の内面的な価値に比べて、相対的に低いものとする考えをもたらしたと言えるのではなかろうか。

もう一つ、吉野がしばしばとりあげる命題であるが、「何が人民一般の利福なるかは人民彼自身が最もよく之を判断し得る」(「憲政の本義」選集2、四三頁)という考えについて、吉野が否定的な姿勢をとるようになった点が、民衆の政治参加のあり方との関連で注目される。すなわち吉野は、民本主義論で、「人民の利福」という政治の目的と、「人民の意嚮」による政治——具体的には民意による代表者の選出という形をとった「監督者」としての民衆の役割——とは、一体不可分のものと論じた際、その「理論上の根拠」として、上記の命題を挙げて説明していた。しかし、その翌年には、他からの批判をうけてその説明を「構想の際の粗漏」と釈明し撤回したのであった。この命題は、人民を恩恵の対象とする専制的な善政主義や仁政原理から近代のデモクラシーを区別し、近代における個人の尊厳や自立を支える原理として象徴的な意味をもっていることは周知のところである。したがってここでは、民衆自身が利福とするものを尺度に、施策の是非を判定するという民衆的監督の意義を主張する根拠として、この命題は理論的にも重要であったと考えられる。それだけに上記のような釈明と撤回は、民衆的監督の意義を捉える吉野の視点に、ある種の揺らぎが存在することを感じさせずにはおかなかった。

事実、それ以降は、つねに批判的な視点から、しかも若干の論理的混乱をともないながら、吉野はこの命題を引用するようになる。たとえば「社会評論雑談」(『中央公論』一九二二年八月)では、「各人の利益は各人が案外に知らぬことが稀でない」という題言を掲げ、たしかに民衆の要求に耳を傾けることは立憲政治の要諦であるが、民衆の要求を満足させる方法について民衆自身が知っているかは大いに疑問であると述べる。そしてそのうえで「痛苦を訴ふる本人が其の何病たるを知らざるが如く、要求の対象の本体は案外にも本人に分つて居ないことは普通でないか」(選集12、一三一頁）と説いている。吉野の言わんとするところは、民衆は自分の要求は自覚しても、それを満足させる方法を知らない――したがってそのことは専門政治家に任せるべきである――という点にあったと思われるが、ここでは自己の「要求の対象の本体」ないし「利益」そのものを民衆は知らないという意味に、取り代えられてしまっている。こうした論旨の混乱を示す事例は他のところでも見られた。一例を挙げれば、「現代政治思潮」のなかで彼はこう述べている。

たゞ大衆には単純な要望の自覚があり、之を満され又満されざるについての明白なる快不快の感がある。只如何にして之を充たし従って又如何にして自家の生活を向上すべきかは、彼等のよく知る所ではない。之を知るには特別の修業と特別の準備とが要る。而して比較的によく之を知る者を私は天才と呼ぶのである。……大衆は自らよく大衆の事を知るなどと云ふものあるが、そは一部無政府主義者の迷信でなければ、徒《いたず》らに民衆に阿《おも》ねるを事とするデマゴーグの宣伝に過ぎない。民衆は自ら己れを知らざるの本来の地位を自覚し、自家の畑より出た天才に事を託するを以て最もよく自家の方途を定め得るものなのである（選集1、三四一頁）。

ここでも、吉野の趣意は、民衆には「単純な要望の自覚」はあるが、それを充たす方法は知らない、したがってそのことは専門の政治家＝「天才」に託すべきであるという点にあった。しかし、そのことを主張するために「大衆は自らよく大衆の事を知る」という命題が批判の的とされ、民衆は「自ら己れを知らざるの本来の地位」について自覚すべきことが説かれているのは、やはり論理的な飛躍というべきではなかろうか。こうした混乱は、吉野の関心が多く民本主義における「貴族政治」の側面に向けられ、それに比して、民衆の生活要求が政治的施策により充たされたか否かについての民衆自身の判定、すなわち「監督者」としての民衆の政治的な役割については、さほど高い関心が払われなかったことを示していると思われる。

ともあれ吉野は、民衆的監督の政治的役割や意義を理解しながらも、その問題を理論的に深め、積極的に彼のデモクラシー論のなかに位置づけることはついになかった。そのうえ晩年の彼の眼に映じた民衆の現実は、道徳的な監督者としての面でもまた厳しいものがあった。彼は、普通選挙の実現により新しく選挙権者となった多数の民衆が、腐敗した既成政党や金権政治家にきびしい審判を下し、政界浄化は前進するであろうと信じたが、現実はその期待にほど遠いものとなった。「国民大衆は決して既成政党を積極的に支持せんとするものではないけれども、全体として歯痒《はがゆ》い程政治に冷淡で、従来の例でも明かなるが如く常にブローカーに左右されて居る有様だ」（「議会から見た政局の波瀾」一九三三年一月、選集4、三七七頁）。吉野はこれが民衆の現実の姿であることを認めざるをえなかったのである。

しかし、それにもかかわらず吉野は、民衆への信頼と期待を最後まで失うことはなかった。いわば民衆を万能視するような立場には一貫して批判的であったが、一歩離れて長期的な視点に立って観察すれば、民衆はそれなりに政治の道徳的進歩に貢献している、という見方を彼はしていた。彼はこう述べている。「遠く離れて民心の動きを達観すれば、あれで相当不義を抑へ正しきを扶《たす》くる監督のつとめを果して居る。最もだらしのない我国の政界に於てすら、誰かよく今日の政情が憲法発布当時に比し毫も進歩して居ないと断言し得よう、遅速緩急の差はあるが、之でも段々良くなつてゐるのは矢張り民衆監督《ポピュラー・コントロール》の賜《たまもの》に外ならぬ」（「現代政局の展望」選集4、二八〇頁、傍点ママ）と。

ここでも実際政治に対する民衆の監督は道徳的な視点からのそれであったが、そのはたらきを吉野は少なからず評価したのである。それは、民衆の実際政治についてのかかわりが受動的・消極的であることとは何ら関係しないというのが吉野の理解でもあった。「実際政治に対する発言が単に受動的に或は消極的に現はるるだけでも、牽制匡救《きょうきゅう》の力としての存在は相当に強い筈である」（前掲書、二六八―二六九頁）と彼は述べている。ただここでは、とくに民衆が「特権階級に対立するものとしての階級的立場」を自覚し、「相当の熱意」をもって主張することが求められていた。それは民本主義者としての吉野のつぎのような確信にも支えられていた。「私は特権階級に対立する一政治勢力団としての国民大衆の意識的行動に頼ることの外に、立派な政治の行はるる見込みは絶対にないと信ずるものである」（前掲書、二六七―二六八頁）とする信念がそれであった。

このような吉野の民衆に対する期待と確信は、人間の無限の発達にかんする彼の理想主義的信念と表裏の関係で結びあっていた。吉野によれば、民衆の判断を尊重するのは「民主主義的人生観」、すなわち「凡そ人間は、適当な教養の機会さへ提供さるれば無限に其の能力を発達するもの」という人間観が根底にあるからであって、「斯く云ふ態度で民衆を観る。茲に結局彼れの判断に頼んで安んずるを得る根拠がある」（「我が国無産政党の辿るべき途」選集2、二三七頁）と述べている。同様の趣旨は彼の「現代政治思潮」のなかにも見出すことができる。ここでは、「人は無限に発達するものであり、その発達を信ずる以上、欺くべからざる多数の結局に於てよしとする所を最高の価値と許しても差支なかるべしとする考が横はつて居る。蓋《けだ》し民衆はもと進んで自ら価値を創成し得ざるものではあるが、孰れが最良最高のものなりやは、その体験に依つて容易に之を断定し得べきを以てである」（選集1、三四二頁）とある。

このように吉野の民衆に対する信頼を根底において支えたのは人間に対する信頼にほかならなかった。ここでの人間は、言うまでもなく、国境を越え、民族の枠をはなれ、またそれらすべてを包み込んだ、普遍的で開かれた観念によって受けとめられたそれであった。彼が「人種的観念の如きは寧ろ年と共に段々減退すべき筈のもの」（「国家中心主義個人中心主義 二思潮の対立・衝突・調和」選集1、一五六頁）として、東西の人種競争を予想した「白禍論」や一部の「大アジア主義」に批判的立場をとったのも、この人間に対する普遍的な信頼の故であろう。したがってこの人間に対する信頼は、日本の民衆についての彼の期待や信頼をはぐくむ土壌となっただけでなく、朝鮮や中国の民衆に対する人間的な共感と理解をも可能にした。日本の朝鮮統治について「対外的良心の発揮」を訴え、朝鮮民衆の民族としての自主性と誇りを無視した同化政策に、彼が批判的立場をとったのもその表れであった。

中国の民衆についても同様であった。たとえば中国の五四運動にあたって、吉野は日中間の新しい親善関係の構築を目指し、両国学生の交流と提携を計画したが、それは民間レベルの人間的な相互理解の重要性を考えてのことであった。彼が目指したものは、一握りの権力者を介してでなく、直接相手国の民衆の心をつかまえることこそが大切であるとする彼の「国民外交」にあったが、こうした構想も彼の人間に対する信頼を前提とすることなしにはおそらく不可能であろう。また日本政府が山東出兵を強行した際、吉野がこれに強く抗議したのも、主権国家としての中国の立場をまったく顧みない、居留民保護という独善的な出兵の理由が、どれほど中国の国民感情を傷つけるかを憂慮したからである。こうした健全な他者感覚を、日本の支配者たちの自国中心主義に抗して保持することができたのも、また吉野の開かれた人間観の裏づけなしには考えられまい。

ところで吉野の民衆に対する期待と信頼を支えた人間への信頼とは、前述のように人間の無限の進歩についての信念とともに、また民衆こそが普遍的正義と人間的な道徳の担い手であり判定者であるという確信に根ざしていた。ワシントン会議開催へ向けての話がすすんでいるとき、吉野はこのように述べている。「少くとも民衆は世界の平和幸福を実質的に進める為めの議論と協定とを期待して居る。而して此期待に背かない態度を一貫するのが即ち真の成功であつて、形の上で無理を通しただけでは、結局永く世界の民衆の道徳的支持を受くる事が出来ない」(「国際会議に於ける形式上の成功と道徳的の成功」選集6、二〇八頁)と。このように民衆は、世界の平和幸福のために人間の営みを道徳的に監視し判定する役割を果たすべきものと、吉野によって期待されていたのである。

吉野がそのデモクラシー論において、民衆は政治の「監督者」として自己の人格の向上に努めるとともに、また政治の道徳性をたかめるうえに重要な役割を担うべきものと説いたのも、このような民衆観と理想主義の立場がその根底にあったからであろう。吉野の晩年、日本は満洲事変を契機に軍部勢力の台頭がますます顕著となり、対外的には国際的な孤立へと向かいつつあった。こうして日本の議会政治が岐路に直面するなかで、吉野は、民衆のもつ「見へざる大きな牽制力」に最後まで期待を託し、日本の行く末を案じつづけつつその生涯を終えたのである。

# 補論　吉野作造と明治文化研究

## 一　学的経歴の一紀元

吉野作造が明治文化の研究に本格的に取り組むようになるのは、一九二一（大正一〇）年夏からのことである。そのことは、吉野の書いたいくつかの文章のなかで、繰り返し回顧風に語られている。たとえば、吉野がある古書店の目録に寄せた序文のなかでも、つぎのように述べている。「大正十年の夏からまた不図《ふと》古い疾《やま》ひの古本道楽が燃え出した。尤《もつと》も今度は明治の文化、殊にその政治的方面、就中《なかんずく》それが西洋文化に影響された方面と研究の範囲を限定して掛つた。斯《こ》うした方面の資料を集めて置きたいといふことは小野塚法学博士のサゼツシヨンにも因《よ》る。どうしたはづみか十年の夏急に思ひ出した様にあさり始めたのであつた。それから遂に東京中の古本屋は固《もと》より、名古屋・京都・大阪の本屋とも親しくなってしまった」(「本屋との親しみ」『一誠堂古書籍目録』一九二五年一一月、選集12、四二頁、傍点ママ)と。

明治文化研究に向かって精力的に取り組みを開始したことは、学究としての吉野の生涯にあって、やはり一つの記念すべき飛躍であった。というのは、当時、世人の眼に映じた吉野という存在は、圧倒的に民本主義唱道者としてのそれであり、デモクラシー運動の理論的指導者としてのイメージであった。しかし言うまでもなく、吉野の専門領域は政治史であり、東京帝国大学法科大学でも一九二四(大正一三)年二月朝日新聞入社のため教授の職を辞するまで一貫して政治史講座担任者でありつづけた。

政治史を専門とする吉野がまず研究の課題としたのは、一つは第一次大戦の勃発をめぐるヨーロッパ諸国の政治情勢の分析であり、もう一つは、それと前後して彼の新しい関心の対象となった辛亥革命につづく中国革命の動向であった。当時の吉野の大学での講義も、ヨーロッパと中国を中心とした「十九世紀政治史」であったようである(蠟山政道「わが師吉野作造先生」、社会思想研究会編『わが師を語る』一三五頁以下)。

このように、吉野の場合、政治史といってもいわば現代政治史であったし、ヨーロッパと中国という広がりをもったこの同時代史的考察も、その深い底流においては、日本政治の改革とその実態の解明という、彼の当面する課題と結び合っていたであろうことは想像に難くない。吉野自身も「早晩日本の事を講義せねばならぬと覚悟して、多少の用意はしたが、……今から考へるとお話にならぬ程貧弱なものであつた」(「資料の蒐集——明治文化研究者として」一九三一年六月、選集12、八七頁)と、後年回顧している。その意味で、近代日本政治形成の歴史的経緯と背景を探る明治文化の研究は、政治史を専門とする吉野にとって最後に残された課題であったし、日本政治の立憲主義化という彼の目指す目標達成のためにも、また避けて通れないものであった。

このように考えると、一九二一年夏から開始された明治文化研究のための資料収集は、学究としての吉野にとっても、また「デモクラシーの使徒」吉野にとっても、一つの重い決断ではなかったか。前引のように吉野自身は、この明治文化研究への始動を「どうしたはづみか十年の夏急に思ひ出した様に」とさりげなく記しているが、これまで研究対象としてはほとんど手のつけられていないこの領域に踏み込むことの重さは、いろいろな意味で吉野自身十分感じていたに違いない。一九二二（大正一一）年一月、吉野は過ぎし一年の出来事を振り返りながら年頭の日記にこう記している。「夏の初めより日本開国史の研究を思ひ立ち資料の蒐集に着手す　半年の間に可なりの新所蔵を加ふ　予の学的経歴に於て之れ正に一紀元を開くものなり」（選集14、二四四頁）と。この「正に一紀元を開くもの」という言葉には、新しい課題に立ち向かう彼の張りつめた気持ちと、もはや後に引けない決意のほどがにじみ出ている感じさえする。

ここでは「日本開国史の研究」と記されているが、維新の変革と明治国家による西洋文化とりわけ近代立憲制の採用が、どのような歴史的状況の下で進められたかについて、事実にもとづいた学問的な検証が今こそ必要であるとする思いは、じつはその三年ほど前から、ある具体的な体験と結び合って吉野の心を強く捉え始めていた。それは、一九一八年、国家学会創立三〇周年の記念事業として『明治憲政経済史論』の編纂計画を進めるなかで遭遇した事件であった。そのいきさつは後述の「明治文化の研究に志せし動機」（一九二六年四月、選集11所収）という彼の文章に詳しく語られている。

ところで国家学会は、一八八七（明治二〇）年に、時の帝国大学法科大学政治学科に属する教授たちによって政治学・理財学を中心とする研究を目的とする団体として設立された。明治二〇年という年は、明治憲法の起草も最終段階に達し、三年後には議会も開設されようという時期にあたっていた。そうしたこともあって、憲法制定事業の中心的存在であった伊藤博文は、立憲制の理解を深め知識を広めるうえに国家学の研究がきわめて有用であるという認識から、この学会の創立に大きな期待を寄せたのであった。

このように国家学会には、明治憲法体制を担う伊藤博文やそれに近い政治家・官僚たちの期待と支援の下で誕生したという経緯があった。そうした歴史をもつこの学会が、節目の時期を迎えて「創立満三十年を記念する為め明治の憲政並に経済財政の基本に直接関係した先輩の談話を集め権威ある一記録を残して置かう」（「明治文化の研究に志せし動機」選集11、一〇〇頁）と考えたことは十分理由のあるところであった。まして当時は、日本の憲政のあり方が問い直されている最中でもあった。

計画は予定どおり進んだが、明治憲法の起草に深く関与した伊東巳代治からは、たびたびの懇請にもかかわらず、固辞されて談話をとることがついにできなかった。明治憲法の制定をめぐる歴史の隠された部分について伊東が語ることを拒んだのは何故か。その理由について吉野は直接知る機会を得なかったが、それをこう推測した。明治憲法の制定は、当時侮りがたい勢力をもっていた自由民権論との対抗のなかで進められた。周知のように民権運動の側からもいくつかの憲法草案が提示されていたし、政府側の欽定憲法論にたいして国約憲法論や君民共治論つまり「憲法を以て君民協同の公約なりとする」議論も有力であった。こうした与論を抑えて憲法の制定を進めたいきさつがあっただけに、その実情をいま明らかにすることは、現に盛り上がりつつある政府批判のデモクラシー運動をさらに勢いづかせ、今日の思想界の混乱に油を注ぐことになりはしないか。おそらく伊東はこのような危惧を感じて公表を拒んだのであろう、と吉野は考えた。

この種の危惧の根底には、往々にして年寄りが過去の自分の経験にとらわれて安易に今日の問題を判断するという傾向が働いているのではないか。それは吉野自身、デモクラシー運動に身を投ずるなかで、自分の言動に対する先輩の批判や忠告を通して経験的に感じとった一つの確信であった。「何とかして斯うした古い人達の迷妄をひらかなければならぬ。夫《そ》れにはどうすればいゝか。一番の近道は彼等に時勢の変化を説くことである。政治思想の変遷を基《もとい》した時勢の背景の新旧自ら異る所以を明にしてやることである。斯くして私は明治政治思想の変遷史を明にすることが、当面の政界開展の実際的目的を達する上にも極めて必要だと考へたのである」（前掲書、一〇三頁）。こうして吉野は、明治文化の研究に本格的に取り組む決意を固めるに至るのである。

一九二一年の夏、吉野が「急に思ひ出した様に」古い資料の蒐集に乗り出した事情について、彼自身は前引のように「小野塚法学博士のサゼッションにも因る」と記しているが具体的なことは詳らかでない。田中惣五郎『吉野作造』（一九五八年、未來社）では、吉野の明治文化研究について、蠟山政道の「談話」による形で「それは吉野の研究が対社会的にかたむきすぎることを、先輩の小野塚喜平次総長らも懸念し、吉野みずからも反省した結果と思われる」(同上書、三〇二頁)と記している。吉野も「評論家としての自分並《ならびに》佐々政一先生のこと」のなかで、「余り書き過ぎると云ふ所から密かに私の学問上の本分に対して危惧不安の念を抱いてくれる先輩友人の少くないことは亦事実である。且つ斯《か》くの如き危惧不安の相当に理由ある事も私の認むる所である」(選集12、三頁)と述べているところからすると、彼の周囲にそうした懸念をもらす先輩友人がいたのは事実なのであろう。しかしいずれにせよ、明治文化史という新しい学問分野への彼の挑戦は、吉野の政治史研究のいわば必然的な発展の帰結であり、彼の社会的・実践的な関心のいささかの後退をも意味するものでないことは、言うまでもあるまい。

## 二　鎖国日本の西洋観

十余年にわたる吉野の明治文化研究は、明治文化の形成過程を、鎖国体制下の徳川中期にまでさかのぼり、それ以後維新の変革を経て明治憲法制定に至るまでの期間について、主に西洋文化との接触・受容のあり方を通して明らかにする、という視点から進められている。この作業は、関連する文献資料がまだほとんど整えられていない当時にあっては、一つ一つの資料の発見・調査・考証といった仕事の積み重ねと並行して行われなければならなかった。日記からもうかがえるように、吉野が忙しい時間を割いて、ほとんど二、三日に一回、時には毎日のように「古本あさり」に足を運んだのはそのためである。したがって明治文化の形成過程を明らかにするといっても、個々の研究主題や対象は、彼がたまたま手に入れた資料に即して選ばれることが多いから、もとより一定の手順や体系の下で進められたわけではない。しかし発表された個々の論説を、その内容や対象に即して整理すると、いくつかの主題に分類できるように思われる。

まず第一は、鎖国体制下の日本の西洋観をめぐる問題である。新井白石の『西洋紀聞』をとりあげた「新井白石とヨワン・シローテ」（一九二三年二月）やロシアから帰還した漂流民幸太夫にかんする一連の論説は、その代表的なものであろう。ことに前者は、キリスト教布教のため、一七〇八（宝永五）年、日本に潜入して捕らえられたイタリアのイエズス会宣教師シドッティ（Giovanni B. Sidotti, 1668–1715）を訊問した白石について論じたものである。この訊問の内容を中心に記述した白石の『西洋紀聞』は、しかし徳川時代を通じて世に公にされることはなかった。それが校訂を加えて広く紹介されるようになったのは、じつに一八八二（明治一五）年、大槻文彦の手によってであった。

大槻文彦は、吉野の中学時代の校長でもあった。吉野が明治文化の本格的な研究に入るにあたって『西洋紀聞』を最初にとりあげた背景には、そうした大槻との縁もあったかもしれないが、それにもまして吉野がこの書物に注目したのは「西洋紀聞を以て徳川時代に於ける西洋関係の文献中最も卓越せるものと断定」（「新井白石とヨワン・シローテ」選集11、八頁）したからにほかならない。そして、この書物を素材にして白石を論じたこの論説で吉野が関心を寄せた点は、白石のキリスト教についての態度であった。

白石は、シドッティが博聞強記で、とりわけ天文地理の分野ですぐれた知識の持ち主であることには少なからぬ敬意を払ったが、キリスト教の理解となるとやはり時代の制約は争えなかった。吉野は記している。「只この教に対して白石は如何いふ風に考へたかと云ふに、一言にして云へば、『荒誕浅陋弁ずるにもたらず』と断じ、『蕃語ことぐくに通暁すべからずといへども、大約その教の由来る所西天浮図の説に出づ……其浅陋の甚しきに至りては同日の論とはなすべからず』と論じて居る」（前掲書、二三頁、中略原文）と。このように白石のキリスト教観を紹介したのち、「流石の白石にも宗教の本当の意味は能く分らなかった」と結論づけているのである。

白石の西洋文化観については、今日でもしばしば『西洋紀聞』の有名な言葉「こゝに知りぬ、彼方の学のごときは、たゞ其形と器とに精しき事を。所謂形而下なるものゝみを知りて形而上なるものはいまだあづかり聞かず」が引き合いに出される。西洋の文化を内的な道徳や精神の領域から切り離し、外的な科学技術のレベルにおいてのみ長ずるものと見るこの捉え方は、その後、佐久間象山のこれまた有名な言葉「東洋の道徳、西洋の芸術」に見られるように、幕末に至るまでこの時代の西洋文化についての捉え方の基本的枠組みをなしたと言ってよい。そうした意味で吉野もこの言葉に注目し言及しているが、吉野の場合に注目すべきことは、白石のこうした西洋文化の理解に見られた限界にもかかわらず、白石が「教法の伝道が国を奪ふの謀略に出づるとの俗説には断乎として反対した」点に着目し、その勇気と見識とを高く評価していることである。「彼は冷静に教法の説明を聴き教師の人物にも接して、可なり適確な判断をしたものといはなければならぬ。斯んな事は何でもない様だが、能く考へて見ると、普通凡庸の人間の出来ることではない。大正の昭代に於てすらフリー・メーソンは世界を顚覆せんとする猶太人の秘密結社だなどと信じ込んで動かない者がある。……況《いわ》んや白石の頃は、少しでも切支丹に同情ある様な言葉を出せば忽ち首が飛び、只訳もなく罵倒さへして居れば無難だといふ時代だ。先入の偏見から脱するといふは容易な事ではないのである」（前掲書、二五―二六頁）と。つまり宗教を含めた人間文化の問題を、政治的な意図や意味に引き寄せてしか見ることのできない日本のカルチャーの中にあって、宗教を宗教として、文化の問題を文化の問題として受け止めようとした白石の姿勢に、吉野は共感を示しているのである。だから「外国の事物は正に此の調子で観るべきだ。殊に内面的事物に於て然りとする。此意味に於て白石の遺書は今日の吾人に取りて確に一の貴い修養書と謂つてもいゝ」（前掲書、二六頁）と言って吉野は、時代の偏見に捉われることのない白石の醒めた異国認識に深い敬意を表した。言うなれば、政治優位の日本にあって、吉野は白石を通して、文化の領域が政治に対して自立性を獲得していく一つの道筋を見出そうとしたのであろう。

## 三　文化の「鎖国」から文化の「開国」へ

鎖国体制下の日本の支配的な西洋像を支えたのは、言うまでもなく儒教思想にもとづく夷狄観であった。西洋諸国を儒教的文化圏から疎外された異質で道徳的に劣った存在とする西洋不信と蔑視がその根底をなしていた。このような徳川時代の伝統的西洋観の支配するなかで、比較的初期の西洋についての見方は、西洋を「珍談異聞の供給者」とする捉え方であったと吉野は指摘している。その具体的な事例は「昔の人の西洋観」（一九二三年七月、原題「忙後閑談」、『新井白石とヨワン・シローテ』一九二四年、改題・収録）および「再び昔の人の西洋観に就て」（『露国帰還の漂流民幸太夫』一九二四年に収録）に紹介されているが、吉野が自己の明治文化研究の成果を一つの論文に集約した「我国近代史に於ける政治意識の発生」（一九二七年一二月『政治学研究』第二巻、岩波書店）の中でも、その問題をとりあげて、つぎのように記している。「ケンプェルの日本志中にある将軍家の外人御覧の記事などを読むと、如何に当時和蘭人《オランダ》が野蛮人扱ひされて居たかが能くわかる。謁見を賜るのではない。御簾《みす》の中から将軍家が珍らしい動物を御覧になるのだといふ。将軍の旨をうけた役人から、物を喰べる真似をしろの、寝るときはどうするの、二人途中で行き会うたらどんな風に御辞儀をするのと、いろ〳〵の事をやらされる。丸で我儘な金持が物いふ猿をでも見物するといふ有様である。斯うした西洋観は長い間脱けなかった」（選集11、二三七—二三八頁）と。

愚劣ではあるが政治性には乏しいこの初期の西洋観が、その後政治的色彩と排外主義的性格を強めるようになるのは、たびかさなる外国船の接近に触発されて、対外問題がしだいに人びとの心を捉えはじめる状況の中でであった。そしてその動きを加速したものとして、とくに吉野が強調しているのはアヘン戦争の影響であった。「中華」の国として尊重された清国が「英夷」と軽蔑された英国に大敗を喫したアヘン戦争（一八四〇—四二年）の詳報が伝えられると、それを契機に伝統的な西洋軽侮と不信の感情は敵意をあらわに高揚し、西洋諸国の侵略性と「残忍暴虐」な異国の国民性を強調する排外主義的イデオロギーへと成長することとなる。吉野も紹介の筆を執った嶺田楓江『海外新話』（一八四八年）は、斎藤馨の『鴉片始末』などとともに、アヘン戦争の叙述を通してこのような排外主義的西洋観を広く人びとに植えつける役割を果たした書物である。

幕府が「外圧」に屈する形で開国への道を歩みはじめるのは、このような西洋観が根強く人びとを支配していた時期である。それゆえ鎖国から開国への幕府の政策転換は、アヘン戦争を機に高まりつつあった攘夷の風潮に油をそそぐ結果となった。しかし攘夷の嵐が吹きすさび、西洋世界への頑なな拒否反応がつづく中で、明治文化の形成に決定的な役割を果たすこととなる西洋文化への接近とその理解および受容が、一体、何時どのような形で進められたのか。この問題が幕末維新期についての吉野の主要な関心の対象を形づくることとなる。この問題を吉野は、一つは西洋近代の人文・社会科学の受容という側面から、もう一つは日本における近代政治意識の成長という側面からとりあげるのである。

前者の西洋近代の人文・社会科学の導入について吉野がしばしばとりあげているのは、一八六三（文久三）年から六五（慶応元）年にわたる津田真一郎（真道）と西周助（周）のオランダ留学である。これは幕府がオランダに軍艦の建造とその間の留学生の受け入れを依頼したことによるのであるが、幕府の留学生に選ばれた津田と西は、ライデン大学のフィッセリング（Vissering）教授のもとで、日本人としては初めて西洋社会科学の基礎を学ぶ機会に恵まれたわけである。それは、法理学・国際公法・国法学・経済財政学・統計学の五科目にわたったが、フィッセリングにより講述された内容の筆記は、その多くが帰国後に翻訳公刊され、それぞれの分野で日本の近代的な学問の基礎を築くうえに大きく貢献した。これらの点については、吉野の「我国最初の海外留学と其の齎せる政法書」（一九二五年一一月）や

「明治文化に対する神田孝平先生の貢献——その著述の解説」（一九二七年一一月、ともに選集11所収）などの中で詳しい紹介がなされている。

この西洋の新しい学問の受容に関連して一つ目につくことは、西洋の新しい学問や制度や文物をめぐる訳語について吉野が高い関心を抱いていた点である。たとえば「新書古書（東京数学会社雑誌）」（一九二二年九月、『国家学会雑誌』）の中でも、明治一〇年に創刊されたこの雑誌にかんして、「今なら数学会といふべき所を数学会社と呼んだのも面白い。今日会社といへば殆んど例外なく商事会社を連想するが、当時は必ずしもさうでなかった」とし、「会社といふ字が何時《いつ》頃より今日意味する様な限定的術語となつたかは精密に究めて置きたいと思ふ」（選集11、五五—五六頁、傍点ママ）と述べている。またイギリス政治の概略についての訳書『英政如何』（一八六八年）をとりあげた「『英政如何』」（一九二四年八月、選集11、七二頁以下）では、投票を「入札」、年金を「捨扶持」、懲役を「荒仕事附の入牢」など、政治・軍事・法律などにかんする明治初期の苦心の末の訳語の紹介が行われている。翻訳語の問題は、文化接触や異文化理解のあり方を考える場合の重要な手がかりとなるものとして、今日ではその文化史的意義が広く認識され、その研究も進められているが、吉野の仕事はその点でも先駆的な意味をもつものと言うことができる。

このように吉野が訳語に強い関心を寄せたことは、また西洋の観念がどのような日本の既存の観念を受け皿として受け止められたか、という問題への関心につながるものであろう。長い間封建制度の支配下に置かれ、排外主義的西洋観が根強い力を振るっていた日本において、近代政治意識はどのようにして芽生え、そして成長したのか、その実態を検証することは彼の明治文化研究の中心的な課題を形づくっていたが、その課題の追求にあたって、吉野が徳川時代を支配した伝統的な「道」ないし「公道」の観念の果たした役割に注目したのもその表れであろう。たとえば、尊王攘夷の旗をかざして倒幕を果たした新政府は、かつて政治的手段とはいえみずからもその一翼を担った排外的攘夷熱を、今度は抑える立場に転じ、開国和親の新しい道を進むこととなるが、その方向転換に際して、政府が大いに頼りとしたものに西洋の「万国公法」があった。国際社会を支配する普遍的規範としての「万国公法」の存在は、西洋世界もまた「天地の公道」の支配するところという認識に人びとを導いていった。先述の論文「我国近代史に於ける政治意識の発生」で、吉野はこう述べている。

当時公道公法等の文字は区別されずに使はれた。「公道」と云つても「公法」と云つても同じものを意味するのである。而して「公法」は云ふまでもなく本来は「万国公法」のことなので、政府がこの文字を引ッ張り出したのも固よりこの意味であつたのだらう。けれども世間では斯くは取らなかつた。人間交際の道といふ位に理解したのであつた。法律と道徳との区別もまだはツきりして居ない所から、漠然と、古来云ひ伝への「先王の道」に代るもの位に考へたらしい（選集11、二二七頁、傍点ママ）。

当時の西洋の法学界自体がまだ自然法の影響をかなり残していた時期であったから、こうした受けとめ方は、さほど無理をともなうことなく行われえたと言ってよいのであろう。こうして伝統的な「公道」ないし「道」の観念を媒介として、さまざまな西洋近代の政治の理念や観念が受け入れられることとなる。国際社会を支配する「道理」の存在、諸国家の対等な権利、「万国交際」の必要、個人の平等、自由、民意の尊重、人民参政、立憲主義の原理等々。たしかに幕末の福沢諭吉の手紙の一節にも、福沢のいわゆる「大君のモナルキ」を主張し「大名同盟の説」を「大名同士のカジリヤイ」と批判する文脈の中で、「今日の世に出て大名同盟の説を唱候者は、一国の文明開化を妨げ候者にて、即ち世界中の罪人、万国公法の許さゞる所なり」（福沢英之助宛、慶応二年十一月七日、『福沢諭吉全集』第一七巻、三一頁）というような「万国公法」の使い方の例も見られる。

このように明治文化というのは、新旧二つの観念の対抗と親和の中で形づくられたところに一つの大きな特質がある、とするのが吉野の明治文化についての基本的見方であった。こうして明治文化の特質を、吉野が「聖書の文体を通して観たる明治文化」（一九二八年一月、『明治文化研究』）の中で聖書の翻訳の文体の推移に当てはめ、大正六年に改訳が完成するまで長く明治期を通じて愛読された聖書の文体、すなわちむつかしい漢語を挿入した文語体の聖書こそ、まさに「明治文化を象徴する」（選集11、二九八頁）ものと述べていることは興味深い。言うなれば明治文化は漢語混じりの西洋文化であったというわけである。

そのことと関連してさらにつけ加えるならば、新旧二つの文化が結び合ったこの明治という時代は、文化発展の過程におけるある過渡的段階と吉野は考えていたようである。たとえば彼は日本における政治意識の発達にかんしてこのように述べている。「抑《そもそ》も永い封建時代の桎梏《しっこく》に押しつけられた国民は、一躍して直に心からの徹底的立憲国民になれるものではない。彼から此に移る途中の段階として、モ一つ政治的規範の意識に目ざめる時代がなければならぬ。而して私の考では、斯うした経過的時代は実に

『公法』観念の流行に由て作られたと思ふのである」(「我国近代史に於ける政治意識の発生」前掲書、二六五頁)と。明治の文化を上述のような意味で「経過的時代」のそれと捉えることの当否はともかくとして、吉野の指摘する外来と固有という新旧二つの観念の交錯のうちに一国の近代文化の形成が進められる形態は、明治の日本にかぎらず、西洋先進諸国に遅れて近代に向けての離陸をはじめた国家、しかも長い歴史と結びつく伝統文化を持った非西欧の国家には、多く見られる共通の特徴と言ってよい。その意味でもこうした吉野の指摘は注目に値しよう。

## 四　明治初期政治意識の諸相

明治日本の政治意識が、その形成にあたって、新旧二つの観念のいわば二重構造を持ったことは、吉野によれば、同時にまたその時期の政治意識をめぐるいくつかの特徴的な事象や問題とも結びつくこととなる。吉野の指摘するその一つは、王政復古後の天皇を中心とする国家の形成は、のちの人びとが一般に想像するほど平坦な道でも、また容易な仕事でもなかったということである。この点は、一九二四(大正一三)年二月、吉野が朝日新聞に入社した直後に、神戸で開催された朝日新聞主催の講演会で「現代政局の史的背景」と題して講演し、その言説が問題視されて朝日退社のきっかけとなった事件(いわゆる「五箇条の御誓文事件」)があったが、そこで述べられた吉野の明治維新観と基本的にかさなるものと言ってよい。

すなわち吉野の表現を借りれば、「日本人は上下おしなべて皆昔から勤王の志厚く、朝廷尊崇と云ふ信念の下に訳もなく王政維新が出来上つた様に聞え、誠に結構な話であるが、事実は果して其通りであるか。史実の正直なる検討は、必しも如上の説明をその儘には裏書しない様である」(「明治維新の解釈」一九二七年一二月、選集11、二二七頁)という見解の上に立つものであった。それは、鎌倉時代いらいの武門支配の歴史、あるいは三〇〇年にわたる徳川幕藩体制の支配を想起すれば、当然のはずであろうとしている。したがってたとえば、維新後に新政府が広く諸藩から人材を求めて登用しようとしたが、これまで仕えた主君に対する忠義心という伝統的信念に妨げられて「勤王御免」を願い出る者が続出したという事実が生まれたことも決して不思議ではないとするのである。そして国民の皇室に対する感情という点についても、「私の考では、凡ての人が皇室を見つめて日本国民としての共通の感情を有《も》つ様になるまでには、凡そ二十年の歳月は掛ったと思ふ」(前掲書、二二七—二二八頁)とし、「当時の歴史を勤王一点張りで解釈せんとするのは、断じてその当を得ないと考ふるのである」(前掲書、二三二頁)と述べている。

このような明治維新観を吉野が史実を援用しながら情熱をこめて説いたのは、当時、天皇の権威を政治的に利用することによって、自己の権力的地位を保持しようとする非立憲的風潮が、なお根強く生き続けていることに思いを寄せていたからであろう。一九二八年五月、田中義一内閣の水野錬太郎文相が優諚《ゆうじょう》を理由に留任して問題となった際、吉野は雑誌の「社会時評」欄に筆を執ってこの事件に批判を加えたが、そのなかでも「所謂天皇中心の政治主義は、明治の初年から真面目な政治家からは排斥されて居ったものである。而もそれは専ら皇室の御為に斥《しりぞ》けられて居ったといふ点に我々は特に注意するの必要がある」（「天皇中心主義と議会中心主義」一九二八年七月、選集4、二四六頁）と述べている。

明治文化が新旧二つの観念の交錯するなかで形成されたことは、また新しく導入された制度とその現実の運用との間の乖離という問題につながる。この点も吉野がしばしば指摘したところである。たとえば吉野はこのように記している。「新しい原理に基いて制度文物が変つても、その新しい制度文物を正しく運用すべき原理は一朝一夕にして国民多数の理解する所とはなり難い。新しい酒は古い皮嚢に盛る可らざるは云ふまでもないが、皮嚢だけ新しくなつて中に盛らるゝ酒の依然として古いと云ふことも珍らしくないのである。我が日本の明治初期は正に右の様な時代であった」（「新旧混沌時代の思想及び生活」一九二七年七月、選集11、一七二頁）と。制度を制度それ自体として論ずるのではなく、その実際の運用と結びつけて問題にするという発想は、じつは吉野の民本主義を支える発想でもあった。なぜなら吉野は、天皇親政論という制度原理（制度的タテマエ論）が、現実の運用においては藩閥官僚勢力による寡頭支配のイデオロギーとしての機能を果たしていることを明らかにし、立憲主義の問題を主権の法的所在の問題や制度的タテマエの問題としてでなく、主権の政治的運用の問題として説いたのが彼の民本主義であったからである。制度を実際の運用と結びつけて論ずるこの発想が、彼の明治文化の研究にもまた活かされたわけである。

ところで、吉野が明治初期の制度化の過程で注目したのは「公議輿論」の尊重という問題であった。この政治理念は、維新の変革のためのいわば嚮導概念とも言うべきものであったから、明治新政府も

「万機公論」の目標を掲げてその制度化に多くの力を注いだ。しかしそこでも制度化の試みは、封建制の下で培われた伝統的意識や観念の厚い壁に阻まれることとなる。それは吉野によって具体的にはつぎのような問題として捉えられた。

㈠従来特定の階級に臣とし事《つか》へたものが如何にして俄《にわか》に之に服せざることを得るや、㈡仮令《たとい》少数の先覚者がやがて此点に目醒めたとしても、彼等自身がまだ一般民衆の無知なるに乗じて自ら一種の特権階級に堕せざることを得るや、㈢「公議輿論」が主義として推奨すべきものとしても之が完全に行はるゝには一般民衆の高度の教養を必要とする、従て教養のなほ至らざるの結果として「公議輿論」の方針に立脚する政治も時に大に其運用の枉《ま》げらるゝことなきや等の点である。斯う云ふ実際上の経過如何を問題とすると、専制の政体から立憲の政体に移ると云ふことは爾《しか》く単純な事柄ではない（「維新より国会開設まで」一九二八年七月、選集11、三〇二―三〇三頁）。

言うまでもなく、吉野がこのなかで、「公議輿論」の制度化を進めるにあたり予想される問題として列挙している諸点は、じつはそのまま明治政府のリーダーたちが現実に進めた立憲制化の実態についての吉野の認識と二重映しになっていたと考えることができる。もちろんこれは、明治政府によって主導された立憲主義化に対する吉野の批判的立場を伝えるものだが、しかしこの引用の末尾の文章からも察せられるように、この立憲主義化の過程で見られたさまざまの歪みは、前述のような新旧二つの観念の交錯する明治初期という歴史状況の下にあっては、それ自体やむを得ないものと吉野は考えた。

むしろ吉野が問題としたのは、このような特定の歴史状況と結びついて形づくられた実態を固定化し、さらには状況を超えて普遍化し原理化しようとする立場にあった。「私共が政界善導と云ふ観点から政治評論を試むる時に毎《いつ》も感ずることは、㈠過去に於ける特殊の事情に基いて立てられた暫定的（であるべき）方針がその必要の消滅した後までも永く承認せられて居ること、㈡特殊の必要に由て執られた施設の結果が意外な方面に根拠を据ゑて後に至りて容易に之を抜き難いこと、㈢過去の永い教養に依て附けられた精神的傾向は之と反対の教養を必要とし又現にその採用せられる時代となつてもなか〳〵有力に我々の実際生活を支配するものなること等々である。斯くして我々は常に将来を語る前に先づ過去の史実を知るの必要を感ぜしめらるゝ」（前掲書、三〇四頁）と述べている。「すべての真の歴史は現代の歴史である」という命題があるが、吉野の明治政治史の研究もまた「現代の歴史」によって裏打ちされていたのである。

「公議輿論」の尊重というような新しい政治理念を日本に導入し受容するに際して、伝統的観念がその受け皿として必要であったこと、そしてそのような役割を果したものとして、吉野がとくに注目した観念に「道」あるいは「公道」という観念があったことは先に述べた。吉野の言う「経過的時代」としての明治初期は、上記のように、明治国家の形成にあたって、新旧二つの忠誠観念の相克や、制度の理念と運用の実際との乖離など、さまざまな矛盾を生む要因ともなった。他方ではまた、「道」という伝統的観念が新しい政治原理や政治理念受容の媒体として大きな役割を果したことによって、政治の世界に一種の求道者的な雰囲気を導入する結果をもたらしたことに、吉野は注意を向けていた。その点につき吉野はこのように述べている。

殉教的と云つては少しく誇張に失するだらうけれど、明治初期の民間志士の間には、確かに今日の政治家達に見られぬ真面目《まじめ》さがあつた。その行動の外形を見れば、中には随分軽佻浮薄なものもないではないが、概していふに、彼等はその東奔西走の裡《うち》に、ともかく一種の道徳的熱情を湛へ、且つ私をすてて公に殉ずるといふ精神的安心をも感得してゐたやうだ。是れ思ふに封建時代に訓練された所の「道」に対する気持を、直に移して自由民権等の新理想に捧げた為めではなからうか（「我国近代史に於ける政治意識の発生」選集11、二二七―二二八頁）。

この伝統的な「道」の観念と新しい自由民権の理念とを結びつけたものに「万国公法」の観念があったとする吉野の見解はすでにふれたところであるが、このことは丁韙良訳『万国公法』についての解題（「明治初期政治学関係文献解題（二）」『国家学会雑誌』一九二六年四月）のなかでも強調されている。そして自由民権思想につき「世人動もすれば民権自由の要求は其儘の形で英仏米等より輸入されたものだと考ふる様だが、其方の関係は実は比較的に薄いのである。形而上学的規範の観念が国内の関係にも亦政府を拘束する先天的原理あるべきの信念を導き、其処に民権自由の説をきいて容易に之を受け容れる素地が作られたのである」（同前解題）と、欧米思想の影響よりはむしろ受け皿となった伝統的規範観念の果たした役割を重視する視点がここでは目立った。

したがって民権思想そのものの内容に関しては、比較的きびしい評価を彼は加えている。たとえば、民権派知識人の団体嚶鳴社が「君主ニ特赦権ヲ与フルノ可否」を主題として行った討論会につき論評した「自由民権時代の主権論」（一九二六年九月）で、吉野はまず、君主の権限についてその是非を人民の側で論ずる民権派の姿勢にある種の違和感と時代的隔たりとを感ずるのだが、その姿勢についてもこう述べるのである。「嚶鳴社といへば、先づ其頃の民権者中では、幾分右傾的の集団と観てい〻。而も彼等の国家観は斯の如き極端なる民主主権論である。思想の洗錬せられてゐない為めもあるが、伊藤博文一派の独逸《ドイツ》派がその論破撲滅に苦慮したのも、強《あなが》ち無理ではない様に思ふ」（選集11、一二〇頁）と。そしてその「極端」さについて、「それ程に当時の識者は、自由民権を浅薄に解して居た」（同上）としている。

民権論についてのきびしい見方は、吉野が本格的に明治文化研究に取り組む以前から彼の頭の一隅にあったようである。「明治文化の研究に志せし動機」（一九二六年四月）のなかでも、「余り能くも知らなかつたが、明治十年代民間にどんな政治思想が流行してゐたかは私も多少聞きかぢつて居た。概念的自由民権論に心酔して一挙に政府を顚覆せんと試みる青年の志士もあつたとか、国力の如何対外関係の如何に顧慮せず実際的検証を経ざる原則を直に実行せんと要求する政客も尠くはなかつたとか、一知半解の共和思想もなか〳〵盛であつたとか、憲法を以て君民協同の公約なりとするは当時の輿論と謂てもい〻程であつたとか、本でも読んだり人にも聞いてゐた」（選集11、一〇二頁）と記しているのが目に留まる。それはほとんどそのまま彼の自由民権観につながっていったと思われる。しかし吉野においては、そのような自由民権論の現実を遊離した「極端」で「概念的」な性格も、「時代が違へば考方も今日と同一には律せられぬ」（「自由民権時代の主権論」前掲書、一二〇頁）という、いわば歴史主義的な相対主義の下で受け止められていた。そしてその根底には、自由民権運動の時代と大正デモクラシーの時代とは歴史状況も実態も違うのだという、その違いを明確にしたい思いもあったことであろう。

## 五　結びにかえて

吉野の明治文化研究は、そのほかにも洋学の発達、キリスト教の受容、日本の近代化に貢献した外国人の紹介、福沢諭吉や中村敬宇をはじめとする知識人の役割、憲法制定の過程等々、きわめて広範な分野にわたっていた。しかし、もう一つ吉野について忘れてならない仕事は『明治文化全集』二四巻の編集刊行であろう。それは吉野の明治文化研究が後進に託した最大の遺産と言っても過言ではあるまい。その刊行までの経緯と編集方針は「『明治文化全集』は如何にして編纂されたか」(『経済往来』一九二七年七月、選集11)という一文に詳しい。そしてこの『明治文化全集』の刊行を下から支えたのが「明治文化研究会」であった。この会は、「明治初期以来の社会万般の事相を研究し之れを我が国民史の資料として発表すること」(「『明治文化研究会』に就て」『新旧時代』創刊号、一九二五年二月)を目的として、一九二四(大正一三)年一一月に創立された。『新旧時代』(のちに『明治文化研究』と改題)はその機関誌である。

この会には、吉野を中心に石井研堂・尾佐竹猛・小野秀雄・宮武外骨・藤井甚太郎・柳田泉・斎藤昌三・木村毅などが集まり、広く会友を募って次第に失われつつあった関係資料の収集保存にあたるなど、いわば民間史家の活力を結集する方向が打ち出された点にも大きな特色があった。「明治文化[研究]

会の夕食にはおでんと茶飯に決ってゐた。……兎に角この夕食は僕等には最も楽しい会合の一であった。集る者は平均十人前後であったが、飯を食ひながら、乃至は食後の番茶をすゝりながらの一時は、皆な勝手放題の話題をぶちまけて、政界の話も出ればワイ談も出る。それらを手際よくリードして行く先生の気心のおけない態度は、誠に先生ならではといつも思った」（斎藤昌三「蒟蒻と猥談」赤松克麿編『故吉野博士を語る』一九八頁）と、この会に参加した斎藤昌三は語っている。肩ひじの張らないこの会の性格と活動は、民衆政治を主唱した吉野にふさわしい民衆的な視点を明治文化の研究に活かしたスタイルと言うことができよう。

　このように明治文化の研究は、吉野の晩年に光彩をそえ活力を与えたが、彼を引きつけたその明治文化とは、吉野にとって何であったのだろうか。吉野はある文章のなかでつぎのように述べている。

> 明治文化は或る意味に於て怪奇を極めた文化である。その歴史的伝統をたづねずしては到底正体の捉《つか》めるものではない。而してその中に泳いだ人に取ては、また之れ程自然な居心〔地〕のいゝ文化はないのである。是れ彼等がその棄てらるべき当然の運命の到来に直面しても、いさぎよく之れに別れを告げ兼ねて何とかしてその頽勢を盛りかへさんと煩悶する所以であらう。之に普遍恒久の価値ありとされると、明治文化ほど厄介なものはないが、その相対的地位を正当に認めて之に接すれば、また之れ程面白いものもない。是れ明治文化の研究が我々に取て実際の必要であると共に、又大に享楽感の満足をも資《たす》けて居る所以である（前掲「聖書の文体を通して観たる明治文化」選集11、二九七―二九八頁）。

ここには、吉野における明治文化研究のすべてが、きわめて凝縮された形で表現されているように思われる。イギリスの政治学者として知られるE・H・カーは述べている。「事実はみずから語る、という言い慣わしがあります。もちろん、それは嘘です。事実というのは、歴史家が事実に呼びかけた時にだけ語るものなのです」（E・H・カー、清水幾太郎訳『歴史とは何か』岩波新書、八頁）と。いま吉野の明治文化研究とそれを貫く歴史認識を顧みるとき、改めてこの言葉が思い起こされてならない。

# 註

## 第一章

(1) 吉野が海老名から受けた思想的影響については、三谷太一郎「思想家としての吉野作造」(『日本の名著48 吉野作造』一九七二年、中央公論社、〈解説〉、のち同『新版 大正デモクラシー論——吉野作造の時代』一九九五年、東京大学出版会に収録)を参照。

(2) 「政治学ノ系統」の内容および『政治学大綱』との関連については、田口富久治『日本政治学の源流——小野塚喜平次の政治学』(一九八五年、未來社)三七頁以下参照。

(3) 吉野がヘーゲルに関心をもつに至った背景について、三谷太一郎は「海老名神学の哲学的基礎をつくったもっとも重要なものはドイツ観念論、なかんずくヘーゲル哲学であるが、ヘーゲル哲学は海老名を通して、吉野にも深い影響を与えた」(三谷「思想家としての吉野作造」、同『新版 大正デモクラシー論』一三九頁)とし、さらに「吉野のヘーゲル理解の明快さと的確さとを考えれば、吉野のヘーゲル理解は、彼のヘーゲルへの共感と傾倒とを多分に含んでいたといえるだろう」と、吉野自身の内発的なヘーゲルへの関心に注目したうえで、「では何が吉野をヘーゲルに引きつけたのか。それは、当時の吉野の問題意識に即していえば、『宗教と科学との衝突』の問題に対して、ヘーゲル哲学が積極的解決の方向を示唆するものであったということである」(前掲書、一四一頁)と述べている。

(4) 日露戦争のもつ意味を、黄白二人種の競争と捉えると同時に、また「民権」対「君権」の争い、あるいは「民主立憲」対「専制主義」の対決と捉えたのは、とくに、当時、清朝打倒を目指した中国革命派とりわけ日本留学派のグループであった。彼らの多くは、この戦争の帰趨を、白色人種による中国の分割を阻止し、中国を近代的な立憲国家として再生させることに望みをつなげ得るかどうか、という問題と結びつけて見つめていた。この点については、

巌安生『日本留学精神史』一九九一年、岩波書店、一五九―一六一頁を参照。

(5) 当時の吉野は、政党内閣制を責任内閣制の一つの形態として理解した。しかし政党内閣制が健全な責任内閣制の実をあげるためには、いくつかの条件が必要と考えた。とりわけ必要な条件の一つは、二大政党制が実現することであり、しかも二大党派のいずれか一方が過半数を有すること、もう一つの条件は、「国家有用の人材」がことごとく政党に集まることであるとした。そしてこれらの条件が備わらないと、政党内閣制は議会と政府との間に絶えず無用の争いを起こして国務の渋滞を導き出すか、いわゆる多数専制の弊に陥ることとなると論じている(「本邦立憲政治の現状」選集1、一〇頁参照)。

(6) 木下尚江は、日露戦争に対してはキリスト教的人道主義の立場から反対したが、同時に社会主義の立場からも非戦論を主張した。それは「二十世紀の戦争は人道正義などの空論にあらずして実に経済的戦争」と考えたからであった(清水靖久『野生の信徒木下尚江』二〇〇二年、九州大学出版会、二五九頁)。一方、吉野は日露戦争支持の立場をとると同時に、また社会主義の経済重視の視点について根本的な疑問を抱いていた。たとえば「現時社会に窮乏罪悪の存する主たる理由は地主資本家の存在する為なりや。之を掃蕩すれば即ちかの窮乏罪悪は全く絶滅すべきや。又土地資本の私有制度を認めざるに至りて始めて起り来るべき他の弊害は之なきや。以上は社会主義に対する根本の疑問也」(吉野「普通選挙請願運動の檄を読む」『新人』一九〇四年一一月、「時評」)と吉野は述べている。吉野が本質的なものと考えたのは、経済的・社会的な「制度」の問題よりは、民衆の「智徳」の問題であった。

## 第二章

(1) 吉野の文章は、「△△生」のペンネームで一九〇五(明治三八)年三月二四日から四月一八日にわたって連載され、翌年九月、法学士瀋陽先生口述・昭文社編『試験成功法』として出版された。瀋陽先生のペンネームは、この本が公刊される直前の六月から九月にかけて、吉野が瀋陽に滞在していたことに由来するものと推定されている。なお本書の成立事情や内容などの詳細については、太田雅夫編『吉野作造　試験成功法　原題――如何にせば試験に成功するか　△△生』（二〇〇〇年、青山社）所収の編者解説「吉野作造と『試験成功法』」を参照されたい。またこの『試験成功法』刊行の経緯については、吉野自身も「管原〔ママ〕伝氏と私」（選集12、所収）のなかでふれている。

（2）　しかし一方、こうした吉野自身の回想にもかかわらず、後年の吉野のすぐれた中国論の「素養」は、この三年間の中国滞在によって、「支那といふものを正確に洞察して帰つた」ことにもとづくとの考えを親友の今井嘉幸は語っている（赤松克麿編『故吉野博士を語る』三頁）。そして狭間直樹は、今井のこの見解を「妥当」とし、「いわゆる『暗黙知』、すなわち無形の『体会《ティホウエ》』はやはり重視されるべきなのである」（狭間直樹「吉野作造と中国」、選集7、〈解説〉、四〇三頁）と述べている。

（3）　吉野作造の日記（選集12、所収）および田澤晴子『吉野作造』二〇〇六年、ミネルヴァ書房、八八―一〇一頁参照。

（4）　ちなみに一九一二年の帝国議会選挙は、社会民主党が得票率三四・八％、議席三九七中一一〇を獲得して第一党に躍進するとともに、体制政党への途を歩む転機となった選挙であった（安世舟『ドイツ社会民主党史序説』一九七三年、御茶の水書房、一〇二頁、第16表、および二一八頁参照）。

（5）　飯田泰三は、『吉野作造選集』13の〈解説〉「吉野作造の留学時代」で、留学中の吉野が「大学の講義以外の場所で試みた『学習』の方法」として五つの形態を指摘し、その第一の形態として「キリスト教青年会（ＹＭＣＡ）を通じてのもの」を挙げている。ちなみに第二は「『語学の先生』を通じての回路」、第三は「寄宿先の家族を通じての現地生活への入り込み」、第四は「日本人留学者仲間から得られた情報をもとに見聞や経験を広めるやり方」、第五は「いわば純粋に独りでおこなう形の努力で、本や新聞を通じて情報を得、学び、また、自ら現場へ出かけて行って経験しようとするもの」である。

(6) 田澤晴子は、吉野が留学中の経験から得たものとして、「キリスト教における社会活動の重要性に目覚めたこと」を挙げている。そしてその結果、「自らの理性を駆使し、哲学的な思索を個人的に深めることによって神なるものへ到達すると考えていた吉野の考えは、留学によって転換した。社会的活動や事業を行なうことによってこそ到達しうるものだと考えるようになるのである」(前掲『吉野作造』九九―一〇〇頁)と述べている。

(7) 吉野がベルリンで社会民主党の演説会を聴きに行った際も、やはり労働者の質の高さに感心し、つぎのように記している。「労働者ガ Diskussion〔討論〕ノ際喋舌ルモノ五六名中々彼等ノ間ニモ政治思想ノ普及シテ居ルニハ感心セリ而カモ熱セズ狂セズ終始中正ノ態度ヲ持シテ紊レザルニハ感服ノ外ナカリキ」(日記、一九一二年三月二六日、選集13、二八〇頁)と。

(8) 後年の吉野の回想にこう記されている。「大正三年以後約八九年間の論文は、僅々《きんきん》数篇を除くの外は、概して滝田君の筆記に成《な》つたものである。而《しか》して滝田君は元来頭が出来て居るので、筆記中私の議論に不満があると無遠慮に之を指摘する。之に依て言ひ足らぬのが補はれ、不注意の欠陥がどれ丈《だ》け訂されたか分らない」(吉野「滝田君と私」一九二五年一二月、選集12、一五四頁)と。

(9) 宮地正人『日露戦後政治史の研究』一九七三年、東京大学出版会、三〇六―三〇七頁。

(10) カリフォルニア排日土地法と蘇峰の論調の変化については、和田守『近代日本と徳富蘇峰』一九九〇年、御茶の水書房、一〇二―一〇三頁、澤田次郎『近代日本人のアメリカ観』一九九九年、慶應義塾大学出版会、六五頁以下参照。

(11) 『国民新聞』と日比谷焼討事件にかんしては、和田、前掲『近代日本と徳富蘇峰』一七三頁以下参照。

(12)　この振り仮名は、『現代の政治』（一九一五年）に収録するにあたっては、省かれて傍点に代わっている。

(13)　武田清子「吉野作造における政治と人間——天皇制下のデモクラシー」（一九六一年、のち同著『土着と背教』一九六七年、新教出版社、に収録）によれば、大正期のキリスト教の特色は、「明治時代のように預言者的立場からその罪（悪）を指摘して悔改めを迫り、非キリスト教的要素と対決するといったアプローチではなく、むしろ、文化に内在し、土着して、内側から文化、ないし、社会を新しくつくりかえようとする働きをした」（同書、一九七頁）点にあったとし、その典型的キリスト者の一人として吉野作造を挙げている。

(14)　ほぼ同趣旨の記述は、吉野の「民本主義鼓吹時代の回顧」（選集12、七五—七六頁）にも見られる。

(15)　『国民講壇』は、創刊号から第四号までの存在が太田雅夫によってはじめて確認され、同誌掲載の吉野の論説も、太田の解説「吉野作造・初の民本主義論文」を付して『大正デモクラシー研究』第三号（一九九七年三月、大正デモクラシー研究会発行）にその全文が復刻紹介された。ここでの『国民講壇』にかんする記述は、上記の太田の「解説」に負うている。

(16)　選挙にあたって政見よりも人物を重視する考え方について、佐々木惣一は以下のような批判的意見を述べている。「立憲政治における選挙に際して政見を度外に置きて人物の適否を見ることが果して出来るであらうか、私は根本的に之を疑ふのである。……此の人物本位と云ふ言葉は、果して、情実に依る非立憲的態度を飾る口実に濫用せらるゝことはないであらうか。私は実に之を憂ふるのである」（佐々木惣一「一票の投げ所」一九一五年三月、同『立憲非立憲』一九一八年、二八〇—二八一頁）と。

(17)　デモクラシー論についての木村久一の批評は、「心理学会講演」として行われたものであるが、木村はその内容に加筆し論説として翌年の『新公論』に発表した。ここでは吉野批判の内容をその論説に拠った。したがって木村の批評と吉野の応答の時間的順序が逆になっている。

(18) 人民一般の利益は人民自身が最もよく知るという考えは、論説執筆にあたっての「構想の際の粗漏」と吉野は述べたが、先述のようにこの考え方は、近代の自立的な個人の観念を支えるものであり、吉野の最初の本格的政治論説「本邦立憲政治の現状」(『新人』一九〇五年一月)でも、「思ふに人民全体の利益は人民自身最も能く之を知るべし」(選集1、六頁)と指摘している。そしてそれにつづけてまた、代議士選出についても、「斯くして選ばれたる代議士は実に人民の意見を代表するもの也。若し彼にして人民の利益を十分に主張せざらん乎、人民は自由に之を排斥し、他の適任者を推挙するを得べきを以てなり」(同上)と、人民による「人民の利益」の自己実現を主張していた。

(19) たとえば吉野の論説「国民思想統一論者に与ふ」(『中央公論』一九一八年一二月)では、政治の目的にかんする民本主義の「三大変遷」と称して一九世紀初めからの歴史的な変遷を述べているが、そこでの民本主義の内実の推移はもっぱら「国体論」あるいは「国家の統一」という視点からの整理ないし説明となっている。すなわち第一期は「天賦人権論に根拠」を置いた時期で、民本主義は「君主国体と相容れざる」ものとする。第二期は「国民の多数を占むる第三階級の権利の伸張を根拠」とする時期で、民本主義は「不祥なる階級闘争を導き、従って国家の統一を破る」という非難を免れることはできなかったとする。第三期は「今日の民本主義」で、「国家を組織する各分子は各々国家の経営に関して尽すべき積極的の分担を有するといふ事に根拠して居るから、君主主義とも国家主義とも矛盾せざるのみならず、却て益す之を援け之を堅うするもの」と説いている(選集3、二五四—二五五頁)。

### 第三章

(1) 大隈内閣の総辞職から寺内内閣成立に至る経緯については、岡義武「転換期の大正」(一九六九年)

（『岡義武著作集』第二巻、一九九二年、岩波書店、五二―五六頁）参照。

（2）米騒動の詳細な内容については、松尾尊兊『民本主義の潮流』（国民の歴史21、一九六八年、文英堂）一一一―一四四頁参照。

（3）立会演説会の内容については、「浪人会対吉野博士国体問題立会演説速記録」（佃速記事務所速記）が、『亜細亜時論』（一九一九年二月号、黒竜会出版部発行）に掲載されている。それによれば、立会演説会の終了にあたって、「一、池田某の行動［大阪朝日新聞社長村山龍平に対する暴行を指す］に関し内田良平君の弁明を聴き、吉野博士は浪人会の趣旨を言論圧迫に出でたるものに非ずと認む。一、吉野博士並に浪人会は尊厳なる我国体崇尚の下に益々君民一致の美徳を発揮する為め各其所信に従ひて努力すべき事に一致せり」という合意事項が朗読されたとある。その間の事情について吉野の記すところによれば、内田良平の弁明は「作為虚飾なき率直の告白であったので、大へん満堂の同情を買ひ、聴衆中に『君だけは流石《さすが》に男だ！』と叫ぶものがあった」と会場内の模様を伝え、そうした事情もあってか、演説会を混乱なく終了させるため、「最後の田中舎身居士の演説半ばに控室に私を呼んで妥協を提議し、無事散会の為の声明書を書いて示されたのは福本日南氏である」（吉野「日本学生運動史」『岩波講座教育科学』一九三二年一二月、選集10、三一四頁）と、演説会終了に至るまでの経緯を明らかにしている。

（4）黎明会結成の事情については、松尾、前掲『民本主義の潮流』一六〇―一六一頁参照。

（5）詳細は、関根悦郎『労働運動・無産政党史』上（日本帝国主義講座、一九四九年、白日書院）四〇頁参照。

（6）福田徳三の生存権・労働権・労働全収権を基本とする社会思想は、オーストリアの法学者アントン・メンガー（Anton Menger）の影響によるところ大きいとされている（前掲『生存権の社会政策』一一六頁、一八九頁参照）。

(7) 論説「民本主義者より見たる労働問題」は、『吉野作造選集』別巻所収の「著作年表」では、〈巻号・発行日不明〉となっているが、私蔵の『社会及国体研究録』により確認すると、掲載は同研究録の第一回第七・八・九号、発行日はそれぞれ一九一九(大正八)年九月一五日、一〇月一五日、一一月一五日である。ただし頁数は、各号ごとでなく、各号を横断して論説ごとの通し頁となっている。

(8) 新人会の機関誌『デモクラシイ』によると、創刊号の「新人会記事」では、綱領第二項の「正当なる」は「合理的」となっていたが、機関誌第二号(同年四月)からは「正当なる」に改められているので、それに従った。

(9) 石堂清倫・堅山利忠編『東京帝大新人会の記録』(一九七六年、経済往来社)「資料篇」に収録されている「新人会年表」によって、吉野と新人会との関係記事を拾うと、一九一九年一一月三〇日、新人会創立一周年記念祭に吉野は来賓として出席、同年一二月七―九日、新人会、第一回学術講演会で「改造の理想」と題し講演、一九二二年五月一九日、新人会公開講演会で「思想家の誘惑」と題し講演、一九二四年二月一八日、吉野が東京帝大法学部教授を辞職した際、新人会が開催した二月講演会(「吉野博士の歓送の意を兼ねて」)で、蠟山政道が「日本政治学の発達と吉野先生」と題し講演、吉野は「謝辞と思い出話」を語る、という四件が記されている。

(10) 吉野自身もまたこれまでは、国家意思に最高の価値を認め、国家はそれ自体を目的とする有機体であるという立場をとっていた点で、富国強兵的国家観の枠のなかにいた。ただ国家の富強を実現するためには、国家の構成員である各個人が積極的に国家の活動を支える国家的精神の発達が必要であるとする見解をとった点で、藩閥官僚たちの権威主義的な富国強兵論と異なっていた。たとえば吉野は、寺内内閣のいわゆる「善政主義」について、それは人民を受動的地位にとどめ、ただ服従を強いるもので、「国家其のもの丶発展充実の為めに宜しくない」と批判し、「今日の国家は、之を組織する所の各分子一個人々々をして、積極的に国家の目的を意識せしめ、其為めに努力せしむることに依つて其の富強を図る所以とする」（「善政主義と政争無用論を駁す」一九一七年四月、選集3、二〇八頁）と述べているのは、そのことを示している。

(11)　当時、日本で政治的多元主義を展開した代表的なものとしては、中島重『多元的国家論』（一九二二年）がある。中島はこの著書に収録した論文「国家本質に関する二大思潮の対立」（『同志社論叢』一九二〇年三月）で、「国家は全体社会にあらず、又その著しき特有性の存在にも拘らず決して特別なる団体にも非ずして他の団体と性質上毫も異ることなき団体の一種に外ならざるものなることは承認せられざるべからざる所なり」（同書、六二頁）とした。そしてこのように国家を捉えることによってはじめて、国家法律に対する国民の服従義務と人間としての道徳的義務との区別が明確となり、国家全体社会説による国家的服従の絶対化をはばむ理論的基礎を築くことが可能になると主張した。

(12)　吉野は社会的理想として「総ての人が自由勝手に振舞つて、而も社会の間には立派に秩序が立つて居るやうな状態」を思い描いていた。それゆえに「我々の社会的理想は、一種の無政府的状態である」とまで言い切った。しかし彼は同時につぎのように付け加えることを忘れなかった。「但しこれは我々の無限に、努力して獲得し得べき境地である」（吉野「国家と教会」一九一九年九月、選集1、一八一頁）と。

(13)　吉野は、晩年の論文「現代政治思潮」（一九二八年九月、『岩波講座　世界思潮』第七冊）においても、我々の生活には「客観的支配」という現象は打ち消しがたいものであり、その意味で「政治現象の恒久性」を認めざるをえないとしている。そしてそうした見方に立って、ここでも無政府主義は結局成り立ちえないと論じている（選集1、三一九頁）。

(14)　普通選挙同盟会を中心とした明治後期の普選運動史については、松尾尊兊『普通選挙制度成立史の研究』（一九八九年、岩波書店、一六頁以下）に詳しい。

(15) 吉野は「選挙理論の二三」（『国家学会雑誌』一九二三年五月）においても、「所謂普通選挙は単純なる選挙権拡張ではない」とし、「自分は選挙権拡張論者なるが故にまた普通選挙論者たるを失はずなどと主張するならば、そは大なる誤である」と主張している。そして「仮令《たとい》彼の主張する漸進的拡張の結果は遂に事実上所謂徹底的普通選挙論者の要求と全然同一となるにしても、彼の主張と所謂普通選挙論とはもと概念上全く別種の見解に立つものなのである」（選集2、一七四頁）と説いている。

(16) 原内閣の選挙権拡張＝選挙法改正の意図については、松尾、前掲『普通選挙制度成立史の研究』一三四頁参照。

(17) 左右田喜一郎は、一九一九年一月一八日の黎明会主催の第一回講演会で、「文化主義の論理」と題して講演を行った。左右田は、「文化主義」の名を用いたのは日本の思想界でこれが最初と思っていたところ、のちに、桑木が「文化主義」と名づけて数年前からその主義を説いていることを桑木自身が記しているのを目にして驚くが、左右田自身もまもなくそれを確かめることができたとしている。その点について左右田はつぎのように記している。「即ち余の本講演に先だつ二ヶ月、大正七年十一月に於て時事新報に寄せられたる同博士の論文（今は収めて同博士著「文化主義と社会問題」中にあり、題して「再び戦後の思想界に就て」といふ）に於て極めて簡単ながら此「文化主義」の名を公然用ゐられたるものなることを明かにし得た」（左右田喜一郎『文化主義』の論理」附記、一九二一年八月六日、左右田『文化価値と極限概念』六六四頁）と。

(18) 桑木の考える自由とは、彼自身の言い方を借りると、根本的には「人間は自ら義務の命令を持って居て、自ら作った其義務の命令に依て自らを支配して居るといふ事である」（『文化主義と社会問題』一六六頁）とする。一言でいえば、自由とは自己支配、自己規律を意味するということであろう。そしてこの「義務の命令」を与えうる自己の基礎をなすものが「自我」――より厳密にいえば「経験的自我」の基礎となる「先験的自我」の観念――であるという。文化とは「人格」と密接なる関係をもつとするのは、この人格的「自我」＝「先験的自我」という価値観念が文化という観念の基礎をなしているからにほかならない。

(19)「普通選挙と労働運動」（『黎明講演集』第二巻第三輯、一九一九年一〇月講演）においても、吉野は「立派な文化の開発が政治の理想」という観点から、国民の「文化能力の自由なる躍進」を促すための制度的改革と国民の生活条件の改善について、普通選挙と労働運動の果たす重要な役割を論じている（『黎明講演集』〈復刻版〉第二巻、三一四―三一五頁）。

**第四章**

(1)「新民説」の国家論については、狭間直樹「『新民説』略論」、同編『共同研究・梁啓超』八三頁以下参照、また小野川秀美『清末政治思想研究』一九八九年、みすず書房、二六三頁参照。

(2) 五四運動にかんする当時の日本の新聞論調については、松尾尊兊「五四運動と日本」（『世界』一九八八年八月、同著『民本主義と帝国主義』一九九八年、みすず書房、八二―八三頁）参照。

(3) この論文（の一つ）は、松尾尊兊「五四期における吉野作造と李大釗」（松尾、前掲『民本主義と帝国主義』一〇一頁）によれば、吉野が『新人』一九一九年六月号に発表した「北京大学学生騒擾事件に就て」と思われる。

(4) 李大釗は、しかし天津の北洋法政学堂において吉野の「教えを受けた」との思いを忘れることはなかった。一九二一年、満鉄駐在員として北京に移り住んだ伊藤武雄は、最初に会った中国人が北京大学の教授で図書館主任をしていた李大釗であり、その初対面の彼の口から出た最初の言葉が「吉野先生は健在であるか、私は天津で先生の教えを受けた生徒だった」ということだったと回想している（伊藤武雄『黄竜と東風』四八頁)。

(5) 松尾、前掲『民本主義と帝国主義』九七―九八頁参照。

(6) たとえば吉野は「国際聯盟と民衆の輿論」(『中央公論』一九二〇年二月)で、最近欧米諸国で頻発しているストライキの主要な原因は、ロシアにおけるレーニン政府の存続を阻止しようとする欧米諸国の対露干渉に抗議するとか、過酷な対独講和条件の緩和を求めるなどの強い意思を表明するところにあったとしている。そして、このような民衆の態度は、「[ストライキという方法に訴えた]其適用に誤ありや否やは別問題として、兎に角国際的正義の実現に対する確信と熱情とに出づる事は疑を容れない」と説いて、世界の一般民衆に広く見られる「此共通なる新精神の発現」(選集6、九〇―九一頁)に注目している。

(7) たとえば国内政治論でも吉野は、民本主義においては民衆が国民の代表者の選出およびその監督にあたって「人格」重視の立場がとられるから、そこでは政治と倫理の結合が可能になると説き、「民本主義が徹底的に行はるゝに至つて、初めて政治的活動は倫理的になり得るものである」(「民本主義再論」選集2、一四一頁)とした。また立憲主義についても、「一般民衆の良心の地盤の上に自由なる競争を試み、其の自由判断に基く多数の推輓を得たものが勝つのだから、権力掌握乃至地位維持の終局の頼みどころは民衆の信望といふことである。ここで始めて権力の作用は道徳的条件に依て左右さるゝことになる。之が立憲主義の根本の眼目だ」(「国家の外〝力〟の使用を許さず」『中央公論』一九二三年一月)と説き、政治や権力に対する道徳の優位を強調している。そして政治学の新しい方向についても、「倫理学との提携」を指摘し、「人文の進歩の為めに国家は何を為すべきや、強制組織は如何に構成され、又運用されべきやを論ずるものとして政治学は或意味に於て国家の倫理学であるといへる」(「政治学の革新」一九二〇年一月、選集1、二四〇頁)と述べている。

（8）青年時代の吉野の朝鮮問題への取組みについては、松尾尊兊「吉野作造と朝鮮」（前掲『民本主義と帝国主義』所収）、および同「吉野作造の朝鮮論」（選集9〈解説〉、三八〇頁）参照。

（9）三一独立運動の勃発を耳にした首相原敬は、日記に「要するに民族自決などの空説に促されたる事実もあらんが其以外にも多少原因あらんかと思ふ」（『原敬日記』大正八年三月二日の項）と記している。朝鮮の自治は当時にあって「空説」以外のなにものでもなかった。

第五章

（1）ちなみに伊藤博文『憲法義解』（一八八九年）によれば、貴族院は「国の勲労・学識及富豪の士を集めて国民慎重練熟耐久の気風を代表せしめ」ることを趣旨とし、また期待される「効用」の一つとして「政党の偏張」を抑制することが挙げられている（岩波文庫版『憲法義解』六八頁）。

（2）この点については、岡義武『転換期の大正』（『岡義武著作集』第三巻、一三八―一三九頁）参照。

（3）吉野「貴族院政党化の可否」（一九二五年一〇月、選集4、一一三頁以下）参照。

（4）一九二六年、吉野は政友会と提携した当時の研究会についてつぎのように述べている。「表に是々非々を標榜して、その実全く政党的統制にまねて所属議員の自由を甚しく拘束してゐたではないか。……多数者の決議を以て少数者に服従を迫るのは、根本的に貴族院本来の使命に矛盾するものである」（「内閣改造に伴ふ研究会の内訌」『中央公論』一九二六年七月）。

（5）それにもかかわらず吉野は、一九二八年二月の総選挙にあたっては発熱のつづく体調不良を押して、社会民衆党および日本労農党（麻生久）のために応援演説に奔走した。その点の詳しい記述については、三谷太一郎「〈解説〉晩年の苦闘」（選集15、四五五頁以下）参照。

（6）吉野とは大学卒業いらい長年にわたり同僚として、また友人として親交をかさねた牧野英一は、吉野の言論について、きわめて的確に時代の方向を予知したものと賛辞を与えたが、普通選挙については吉野の予言がはずれたと、つぎのように語っている。「吉野君の予言のはづれた例としては、普通選挙のことが考へられよう。……吉野君は、普通選挙の実施に因つて、わが国の政界が廓清されると主張してゐられたのであつた。そこだけは、全くあてがはづれたといはねばなるまい」（牧野英一「親切と楽天——吉野君についての思ひ出」赤松克麿編『故吉野博士を語る』一四八頁）。

（7）吉野は「現実主義的立場」から一部の急進主義者の言説に強い不満を感じ、「政治そのものに至ては、始めから現実に立脚しての工夫なることを忘れてはならない。現実主義に反対する政治と云ふものは、本質的に在り得ない。之を在り得ると思ふのは、飛んでもない錯覚である」（「我が国無産政党の辿るべき途」一九二七年一月、選集2、二一六頁および二二三頁）と述べている。

（8）二、三の例を挙げると、前回の「枢府と内閣」（『大阪朝日』一九二四年四月二日、吉野作造『枢府と内閣他』朝日文庫、一九五〇年、朝日新聞社、二二八頁）では、「君主が大政を親《みずか》らし給はぬ」となっていたのが、今回の論説「枢密院と内閣」（選集4、二二一頁）では「君主が政局の紛争から超越し給ふ」に、また「予輩の議論の根柢たる君主不親裁論」（前掲『枢府と内閣他』二三九頁）が、「私の議論の根本たる君主の政界超然論」（選集4、二二一頁）に、「我国に於て君主の統治し得る全能の地位に在《お》り乍ら而も親《みずか》ら統治せず」は、「我国に於て、君主が現に親《みずか》ら直接に政権行使にあたり得る全能の地位に処《お》り乍ら、而も親ら深く之に干与し給はず」に書き換えられているのがそれである。

（9）枢密院が設置された当時の任務についての吉野のこの理解は、帝国憲法第四章「国務大臣及枢密顧問」の条項にかんする伊藤博文『憲法義解』の解説に主として拠ったものである。ちなみに美濃部達吉は、法律上の観点から枢密院官制をとりあげ、枢密院の職務権限を皇室の機関としての権限と国務にかんする機関としてのそれに分けた上で、国務にかんする機関としての枢密院のもっとも重要な任務に、憲法改正草案の審議、憲法附属法令にかんする草案の審議、憲法および附属法令の解釈にかんする疑義の決定を挙げている（美濃部「枢密院論」『国家学会雑誌』一九二七年八月、同『現代憲政評論』一九三〇年、六八頁以下、とくに八一―八二頁）。

(10)　吉野は時論「枢密院に対する期待と希望」（『中央公論』一九二五年一一月）のなかでも、枢密院の廃止または権限縮小を求める世上の議論に対して、むしろ問題は、枢密院がその地位を利用して政治的影響力を行使し政界に波乱を起こすような、その権限の乱用を防ぐことにあるとしている。そして枢密院の改革を言うのならば、枢密院を「君主の最高顧問府」であると同時にまた「国民のもの」であるような形を整えなければならないと主張し、少なくともこれまでのように顧問官を官吏の世界からのみ推薦することを改め、「国民中の最良の学徳を網羅」することを目指すべきだとして、たとえば渋沢栄一や三宅雪嶺のような人もいるではないかと述べている（選集4、一一八―一一九頁）。

(11)　坂野潤治『近代日本の外交と政治』（一九八五年、研文出版）一六八頁。

(12)　軍令部側の主張および内閣・海軍大臣側の主張との相違点など詳細については、伊藤隆『昭和初期政治史研究』（一九六九年、東京大学出版会）一六五―一六八頁参照。

(13)　内閣官制第七条「事ノ軍機軍令ニ係リ奏上スルモノハ天皇ノ旨ニ依リ之ヲ内閣ニ下付セラルルノ件ヲ除ク外陸軍大臣海軍大臣ヨリ内閣総理大臣ニ報告スヘシ」。

(14)　軍令にかんしては、美濃部達吉『憲法講話』五三九―五四一頁参照。

(15)　〔　〕内の語句は、原文の伏字を選集の編者が補った注記であり、ここではそれによった。

(16)　満蒙問題をめぐって軍部批判をつづけてきた東京朝日新聞および大阪朝日新聞が満洲事変後に社論を転換するに至った経緯については、朝日新聞百年史編修委員会編『朝日新聞社史　大正・昭和戦前編』(一九九五年)三七六―三八四頁参照。また後藤孝夫『辛亥革命から満州事変へ――大阪朝日新聞と近代中国』(一九八七年、三五八―三九一頁)も、満洲事変の直前まで国際正義にもとづく満蒙問題の解決を説いて、軍部の強硬論に反対していた大阪朝日新聞の社説が、事変直後の一〇月一日に至って急変したとし、その経緯についての詳細な跡づけを行っている。

(17)　この年の九月、吉野が雑誌所載の荒木貞夫陸相の座談会での発言に抗議の文章を『中央公論』の巻頭言として執筆したところ、中央公論社は「時節柄軍部の神経を刺戟するは険呑だ」という理由からこれを掲載見合わせとした(日記、一九三二年九月一二日、選集15、四一五頁)。これも、吉野と代表的な論壇雑誌――しかも吉野と長年にわたり身近な関係にあった雑誌――のあいだに、時代との向き合い方にある距離が生じた一つの事例といえよう。

## 終章

(1)　天皇はみずからの政治的意思を公にすることはないというのは、ひとつの「神話」であった。天皇がみずからの意思を公にすることによって政治的に影響を及ぼした事例は例外的ながらいくつか指摘されている。吉野の生きた時代での典型的なケースとしては、張作霖爆殺事件の処理をめぐって田中義一首相が天皇の叱責をうけ、そのため内閣総辞職を余儀なくされた事例を挙げることができる。

(2)　吉野は晩年に発表した「現代政治思潮」においても社会契約説を批判するなかで、つぎのように天賦人権論につき述べている。「仏国革命の初期に於て天賦の人権を唱へ、その適用として絶対的自由平等を主張し、果ては生存権・労働権を主張したのも、当にあるべき姿を以て人類現有の姿だと妄信した結果である」(『岩波講座　世界思潮』第一〇冊、一九二九年、選集1、三三六頁)。

# あとがき

私が吉野作造を研究の対象とするようになったのは、五〇年ほど前のことである。そのきっかけは、日本政治学会が一九五七年度の年報で「『大衆社会』への理論的対応」を主題としてとりあげ、その収録論文の一つとして大正デモクラシーの思想にかんする論文を加えることとなったが、その執筆者に私が指名されたことによる。その当時、私の研究領域は徳川期から明治期にかけての思想で、大正期については原敬にかんする小論を書いた程度で、ほとんど手つかずの状態であった。それやこれやを考えると、普通ならおそらく辞退することとなったであろう。ところが、たまたま丸山眞男先生が編集委員の一人であったことから、直接、先生から引き受けてくれるようにとのお手紙が届き、断るにも断りきれない状態になってしまった。こうして私は、意を決して吉野の思想の世界に闇雲に飛び込むはめになった。その結果生れたのが、吉野にかんする私の最初の論文「『民本主義』の歴史的形成」(日本政治学会編『国家体制と階級意識』一九五七年度年報、岩波書店、所収)であった。

私のこの論文は、吉野の民本主義の思惟構造とその思想的機能を明らかにすることに力点をおき、その歴史的意義を積極的に評価するというものだった。しかし当時の吉野に対する歴史的評価は、歴史学界がマルクス主義の強い影響下にあったためであろうが、きわめて低かった。民本主義は、藩閥官僚の支配について、たしかに一定の批判を展開したものの、基本的には日本の現存する君主制を絶対的なものとし、その枠内でのデモクラシー論にとどまったこと、また大衆運動や大衆の政治支配を恐れ、勃興する社会主義に対しても対決姿勢をくずさなかったことなどを理由に、本質的には絶対主義に妥協的なブルジョアジーの代弁的思想にすぎない、と切って捨てるのが一般的な傾向であった。こうしたこれまでの吉野論の動向が背景にあったことにもよるのであろう、私のつたない論文も多少の新鮮さをもって読まれたということがあったようである。幸いなことにこの論文は、当時、東京大学出版会の編集部におられた山田宗睦氏の眼にとまり、同氏が企画中のシリーズ「近代日本の思想家」の一冊として予定されていた『吉野作造』の執筆を私が担当するという結果となったのである。

「『民本主義』の歴史的形成」という最初のこの論文は、締め切りに追われるなかで慌ただしくまとめ上げたこともあって不完全なものであったが、そこで試みた吉野の思想についての捉え方は、その後も長く私の吉野論の基本的な枠組みとなった。依頼されたシリーズの『吉野作造』も、この論文の吉野の捉え方を基軸にして前後左右を肉付けし再構成すれば、何とかまとめ上げられるのではないかと考えて、資料の補充や全体の構成など執筆の準備をすすめた。しかし単行本の書き下ろしとなると、かなりまとまった時間が必要となる。そのうえ、大きな仕事の合間に小さい仕事を組み入れて複数の仕事を並行してすすめるという器用さをもともと持ち合わせていない私にとって、一冊の書き下ろしというのは本来的に苦手とするところであった。私のこれまでの著作を見ても大部分は論文集で、本格的な書き下ろしはきわめて少ない。そうした事情もあって、論文や解説などの依頼があると、ともかくそれをすませた後でというわけで、シリーズの仕事は先送りされ、不義理をかさねるなかで心ならずも今日に至ってしまったというわけである。

その間、吉野作造論というテーマは、もちろん私の念頭を離れるべくもなかった。それゆえ、吉野の思想史的理解を深めるための準備作業になればという意味で、できるかぎり吉野あるいは吉野と同時代の思想家や思想状況にかんする仕事を選ぶよう心がけた。その主なものを挙げれば、「大山郁夫の政治思想」（『大阪市立大学　法学雑誌』一九五八年）、「大正デモクラシーの勃興」（『近代日本思想史講座1』、一九五九年、筑摩書房）、「国民的使命観の歴史的変遷」（同上講座8、一九六一年）、「吉野作造とデモクラシーの煩悶」（『中央公論』一九六五年三月）、「大正デモクラシーの知的構造」（石田一良編『日本文化史概論』一九六八年、吉川弘文館）、「政治と知識人」（橋川文三・松本三之介編『近代日本政治思想史Ⅱ』、一九七〇年、有斐閣）、「解題」（『大山郁夫著作集』第1巻、一九八七年、岩波書店）、「時代の批判者　長谷川如是閑の世界」（『長谷川如是閑集』第3巻　解説、一九八九年、岩波書店）、「吉野作造と明治文化研究」（『吉野作造選集』第11巻〈解説〉、一九九五年）などである。最後の解説論文は、本書の補論として収録した。しかしいずれにせよ本書のこの大幅な遅延は、ただただ恥じ入るほかない。

さすがに半世紀にわたる時間の経過は、学界での吉野研究を多方面にわたって前進させ、そのデモクラシー論についてもその歴史的意義を積極的に評価する見方がほぼ定着したと言ってよい。たしかに、天皇制国家のきびしい状況のなかで、天皇主権との摩擦を避けつつ明治寡頭政に果敢に挑戦し、「外見的」立憲制の克服と「憲政の本義」の実現に向けて苦闘した吉野のデモクラシー論が、現実政治の視点から歴史的に正しく評価されるに至ったのは喜ばしいことであった。しかし同時にこれからの課題として、現代的な視点から吉野のデモクラシー論のもつ理論的な弱さや問題点を明確にしておくこともまた必要な作業ではないか。こうした思いが、いつ頃のことであろうか、私のなかで頭をもたげはじめた。たとえば前記の一九七〇年に発表した「政治と知識人」でも、従来の評価に加え、そうした問題関心のもとでの吉野論の補正が行われている。ちなみにこの論文を収録した私の著書『近代日本の知的状況』（一九七四年、中央公論社）の「あとがき」には、この論文についてつぎのように記している。

ここでは吉野作造のいわゆる民本主義について、その実践的意味を十分認めながら、なおかつその憲政論を民本主義として民主主義から区別した思想的根拠を問いつめることにかなりの力を用いた。それというのも、近年、大正デモクラシーについての研究は多方面にわたって進められ、その思想史的意味も次第に明らかになりつつある現状なので、この論文では、むしろ吉野の民本主義の理論構成に内在するところの、西欧リベラル・デモクラシーとの異質な側面に光をあてることによって、天皇制的な思想風土との連続面を指摘してみたいと考えたわけである。

こうした問題関心は、基本的には本書でもまた受けつがれている。しかしそのため、本書における吉野の評価に、何らかの混乱ないし矛盾が生じたという印象を読者に与えたとすれば、それは残念ながら私の非力によるとするほかない。

なお本書は、執筆を依頼されてのちすでに多くの歳月が経ってしまったことから、もはやシリーズの一巻には適さないものと考え、別個の単行本としての構想のもとで執筆が進められた。そのため、吉野の伝記的記述は最小限にとどめ、その思想構造と政治的機能の分析に力点をおく内容となった。また分量的にもかなり多めとなり、その点でもシリーズの他の巻とのバランスをいささか欠くものとなった。これらの点も、私の不始末の結果としてお許しいただければ幸いである。

本書の上梓にあたっては、その完成を長期にわたって辛抱強く待ちつづけてくださった東京大学出版会の温情と寛容にまず感謝の意を表さなければならない。その間、出版会編集部の方々には大変なご迷惑をおかけしたことと深くお詫び申し上げる。また最初に本書執筆の機会を与えてくださった山田宗睦氏、そして今回の出版に際して種々ご配慮いただいた東京大学出版会の竹中英俊氏、および厄介な編集の仕事をひとつひとつ丹念にこなしてくださった斉藤美潮氏に心から御礼を申し上げたい。そのほか、「吉野作造と明治文化研究」（『吉野作造選集』第11巻〈解説〉）を本書の補論として収録することを快く承諾してくださった岩波書店に対しても、この場をかりて謝意を表する次第である。

最後に私事にわたって恐縮であるが、本書の完成をみた本年は、この本の遅れをつねに心配していた亡き妻清子の没後三〇年にあたる。私の研究生活を蔭で支えてくれた妻清子に本書を捧げ、感謝の意を表したいと思う。

二〇〇七年　初秋

松本三之介

**著者略歴**
1926年　茨城県に生れる
1948年　東京大学法学部卒業
現　在　東京大学名誉教授

**主要著書**
『天皇制国家と政治思想』(1969年，未來社)
『国学政治思想の研究』(1972年，未來社)
『日本政治思想史概論』(1975年，勁草書房)
『明治精神の構造』(1993年，岩波書店)
『明治思想における伝統と近代』(1996年，東京大学出版会)
『明治思想史——近代国家の創設から個の覚醒まで』(1996年，新曜社)

近代日本の思想家 11
吉野作造

2008年1月8日　初　版

［検印廃止］

著　者　松本三之介《まつもとさんのすけ》

発行所　財団法人　東京大学出版会
代 表 者　岡本和夫
113-8654 東京都文京区本郷7-3-1 東大構内
電話 03-3811-8814　FAX 03-3812-6958
振替 00160-6-59964

装　幀　間村俊一
印刷所　株式会社理想社
製本所　矢嶋製本株式会社

© 2008 Sannosuke Matsumoto
ISBN 978-4-13-014161-1　Printed in Japan

Ⓡ〈日本複写権センター委託出版物〉
本書の全部または一部を無断で複写複製(コピー)することは，著作権法上での例外を除き，禁じられています．本書からの複写を希望される場合は，日本複写権センター(03-3401-2382) にご連絡ください．

## 近代日本の思想家　全11巻

四六判
1〜10　本体二八〇〇円
11　本体三五〇〇円

1　福沢　諭吉　遠山　茂樹
2　中江　兆民　土方　和雄
3　片山　潜　隅谷三喜男
4　森　鷗外　生松　敬三
5　夏目　漱石　瀬沼　茂樹
6　北村　透谷　色川　大吉
7　西田幾多郎　竹内　良知
8　河上　肇　古田　光
9　三木　清　宮川　透
10　戸坂　潤　平林　康之
11　吉野　作造　松本三之介

ここに表示された価格は本体価格です．御購入の際には消費税が加算されますので御了承下さい．

松本三之介著　明治思想における伝統と近代　A5・四四〇〇円
三谷太一郎著　新版　大正デモクラシー論　A5・五二〇〇円
渡辺　浩著　近世日本社会と宋学　四六・三五〇〇円
渡辺　浩著　東アジアの王権と思想　四六・三四〇〇円
宮村治雄著　開国経験の思想史　A5・五〇〇〇円
佐藤慎一著　近代中国の知識人と文明　A5・五二〇〇円

ここに表示された価格は本体価格です．御購入の際には消費税が加算されますので御了承下さい．